***ACCESO GRATIS** a la Lectura en la Nube*

Para visualizar el libro electrónico en la nube de lectura envíe junto a su nombre y apellidos una fotografía del código de barras situado en la contraportada del libro y otra del ticket de compra a la dirección:

ebooktirant@tirant.com

En un máximo de 72 horas laborables le enviaremos el código de acceso con sus instrucciones.

INEFICACIA SOBREVENIDA DEL CONTRATO DE DONACIÓN

REVOCACIÓN Y REVERSIÓN DE DONACIONES

Procedimiento de selección de originales, ver página web:
www.tirant.net/index.php/editorial/procedimiento-de-seleccion-de-originales

INEFICACIA SOBREVENIDA DEL CONTRATO DE DONACIÓN

REVOCACIÓN Y REVERSIÓN DE DONACIONES

José María Trincado Aznar

tirant lo blanch
Valencia, 2025

En caso de erratas y actualizaciones, la Editorial Tirant lo Blanch publicará la pertinente corrección en la página web www.tirant.com.

La presente obra ha sido sometida a la revisión de pares ciegos según el pro-tocolo de publicación de la editorial a efectos de ofrecer el rigor y calidad co-rrespondiente tanto en su contenido como en su forma, aplicándose los crite-rios específicos aprobados por la Comisión Nacional E 016 (BOE num. 286, de 26 de noviembre de 2016).

© TIRANT LO BLANCH
EDITA: TIRANT LO BLANCH
C/ Artes Gráficas, 14 - 46010 - Valencia
TELFS.: 96/361 00 48 - 50
FAX: 96/369 41 51
Email: tlb@tirant.com
www.tirant.com
Librería virtual: www.tirant.es
DEPÓSITO LEGAL: V-4303-2025
ISBN: 979-13-7010-883-0

Si tiene alguna queja o sugerencia, envíenos un mail a: *atencioncliente@tirant.com*. En caso de no ser atendida su sugerencia, por favor, lea en *www.tirant.net/index.php/empresa/politicas-de-empresa* nuestro procedimiento de quejas.

Responsabilidad Social Corporativa: http://www.tirant.net/Docs/RSCTirant.pdf

Índice

Abreviaturas

AAMN	Anales de la Academia Matritense del Notariado.
AAP	Auto de la Audiencia Provincial.
AAVV	Autores varios.
AC	Actualidad Civil.
ADC	Anuario de Derecho Civil.
AMN	Academia Matritense del Notariado.
ant.	Antiguo.
AP	Audiencia Provincial.
APDC	Asociación de Profesores de Derecho Civil
apdo.	Apartado.
arg.	Argumento.
art./arts.	Artículo/Artículos.
ATC	Auto del Tribunal Constitucional.
ATJUE	Auto del Tribunal de Justicia de la Unión Europea.
ATS	Auto del Tribunal Supremo.
BGB	Bürgerliches Gesetzbuch (Código Civil Alemán).
BOE	Boletín Oficial del Estado.
CC	Código Civil.
CCFM	Código Civil Federal de México
CCJC	Cuadernos Civitas de Jurisprudencia Civil.
CCCN	Código Civil y Comercial de la Nación (de Argentina).
CE	Constitución española, de 27 de diciembre de 1978.

cfr.	Confróntese.
CGPJ	Consejo General del Poder Judicial.
cit.	Citado.
Code	Código Civil francés, conocido como Código de Napoleón.
com.	Comentarios.
Coord./s	Coordinador/es.
CORPME	Colegio de Registradores de la Propiedad y Mercantiles de España.
CP	Código Penal.
D.	Digesto.
DA	Disposición Adicional.
DD	Disposición Derogatoria.
DF	Disposición Final.
DFCR	Draft Common Frame of Reference.
DGRN	Dirección General de los Registros y del Notariado.
DGSJFP	Dirección General de Seguridad Jurídica y Fe Pública
DS	Diario de Sesiones.
DT	Disposición Transitoria.
EM	Exposición de Motivos.
Establ. tip.	Establecimiento tipográfico.
FNN	Fuero Nuevo de Navarra, aprobado por Ley 1/1973, de 1 de marzo.
FJ	Fundamento Jurídico.
i.e.	id est (es decir).
JPI	Juzgado de Primera Instancia.

LAJG	Ley 1/1996, de 10 de enero, de Asistencia Jurídica Gratuita.
LEC	Ley 1/2000, de 7 de enero, de Enjuiciamiento Civil.
LJV	Ley 15/2015, de 2 de julio, de la Jurisdicción Voluntaria.
LH	Ley Hipotecaria.
LO	Ley Orgánica.
LOPJ	Ley Orgánica 6/1985, de 1 de julio, del Poder Judicial.
LTRHA	Ley 14/2006, de 26 de mayo, sobre técnicas de reproducción humana asistida.
MASC	Medios Adecuados de Solución de Controversias.
n.	Nota.
NEJ	Nueva Enciclopedia Jurídica.
ob. cit.	Obra citada.
p./pp.	Página/páginas.
p. ej.	por ejemplo.
P.	Partidas.
PCC	Propuesta de Código Civil.
RAD	Revista Aranzadi Doctrinal.
RAP	Revista de Administración Pública.
RADP	Revista Aranzadi de Derecho Patrimonial.
RCDI	Revista Crítica de Derecho Inmobiliario.
RD	Real Decreto.
RDGRN	Resolución de la Dirección General de los Registros y del Notariado.
RDC	Revista de Derecho Civil.
RDN	Revista de Derecho Notarial.

RDP	Revista de Derecho Privado.
RDPatr.	Revista de Derecho Patrimonial.
RH	Reglamento Hipotecario.
RIDROM	Revista Internacional de Derecho Romano.
RJN	Revista Jurídica del Notariado.
RP	Registro de la Propiedad.
SAP	Sentencia de la Audiencia Provincial.
SJPI	Sentencia del Juzgado de Primera Instancia.
ss.	Siguientes
STC	Sentencia del Tribunal Constitucional.
STEDH	Sentencia del Tribunal Europeo de Derechos Humanos.
STJUE	Sentencia del Tribunal de Justicia de la Unión Europea.
STS	Sentencia del Tribunal Supremo.
T.	Tomo.
TC	Tribunal Constitucional.
TOL	Tirant On Line (Jurisprudencia de la Base de Datos de Tirant On Line).
trad.	traducción
TS	Tribunal Supremo.
UE	Unión Europea.
vid.	véase.
Vol.	Volumen.

I. La ineficacia sobrevenida del contrato de donación

A.-INTRODUCCIÓN

La teoría de la ineficacia del negocio jurídico es una de las más oscuras del derecho privado, quizá solo comparable a la de la causa. Es justa y merecida la fama de oscuridad que la teoría de la invalidez arrastra. Varias causas han contribuido a la misma. Primera, una cuestión terminológica, porque la doctrina no ha alcanzado un acuerdo sobre la distinción de los tipos de ineficacia y su correspondiente rotulación, lo que, en buena parte, se debe a la carencia de una exacta terminología legal y a la polivalencia semántica de las voces empleadas[1]. Segunda, una cuestión histórica y ello porque tanto el derecho romano como la posterior evolución histórica, hasta ya avanzado el siglo XIX, no emplearon con rigor conceptual las instituciones de la nulidad, anulabilidad o, incluso, la más amplia de la invalidez.

En todo caso, al igual que ya señalara Díez-Picazo con relación a la teoría de la causa[2], lo que está empeñado en la teoría de la ineficacia negocial, aunque otra cosa a primera vista pueda creerse, no es un mero juego conceptual, sino algo que tiene una profunda repercusión práctica. A tratar de analizar los problemas que plantea la ineficacia sobrevenida del contrato de donación, dedicaremos los próximos capítulos de esta obra.

---

1 De Castro y Bravo, F. (1985). *El negocio jurídico*, Civitas, Madrid, p. 462.

2 Díez-Picazo, L. (1996). *Fundamentos del Derecho Civil Patrimonial.* vol. I, 5ª ed. Civitas. Madrid, p. 216.

B.- SISTEMA DE INEFICACIA: INVALIDEZ E INEFICACIA

Cuestión nuclear al abordar cualquier problema relativo a la ineficacia y la invalidez del negocio jurídico es, previamente, determinar si esta es una categoría necesaria dentro de aquella. La distinción entre invalidez e ineficacia procede del principal representante de la Pandectística (Windscheid) y fue recogida con claridad por la doctrina italiana[3]. Desde entonces, mientras un importante sector de la doctrina clásica suele distinguir, dentro de la ineficacia en sentido general, dos categorías: la invalidez y la ineficacia en sentido estricto, otro sector igualmente relevante considera que tal distinción no es admisible no solo por la arbitrariedad de la terminología, sino sobre todo porque, en la mayor parte de los casos en que se habla de ineficacia en sentido estricto, no la hay, sino, por el contrario, expresión más cumplida de la eficacia. Analicemos brevemente ambas teorías:

1.- Tesis contraria a la categoría de la invalidez.- Díez-Picazo se mostró decididamente en contra de distinguir entre ineficacia e invalidez, considerando inadmisible tal distinción no solo por la arbitrariedad de la terminología —el negocio inválido es siempre ineficaz, e inversamente, un negocio ineficaz es siempre inválido, pues «*no vale*» para alcanzar los resultados que el negocio buscaba—, sino sobre todo porque, afirmaba, en la mayoría de los casos en que se habla de ineficacia *stricto sensu*, no hay realmente ineficacia sino expresión de la eficacia. Y así, p. ej., en el negocio condicional no hay realmente ineficacia porque si la condición fijada por las partes se produce o se frustra —según sea resolutoria o suspensiva— y, a partir de ese momento, el contrato deja de desplegar efectos, ello ocurre precisamente como un efecto del contrato dado que tal hipótesis

---

3 Más ampliamente vide Trincado Aznar, J.Mª. (2022). *Invalidez del negocio dispositivo sobre inmuebles: desde una perspectiva comunicacional.* Tesis doctoral. UCJC, pp. 85; 99-104 y pp. 391-392.

se encontraba contemplada en él. Tampoco hay ineficacia en el negocio revocado o resuelto porque la revocación y resolución del contrato son precisamente una consecuencia del despliegue de la eficacia contractual y un medio de defensa, nacido del contrato, para protección de los intereses de un contratante frente a circunstancias sobrevenidas[4].

En parecidos términos De Castro, aunque sin negar desde un plano teórico la categoría de la invalidez, prescinde en su exposición de la misma advirtiendo sobre la imposibilidad de una dogmática *a priori* de la ineficacia porque el Derecho, en esta materia, atiende a otras consideraciones que no son las de la lógica, y porque la doctrina, ante la ausencia de una terminología legal exacta y la polivalencia semántica de las voces empleadas, no ha alcanzado un acuerdo sobre las distintas categorías de ineficacia[5]. Dicho autor optó, en consecuencia, por vertebrar la materia en torno a la ineficacia, distinguiendo dentro de ella la nulidad, la anulabilidad y la rescisión.

---

4 Díez-Picazo, L. (1993). *Fundamentos del Derecho Civil Patrimonial.* vol. I, 4ª ed., Civitas, Madrid, pp. 431-432. En el mismo sentido Betti, E. (2018). *Teoría General del Negocio jurídico,* Ed. Olejnik, Chile, pp. 339, 351, 360 y 203; Casanueva Sánchez, I. C. (2000). *Análisis legal y jurisprudencial en el ordenamiento civil común español de la categoría jurídica de la nulidad parcial del testamento* (Tesis doctoral) pp. 26-27; Rodríguez Martínez, Mª.E. (2000). *Disposición de bienes gananciales.* Aranzadi, Pamplona, p. 198, y Saborido Sánchez, P. (2005). *La causa ilícita: delimitación y efectos,* Tirant Lo Blanch, Valencia, p. 311 n. 414.

5 Así, con relación a dicha polivalencia semántica de las voces empleadas, llega a señalar De Castro que «por ejemplo, la distinción usual entre invalidez e ineficacia se ha criticado, en base de que el no valer y el no tener efectos jurídicos viene a ser prácticamente lo mismo» (De Castro y Bravo, F. [1985]. *El negocio jurídico,* Civitas. Madrid, p. 462) y con relación a la falta de acuerdo sobre las diversas formas de ineficacia afirmara como «en la doctrina española, no parecen haber importado mucho estas disquisiciones terminológicas, respecto de las qué siempre decide el uso con sus preferencias arbitrarias» (ibid. p. 463).

Finalmente, también Vázquez de Castro consideró innecesaria la distinción entre invalidez e ineficacia prescindiendo de aquel término porque, entiende, la invalidez es una calificación puramente teórica, no empírica, y un término meramente clasificatorio sin efectos prácticos ni efectos jurídicos concretos[6]; una categoría inútil y confusa[7]. Además, la distinción clásica entre invalidez e ineficacia parte de la hipótesis de que la invalidez incluye la nulidad y la anulabilidad, pero —señala este autor— «en el momento en el que surgen nuevas formas de sanción, que son en la mayor parte de los casos, híbridas entre la nulidad y la anulabilidad, la categoría de la invalidez se resiente»[8]. Frente a ello, la ineficacia —sin distinciones entre ineficacia *lato* y *stricto sensu*— es, dice Vázquez De Castro, la constatación empírica de que el contrato no ha producido los efectos inicialmente previstos por las partes por lo que, en su obra, utiliza únicamente el término de ineficacia del contrato[9].

2.- Tesis favorable a la categoría de la invalidez.- A favor de distinguir, dentro de la más amplia ineficacia *lato sensu*, la categoría de la invalidez (para aludir, con este último término, a la ineficacia estructural por defectos que concurren en la fase de formación del negocio jurídico) se ha manifestado de manera destacada Delgado Echeverría[10] porque entiende que permite explicar supuestos de ne-

---

6 Vázquez de Castro, E. (2003). *Ilicitud contractual. Supuestos y efectos.* Tirant Lo Blanch, Valencia, pp. 323 n. 80 y 324.

7 Ibidem pp. 323 n. 80 y 324.

8 Ibid. p. 325.

9 Ibid. pp. 322-324.

10 Delgado Echeverría, J. y Parra Lucán, M.A. (2005). *Las Nulidades de los contratos: en la teoría y en la práctica,* Dykinson, Madrid, pp. 19-22. Son favorables a mantener dicho término de invalidez, entre muchos otros, Capilla Roncero, F. (1987). «Nulidad e impugnabilidad del testamento. Algunas consideraciones sobre el régimen de la ineficacia del testamento inválido». *ADC 1987-1,* p. 8, n. 8 que aplica la invalidez incluso en sede testamentaria; y Blasco Gascó, F.P. (2018). *Eficacia e*

gocios válidos pero ineficaces. Así, señalaba este autor que la postura de quienes niegan autonomía al concepto de invalidez, diluyéndolo en el más amplio de ineficacia, tiene el enorme inconveniente de que deja sin explicar fenómenos de nuestro derecho privado que presupone la distinción entre invalidez e ineficacia[11]. De este modo, señala Delgado Echeverría, aceptan implícitamente dicha distinción: en primer lugar, el art. 34 LH que presupone una adquisición válida por el tercero protegido, título válido, pero ineficaz, pues, de otro modo, sería innecesaria la protección registral; en segundo lugar, la acción de saneamiento por evicción en los casos de venta de cosa ajena en que se presupone la validez del título, pero no se ha producido la normal eficacia traslativa mediante la entrega, y, en tercer lugar, el art. 1953 CC que exige, para la usucapión ordinaria, la validez del título, título que necesariamente, entiende este autor, debe ser ineficaz porque en otro caso —es decir, si el título fuera válido y eficaz— habría transferido el dominio al *accipiens*[12].

---

ineficacia del acto jurídico contra legem. Tirant Lo Blanch. Valencia, p. 13, si bien este último autor va más allá en sus conclusiones al señalar que, aunque la regla general es que un acto inválido es un acto ineficaz, existen excepciones en las que actos inválidos pueden ser total o parcialmente eficaces (p. ej. invalidez de matrimonio con defecto formal si al menos uno lo contrajo de buena fe, o determinados supuestos de simulación en los que el acto simulado es eficaz frente a determinados terceros, aunque no lo sea entre las partes). Asimismo, indica Blasco que, aunque la norma general es que un acto válido sea también eficaz, hay supuestos en los que un acto válido puede resultar total o parcialmente ineficaz, como ocurre con los contratos rescindibles o los contratos sujetos a condición o término (ibid., p. 14). En conclusión, dice Blasco, «la invalidez, como contravención de una norma imperativa y, en concreto, prohibitiva, es una de las causas de ineficacia del acto jurídico, pero ni es la única ni exige siempre la ineficacia» (ibid. pp. 14-15).

11 Delgado Echeverría, J. y Parra Lucán, M.A. (2005). *Las Nulidades...*, ob. cit. pp. 19-20.

12 En parecido sentido, afirmaba Lacruz Berdejo que no cabe confundir invalidez con ineficacia, «según demuestra el art. 1.953 CC al exigir

Los ejemplos de Delgado Echeverría han sido criticados. Así, señalará Cuena Casas que, en la usucapión ordinaria, el saneamiento por evicción o en el supuesto del art. 34 LH no cabe decir que el título sea válido, pero ineficaz porque dicho título es válido y eficaz, ya que produce todos sus efectos —que, no se olvide, en un sistema regido por la teoría del título y el modo son meramente obligacionales— no produciéndose la transmisión del dominio por un defecto del modo que es el que sería ineficaz[13]. Además, en cuanto al supuesto del art. 34 L.H., sigue señalando Cuena Casas, la fe pública registral (art. 34 LH) solo purga la *traditio* ineficaz por falta de poder de disposición del *tradens* porque el art. 33 LH impide convalidar títulos nulos.

En todo caso, como ya tuve ocasión de manifestar en otra ocasión[14], personalmente me inclino por distinguir, dentro de

---

para la usucapión ordinaria un título válido. Si este título, además de válido, fuera eficaz, la usucapión sobraría, porque la propiedad se habría trasferido al adquirente merced a aquél. Luego puede haber títulos que son válidos (como requiere el art. 1953) pero no eficaces» (Lacruz Berdejo, J. L. et al. [1984]. *Elementos...*, T. I., vol.3°, p. 271).

13 Cuena Casas. M. (1996). *Función del poder de disposición en los sistemas de transmisión onerosa de los derechos reales,* Ed. J.M. Bosch, Barcelona, pp. 315, 360, 363 y 412 *et passim.* No obstante, existe una jurisprudencia errónea que señala con enorme confusión: «que el título sea válido no puede interpretarse en sus términos literales, ya que si el título es perfectamente válido y eficaz, y, a ello unimos la posesión, nos encontraríamos ante un propietario, por la teoría del título y el modo, que no precisa de la usucapión para adquirir esa cualidad, por lo que sobraría y sería innecesaria la institución de la prescripción adquisitiva» (SAP Madrid 01/03/2003 [TOL484.565]). Errónea, porque el título de la usucapión debe ser válido literalmente, si se prefiere perfectamente válido sin el más mínimo defecto; y si no se produce la *traditio,* y el contrato no produce sus efectos translativos de dominio, no es porque haya algún defecto en el título sino en el modo que es donde es preciso ubicar la falta de titularidad del tradens o de poder de disposición.

14 Trincado Aznar, J.M. (2022). *Invalidez...*, cit. pp.101 y ss.

la ineficacia *lato sensu*, tanto la invalidez como la ineficacia *stricto sensu*. Esta distinción no solo responde a razones de claridad clasificatoria, sino, sobre todo, a que los problemas derivados de la falta de validez del título son distintos de aquellos que se originan cuando un título válido se ve posteriormente privado de sus efectos. Además, negar la autonomía conceptual de la invalidez disolviéndola en la categoría más amplia de la ineficacia presenta un importante inconveniente: deja sin explicar fenómenos relevantes del derecho privado que presuponen dicha distinción, como son el ámbito legitimador de la usucapión abreviada de inmuebles o la convalidación de situaciones registrales que contienen los arts. 34 y 35 LH. Por todo ello, considero que debe sostenerse la distinción entre invalidez y otras formas de ineficacia, no solo por la existencia de títulos nulos que, no obstante, producen efectos en atención a la seguridad del tráfico jurídico (como ocurre en el supuesto del art. 34 LH o en aquellos casos en los que la usucapión ordinaria subsana, excepcionalmente y en nuestra opinión, defectos de nulidad radical del título[15]), y la existencia de títulos inexistentes por au-

---

15 Más ampliamente, Trincado Aznar, J.Mª. (2020). «El ámbito legitimador de la usucapión ordinaria de bienes inmuebles». *RCDI*, nº 780, pp. 2097-2151, *passim*. Como señalábamos en las conclusiones de dicho trabajo, la usucapión ordinaria no se limita a las adquisiciones «*a non domino*», sino que se extiende, asimismo, a las adquisiciones «*a domino*» con título anulable purgando los defectos del título que dan lugar a dicha anulabilidad, así como —si bien exclusivamente en el supuesto contenido en el art. 35 LH— a los títulos radicalmente nulos, precepto que supone una excepción al requisito de validez del título del art. 1953 CC. El art. 35 LH permite al titular inscrito usucapir abreviadamente el inmueble, aunque el título material subyacente sea anulable o radicalmente nulo. En la usucapión *secundum tabulas*, la inscripción —unida al transcurso de los plazos de la usucapión ordinaria y los demás requisitos legales— convalida «a efectos de la prescripción adquisitiva» no solo los defectos de titularidad del *tradens* sino, lo que es más relevante, también los defectos del título material (que puede ser nulo o anulable).

sencia de verdadero consentimiento que, sin embargo, resultan plenamente eficaces (como en los casos de reserva mental); sino también porque resulta conveniente y útil, al menos con fines clasificatorios y pedagógicos, separar la invalidez de la ineficacia *stricto sensu.* Ello debe hacerse sin incurrir en excesos conceptualistas, pero reconociendo el valor práctico de la distinción. En conclusión, todo contrato inválido es, en principio, ineficaz o presenta anomalías en su eficacia; sin embargo, existen contratos plenamente válidos que pueden ser ineficaces (como los contratos rescindibles[16]), e incluso contratos inexistentes por ausencia de un requisito esencial, como el consentimiento (tal es el caso de la reserva mental), que pueden llegar a desplegar plena eficacia en el tráfico jurídico.

C.- UBICACIÓN DE LA REVOCACIÓN, REVERSIÓN Y REDUCCIÓN DE DONACIONES DENTRO DEL SISTEMA DE INEFICACIAS

De acuerdo con la posición defendida, dentro de la ineficacia *lato sensu* la doctrina tradicional distingue tanto dicha invalidez (ineficacia estructural por defectos que concurren en la fase de formación del negocio y dentro de la cual se diferenciarían —por la doctrina clásica— únicamente dos categorías: la nulidad y la anulabilidad[17]) como la ineficacia *stricto sensu* sobrevenida por hechos acaecidos con posterioridad a la celebración del negocio jurídico y que provoca la cesación de sus efectos. Y es,

---

16 En efecto, en defensa de esta distinción entre invalidez e ineficacia, cabe invocar que el contrato rescindible se refiere a «contratos válidamente celebrados» (de acuerdo con la expresión empleada por el art. 1290 CC) que, sin embargo, cuando se rescinden, devienen ineficaces.

17 Una crítica a dicha doctrina bipartita de la invalidez puede verse Pasquau Liaño, M. (1997). *Nulidad y anulabilidad del contrato.* Civitas. Madrid; y en Trincado Aznar, J.Mª. (2022). *Invalidez...*, cit. *passim.*

en esta última categoría de ineficacia *stricto sensu* —adelantando ya conclusiones—, donde cabria incluir, entre otras y en lo que al tema analizado en esta obra interesa, la rescisión, la reducción de donaciones (arts. 654-656 CC), la condición resolutoria (arts. 641 y 1113 y ss. CC), y la ineficacia por retractación unilateral autorizada por la ley (revocabilidad)[18]. En todo caso, por delimitar el objeto de esta obra, en ella no abordaremos la invalidez del contrato de donación —que evidentemente puede concurrir por las causas de nulidad o de anulabilidad y que no presenta especialidades respecto a la teoría general de invalidez del negocio jurídico—, sino la ineficacia sobrevenida de dicho negocio jurídico gratuito por cumplimiento de la condición resolutoria —que se abordará al analizar la donación reversional del art. 641 CC y que algún autor ha tildado impropiamente de revocación convencional[19]— y la ineficacia por retractación unilateral autorizada por la ley (revocabilidad) que se abordará al analizar los arts. 644 a 653 CC. Empecemos por esta última:

---

18 Por todos, Castán Tobeñas, J. (2007). *Derecho Civil español, común y foral.* T. I Vol. II. 15ª ed., Reus, Madrid, p. 846. Expresamente califica la revocación como un supuesto de ineficacia sobrevenida de la donación, entre muchos otros, García García, J.M. (1993). *Derecho inmobiliario registral o hipotecario.* T. II, Civitas, Madrid, p. 525; Rodríguez Martínez, ME. (2011). «Comentarios a los arts. 644-648 CC». *Código Civil comentado,* Vol. II. Civitas-Thomson Reuters. Navarra, p. 183; y, en la doctrina italiana, Montecchiari, T. (2010). «La revocazione della donazione». *Donazioni, atti gratuiti, patti di famiglia e trusts successorii,* Dir. E. Del Prato, M. Costanza y P. Manes, Ed. Zanichelli, Bologna-Roma, p. 405.

19 Manresa y Navarro, J.M. (1910). *Comentarios al Código Civil español,* T. V. 3ª ed. Imprenta de la Revista de Legislación, Madrid, p. 146.

II. Ineficacia sobrevenida del contrato de donación en el CC español

La ineficacia sobrevenida del contrato de donación en el CC español comprende, como hemos señalado, dos supuestos diferenciados: la revocabilidad, entendida como la retractación unilateral permitida por la ley, y la reversión de la donación. Ambos constituyen formas específicas de ineficacia sobrevenida, ya que afectan a la eficacia del contrato tras su perfección. Sin embargo, cada una responde a causas, requisitos y efectos distintos, lo que justifica su análisis autónomo y diferenciado.

II.1. INEFICACIA SOBREVENIDA POR RETRACTACIÓN UNILATERAL AUTORIZADA POR LA LEY: LA REVOCABILIDAD

A.- Aproximación al concepto de ineficacia sobrevenida por retractación unilateral autorizada por la ley (revocabilidad)

Lato sensu, la revocación del negocio jurídico es —dice Sánchez Calero—« *una declaración de voluntad de una de las partes por medio de la cual manifiesta, posteriormente a la perfección del mismo, su decisión de dejarlo sin efecto de forma total o parcial*»[20]. Y, aplicada al negocio jurídico gratuito *inter vivos,* la revocación sería la ineficacia sobrevenida de la donación por el ejercicio por el donante

---

20 Sánchez-Calero, B. (2007). *La revocación de donaciones.* Aranzadi, Navarra, p. 21.

de la facultad concedida por Ley de retractarse unilateralmente en los casos previstos por el ordenamiento[21].

Existe, dice De Fuenmayor, revocación de la propiedad, que implica una contra-enajenación, cuando se destruye y cancela una enajenación válidamente realizada, haciendo resurgir el dominio anterior del *tradens.* Y esto ocurre por un cambio de voluntad de este último, mediante el ejercicio de una potestad reconocida por la ley, incluso en perjuicio de un tercero adquirente[22]. La revocación, por tanto, extingue la propiedad y cancela una enajenación válida, constituyendo así un modo de extinción de la propiedad adquirida de forma derivativa y voluntaria[23]. De este modo, la revocación tiene lugar en virtud de un cambio en la voluntad del enajenante: se requiere una primera voluntad afirmativa de transmitir el dominio, su efectiva transmisión, y una segunda voluntad contraria, orientada a dejar sin efecto aquella. Y ello encuentra su cauce en el ordenamiento a través de la atribución al transmitente de una facultad. Finalmente, no altera la naturaleza de la revocación que la ley exija la concurrencia de ciertos hechos, porque «no son estos motivos de la revocación, sino presupuesto de ella; no son causa, sino ocasión de revocación»[24].

Como vimos, dentro del sistema de ineficacia, dicha retractación unilateral del donante, consentida por la ley a su autor, se ubica como ineficacia *stricto sensu,* diferenciada de la invalidez

---

21 No obstante, en contra de considerar la revocación como un supuesto de ineficacia, señalaba Díez-Picazo que en la revocación no hay real ineficacia porque «la revocación es precisamente una consecuencia del despliegue de la eficacia contractual y un medio de defensa, nacido del contrato, para protección de los intereses de uno de los contratantes frente a circunstancias sobrevenidas» (Díez-Picazo, L. [1993]. *Fundamentos...*, vol. I, 4ª ed. Civitas. Madrid, pp. 431-432).

22 De Fuenmayor Champín, A. (1941) *La revocación de la propiedad.* CSIC, Instituto Francisco de Victoria, Madrid, p. 82.

23 Sánchez-Calero, B. (2007). *La revocación...*, cit. p. 21.

24 De Fuenmayor Champín, A. (1941). *La revocación...*, cit. p. 82.

y de otras ineficacias reconocidas por la ley como la resolución o la rescisión. Pero merece la pena detenerse en las notas que distinguen la revocación de otras formas de ineficacia

1.- La revocación se distingue de la invalidez (tanto de la anulabilidad como de la nulidad) porque esta alude a supuestos de ineficacia estructural por defectos que concurren en la fase de formación del negocio[25], mientras que la revocación —como ha señalado García García— supone «la ineficacia sobrevenida de un negocio jurídico por retracción unilateral de una de las partes en los casos tipificados

---

25 La nulidad es una causa de ineficacia estructural de contratos inválidos ya por ir *contra legem* (6.3 CC), ya por no reunir los requisitos del art.1261 CC, ya por falta de forma *ad solemnitatem*; y la anulabilidad es una causa de ineficacia estructural de contratos inválidos en que concurren los requisitos del art. 1261 CC, pero adolecen de algún vicio que lo invalida con arreglo a la ley (1300 CC).

en la Ley»[26]; la invalidez, por tanto, debe concurrir en el momento de formación del negocio; la revocación posteriormente[27].

2.- La revocación se distingue de la resolución (supuesto también, como la revocación, de ineficacia *stricto sensu*) porque, en el ámbito del negocio jurídico gratuito, hay resolución cuando la donación resulta ineficaz por causas dependientes de la voluntad de las partes contratantes, mientras que hay revocación cuando tal ineficacia proviene de un precepto expreso de la Ley[28]. Así,

---

26 García García, J.M. (1993). *Derecho inmobiliario*.... T. II, Civitas, Madrid, p. 525. Y es que, para poder hablar de revocación de la propiedad, debe existir —dice De Fuenmayor Champín— una enajenación válida: «no son casos de revocación de la propiedad, la nulidad ni la anulabilidad. En la nulidad, nada se extingue, pues nada existió jurídicamente; nada se readquiere, pues nada se perdió; la existencia y la extinción, la pérdida y la recuperación, sólo son aparentes, no tienen realidad más que en el mundo físico, no en el jurídico. Más difícil es separar claramente la revocación de la anulación», pero, en todo caso, en la anulabilidad existe una enajenación imperfecta, hija de una voluntad viciada o manifestada en un acto constitutivo defectuoso, mientras que —en la revocación— la enajenación fue perfecta sin vicio alguno de la voluntad. Además, en la anulabilidad si el dominio vuelve al enajenante, no es en virtud de una nueva voluntad de éste, sino como consecuencia de su primera voluntad, ya esclarecida, mientras que en la revocación «la readquisición se verifica por el nacimiento de una nueva voluntad del enajenante, distinta en absoluto de la primera, con la que no tiene ningún nexo de dependencia» (en *La revocación...*, cit., pp. 85-86). En el mismo sentido, Díez-Picazo, L. (1995). *Fundamentos...*, vol. III, cit. p. 893.

27 Señala Torrente que la revocación no se confunde con la invalidez del negocio porque, en aquella, la donación no está afectada por ningún vicio. La ingratitud y la superveniencia de hijos son hechos posteriores a la perfección del negocio y a su misma eficacia; además, constituyen hechos ajenos al propio negocio (en Torrente, A. [1956]. «La donazione». *Trattato di Diritto Civile y Comérciale*, vol. XXII, Dott. A. Giuffrè–Editore, Milano, p. 554).

28 Castán Tobeñas, J. (1988) *Derecho civil*...T 4, cit. p. 247 y la doctrina citada por Sánchez Calero, B. (2007). *La revocación...*, cit. en p 30, n. 22.

llegará a afirmar, con razón, Castán que la resolución de las donaciones se produce por el cumplimiento de condiciones resolutorias y no constituye una teoría especial, sino una aplicación de principios generales propios de todos los contratos; en cambio, la revocación representa una de las figuras más características y singulares del régimen jurídico de la donación[29].

Por tanto, dice De Fuenmayor, no cabe emplear el término «revocación», cuando el *tradens* recobra su dominio por cumplimiento de una condición resolutoria, y ello porque no existe revocación cuando no se manifieste un poder negativo, contrapuesto al positivo, que dio lugar a un acto jurídico[30]. En caso de cumplimiento de la condición resolutoria, no hay revocación, sino originaria autolimitación de la voluntad que originó el acto, faltando, por tanto, una segunda declaración de voluntad que niegue a la primera. Por eso, por tratarse de condiciones resolutorias, no cabe hablar, como hacen muchos, de revocación de la propiedad, entre otros supuestos, en el pacto de reversión de la donación (art. 641 CC)[31].

Finalmente, la resolución de la donación por cumplimiento de condición resolutoria y la revocación de la donación por incumplimiento del modo impuesto al donatario también se distinguen porque, aunque en ambos casos, la donación será privada de efectos *ex tunc,* en el primer caso la resolución tiene lugar de pleno derecho, mientras que, en el segundo, es necesaria para la revocación el ejercicio de la correspondiente acción[32].

3.- La revocación se distingue de la rescisión porque, aunque ambas —a diferencia de la invalidez— se refieren a «contratos váli-

---

29 Castán Tobeñas, J. (1988) *Derecho civil...*T 4, cit. p. 247.

30 De Fuenmayor Champín, A. (1941). *La revocación...*, cit. p. 89.

31 Ibidem p. 90.

32 Sánchez-Calero, B. (2007). *La revocación...*, cit. p. 31.

damente celebrados» (art. 1290 CC)[33], la rescisión se basa en la equidad y persigue reparar la injusticia o perjuicio económico objetivo que afecta al contrato desde su origen, mientras que la revocación depende de la voluntad del transmitente, quien se arrepiente de la enajenación, y no tiene como objetivo reparar un perjuicio, siendo «una prima concedida por la Ley a la autonomía de la voluntad»[34].

Ubicada la revocación dentro del sistema de ineficacias y deslindada de figuras próximas, podemos ya definir en concreto la revocación de donaciones como aquella declaración de voluntad del donante dirigida a dejar sin efecto una donación previamente realizada a favor del donatario[35]. El reconocimiento, en determinados supuestos excepcionales, de dicha facultad revocatoria al donante se funda en que las transmisiones a título gratuito no tienen la firmeza de las adquisiciones a título oneroso por lo que, ante la gratuidad de la atribución, en determinadas circunstancias, y para proteger los intereses del donante, e incluso de sus herederos, la Ley admite la revocación[36].

---

33 Así, indica Torrente que, dado que con la revocación se da relevancia a hechos sobrevenidos a la perfección del negocio, se excluye también que pueda encuadrarse en la figura de la rescisión, la cual presupone una causa coetánea a la formación del propio negocio (Torrente, A. [1956] «La donazione», cit. p.554).

34 Sánchez-Calero, B. (2007). *La revocación...*, p. 33 con cita de De Fuenmayor Champín.

35 Ibidem. p. 22.

36 Ibidem. p. 32. Y es que, como tuve ocasión de exponer en otro trabajo, la gratuidad del título de adquisición hace al tercero, donatario, que no ha realizado ningún sacrificio patrimonial menos digno de tutela que al adquirente a título oneroso que sí ha realizado dicho sacrificio y que, por ello, puede verse más perjudicado por una ineficacia del negocio jurídico, por lo que el ordenamiento es más flexible para admitir supuestos de ineficacia en las adquisiciones a título gratuito que en las adquisiciones onerosas (Trincado Aznar, J.Mª. [2022]. *Invalidez...*, cit. pp. 301 y 302).

Dicha revocación se inspira, más concretamente, en la tutela de intereses superiores de orden familiar (en la revocación por ingratitud superveniencia de hijos) o de orden moral (en la revocación por ingratitud del donatario); y para tutelar dichos intereses la ley atribuye un poder al donante de reconsiderar la oportunidad del acto de donación, en relación con circunstancias sobrevenidas a la conclusión del negocio[37], presumiendo la ley —según la doctrina mayoritaria— que si el donante hubiera conocido, al contratar, dichas circunstancias no habría donado o lo habría hecho en circunstancias diversas[38].

Siguiendo a Sánchez Calero[39] y a Torrente[40], podemos extraer de dichas afirmaciones las siguientes conclusiones sobre la institución jurídica de la revocación de donaciones:

---

37 Sánchez-Calero, B. (2007). *La revocación...*, cit. p. 33.

38 En este sentido, entre otros, De Los Mozos, J.L. (2000). *La donación en el Código Civil y a través de la jurisprudencia*, Dykinson, Madrid, p. 384; Maluquer, C.J. (2004). «Donación y Revocación», *Libro homenaje al profesor Manuel Albaladejo García*, T II. Univ. de Murcia, p. 2963; Rodríguez Martínez, M.E. (2011). «Comentarios...», cit. p. 187; Albiez Dohrmann, K.J. (2013). «Comentarios a los arts. 618-653 CC». *Comentarios al Código Civil.* T. IV, Tirant Lo Blanch, Valencia, p. 4933; Berrocal Lanzarot, A.I. (2010). «La revocación...» cit. p. 1880. No obstante, dicha postura doctrinal mayoritaria fue criticada por Díez-Picazo quien señalaba que «la idea de la voluntad presunta no pasa de ser una ficción» siendo «de imposible existencia, pues si el donante hubiese previsto o podido prever la ingratitud del donatario o hubiera establecido una expresa condición o no hubiera donado» (Díez-Picazo, L. [1980]. «Las causas de revocación de donaciones por ingratitud del donatario: La imputación de un delito al donante». *Estudios de Derecho privado.* Civitas, Madrid, p. 217). Por otro lado, la imposibilidad de renunciar a la acción de revocación —arts. 645 y 652 CC— parece desvirtuar dicho fundamento de la voluntad presunta del donante.

39 Sánchez-Calero, B. (2007). *La revocación...*, cit. p. 34.

40 Torrente, A. (1956). «La donazione», cit. pp. 557-558.

a) La revocación ampara, principalmente, intereses no patrimoniales, siendo el efecto patrimonial simple consecuencia del ejercicio de la facultad revocatoria por el donante. Por ello, la acción revocatoria es irrenunciable anticipadamente (arts. 646 y 652 CC) y tiene un carácter personal, pudiendo ejercitarse, también y bajo ciertas circunstancias, por los herederos del donante, no tanto porque estos se coloquen en la posición patrimonial del donante, sino porque dichos herederos tienen un interés propio no patrimonial conexo con el interés patrimonial. Frente a ello, la resolución se dirige a amparar, principalmente, intereses patrimoniales[41].

b) La revocación valora situaciones que tienen lugar y acaecen posteriormente a la perfección de la donación. Y, en dicho sentido, y como ya expusimos, no se trata de una invalidez del negocio (que exige que el vicio exista al contratar), sino de una ineficacia sobrevenida del mismo.

c) La revocación constituye el ejercicio de un derecho potestativo que la ley atribuye al donante y se produce en virtud de un cambio de voluntad del *tradens*, mediante el ejercicio de una potestad reconocida por la Ley[42]; pero dicho poder está subordinado a la existencia de los presupuestos determinados taxativamente por el ordenamiento cuya concurrencia debe controlar el juez[43].

---

41 Sánchez-Calero, B. (2007). *La revocación...*, cit. p. 34.

42 Así, entre otros, De Fuenmayor Champín, A. (1941). *La revocación...*, cit., p. 87. Sin embargo, Díez-Picazo cree que es una facultad (facultad revocatoria) siendo su función meramente negativa, porque no crea, sino que destruye lo que antes se quiso (Díez-Picazo, L. [1995]. *Fundamentos del Derecho civil patrimonial*, vol. III, Civitas, Madrid., cit. p. 893).

43 En este sentido, afirma De Fuenmayor Champín que «se requiere la atribución por el ordenamiento jurídico de esa facultad para el supuesto de sobrevenir circunstancias graves que justifiquen la perdida y la readquisición. No cabe imaginar una revocación *ad libitum*» (De Fuenmayor Champín, A. [1941]. *La revocación...*, cit., p. 76).

En definitiva, la revocación de las donaciones permitida en el CC es, para la doctrina mayoritaria, una excepción al principio de irrevocabilidad de los contratos del art. 1256 CC, derivada de las peculiaridades de la donación como acto a título gratuito, y supone dejar sin efectos la donación, ya perfeccionada, por la voluntad unilateral del donante, en los casos en que concurre una causa de revocación reconocida por la Ley[44].

Ejercitada por el donante la facultad revocatoria cuando concurran las causas previstas por la ley, el donante recuperará el dominio, pero es necesario precisar si dicha extinción del dominio en el *accipiens* y recuperación del dominio en el *tradens* se produce automáticamente e *ipso iure* cuando se da alguna de aquellas causas (revocación real), o si simplemente se reconoce al *tradens* un derecho de crédito dirigido a la readquisición de la cosa (revocación obligacional). La opción por una u otra forma de revocación dependerá, señala De Fuenmayor, del sistema de adquisición de la propiedad que adopte cada ordenamiento. En nuestro caso, dado que la ley acoge la teoría del título y el modo, la revocación real se encuentra notablemente dificultada. Ello se debe a que el dominio no puede ser recuperado *ipso iure* por el propietario original, sino que, por razones dogmáticas elementales, se exige una nueva tradición; es decir, un acto por parte del adquirente destinado a retransmitir el derecho al titular primitivo, al revocante[45]. Por tanto,

---

44 Sanz Viola, A.M. (2003). «Sentencia de 19 de febrero de 2003. Donación: revocación por ingratitud», *CCJC* nº 62, pp. 763-780. En la doctrina, resaltan dicho principio de irrevocabilidad de la donación, entre muchos otros, Albiez Dohrmann, K.J. (2013). «Comentarios...», cit. pp. 4912-4917; Gutiérrez Santiago, P. (2017). «Revocación…», cit. p. 530, n.3; Sánchez Calero, B. (2007). *La revocación...*, cit. p. 35. En la jurisprudencia puede verse, entre otras, las STS 07/07/1978 (TOL2.190.320); STS 21/05/1984 (TOL1.737.753); STS de 15/11/2023 (TOL9.779.884).

45 De Fuenmayor Champín, A. (1941). *La revocación…*, cit., p. 95. También en la doctrina italiana se ha defendido el carácter obligacional y no real de la revocación afirmando Montecchiari que la sentencia

la concurrencia de alguna causa de revocación de los arts. 644-653 CC no provoca automáticamente la revocación de la donación, sino que simplemente permite al donante, si quiere, solicitarla extrajudicialmente y, si el donatario se resiste, judicialmente mediante el ejercicio por el donante de la correspondiente acción judicial, teniendo la sentencia carácter constitutivo[46].

Si prospera la acción interpuesta por el donante, se produce la revocación, cuyo efecto principal es la restitución al donante de la cosa donada. Ello genera problemas si el bien no está en poder del donatario, o si está gravado; y si el bien produjo frutos o el donatario realizó mejoras u otros gastos en él, debiendo determinarse el estado posesorio desde la interposición de la demanda. A dichos problemas haremos referencia a lo largo de esta obra.

Finalmente, los efectos de cualquier forma de ineficacia, en abstracto, pueden ser *ex tunc* (cuando tiene lugar con efecto retroactivo, borrando los actos y relaciones jurídicas que se hayan producido en el intervalo entre donación e ineficacia) o *ex nunc* (si carece de retroactividad)[47]. En el caso de la revocación, y a la vista de su naturaleza obligacional, y no real, los efectos de dicha ineficacia serán los propios de una obligación que tiene

---

que declara la revocación de la donación tiene carácter constitutivo y produce efectos obligatorios y no reales, en cuanto crea la obligación para el donatario de restituir al donante los bienes donados (Montecchiari, T. [2010]. «La revocazione...», cit. p. 417).

46 De Fuenmayor Champín, A. (1941). *La revocación...*, cit., p. 166. Añade este autor que, fecha de la revocación, será la de la sentencia que la pronuncie, por el carácter constitutivo de ésta, no pudiendo referirse al momento de la demanda, porque, si bien el poder de la revocación reside exclusivamente en la voluntad del donante —que es el único que tiene la iniciativa de su ejercicio— los efectos que la Ley atribuye a tal ejercicio se deben concurrentemente a la demanda de quien quiere revocar y a la declaración del juez que la recoge (ibidem. p. 167).

47 De Fuenmayor Champín, A. (1941). *La revocación...*, cit., pp. 95 y 96 y Sánchez-Calero, B. (2007). *La revocación...*, cit. p. 39.

por prestación la tradición de la propiedad al revocante, por lo que por regla general, y con las salvedades que veremos en esta obra (vide arts. 645, 647 II y 649 CC), la ineficacia produce efectos *ex tunc* cuando dicha ineficacia tiene lugar por una causa prevista por las partes al celebrar el negocio (p. ej. condición resolutoria) y *ex nunc* cuando dicha ineficacia tiene lugar por una causa imprevista al contratar (p. ej. revocación de donaciones por supervivencia o superveniencia de hijos, art. 645 CC).

B.- Las causas de revocación de las donaciones en el derecho común

Definida ya la revocación en el capítulo anterior y ubicada dicha figura jurídica dentro del sistema de ineficacias, corresponde ahora el estudio de las causas de revocación de las donaciones en el derecho común. A ello dedicaré las siguientes líneas.

Superado el error inicial, atribuido a Napoleón, que negaba naturaleza contractual a la donación y lo calificaba como simple acto, la doctrina y jurisprudencia, casi unánime, considera a la donación un contrato —porque exige aceptación del donatario para perfeccionarse— y ello, aunque el artículo 618 CC, le llame «acto de liberalidad» y, no se ubique sistemáticamente con los demás contratos[48]. Afirmada dicha naturaleza contractual de la

[48] La calificación de la donación como «acto» y no como «contrato» —calificación errónea que incluso recoge el art. 618 CC— se atribuye al error de Napoleón, reflejado en el Code, quien no concebía que pudieran existir contrato sin obligaciones recíprocas para los dos contratantes. No obstante, para la jurisprudencia y doctrina mayoritaria la donación es un contrato, aunque sistemáticamente se regule aparte de los demás contratos, porque es un acuerdo de voluntades —como resulta de los arts. 621, 624, 628 y 1274 CC y de los arts. 629 y 630 CC— que requiere aceptación del donatario. Han defendido dicha naturaleza contractual entre muchas otras sentencias, la STS 13/05/2000 (TOL2.615); STS:31/03/2001 (TOL4.964.889); y la STS 15/11/2007 (TOL1.221.231); y en nuestra doctrina Albaladejo, M. y Díaz Alabart,

donación, entiende la doctrina mayoritaria que se trata de un contrato unilateral porque genera obligaciones solo para una de las partes: el donante. Y es que, aunque alguna sentencia aislada del TS sostiene que el contrato de donación simple y modal presenta cierta bilateralidad[49] —porque en la donación simple el donatario asume, en virtud de dicho contrato, la obligación (secundaria, pero obligación) de alimentar al donante, si este lo precisa (art. 648.3° CC en la interpretación de la doctrina que luego expondremos) y en la donación modal el donatario asume la obligación de realizar una prestación de dar, hacer o no hacer (el modo)—, comparto, por el contrario, la doctrina y jurisprudencia mayoritaria que, sin negar dichos resquicios de bilateralidad, afirman que los mismos no alteran la naturaleza de la donación porque dichas obligaciones no constituyen contraprestaciones exigidas al donatario para lograr su enriquecimiento, es decir, no se configuran como prestaciones recíprocas propias del sinalagma que caracteriza a los contratos bilaterales[50].

S. (2006). *La donación*, CORPME, Madrid, p. 29 y ss. y la doctrina citada en p. 34 n. 6 quater; y Berrocal Lanzarot, A. I. [2010]. «La revocación de las donaciones». *RCDI*, nº 720, p. 1871 n. 20. En todo caso, para dicha tesis mayoritaria se trataría de un contrato unilateral (requiere acuerdo de las partes pero, a diferencia del contrato bilateral, no genera obligaciones reciprocas para ambas partes), normalmente transmisivo (la transmisión de lo donado es simultaneo al acuerdo si lo que se dona es un derecho que no necesita de tradición para su traspaso o si, necesitándola, se entrega a la vez como sucede mediante tradición instrumental en la donación de inmuebles), pero que puede ser, por excepción, meramente obligatorio (en este sentido, *vide* Albaladejo, M. y Díaz Alabart, S. [2006]. *La donación*, cit. p. 35 y ss. especialmente p. 39, n. 14 con enumeración de la doctrina mayoritaria a favor de la donación obligatoria que ahí cita y la doctrina minoritaria en contra).

49 Así, por ejemplo, la STS 28/07/1997 (TOL 215193) considera a la donación modal como «negocio jurídico del cual se derivan obligaciones recíprocas».

50 En la doctrina, entre otros, niegan dicha bilateralidad Albiez Dohrmann, K.J. (2013). «Comentarios...», cit. p. 4737; Costas Rodal, L.

El contrato de donación, una vez que se perfecciona, es —por regla general y al igual que cualquier otro contrato— irrevocable[51]. Esta irrevocabilidad se fundamenta en razones morales y jurídicas. Desde el punto de vista moral, no sería aceptable, y así lo expresa con claridad nuestro sabio refranero, pretender la restitución de aquello que fue donado[52]. Desde el punto de vista jurídico, la perfección del contrato implica su irrevocabilidad e inmutabilidad unilateral, como resulta del art. 1.256 CC[53]. En este sentido, nuestra jurisprudencia registral ha reiterado que «la irrevocabilidad de la donación sigue siendo un principio general en nuestro Derecho por aplicación del art.1256 CC,

---

(2013). «Contrato de donación». *Tratado de contratos.* T. II. 2ª ed. Tirant Lo Blanch, Valencia, p. 2540; Díez-Picazo L. y Gullón, A. (2018). *Sistema de Derecho Civil,* vol. II, 12ª ed. Tecnos, Madrid, p. 68 quienes destacan que «el desplazamiento patrimonial hacia el donatario no va acompañado de ninguna contraprestación de este». En la jurisprudencia, entre otras, niegan dicha bilateralidad la STS 16/12/1992 (TOL1.661.034) y STS 06/04/1999 (Tol 1466). Por su parte, Anderson, aunque ubica la donación en la categoría de los negocios gratuitos, admite un cierto nivel de onerosidad sin, por ello, alterar la naturaleza de dicho contrato (en Anderson, M. [2005]. *Las donaciones onerosas,* CORPME, Madrid, p. 58 *et passim*).

51 La doctrina y derecho consuetudinario francés expresan este principio con el brocardo «*donner et retenir ne vaut*» —«no vale donar y retener al mismo tiempo»—. *Vide,* sobre dicho principio, Cristóbal Montes, Á. (1969). «El principio de irrevocabilidad de las donaciones». *RGLJ,* T. 226, pp. 699 y ss.; Gutiérrez Santiago, P. (2017). «Revocación…», p. 530, n.3; Albiez Dohrmann, K.J. (2013). «Comentarios...», cit. p. 4912.

52 «Lo dado, dado; lo prestado, prestado» o «Santa Rita, Rita, Rita lo que se da no se quita».

53 Vivas Tesón, I. (2012). «Gratuidad de la donación y tutela del donante». *RADP,* nº 29, pp. 47-69. En el mismo sentido, Rogel Vide, C. (2024). *Revocabilidad de la donación por ingratitud del donatario,* Reus, Madrid, p. 76; Costas Rodal, L. (2013). «Contrato...» cit. p. 2526. Véase, asimismo, la numerosa doctrina citada por Gutiérrez Santiago, P. (2017). «Revocación…», cit. p. 530, n. 5.

el cual, aun estando en sede de contratos, rige también para las donaciones entre vivos por virtud de la remisión contenida en el artículo 621 CC»[54]. Por otro lado, reconocer al donante la facultad unilateral de revocar la donación, atentaría contra el derecho de propiedad sobre el bien donado que ostenta el donatario, y privaría de sentido a la donación[55].

A pesar de dicho principio general favorable a la irrevocabilidad, la ley permite excepcionalmente a quien dispone a título gratuito de sus bienes a cambio de nada revocar libérrimamente la donación si es una donación *mortis causa,* y siempre que se den determinados supuestos excepcionales recogidos en tres supuestos taxativos de revocación en el CC, si es una donación *inter vivos*[56].

Al ser la revocación de la donación, según la doctrina y jurisprudencia mayoritaria, una excepción al principio de irrevocabilidad del contrato[57], el Ordenamiento —en aras de la seguridad jurídica

---

54 Entre otras muchas, RDGRN de 20/02/2017 (TOL5.983.860); RDGRN de 27/03/2019 (TOL7.179.873); y RDGSJFP de 29/10/2020 (TOL8.211.796) etc.

55 Costas Rodal, L. (2013). «Contrato...» cit. p. 2526.

56 Como señala Lacruz, siendo la donación un contrato gratuito, que acarrea el empobrecimiento de una parte y el correlativo enriquecimiento de la otra; y en la que el donante se despoja de una porción de su patrimonio sin compensación alguna, en pura pérdida, mientras el donatario obtiene una ganancia limpia, es razonable que se faculte al donante a recuperar el bien donado cuando se producen ciertos eventos en los que la ley supone que, de conocerlos, no hubiera realizado la liberalidad: causas reguladas en los arts. 644 y ss. (en Lacruz Berdejo, J.L. *et al.* [1986]. *Elementos*...II, Vol. 3, Dykinson, Barcelona, p. 144).

57 En la doctrina, resaltan dicho principio de irrevocabilidad de la donación, entre muchos otros, Albiez Dohrmann, K.J. (2013). «Comentarios...», cit. pp. 4912-4917; Gutiérrez Santiago, P. (2017). «Revocación...», cit. 530, n.3; Sánchez Calero, B. (2007). *La revocación...*, cit. p. 35. En la jurisprudencia puede verse, entre otras, las STS de 07/07/1978 (TOL2.190.320); STS de 21/05/1984 (TOL1.737.753), y STS de 15/11/2023 (TOL9.779.884). En todo caso, no faltan autores

y para evitar que el donante pueda arrepentirse arbitrariamente de la donación y deshacer «*ad libitum*» la transmisión realizada y para, asimismo, tutelar los intereses del donatario de mantener el contrato ya perfeccionado[58]—, fija supuestos taxativos, excepcionales y de interpretación restrictiva de revocación del negocio jurídico a título gratuito. A dicha excepcionalidad también contribuye el hecho de que la ley considera que las solemnidades exigidas para la validez de la donación, recogidas en los arts. 632 y 633 CC, garantizan suficientemente la constancia de la voluntad liberal del donante, aceptada expresamente por el donatario. Tales exigencias formales son, en sí mismas, suficientes para impedir que el donante pueda invocar posteriormente una presunción de error o equivocación, alegando haber entregado una cosa no debida[59].

Los supuestos taxativos de revocación de las donaciones *inter vivos* previstos en el CC, con carácter de *numerus clausus*, son tres[60]: la superveniencia o supervivencia de hijos (art. 644 CC);

---

que, en posición minoritaria, niegan que la revocación sea una excepción al principio de irrevocabilidad del contrato porque las causas de revocación previstas por la ley dependen, dicen, de acontecimientos que el donante no puede provocar, por lo que no serían, *stricto sensu*, excepciones al principio de irrevocabilidad el cual significa, exclusivamente, que el donante no puede reservarse algún modo de recuperar, por su voluntad, los bienes donados (*vide*, en este sentido, Souleau, Henri. [1982]. *Les libéralités*. Ed. A. Colín, París p. 99).

58 Sánchez Calero, B. (2007). *La revocación...*, cit. p. 34, n. 37, con cita de doctrina extranjera.

59 Ibidem p. 36.

60 No obstante, un importante sector doctrinal admite, al amparo del principio de autonomía de la voluntad (art. 1255 CC) que las partes puedan introducir en el contrato de donación causas convencionales de revocación añadidas a las previstas en el CC (e incluso excluir las causas legales de revocación). A favor de la posibilidad de dicho pacto de revocabilidad convencional cabe citar la ley 162 del FNN, y, en la doctrina, a Albaladejo García, M. (2006). *La donación*, cit. p. 840; Albiez Dohrmann, K.J. (2013). «Comentarios...», cit. p. 4914;

el incumplimiento de alguna de las cargas que aquel le impuso al donar (art. 647 CC), y la ingratitud del donatario (art. 648 CC)[61]. A su estudio dedicaremos este libro que completaremos, al compartir su naturaleza de ineficacia sobrevenida de la donación, con la donación reversional.

Finalmente, se ha preguntado la dogmática civil española si las causas de revocación de la donación respetan el derecho constitucional a la propiedad privada del donatario. En efecto, la revocación de la donación hace perder al donatario la propiedad que ya había adquirido, por la aceptación, del bien donado, por lo que dicha revocación extingue la propiedad del donatario y cancela una enajenación. Y en dicho sentido, sería un modo de extinguir la propiedad adquirida derivativamente[62]. Dicho efecto extintivo de la propiedad ya adquirida hizo que se plantearan dudas sobre la constitucionalidad de dicha figura jurídica (en

---

De la Válgoma, M. (1981). «Revocación...», cit. p. 396; Costas Rodal, L. (2013). «Contrato...», cit. p. 2526; Berrocal Lanzarot, A.I. (2010). «La revocación...», cit. p. 1875; Gutiérrez Santiago, P. (2017). «Revocación...», cit. p. 530. En contra de dicho pacto —principalmente por el carácter taxativo de las causas de revocación y porque una ineficacia sobrevenida por voluntad de las partes encuadra mejor en la reversión del art. 641 CC que en la revocación de los arts. 644-648— véase Rodríguez Martínez, M.E. (2011). «Comentarios...», cit. p. 184.

61 A dichas causas hay que añadir la posibilidad de revocar la donación, mientras el donante desconozca, de buena fe, la aceptación del donatario como se deduce de los arts. 623 y 629 CC (Albiez Dohrmann, K.J. [2013]. «Comentarios...», cit. pp. 4913-4914). Sobre la teórica antinomia entre los arts. 623 y 629 CC la jurisprudencia se inclina por interpretar que la donación se perfecciona por la aceptación (art. 629), pero puede revocarse hasta que el donante no conozca la aceptación del donatario (art. 623) (así, entre muchas otras, STS 17/04/1998 [TOL 5119819]; RDGRN de 01/07/2003 [TOL296.880]; RDGRN de 17/05/2006 [TOL951512]). *Vide* más ampliamente sobre dicha antinomia Sánchez Calero, B. (2007). *La revocación...*, cit. pp. 28-29.

62 Sánchez-Calero, B. (2007). *La revocación...*, cit. p. 21.

concreto del art. 644.1 CC) por posible vulneración del derecho a la propiedad privada reconocido en el art. 33 CE y vulneración de la garantía que este consagra de que «nadie podrá ser privado de sus bienes y derechos sino por causa justificada de utilidad pública o interés social». No obstante, la STS 22/06/1989 (Tol 1730751) resolvió tales dudas y consideró ajustada a la CE dicha institución —negándose a plantear cuestión de inconstitucionalidad ante el Tribunal Constitucional— argumentando que «la propiedad se pierde por justa causa con arreglo a derecho» siendo «la revocación de las donaciones, en los casos establecidos por la Ley, otra de estas justas causas (junto con la expropiación forzosa) de perderlo». Además, argumenta *a fortiori* Albiez Dohrmann, si el art. 644 CC tiene por finalidad proteger a la familia o los derechos sucesorios de los hijos sobrevenidos o supervivientes, dicho precepto resulta plenamente coherente con el art. 33 CE, que no solo reconoce y protege el derecho a la propiedad privada, sino también el derecho a la herencia[63].

C.- La revocación de la donación por supervivencia o superveniencia de hijos en el derecho común

La revocación de la donación por supervivencia o superveniencia de hijos muestra una clara distinción con otras causas de revocación porque el donatario se ve privado de la propiedad ya adquirida del bien donado por un hecho no culpable completamente ajeno a su voluntad: el advenimiento después de la donación de un hijo del donante (o la supervivencia del que creía muerto). Ello, unido a otras razones, ha provocado que sea esta la causa de revocación más polémica[64] y la que generó

---

63 Albiez Dohrmann, K.J. (2013). «Comentarios...», cit. p. 4921.

64 Exponía Mucius Scaevola que de las tres causas de revocación —el «*trípode*» en palabras de este autor— que conoce el CC, la ingratitud y el incumplimiento del modo no han suscitado jamás problemas:

una crítica más intensa en su tramitación parlamentaria por los riesgos que implicaba[65], habiéndose defendido *de lege ferenda* su

---

la ingratitud, ciertamente poco evangélica, porque la represalia es de todos los sentimientos humanos el que pide mayor y más pronta satisfacción y el incumplimiento del modo porque cuando se pactan obligaciones reciprocas y uno de los estipulantes no cumple sus deberes, la rescisión es secuela obligada (Mucius Scaevola, Q. [1896]. *Código Civil,* T. XI p. 662). Por contra, la causa prevista en el art. 644 CC ha sido discutida y evolucionó hacia su supresión (ibidem). A la revocación de la donación por supervivencia o superveniencia de hijos se le ha criticado, dice Gutiérrez Santiago (1) su carácter anómalo e ilógico, al crear inseguridad jurídica y tratar injustamente al donatario que se ve privado del bien cuya propiedad ya adquirió por causa no imputable a él sino a circunstancias del donante; (2) que el donante que recupera el bien donado podrá disponer libérrimamente de él pudiendo, incluso, donarlo de nuevo a un tercero y, esta vez, de modo irrevocable; (3) que es una causa de revocación superflua o innecesaria porque los problemas que pretende solucionar —el interés de los hijos cuya existencia se ignoraba— ya está cubierto con el mecanismo de la reducción (en Gutiérrez Santiago, P. [2017]. «Revocación...» cit. p. 533, n. 10). Asimismo, se ha dicho que facilita el fraude de ley, sobre el que ya advirtieron los legisladores que participaron en su redacción (véase nota siguiente), porque basta que el donante que se arrepienta de la donación que hizo cuando no tenía hijos, adopte o reconozca a uno, para poder revocar la donación. *Vide* más ampliamente sobre esas y otras criticas Castán Tobeñas, J. (1988). *Derecho Civil...,* T.4, cit. p. 250; Marín Castán, F. (2000). «Comentarios...», cit., pp. 185-186; y Lete del Río, J.M y Lete Achirica, J. (2006). *Derecho de Obligaciones, II (Contratos),* Thomson Aranzadi, Navarra, p. 310, n.3.

65 Así, por ejemplo, en el debate mantenido en la sesión del Congreso del 23/03/1889 (Diario de sesiones de Cortes nº 77, pp. 2051-2052) el diputado Manuel Danvila y Collado —tras resaltar la contradicción que existía entre la libertad de contratación que inspiró nuestro CC y la amplia admisión de la revocación de donaciones— considera incomprensible que se aplique dicho art. 644 CC a las personas solteras que no tengan hijos porque en el fondo niega a estas la capacidad para disponer irrevocablemente de sus bienes «en la forma que tenga por conveniente». Asimismo, advierte de los riesgos que encierra esta causa

modificación[66]. En todo caso, también hay que resaltar que la incidencia judicial de esta causa es casi testimonial.

1.- Antecedentes históricos

Recoge el Corpus Iuris Civilis (C.8,55(56),8) la constitución «*Si umquam*» (*Si alguna vez*) del año 355 d. C. que dice: «si alguna vez el patrono dona a sus libertos todos sus bienes o parte de ellos, y luego tuviera hijos, todo lo que haya donado debe revertir y permanecer bajo el control y la autoridad del mismo donante»[67]. Se ha discutido si esta constitución es un edicto (respuesta con valor y alcance general y normativo y válida *erga omnes*) o un rescripto

---

revocatoria al decir «mañana, por ejemplo, un soltero se arrepiente, viene a peor condición, finge que tiene un hijo natural, se casa si hay necesidad, y de esta manera tenéis fácilmente revocada la donación que haya hecho, y que acaso ha podido pasar, si se trata de bienes inmuebles, a poder de terceros, y creáis las mayores complicaciones posibles. Contrariáis, por consiguiente, el principio de la libre contratación, y establecéis en el art. 644 un semillero de cuestiones judiciales».

66 Sobre una crítica al art. 644 CC y un intento de extender la facultad revocatoria, mediante una interpretación forzada del precepto, al donante que ya tenía hijos al donar y tiene posteriormente más descendencia véase Cuena Casas, M., «Revocación de donaciones: ¿se puede revocar una donación por tener un hijo si ya se tenía uno en el momento de donar», (en línea), (2016): <http://hayderecho.com/2016/10/10> (Consulta: 12/03/2025). Comparto la crítica a dicha tesis que realiza Gutiérrez Santiago quien considera que la posición de la prof. Cuena esconde una sugerencia, *de lege ferenda*, de reforma de dicho precepto pero que, *de lege lata*, es insostenible (Gutiérrez Santiago, P. [2017]. «Revocación...», cit. pp. 537-538).

67 C.8.55(56).8: «Impp. Constaníius et Constans AA. ad Philippum pp. Si umquam líbertis patronus filios non habens bona omnia vel partem aliquam facultatum fuerit donatione largitus et postea susceperit liberos, totum quidquid largitus fuerit revertatur in eiusdem donatoris arbitrio ac dicione mansurum (a. 355)».

(respuesta a un caso particular que servía para aclarar o interpretar la ley en situaciones concretas y tomando en consideración circunstancias especialísimas, pero que carecía de valor general) considerando Savigny que se trata de un edicto «y el derecho de revocación, que es siempre una excepción a la regla, el edicto lo concede al patrono en el caso único de sobrevenir hijos» por lo que no podía extenderse a otras personas[68].

En todo caso, conviene precisar con Murillo Villar que estamos aludiendo a supuestos en los que el padre, al realizar la donación, carecía de hijos porque si ya tenía hijos y posteriormente incrementaba su prole, no cabría revocar la donación por superveniencia, sino que debería acudir a la «*querela inofficiosae donationis*» si no pudiera completarse la legítima[69].

A partir del Medievo, la facultad revocatoria por superveniencia de hijos ya no se limitará, como sucedía en C.8,55(56),8, a la donación del patrono al liberto, sino que se extiende a toda donación[70]. Y, así, nuestro Código de Partidas (P.5,4,8), con notables coincidencias y ligeras diferencias con relación a la ley «*si umquam*», acoge dicha expansión y afirmará: «Muevense los omes a las vegadas a fazer donaciones, porque no han fijos ni han esperanza de los aver. E porende dezimos que si alguno, por tal razón diesse a otro todo lo suyo, o gran partida dello, que si después oviesse fijo, o fija, de su muguer legítima, con que casasse después, que luego que los ha, es revocada, porende la donación, e non debe valer en ninguna manera...».

---

68 Savigny, FK von. (1879). *Sistema del Derecho romano actual,* T. III. Ed. F. Góngora y Compañía. Madrid, pp.149-150; Murillo Villar, A. (2007). *La revocación de las donaciones en el derecho romano y en la tradición romanística española,* Universidad de Burgos, p. 48.

69 Murillo Villar, A. (2007). *La revocación...*, cit. p. 50.

70 Murillo Villar, A. (2007). *La revocación...*, cit. p. 48; Díaz Alabart, S. (1986). «Comentarios...», cit. p. 304.

Recogido, en pleno siglo codificador, el supuesto de superveniencia de hijo por el Proyecto de Código Civil de 1836 (arts. 1608 a 1612) y por el Proyecto de Código Civil de 1851 (art. 960) habrá que esperar al Anteproyecto de Código 1882-1888 para que aparezca, por vez primera, la revocación de donaciones no solo por superveniencia, sino también por supervivencia de hijos del donante[71]. Y, con ello, culminamos la evolución histórica con el art. 644 del CC de 1889 —modificado por Ley de 13 de mayo de 1981 para adecuarlo a la Constitución— que pasamos a analizar:

2.- El art. 644 del CC

Dispone el art. 644 CC que: «toda donación entre vivos, hecha por persona que no tenga hijos ni descendientes, será revocable por el mero hecho de ocurrir cualquiera de los casos siguientes: 1.º Que el donante tenga, después de la donación, hijos, aunque sean póstumos; 2.° Que resulte vivo el hijo del donante que este reputaba muerto cuando hizo la donación».

a.- Fundamento de esta causa de revocación

En España existen, básicamente, dos teorías sobre el fundamento de la revocación por superveniencia o supervivencia de hijos[72]:

---

71 Díaz Alabart, S. (1986). «Comentarios...», cit. p.304.

72 En la doctrina italiana se reproduce la misma discusión doctrinal que resume Ermini al decir, con cita de diversos autores, que mientras la tesis tradicional funda esta causa en la voluntad presunta del donante que no hubiera querido donar un bien a un extraño si hubiera conocido la existencia de una futura descendencia, por contra, otros autores fundan esta causa en la protección del interés superior de la familia, de los hijos en particular. Esta última tesis no está exenta de críticas porque el interés de los hijos ya está protegido por la reducción de las donaciones y porque, como lo donado revierte al patrimonio del donante, y éste puede volver a donarlo, nada impide que la re-

A.- Tesis mayoritaria: la revocación por superveniencia de hijos es a la vez interpretativa de la voluntad del disponente y protectora del interés de la familia del donante[73]. En efecto, la facultad revocatoria otorgada al donante por superveniencia o supervivencia de hijos se funda según un sector abrumadoramente mayoritario de la doctrina[74] y la jurisprudencia[75] en la presunción, que se eleva a legal, de que el donante no habría donado si hubiera sabido que

---

vocación no beneficie a los hijos (Ermini, M. [2009]. «Revocazione della donazione». *Diritto Civile Vol. II. Successioni, Donazioni, Beni. I. Le successioni e le donazioni,* Giuffrè Editore, p. 456). Por su parte, la sentencia n.º 5345 del 02/03/2017 de la Corte de Casación italiana, considera que la revocación de la donación por superveniencia de hijos, contemplada en el art. 803 CC italiano, responde a la necesidad de permitir al donante reconsiderar la oportunidad de la donación frente a la superveniencia del hijo, en función de las obligaciones de manutención, instrucción y educación que derivan de dicho evento.

73 Así, señalaba Josserand que «la revocación por superveniencia de hijos es a la vez interpretativa de la voluntad del disponente y protectora de los derechos de los hijos: interpretativa, porque es verosímil suponer que la donación no hubiera tenido lugar si su autor hubiera previsto la superveniencia ulterior de un hijo; protectora de los derechos de los hijos, porque tiene carácter imperativo; no podrían conjugarse por una cláusula contraria inserta en el acto; es, en este sentido, de orden público» (Josserand, L. (1951). *Derecho Civil,* T. III, vol. III. Ediciones Jurídicas Europa-América, Bosch y Cía., Buenos Aires, p. 228).

74 Entre otros, De Los Mozos, J.L. (2000). *La donación en el Código Civil y a través de la jurisprudencia,* Dykinson, Madrid, p. 384; Maluquer, C.J. (2004). «Donación y Revocación», *Libro homenaje al profesor Manuel Albaladejo García,* T II. Univ. de Murcia, p. 2963; Rodríguez Martínez, M.E. (2011). «Comentarios...», cit. p. 187; Albiez Dohrmann, K.J. (2013). «Comentarios...», cit. p. 4933; Berrocal Lanzarot, A.I. (2010). «La revocación...» cit. p. 1880 y la doctrina allí recogida; *vide* también la doctrina citada por Díaz Alabart, S. (1986). «Comentarios...», cit. pp. 305-306 n. 5 y 6.

75 Así señala, entre otras, la STS 22/06/1989 (TOL1.732.640) que el art. 644.1 CC, como las demás causas de revocación, se funda en «hechos o circunstancias que, de haberlas conocido el donante, no hubiera

iba a tener un hijo o que había sobrevivido el hijo que creía muerto. Esta presunción se basa en la idea de que el afecto paternal o la protección de los hijos permiten suponer que el padre, en lugar de donar su patrimonio, lo habría reservado para ellos si hubiera previsto que los tendría[76]. Además, dicha causa de revocación —dice la STS 06/02/1997 (TOL215.777) recogiendo palabras de Díaz Alabart— «tiene como fundamento el interés familiar de la familia del donante», ya que, dice dicha autora, protege al donante porque, al revocar la donación, el bien revierte a su patrimonio incondicionalmente, y a sus hijos —aunque sea indirectamente— porque no resultan disminuidas sus perspectivas hereditarias ni el nivel de vida que puede ofrecerle el donante[77].

B.- Tesis minoritaria. La tesis mayoritaria que fundamenta esta causa de revocación en la voluntad presunta del donante no pasa de ser una ficción[78]. En efecto, dicha posición

---

hecho la donación», hechos que revelan «de modo evidente de que el donante en presencia de los mismos no hubiera realizado el acto».

76 Arroyo y Amayuelas, E. (1992). *La protección al concebido en el Código Civil.* Civitas, Madrid, p.138.

77 En este sentido, Díaz Alabart, S. (1991). «Comentarios ...», cit. p. 1633; Díaz Alabart, S. (1986). «Comentarios...», cit. pp. 306-307; Costas Rodal, L. (2013). «Contrato...», cit. p. 2527; Berrocal Lanzarot, A. I. (2010). «La revocación...» cit. p. 1880; y Sánchez-Calero, B. (2010). «Artículos 644 a 653: de la revocación y reducción de las donaciones (I)». *Comentarios al Código Civil.* Lex Nova, Valladolid, p. 755.

78 Con razón señala Díez-Picazo, con referencia a la revocación por ingratitud, pero con argumentos extensibles a la revocación por superveniencia o supervivencia de hijos, que «la idea de la voluntad presunta no pasa de ser una ficción» siendo «de imposible existencia, pues si el donante hubiese previsto o podido prever la ingratitud del donatario o hubiera establecido una expresa condición o no hubiera donado» (Díez-Picazo, L. [1980]. «Las causas...», cit. p. 217). Además, dice este autor, al concederse al donante la libre facultad de ejercitar

dominante, señala Ataz[79], deja mucho que desear, genera inseguridad y no está exenta de críticas, ya que permite revocar una donación incluso cuando se trata de un bien de valor insignificante que difícilmente habría influido en tal voluntad. Además, si realmente se fundara en esa voluntad presunta, no se comprende por qué el art. 646 CC impide al donante renunciar a la acción de revocación, ya que dicha renuncia evidenciaría precisamente la inexistencia de esa voluntad hipotética.

En atención a todas esas críticas, diversos autores han buscado un fundamento distinto para esta causa de revocación. Así, un sector doctrinal sostiene que esta causa de revocación se funda en la existencia de una cláusula tácita «*rebus sic stantibus*», porque el hecho de que el donante tenga hijos con posterioridad altera sustancialmente el estado de cosas existente en el momento en que se realizó la donación[80]. Otro sector

---

o no la acción de revocación si el donatario es ingrato es claro que la voluntad del donante no se presume porque se le permite decidir y si se le permite decidir es porque no se presume su voluntad revocatoria. Asimismo, De la Válgoma critica, por excesiva, esta presunción que, aplicada a otros casos, puede llevar al absurdo, indicando que la doctrina extranjera rechaza esta causa de revocación por entender que los hijos están protegidos con la legítima (de hecho, el BGB y ZGB suprimieron esta causa de revocación) (en De la Válgoma, M. [1981]. «*Revocación de las...*», cit. p. 391).

79 Ataz López, J. (2009). *Jurisprudencia....* T.II, cit. p. 1274.

80 Brugi Biagio. (2018). *Instituciones de derecho civil.* Ed. Olejnik, Chile, p. 426, quien señalaba —en su obra publicada en 1894 y reimpresa en 2018— con relación, en general, a las causas de revocación que la Ley contempla la revocación de las donaciones por efecto «(permítase la comparación) de una cláusula tácita *rebus sic stantibus....* El hecho de que el donante tenga hijos posteriormente y la ingratitud manifiesta del donatario modifican directamente el estado de cosas con respecto al del momento de la donación». En idéntico sentido, Maluquer, C.J. (2004). «Donación...» cit. p. 2963.

doctrinal añade como fundamento de esta causa —además de la voluntad presunta del donante— la sobreprotección que el CC concede a los herederos forzosos prioritarios, esto es, hijos y descendientes legitimarios, a quienes el legislador ha querido otorgar una protección adicional a la que supone la reducción de donaciones por inoficiosas[81]. Y, finalmente, otros autores fundan esta facultad revocatoria en la equidad[82].

b.-Análisis del art. 644.1° CC: la superveniencia de hijos como causa de revocación

El art. 644.1° CC permite revocar «toda donación entre vivos, hecha por persona que no tenga hijos ni descendientes, por el mero hecho de que el donante tenga, después de la donación, hijos, aunque sean póstumos».

Analicemos dicho artículo por partes:

(1).- «Toda donación entre vivos». Comienza el precepto indicando que la revocabilidad por esta causa se aplica a «toda donación entre vivos». Aunque una interpretación apresurada y un argumento *a contrario sensu* parecería excluir las donaciones *mortis causa* de la facultad revocatoria, ello no es así porque la donación *mortis causa* de tipo suspensivo —la que no produce efecto hasta la muerte del donante— participa «de la naturaleza de las disposiciones de última voluntad» y se regirá «por las reglas establecidas para la sucesión testamentaria» (art. 620 CC). Por ello, son libérrimamente revocables por el donante en cualquier momento antes de su fallecimiento y en cualquier supuesto, sin necesidad de invocar una causa específica, al serles de aplicación el régimen general

---

81 Así, Marín Castán, F. (2000). «Comentarios...», cit. pp. 185-186 que formula diez argumentos para defender su tesis.

82 Ataz López, J. (2009). *Jurisprudencia*.... T.II , cit. p. 1274.

de la revocación del testamento (arts. 737 a 743 CC) (principio *ambulatoria est voluntas defuncti usque ad vitae supremum exitum*)[83].

En todo caso, realizada dicha precisión, el ámbito de aplicación del art. 644 CC no es tan amplio como la expresión «toda donación entre vivos» permitiría suponer porque no son revocables por supervivencia o superveniencia de hijos:

(1a).- Las donaciones por razón de matrimonio, porque dispone el art. 1343. I CC que «estas donaciones serán revocables por las causas comunes, excepto la supervivencia o superveniencia de hijos», solución legal criticada por diversos autores, sobre todo cuando el donante es un tercero[84].

(1b).- Las donaciones remuneratorias —es decir, «la que se hace a una persona por sus méritos o por los servicios prestados al donante, siempre que no constituyan deudas exigibles (art. 619 CC)— no son revocables por superveniencia o supervivencia de hijos, según un sector relevante de la doctrina, al menos hasta el valor del servicio que se remunera[85]. En efecto, dado

---

83 Vallet de Goytisolo, J.B. (1978). *Estudios sobre donaciones.* Montecorvo, Madrid, p. 93; Durán Rivacoba, R. (1995). *Donación de Inmuebles. Forma y Simulación.* Aranzadi, Pamplona, p. 27, n.15; Berrocal Lanzarot, A. I. (2010). «La revocación...», cit. p 1877; Albiez Dohrmann, K.J. (2013). «Comentarios...», cit. p. 4916; Gutiérrez Santiago, P. (2017). «Revocación...» cit. p. 534-535, n. 14.

84 Vid. Martín León, A. (2002). *Las donaciones...*, cit. pp. 260 y ss.; y Moralejo Imbernon, N. (2013). «Com. art. 1343 CC». *Comentarios al Código Civil.* T. I. Tirant Lo Blanch, Valencia 2013, p. 9490. En derecho comparado el art. 805 del CC italiano declara irrevocables las donaciones por razón del matrimonio lo que se ha justificado por la doctrina de dicho país por el «*favor familiae*» recogido por el legislador, que prevalece tanto sobre la ingratitud del donatario como sobre los intereses sucesorios de los hijos del donante (Ermini, M. [2009]. «Revocazione...». *Diritto Civile Vol. II...*, cit. p. 454).

85 La razón de dicha irrevocabilidad de la donación remuneratoria radica — a juicio de la doctrina— en que esta no abre una situación

que la donación remuneratoria pretende remunerar un servicio, no sería revocable, en la medida en que el valor del bien donado se corresponda con el valor del servicio prestado[86]. Por el contrario, si el valor de lo donado supera dicho límite, la parte que excede sí podría ser revocada por aplicación de las normas generales sobre donaciones (art. 622 CC).

En contra, no obstante, de esta posición doctrinal se ha manifestado la STS 18/03/2016[87] la cual ha afirmado —en términos, dice Gutiérrez Santiago, excesivamente simplistas[88]— que «en nuestro CC, salvo las donaciones por razón de matrimonio, que tienen sus específicas causas de revocación, o en las donaciones onerosas, que el Código remite a la regulación de los contratos, la donación realizada puede ser revocada atendiendo a las circunstancias previstas en el art. 644, con independencia de su carácter remuneratorio o

---

de agradecimiento, sino que la cierra. Así, entre otros, Roca Sastre «La donación remuneratoria», *Estudios*... I, p. 521; Lacruz Berdejo, J.L. *et al.* (1986). *Elementos*... II. Vol. 3, cit. p. 159 y Rabanete Martínez, I. (2020). «Las donaciones remuneratorias: configuración jurídica, colación y dispensa. A propósito de la STS de España núm. 473/2018, de 20 de julio 2018». *Revista Boliviana de Derecho*, nº. 29, p. 191, señalando, esta última autora, que la razón de dicha exclusión es que, en dichas donaciones remuneratorias, solo cabrá revocación en lo que sea mera liberalidad, porque en la parte que se remunera el servicio prestado debemos aplicar las reglas de los contratos onerosos (art. 622) donde no es posible la revocación y porque, al agradecer un servicio se cierra un círculo de favores.

86 Albaladejo, M. y Díaz Alabart, S. (2006). *La donación*, cit. p. 448; Costas Rodal, L. (2013). «Contrato...», cit. p.2550;

87 La doctrina de dicha STS 18/03/2016 (TOL5.680.967) fue recogida por el ATS 22/12/2021 (TOL8.739.235); STS 25/05/2022 (TOL8.988.588); y STS 15/11/2023 (TOL9.779.884). Dicha STS de 2016 fue comentada por Paniza Fullana, A. (2017). «Superveniencia de hijos y revocación inesperada de donación», *Aranzadi Civil-Mercantil*, nº 1, pp. 1 a 9.

88 Gutiérrez Santiago, P. (2017). «Revocación...» cit. pp. 534-535, n. 14.

de su configuración modal; conclusión que la propia norma resalta de un modo categórico: "toda donación entre vivos"»[89].

(1c).- Las donaciones modales o con carga —es decir, «aquella en que se impone al donatario un gravamen inferior al valor de lo donado» art. 619 *i.f.* CC— no son revocables por superveniencia o supervivencia de hijos hasta el valor de la carga impuesta[90]. En efecto, en dichas donaciones el incumplimiento de la carga es causa específica de revocación (art. 647 CC) por lo que el donante, según un importante sector doctrinal, podrá revocar por supervivencia o superveniencia de hijos o por ingratitud, pero solo en cuanto a lo que exceda del valor de la carga[91]. De este modo, en caso de revocación por supervivencia o superveniencia de hijos o ingratitud y dado el carácter oneroso de la donación modal (art. 622 CC), la revocación no alcanzará al valor total de la donación, sino que este se verá reducido por el valor del

---

89 En derecho comparado el art. 805 CC italiano declara irrevocable la donación remuneratoria lo que se ha justificado por la doctrina de dicho país por la relevancia atribuida por el donante al motivo de liberalidad (Ermini, M. [2009]. «Revocazione...», cit. p. 454).

90 No obstante, se oponen a esta doctrina, entre otros, Sánchez Calero, B. (2007) *La revocación...*, cit. p. 41 que con cita de Andrea Torrente («La donazione») considera que la donación modal, además de poder revocarse por incumplimiento de cargas, causa específicamente prevista para este tipo de donaciones, puede revocarse por superveniencia o supervivencia de hijos e ingratitud porque la accesoriedad del modo y la naturaleza gratuita de la donación modal, no permiten excluir la revocación por estas causas. Ahora bien, habrá que distinguir según el modo se haya o no cumplido al producirse la revocación: si no se cumplió el donatario debe restituir la cosa donada y queda liberado del modo; sí se cumplió el donatario debe restituir el bien donado, pero tendrá derecho a recibir el valor de la prestación ejecutada, operando en este supuesto la compensación entre los dos acreedores.

91 Costas Rodal, L. (2013). «Contrato...» cit. pp. 2541; 2543, 2550 *et passim*.

gravamen de modo que si el valor de la carga absorbe el global de la donación el donante no podrá revocar[92].

(1d). Las liberalidades de uso y las propinas. Finalmente, tampoco parecen revocables —por su módica cuantía, que no permite presumir la voluntad hipotética contraria del donante que, vimos, que fundaba la revocabilidad de la donación—, ni las liberalidades de uso[93] ni las propinas (especie mixta de donación remuneratoria y liberalidad de uso)[94]. Señala, así, Lacruz Berdejo que lo característico de las liberalidades de uso es su exigencia social y la percepción generalizada de que se otorgan en cumplimiento de dicho imperativo. Por ello, y teniendo en cuenta además la modicidad que imponen los propios usos sociales, no se sujetan a muchas reglas restrictivas y, en concreto, no son revocables ni están sujetas a reducción[95].

(2).- «hecha por persona que no tenga hijos ni descendientes». Dicha expresión, contenida en el art. 644.1 CC, a pesar de su aparente claridad, ha dado lugar a dos posiciones doctrinales:

(2a).- Tesis casi unánime en la doctrina y jurisprudencia[96]. La donación revocable por supervivencia o superveniencia de hijos

---

92 Ibidem, p. 2545.

93 Por todos, Costas Rodal, L. (2013). «Contrato...», cit. p. 2565. La doctrina y jurisprudencia italiana también se muestra favorable a la irrevocabilidad de las liberalidades de uso (Ermini, M. (2009). «Revocazione...», cit. p. 454 con cita de doctrina y jurisprudencia).

94 Sobre los problemas que plantea la revocación de la donación indirecta cuando es concebida como una estipulación a favor de terceros vide Albiez Dohrmann, K.J. (2013). «Comentarios...», cit. p. 4915.

95 Lacruz Berdejo, J. L., et al. (1986). *Elementos...*, II, vol. 3, cit., pp. 151-152. En el mismo sentido, Sánchez Calero, B. (2007). *La revocación...*, cit. p. 41.

96 En la doctrina, por todos, Albiez Dohrmann, K.J. (2013). «Comentarios...», cit. p. 4921; Ataz López, J. (2009). *Jurisprudencia....* T.II, cit. p. 1274; Marín Castán, F. (2000). «Comentarios...», cit. p. 185; Maluquer, C.J. (2004). «Donación...», cit. p. 2963; Rodríguez Martínez, M.E. (2011). «Comentarios...», cit. p. 184; y Gutiérrez Santiago, P.

es, a la vista del tenor literal del art. 644 CC y del sentido propio de sus palabras (art. 3.1 CC), únicamente la realizada por el donante cuando este, al donar, no tenía o no creía tener hijos ni descendientes[97]. De este modo, si —al tiempo de la donación— ya tenía hijos (sin importar, actualmente, que sean matrimoniales o no ni que sean por naturaleza o adoptivos[98]), no podrá revocarse

---

(2017). «Revocación...», cit. p. 536. Y en la jurisprudencia considera la STS 06/02/1997 (TOL215.777) que la existencia, al donar, de un hijo del donante (en dicho caso, era un hijo adoptivo «pero —dice la sentencia— es hijo y, también como tal, su condición no puede quedar discriminada») «impide que el donante o sus hijos puedan revocar la donación, por superveniencia de otros hijos (también sin importar la clase)». En el mismo sentido, la STS de 18/03/2016 (TOL5.680.967) exige para que proceda la revocación del art. 644.1 CC que concurran dos circunstancias objetivas: «que, en el momento de realizar la donación, el demandante no tuviera hijos, ni descendientes de clase alguna, y que después de la donación, el donante tenga algún hijo, aunque éste sea póstumo». Recoge dicha doctrina el ATS 22/12/2021 (TOL8.739.235), y la STS 15/11/2023 (TOL9.779.884).

97 En caso de superveniencia del art. 644.1 CC el referido presupuesto consiste en la inexistencia real de hijos o descendientes del donante al tiempo de donar; en caso de supervivencia del art. 644.2 CC dicho presupuesto consiste en una carencia «figurada» de tales hijos o descendientes porque en realidad el donante, aunque cree no tener hijos —por dar al que tenía por muerto—, realmente lo tiene (Díaz Alabart, S. [1986]. «Comentarios...», cit. p. 309-310 y Gutiérrez Santiago, P. [2017]. «Revocación...», cit. p. 536).

98 Recordemos que la redacción original del art. 644 CC exigía que el donante no tuviera «hijos ni descendientes legítimos, ni legitimados por subsiguiente matrimonio». En cuanto a la equiparación de los hijos adoptivos y no adoptivos es un imperativo constitucional —art. 39. 2 CE— y legal —art. 108.2 CC— y ha sido proclamada por la jurisprudencia (p.ej. STS 06/02/1997, TOL215.777). En Italia la sentencia de la Corte Constitucional de 03/07/2000, núm. 250, también equiparó la superveniencia y el conocimiento sobrevenido de los hijos naturales a los de los hijos legítimos (más ampliamente en Montecchiari, T. [2010]. «La revocazione…», cit. p. 414).

la donación si sobrevienen otros posteriores y, en tal caso, solo cabría la reducción de la misma si fuera inoficiosa.

En cuanto a la filiación no matrimonial como regla general, y aunque existen hipótesis dudosas, la donación será irrevocable si la filiación no matrimonial de un hijo del donante se determina legalmente antes de la donación y revocable si se determina después (de modo similar, en la filiación adoptiva, la donación será irrevocable solo si la adopción se produce antes de la donación[99]). No obstante, la doctrina matiza esta última afirmación relativa a los hijos no matrimoniales considerando que cuando la filiación del hijo del donante, nacido antes de la donación, se determine después de la donación esta será irrevocable si el donante conocía el hecho de su paternidad —aunque la determinación legal tuviera lugar después de la donación— y revocable si lo ignoraba porque la raíz de la revocabilidad «está —dice Díaz Alabart— en que no se sepa que se tiene el hijo»[100].

(2b) Tesis minoritaria de Cuena Casas. Frente a la aparente claridad del art. 644 CC, la profesora Cuena Casas ha sostenido, *de lege lata*, que, al amparo del principio de igualdad de todos los hijos consagrado en el art. 14 CE, cabe realizar una interpretación correctora y extensiva de dicha norma del CC. Así, según esta autora, la facultad revocatoria que establece el art. 644 CC puede

---

99 STS 06/02/1997 (TOL215.777). En la doctrina véase , por todos, *vide* Zurilla Cariñana, M.A. (2013). «Comentarios...», cit. p. 928.

100 Díaz Alabart, S. (1986). «Comentarios...», cit. p. 311; en idéntico sentido Costas Rodal, L. (2013). «Contrato...», cit. p. 2527; González-Meneses, M. (2005). «La donación», *Instituciones de Derecho privado*, T. III., vol. 2°. Civitas, Navarra, p. 881; Sánchez-Calero, B. (2007). *La revocación...*, cit. p. 64; Berrocal Lanzarot, A. I. (2010). «La revocación...», cit. pp.1878-1879; Albiez Dohrmann, K.J. (2013). «Comentarios...», cit. p. 4921. Sobre problemas que pueden surgir si, estando determinada la filiación, prospera la acción de impugnación *vide* Díaz Alabart, S. (1986). «Comentarios...», cit. pp. 321-322, y Díaz Alabart, S. (2006). *La donación*, cit., p. 659.

extenderse también al donante que ya tenía hijos al momento de la donación, si con posterioridad nacen otros. El fundamento de esta tesis reside en el espíritu y finalidad de la norma, criterio interpretativo recogido en el art. 3 CC, que es la protección de la familia del donante. En efecto, según Cuena Casas, resulta razonable entender que un donante que tenía un solo hijo al donar se encuentre, sobrevenidamente, en la necesidad de revocar la donación para atender y proteger los intereses de su propia familia que ha aumentado con el nacimiento de nuevos hijos[101].

Gutiérrez Santiago ha criticado duramente dicha tesis que, *de lege lata*, se aparta completamente de la letra clara y del espíritu de la ley, así como de los antecedentes históricos del art. 644 CC[102]. A dichos argumentos habría que añadir que la revocación de donaciones no puede ser objeto de interpretación extensiva ni analogía[103], y menos aún en esta causa de revocación que ha sido criticada por las razones ya expuestas *supra* entre las que destacan la inseguridad jurídica en la que se sume al donatario-propietario quien puede ver revocada su propiedad sin haber realizado ningún acto culpable. No obstante, *de lege ferenda*, reconoce Gutiérrez Santiago que la tesis de la profesora Cuena pone encima de la mesa la conveniencia de modificar dicho art. 644 CC, de modo que este precepto «llegara a plasmar la solución por ella propuesta, acaso más «justa» en ciertos supuestos (aunque no siempre)».

La expresión «hecha por persona que no tenga hijos ni descendientes» del art. 644.1 CC ha dado lugar a un problema añadido. ¿Tiene hijos —y, por tanto, es irrevocable la donación— o

101 Cuena Casas, M. (2016). «Revocación...», cit. Dicha solución, por otro lado, es la adoptada por el art. 531-15.1, a) CC catalán que permite revocar la donación «por superveniencia de hijos de los donantes, incluso si estos tenían hijos con anterioridad».

102 Gutiérrez Santiago, P. (2017). «Revocación...», cit. pp. 537-538.

103 Díez-Picazo, L. (1980). «Las causas...», cit. p. 219.

no quien está esperando un hijo ya concebido, pero aún no nacido? A dicho problema del *nasciturus* haremos referencia *infra.*

(3).- «será revocable». El art. 644 CC, en su redacción originaria, señalaba que la donación «queda revocada» en caso de superveniencia o supervivencia de hijos. Ello hizo que cierto sector doctrinal tuviera dudas sobre la automaticidad de la revocación, dudas que quedaron resueltas por la ley 11/1981, de 13 de mayo, que al dar nueva redacción a dicho precepto dice ahora que dicha donación «será revocable» lo que significa que el donante, o quien esté legitimado para ejercer la acción de revocación, debe ejercitarla para que la donación sea ineficaz por la causa legal prevista. Como dijimos, y veremos más ampliamente, dicho carácter facultativo de esta causa de revocación, cuyo ejercicio queda en manos del donante, la diferencia del carácter automático de la reversión del art. 641 CC.

En todo caso, la acción de revocación por superveniencia o supervivencia de hijos prescribe «por el transcurso de cinco años, contados desde que se tuvo noticia del nacimiento del último hijo o de la existencia del que se creía muerto» y «es irrenunciable y se transmite, por muerte del donante, a los hijos y sus descendientes» (art. 646 CC), irrenunciabilidad que parece contraria, como vimos, al fundamento de dicha causa de revocación en la voluntad presunta del donante. Volveremos sobre estos problemas más adelante.

(4).- «por el mero hecho de que el donante tenga, después de la donación, hijos». Dichos «hijos», cuya superveniencia permite revocar la donación, plantean numerosos problemas pero desde luego —y como ya vimos con relación a la expresión «hijos ni descendientes» con la que comienza el precepto— ya no es uno de ellos, desde la aprobación de la CE y desde la Ley 11/1981, de 13 de mayo, que sean matrimoniales o extramatrimoniales o sean por naturaleza o adoptivos, siendo dicho dato irrelevante en virtud de su equiparación constitucional (arts. 14 y 39.2 CE) y legal (arts. 108.II y 176 CC). Por el contrario, sí plantean problemas los siguientes supuestos:

(4.1). El nasciturus. El art. 644.1 CC plantea dos problemas con relación al *nasciturus*:

Un primer problema que plantea el *nasciturus* consiste en determinar si la existencia de un hijo concebido, pero no nacido, del donante al tiempo de la donación hace esta irrevocable —por considerar que el donante tiene hijos—, o si por contra, es revocable —por considerar al donante carente de hijos—. Básicamente, se han postulado, ante el silencio del CC, dos soluciones:

Por un lado, Lacruz Berdejo estimó que la existencia de un hijo concebido del donante al tiempo de la donación hace, esta, irrevocable, no por aplicación del art. 29 CC (puesto que la irrevocabilidad no es un efecto favorable), sino porque de mantenerse la revocabilidad, fallaría la motivación de la norma (la voluntad presunta del donante) pues el conocimiento del futuro nacimiento de un hijo haría decaer dicho fundamento de la norma[104].

Pero, por contra, la doctrina mayoritaria entiende que la existencia del concebido al tiempo de la donación no impide su revocación porque no es cierto que esta interpretación contraríe la motivación de la norma, ya que —como sostiene un sector doctrinal ya analizado— el art. 644 CC no se fundamenta tanto en la voluntad presunta del donante, sino en la protección del propio donante y, especialmente, de sus hijos[105]. Asimismo, señala Callejo, la consideración del concebido como nacido al tiempo de la dona-

---

104 Lacruz, J.L. et al. (1986). *Elementos*...II. Vol. 3, cit. p.145; en parecido sentido, Costas Rodal, L. (2013). «Contrato...», cit. p. 2527, y Ataz López, J. (2009). *Jurisprudencia*.... T.II, cit. pp. 1274-1275, quien señala que no podrá revocar el donante si, al donar, aun no tenía hijos, pero ya los esperaba.

105 Así, defienden esta posición mayoritaria, entre otros, Callejo Rodríguez, C. (1997). *Aspectos civiles de la protección del concebido no nacido.* McGraw-Hill, Madrid, p. 124; Díaz Alabart, S. (1986). «Comentarios...», cit. pp. 316-318 con amplia exposición de argumentos; Díaz Alabart, S. (1991). «Comentarios...», cit. p. 1633; y Zurilla Cariñana, M.A. (2013). «Comentarios...», cit. p. 928.

ción no le favorece, sino que le perjudica (art. 29 CC) y el precepto en cuestión solo exige que el hijo del donante nazca después de la donación, sin diferenciar si está o no concebido. Finalmente, añade Díaz Alabart que, aunque admitiéramos, a efectos dialécticos, la irrevocabilidad de la donación por existir el concebido al tiempo de la donación, deben tenerse en cuenta los problemas que puede plantear determinar desde cuándo conoce el donante la existencia del *nasciturus*. Por ello, concluye Díaz Alabart que, aunque al tiempo de la donación existiera un hijo concebido que llegara posteriormente a nacer cumpliendo los requisitos legales, ello no haría irrevocable la donación porque el caso no resulta amparado por el art. 29, ya que no favorece al hijo[106].

Un segundo problema que plantea el *nasciturus* es si la mera existencia de un hijo concebido con posterioridad a la donación es suficiente para ejercitar de inmediato la acción revocatoria. La doctrina mayoritaria sostiene que no basta con que el hijo haya sido concebido tras la donación para poder ejercitar dicha acción en ese momento; es, además, necesario que llegue a nacer cumpliendo los requisitos legales del art. 30 CC, esto es, que nazca con vida y se produzca el entero desprendimiento del seno materno[107]. En consecuencia, la sola existencia de un hijo concebido tras la donación no permite revocarla como si ya hubiera nacido, pues ello chocaría con graves obstáculos prácticos: sería necesario declarar heredero al *nasciturus* (a pesar de lo dispuesto en el art. 966 CC), nombrarle un representante legal y, en caso de existir otros herederos, tenerlos en cuenta para interponer la demanda. Y, finalmente, habría que garan-

---

106 Díaz Alabart, S. (1986). «Comentarios...», cit. pp. 316-317.

107 Así, Callejo Rodríguez, C. (1997). *Aspectos...*, cit. p. 125; Díaz Alabart, S. (1986). «Comentarios...», cit. p. 317; Díaz Alabart, S. (1991). «Comentarios...», cit. p. 1633; y Arroyo y Amayuelas, E. (1992). *La protección...*, cit. p. 140.

tizar los derechos del donatario para el supuesto de que dicho hijo concebido no llegase a nacer[108].

(4.2).- Los nietos. El art. 644 CC comienza declarando revocable toda donación hecha por quien no tenga «hijos ni descendientes», pero cuando enumera los dos supuestos determinantes de la revocación habla solamente de «hijos» («por el mero hecho de que el donante tenga, después de la donación, hijos») ¿Significa esto que solo la existencia de hijos con posterioridad a la donación permitirá ejercer la acción revocatoria? Ello ha dado lugar a dos tesis: la tesis mayoritaria considera, atendiendo al fundamento que inspira el art. 644 (la voluntad presunta del donante y el interés familiar), que el donante que, sin hijos vivos, recupera al nieto que creía muerto debería poder revocar la donación[109]. Incluso, añade Díaz Alabart en posición discutida, el donante debe poder revocar una donación cuando naciera un nieto posteriormente a la donación, aunque el hijo del donante hubiera nacido también después y no hubiera aquel revocado al nacer el hijo[110]. En resumen, considera Díaz Alabart, a la vista de los argumentos que ofrece, que del mismo modo que la existencia de nietos al tiempo de la donación impide su revocación, la sobreveniencia o supervivencia de nietos posteriormente al hecho de la donación hará revocable esta[111].

---

108 De Castro y Bravo, F. (1984). *Derecho Civil de España.* T. II. Civitas, Madrid, p. 127, n.6.

109 Así, entre otros, Díaz Alabart, S. (1986). «Comentarios...», cit. pp. 318-319; Berrocal Lanzarot, A. I. (2010). «La revocación...», cit. p. 1878; Costas Rodal, L. (2013). «Contrato...», cit. p. 2527.

110 Así, Díaz Alabart, S. (2006). *La donación,* cit., pp. 655-656; Sánchez-Calero, B. (2010). «Artículos 644 a 653...», cit. p. 755; Maluquer, C.J. (2004). «Donación...», cit. pp. 2963 y 2965.

111 Díaz Alabart, S. (1986). «Comentarios...», cit. p. 319; Díaz Alabart, S. (1991). «Comentarios...», p. 1633.

Por contra, la tesis minoritaria manifiesta serias reservas a que su alcance pueda abarcar a los demás descendientes y restringen la causa de revocación del art. 644.1.° CC a la superveniencia de hijos en sentido estricto porque consideran que no hay base legal para tratar por igual a los hijos y a los nietos del donante[112], y porque, aunque se quiera amparar el interés de la familia y a los legitimarios, el legislador ha limitado la protección a los hijos del donante[113]. A favor de esta tesis minoritaria que interpreta literalmente la expresión «hijo» de los apartados 1° y 2° de art. 644, juega la interpretación restrictiva y la prohibición de analogía que, como vimos, deben regir en materia de revocación[114].

(5).- «aunque sean póstumos». La inclusión de los hijos póstumos del donante (nacidos tras el fallecimiento de este), que recoge expresamente el art. 644.1° CC dentro del ámbito subjetivo de aplicación de la norma, ha sido justificada por la doctrina[115]. La revocación

---

112 Así, Albiez Dohrmann, K.J. (2013). «Comentarios...», cit. p. 4923-4924; Rodríguez Martínez, M.E. (2011). «Comentarios...», cit. p. 185. Además, la tesis de Díaz Alabart implica, dice Albiez, que el donatario podría verse expuesto a una revocación en cualquier momento, incluso aunque el donante no hubiese revocado la donación después del nacimiento de su hijo. Esta posibilidad ampliaría las causas de revocación en perjuicio del donatario y de los terceros adquirentes, que quedarían desprotegidos, no existiendo base legal que justifique un tratamiento idéntico entre los hijos y nietos del donante (Albiez Dohrmann, K.J. [2013]. «Comentarios...», cit. pp. 4924 y 4925).

113 Albiez Dohrmann, K.J. (2013). «Comentarios...», cit. p. 4924.

114 Díez-Picazo, L. (1980). «Las causas...», cit. p. 219.

115 Así, entre otros, vid. Marín Castán, F. (2000). «Comentarios...», cit. pp. 186-187 que señala que «la inclusión de los póstumos se justifica plenamente, y más si como fundamento de estas causas de revocación se toma la protección de los hijos y descendientes como legitimarios y como denominador común se toma la ignorancia del donante sobre la existencia de herederos forzosos prioritarios al hacer la donación, ignorancia que en cuanto a los póstumos es razonable también abarcará el propio hecho de la concepción». En el mismo sentido, véanse Rodrí-

de la donación en este caso es un argumento para defender que es necesaria la efectiva existencia del hijo, independientemente de que el donante conociera ya, antes de morir, que estaba concebido[116].

(6).- Los nacidos mediante gestación por sustitución. Recientemente, se ha planteado si el donante puede revocar la donación en los supuestos de superveniencia de «hijos» nacidos por gestación por sustitución[117]. Taberner Arroyo ha defendido, aunque matizadamente, la aplicabilidad de esta causa de revocación prevista en el art. 644 CC a dichos supuestos. Su argumento parte de la premisa de que el menor, una vez inscrito en el Registro Civil como hijo del padre de intención (donante), es hijo, a todos los efectos legales de este y, por tanto, también a efectos de la causa de revocación del art. 644 CC[118]. Así, para esta autora, la revocabilidad de la donación por superveniencia dependerá del momento en que el donante realizó la donación, pudiéndose distinguir cuatro supuestos en función de dicho momento: (1) si se realizó antes de que el donante se planteara la gestación

---

guez Martínez, M.E. (2011). «Comentarios...», cit. pp. 185-186; Albiez Dohrmann, K.J. (2013). «Comentarios...», cit. p. 4924, y Maluquer, C.J. (2004). «Donación...», cit. p 2963, señalando este último autor que «la consideración de que el donante tenga hijos, aunque sean póstumos, debe entenderse como una medida realizada en favor del descendiente concebido y debe entenderse como un acto de protección de la persona y de la figura del concebido y no nacido que se contempla en el art. 29 CC».

116 Rodríguez Martínez, M.E. (2011). «Comentarios...», cit. p. 185. *Vide*, en todo caso, las interesantes reflexiones que realiza sobre el hijo póstumo, postumísimo y superpóstumo del donante Taberner Arroyo, M.P. (2025). «Análisis teórico y jurisprudencial de la donación, de la revocación de la misma por la causa prevista en los arts. 644, 645 y 646 CC y nuevos retos». *Revista Boliviana de Derecho*, nº. 39, 2025, pp. 472-501, y especialmente pp. 486-488.

117 Sobre este tema, más ampliamente, Taberner Arroyo, M.P. (2025). «Análisis teórico...», cit. pp. 495-498.

118 Recordemos que los arts. 14 y 39.2 CC impiden discriminar a los hijos siendo «iguales éstos ante la ley con independencia de su filiación».

por sustitución o de que firmase dicho contrato debería poder revocar la donación, ya que, en ese momento, no contemplaba ser progenitor; (2) si se realizó después de firmar el contrato, pero antes del embarazo el donante debería poder revocar la donación porque solo existía una esperanza futura de paternidad; (3) si se realizó sabiendo ya el donante el embarazo, no se podría revocar la donación porque ya no habría solo una mera expectativa, sino el conocimiento, por este, del concreto embarazo (4) si se realizó tras el nacimiento, y aunque el menor no haya sido inscrito aún en el Registro Civil, el donante no debería poder revocar porque, al realizar la donación, ya tenía un hijo, aunque aún no constase formalmente como tal[119].

No comparto, sin embargo, la opinión de esta autora. Jurídicamente, los contratos de gestación por sustitución son radicalmente nulos (art. 10 LTRHA) y, por tanto, no producen ningún efecto (*quod nullum est, nullum producit effectum*). En consecuencia, tampoco pueden producir el efecto de considerar al menor gestado como hijo del donante (padre de intención), a los efectos de la causa de revocación por superveniencia de hijos prevista en el art. 644 CC. La justificación de dicha nulidad absoluta se halla, dice el TS, en que dichos contratos son manifiestamente contrarios al orden público porque cosifican a la mujer gestante y al menor, y vulneran los derechos fundamentales de aquella, a la que se explota, y de este, al que se trata como simple mercancía[120]. Además, frente a lo que sucedía antes de mayo de 2025, la Instrucción de 28 de abril de 2025 de la DGSJFP[121] prohíbe, con fundamento en la jurisprudencia reciente del

---

119 Taberner Arroyo, M.P. (2025). «Análisis teórico...», cit. pp. 497-498.

120 STS de 06/02/2014 (TOL4.100.882), y STS de 31/03/2022 (TOL8.898.029).

121 Instrucción de 28 de abril de 2025, («BOE» núm. 105, de 1 de mayo de 2025) de la Dirección General de Seguridad Jurídica y Fe Pública, sobre actualización del régimen registral de la filiación de los nacimientos mediante gestación por sustitución.

TS[122], la inscripción del padre de intención (que no sea padre biológico o adoptivo del menor) en el Registro Civil español, aunque se aporte certificación registral extranjera, declaración acompañada de certificación médica relativa al nacimiento del menor o, lo que resulta más relevante, sentencia firme dictada por autoridades judiciales del país de origen.

Por tanto, la premisa de Taberner, según la cual el menor, una vez inscrito, es hijo del padre de intención (donante) y cabría aplicar el art. 644 CC, ya no es —en la mayoría de los casos— jurídicamente válida: no es posible inscribir en el Registro Civil español a un menor nacido por gestación subrogada como hijo del padre de intención (donante) salvo que este sea padre biológico o adopte al menor. Y, en consecuencia, ese menor —con las salvedades indicadas— no es jurídicamente su hijo, sino que, como dispone el art. 10.2 y 3 LTRHA la filiación de dichos hijos será determinada por el parto, pudiendo el padre biológico ejercitar la acción de reclamación de la paternidad, conforme a las reglas generales.

Por tanto, en mi opinión, si el padre de intención (donante) quiere revocar una donación por superveniencia de hijos, deberá en primer lugar inscribir al menor como hijo suyo en el Registro Civil. Y, dado que no puede hacerlo en virtud de un contrato de gestación subrogada nulo, solo podrá lograrlo o acreditando que es el padre biológico o, en otro caso, adoptando, si concurren en él los requisitos que legalmente exige esta figura jurídica, al menor.

---

122 La STS de 04/12/2024 (TOL10.298.543) declaró que el reconocimiento de una sentencia extranjera que valida un contrato de gestación subrogada y atribuye la paternidad de los nacidos a los padres de intención es contrario al orden público, porque dichos contratos (1) tratan a la mujer y menor como «cosas susceptibles de comercio»; (2) explotan a la mujer, que pueden verse sometidas a tratamientos hormonales agresivos (3) exponen al menor a riesgos por la falta de control sobre la idoneidad de los padres de intención.

c.-Análisis del art. 644.2° CC: la supervivencia de hijos como causa de revocación

El art. 644.2° CC permite revocar «toda donación entre vivos, hecha por persona que no tenga hijos ni descendientes, por el mero hecho de que resulte vivo el hijo del donante que este reputaba muerto cuando hizo la donación». Este apartado 2° del art. 644 —de muy escasa, por no decir nula, conflictividad en nuestros Tribunales por lo difícil de que concurra el supuesto que regula— permite la revocación cuando el donante, sin otros hijos ni descendientes, tenga la firme creencia de que su hijo (también aquí es indiferente que este sea matrimonial, extramatrimonial o adoptivo) está muerto, pero resulte que estaba vivo, y conozca este hecho después de la donación. Como vimos, es un supuesto desconocido por nuestro derecho histórico e introducido en el último momento en el Anteproyecto de Código Civil de 1882-1888[123].

Con relación a la expresión primero de «hijos ni descendientes» y después solo de «hijos», la doctrina ha reproducido, *mutatis mutandis*, la discusión ya analizada sobre si esta última expresión incluye o no a los nietos en los supuestos del art. 644.1° CC. Y en cuanto a la expresión «reputaba muerto» que emplea el art. 644.2° CC entiende Díaz Alabart que, para que el padre pueda reputar muerto a su hijo no se exige que concurran los requisitos que permiten pedir la declaración de fallecimiento, sino que basta que efectivamente, crea —aunque fuera erróneamente— que murió[124].

---

123 Díaz Alabart, S. (1986). «Comentarios...», cit. p. 304.

124 Ibidem p. 308 y 320-321. En idéntico sentido, entre otros, Costas Rodal, L. (2013). «Contrato...», cit. p. 2527; Gutiérrez Santiago, P. (2017). «Revocación...«, cit. p. 543; Berrocal Lanzarot, A. I. (2010). «La revocación...», cit. p. 1879; González-Meneses, M. (2005). «La donación», cit. pp. 881-882; Maluquer, C.J. (2004). «Donación...», cit. pp. 2963-2964; y Sánchez-Calero, B. (2010). «Artículos 644 a 653...», cit. p. 756; pero, en contra, exige declaración de fallecimiento Mucius Scaevola, Q. (1896). *Código Civil, XI*, cit. pp. 677-678.

Quien tiene un hijo vivo y pretende revocar una donación alegando que cuando donó reputaba muerto a su hijo, tendrá la carga de probar dicho extremo porque es dicho donante quien afirma el hecho —su creencia en que su hijo murió— que le confiere el derecho a revocar[125]. En cualquier caso, la declaración de fallecimiento del hijo o la declaración de ausencia permitirá avalar esa creencia, aunque sea errónea, del donante, aunque sin ser absolutamente determinante (el art. 195 CC admite «investigaciones en contrario»), pues, nada impide —dice Marín Castán— que el donatario consiga acreditar que el donante —al realizar la donación— conocía que su hijo, a pesar de que haber sido este declarado fallecido, vivía[126].

Dado que es preciso que el donante ignorase, al donar, que su hijo —al que reputaba muerto— estaba vivo, la ignorancia sobre la existencia del hijo es esencial en esta causa de revocación[127]. Por ello, muchos autores asimilan, al caso de aparición de un hijo superviviente al que se daba por fallecido, el de aparición de un hijo que se desconocía que se tenía al tiempo de la donación[128].

---

125 Díaz Alabart, S. (1986). «Comentarios...», cit. p. 308; Berrocal Lanzarot, A. I. (2010). «La revocación...», cit. p. 1879; Zurilla Cariñana, M.A. (2013). «Comentarios...», cit. p. 928; Albiez Dohrmann, K.J. (2013). «Comentarios...», cit. p. 4925.

126 Piénsese, dice Marín Castán, p.ej. en una confabulación consciente de padre e hijo para eludir éste la acción de la justicia (Marín Castán, F. [2000]. «Comentarios...», cit. p. 187). En idéntico sentido, Berrocal Lanzarot, A.I. (2010). «La revocación...», cit. p.1879; Zurilla Cariñana, M.A. (2013). «Comentarios...» cit. p. 928 y Albiez Dohrmann, K.J. (2013). «Comentarios...», cit. p. 4925 quien, tras señalar que «la aparición del hijo después de la declaración de fallecimiento permite al donante revocar la donación en virtud de este precepto», añade que «(l)a declaración de fallecimiento es prueba suficiente para demostrar la ignorancia de que el hijo estaba vivo (a no ser que se haya obtenido de forma torticera)».

127 Marín Castán, F. (2000). «Comentarios...», cit. p. 187; Albiez Dohrmann, K.J. (2013). «Comentarios...», cit. p. 4925.

128 Díaz Alabart, S. (1986). «Comentarios...», cit. p. 309; Sánchez-Calero, B. (2010). «Artículos 644 a 653...», cit. p. 756; Costas Rodal, L. (2013). «Con-

3.- Ejercicio de la acción de revocación de la donación por supervivencia o superveniencia de hijos y efectos de dicha revocación: análisis de los arts. 645 y 646 CC.

La revocación de una donación por cualquiera de las tres causas previstas en los arts. 644, 647 y 648 CC, no se produce automáticamente, a diferencia de la reversión prevista en el art. 641 CC[129]. Para que tenga lugar, se requiere, bien una reclamación extrajudicial —siempre que el donatario acepte voluntariamente la revocación[130]—, bien el ejercicio de la correspondiente acción

---

trato...», cit. p. 2527; Zurilla Cariñana, M.A. (2013). «Comentarios...», cit. p. 928, y Gutiérrez Santiago, P. (2017). «Revocación...», cit. p. 543.

129 Así lo considera la mayor parte de la doctrina que niega dicho carácter automático a la revocación de donaciones: por todos, Díaz Alabart, S. (1991). «Comentarios...», cit. p.1637; Ataz López, J. (2009). *Jurisprudencia....* T.II, cit. p. 1275; Méndez Tomás, R.M. y Vilalta Nicuesa, A.E. (1998). *Donación: Acciones de revocación y reducción.* Editores: J.M. Bosch, p. 14; Zurilla Cariñana, M.A. (2013). «Comentarios...», cit. p. 930; Sánchez Calero, B. (2007). *La revocación...*, cit. pp. 68-69, con cita en n. 63 y 64 de numerosa doctrina y jurisprudencia. En contra, en posición minoritaria, Miquel se plantea la posibilidad de que se produzca automáticamente (en Miquel González, J.M. [1984]. «Art. 644 CC». *Comentarios a las Reformas del Derecho de Familia,* T. II. Tecnos, Madrid, pp. 1265 a 1268).

130 Sobre la innegable posibilidad —sobre todo a la vista de la LO 1/2025, de 2 de enero— de que se pueda solicitar extrajudicialmente la revocación de la donación *vide* más ampliamente en la doctrina, con argumentos anteriores a dicha ley orgánica, Marín Castán, F. (2000). «Comentarios...», cit. p. 191; Albiez Dohrmann, K.J. (2013). «Comentarios...», cit. pp. 4918, 4926-4927 y 4983; Díaz Alabart, S. (2006). *La donación,* cit. pp. 638-639; Díaz Alabart, S. (1991). «Comentarios...», cit. p. 1637. También la jurisprudencia parece admitir implícitamente la revocación extrajudicial, entre otras, en las SSTS 29.11.1969 (TOL4.275.133), 27.12.1994 (Tol 1666459).y 21.10.2011 (Tol 2260940). No obstante, dice Rodríguez Martínez, el acuerdo entre donante y donatario por el que dan por revocada la donación, aparte de ser infrecuente, surtirá efectos entre donante y donatario, pero es dudoso su relevancia frente a los terceros adquirentes de

judicial. Actualmente, tras la LO 1/2025, de 2 de enero, de medidas en materia de eficiencia del Servicio Público de Justicia, es necesario, antes de interponer la acción judicial de revocación, utilizar algunos de los MASC que dicha norma prevé y que analizaremos más adelante (arts. 264.4°, 399.3°-II y 403.2° LEC).

Centrándonos, en este momento, en la acción judicial de revocación de la donación por supervivencia o superveniencia de hijos, su régimen jurídico se contiene en los arts. 645 y 646 CC. Dicha acción es de carácter meramente personal porque su estimación dará lugar a una obligación para el donatario de restituir[131].

A continuación, pasamos a analizar los efectos de dicha acción siguiendo la estructura adoptada por Mucius Scaevola[132], distinguiendo tres grupos:

a.- Efectos con relación a los bienes donados

a1.- Análisis del art. 645 CC.- Cuando el donante ejercita la acción de revocación de la donación por supervivencia o superveniencia de hijos y el juez estima la demanda, el donatario está obligado a restituir el bien donado. Dicha revocación produce efectos retroactivos; no obstante, el CC matiza el alcance de esa retroactividad en el art. 645 CC, en relación con determinados actos de disposición o gravamen realizados sobre la cosa donada con posterioridad a la donación, pero con anterioridad a la interposición de la acción revocatoria. Se trata, por tanto, de una

derechos sobre la cosa donada, especialmente porque puede haber sido realizado con abuso de derecho (art. 7.2 CC) (Rodríguez Martínez, M.E. [2011]. «Comentarios...», cit. p. 215) o incluso encubrir un fraude para los acreedores del donatario.

131 Entre muchos otros, resaltan dicho carácter personal de la acción Díez-Picazo, L. y Gullón, A. (2018). *Sistema*..., vol. II, T. 2, cit. p. 75.

132 Mucius Scaevola, Q. (1896). *Código* XI..., cit. p. 682.

retroactividad de alcance limitado[133] y de una acción meramente personal, que no afecta a terceros que hayan adquirido del donatario ni a quienes tengan constituidas hipotecas —u otros derechos reales— sobre el bien donado, salvo que la adquisición o gravamen se produzcan con posterioridad a la anotación de la demanda de revocación en el Registro de la Propiedad[134]. O, dicho en palabras de Mucius Scaevola, cuando se revoque la donación por superveniencia de prole: «los bienes donados deben restituirse al donante si aún los conserva el donatario en su poder. Si los hubiese vendido, la restitución se contrae al precio, sin que el donante tenga derecho a repetir por acción reivindicatoria contra el que los hubiere comprado»[135].

Por tanto, si la sentencia estima la demanda de revocación de la donación por superveniencia o supervivencia de hijos, el bien donado debe restituirse al donante si el donatario aún lo conserva en su poder. El problema surge porque, en el tiempo que transcurre entre donación y revocación, el donatario pudo haber realizado actos dispositivos o de gravamen sobre el bien donado. En previsión de dicha hipótesis, el art. 645 CC dispone que «rescindida la donación por la superveniencia de hijos, se restituirán al donante los bienes donados, o su valor si el donatario los hubiese vendido. Si se hallaren hipotecados, podrá el donante liberar la hipoteca, pagando la cantidad que garantice, con derecho a reclamarla del donatario. Cuando los bienes no pudieren ser restituidos, se apreciarán por lo que valían al tiempo de hacer la donación». Dicho art. 645 CC persigue, dice Díaz

---

133 Albiez Dohrmann, K.J. (2013). «Comentarios...», cit. pp. 4971-4973; este autor destaca que no se trata de una eficacia retroactiva total, retrotrayendo los efectos al momento de perfeccionarse la donación, sino de alcance limitado (al momento de interponerse la demanda en los supuestos de revocación por superveniencia, supervivencia o ingratitud o cuando se incumpla el modo en el supuesto del art. 647 CC).

134 Díez-Picazo, L. y Gullón, A. (2018). *Sistema...*, vol. II, T. 2, cit. p. 75.

135 Mucius Scaevola, Q. (1896). *Código...* XI, cit. pp. 682-683.

Alabart, dejar el patrimonio del donante como si no hubiese existido la donación —para lo cual ordena al donatario restituir los bienes donados, y si no se hallaren ya en su poder el valor de los mismos—, y proteger, en aras de la seguridad del tráfico jurídico, la actuación del donatario anterior a la revocación, es decir, al *accipiens* a título oneroso del bien donado[136].

Analicemos los tres incisos del art. 645 CC:

(1).- «Rescindida la donación por la superveniencia de hijos, se restituirán al donante los bienes donados, o su valor si el donatario los hubiese vendido». Al margen de la reiterada imprecisión terminológica del inciso[137], resulta evidente —reiteramos— que se otorga al donante una acción de carácter meramente personal. En efecto, en caso de sentencia estimatoria, el donatario estará obligado a restituir el bien donado; pero, el tercero que lo haya adquirido del donatario será mantenido, tratándose de inmuebles, en su adquisición, siempre que dicho tercero reúna los requisitos del art. 34 LH (evidentemente la existencia de la anotación preventiva de demanda en el Registro de la Propiedad impedirá la aparición de dicho tercero hipotecario al enervar la buena fe). En todo caso —ya sean muebles o inmuebles y estén estos registrados o no— el conocimiento verdadero de la demanda, aún no anotada, debe tener idénticos

---

136 Díaz Alabart, S. (1991). «Comentarios...», cit. pp. 1634-1635, y Díaz Alabart, S. (2006). *La donación*, cit. pp. 661-662.

137 En efecto, dicho precepto es técnicamente imperfecto porque habla de rescisión -«rescindida»- cuando debería hablar de revocación (Rodríguez Martínez, ME. [2011]. «Comentarios...», cit. p. 191; Albiez Dohrmann, K.J. [2013]. «Comentarios...», cit. p. 4926); porque habla sólo de «superveniencia» cuando es obvio que abarca también los supuestos de su supervivencia (Díaz Alabart, S. [2006]. *La donación*, cit. p. 663; Rodríguez Martínez, M.E. [2011]. «Comentarios...», cit. p. 191); y porque habla de «vendido» cuando, como veremos, debería haber dicho «enajenado» (Manresa y Navarro, J.M. [1910]. *Comentarios...*, T. V, cit. p. 164) y de «hipoteca» cuando incluye, también, otras cargas.

mismos efectos que atribuye el art. 649 CC —aplicable, ahora, por analogía— a la anotación preventiva de la demanda[138], de modo que la revocación arrastrará las enajenaciones del bien donado realizadas una vez que el adquirente del donatario conoció o debió (o pudo) haber conocido la voluntad revocatoria

---

138 En este sentido, entre otros, Díaz Alabart, S. (1991). «Comentarios...», cit. p. 1635; Díaz Alabart, S. (2006). *La donación,* cit. p. 662; Sánchez Calero, B. (2007). *La revocación…*, cit. p. 101 con cita en n. 164 de numerosa doctrina favorable a dicha aplicación analógica del art. 649 CC a la revocación por superveniencia o supervivencia de hijos. Así todo, no faltan autores que consideran que no cabe aplicar, en sede de revocación por supervivencia o superveniencia de hijos, el art. 649 CC por analogía y así p.ej. Rodríguez Martínez sostiene que los efectos de la revocación son más fuertes cuando se funda en el art. 644 CC que cuando se funda en el art. 648 CC porque el legislador prescindió en el art. 645 CC, y a diferencia del art. 649 CC, tanto de la anotación registral de la demanda de revocación, como del conocimiento de la causa de revocación por el donatario, para distinguir las enajenaciones válidas, que serían las anteriores a dicho asiento, y las nulas, que serían las posteriores. Y considera Rodríguez Martínez que la ausencia de distinción significa que toda venta e hipoteca celebrada o constituida por el donatario será ineficaz, al alcanzarles la eficacia retroactiva de la acción revocatoria, salvo que el tercero reúna los requisitos del art. 34 LH. Evidentemente la existencia de la anotación preventiva de demanda impedirá la aparición de dicho tercero hipotecario al enervar la buena fe, pero la ausencia de dicha anotación no supone la validez de los actos dispositivos del donatario en todo caso, como sí se dispone en el art. 649 CC para los supuestos de ingratitud, sino que el respeto a los derechos de los terceros requerirá que estos reúnan las exigencias del art. 34 LH. Por ello, mientras que en los casos de ingratitud se presupone la buena fe del tercero que contrata con el donatario hasta que conste en el Registro la interposición de la acción revocatoria, en los supuestos de superveniencia o superveniencia de hijos sólo se mantendrán los derechos de los terceros que cumplan los requisitos previstos en la LH (Rodríguez Martínez, M.E. [2011]. «Comentarios...», cit. pp. 193-194).

—judicial o extrajudicial— del donante[139]. Volveremos sobre este problema al analizar los arts. 649-650 CC.

Coincide la doctrina en que el término «vendido» equivale a enajenación[140], pero diverge sobre si dicha enajenación incluye solo las onerosas o también las gratuitas. Y, así, aunque la doctrina mayoritaria considera lógico que el término enajenación englobe las enajenaciones a título oneroso y gratuito[141]; en posición minoritaria Díaz Alabart ha defendido que el término «vendido» incluye toda enajenación a título oneroso, pero no las enajenaciones a título gratuito porque estas no merecen —en nuestro derecho— una defensa o inatacabilidad tan tenaz como las enajenaciones onerosas, y por aplicación analógica de las reglas de la rescisión —figura próxima a la revocación— la cual permite que el donante puede dirigirse también contra el donatario del donatario, art. 1297.1 CC. Por ello, entiende Díaz Alabart las enajenaciones gratuitas, realizadas antes de la revocación por el donatario, no serán firmes frente al donante que revoca[142].

---

139 Díaz Alabart, S. (1991). «Comentarios...», cit. p. 1635; Díaz Alabart, S. (1986). «Comentarios…», cit. p. 336; Zurilla Cariñana, M.A. (2013). «Comentarios...», cit. p. 929; Albiez Dohrmann, K.J. (2013). «Comentarios...», cit. pp. 4975-4976; Sánchez Calero, B. (2007). *La revocación…*, cit. pp. 102-103.

140 Por todos, Manresa y Navarro, J.M. (1910). *Comentarios...*, T. V, cit. p. 164; Díaz Alabart, S. (1986). «Comentarios…», cit. p. 327; y Zurilla Cariñana, M.A. (2013). «Comentarios...», cit. p. 929.

141 Tesis mayoritaria defendida, entre otros, por Díez-Picazo, L. y Gullón, A. (2018). *Sistema...*, vol. II, T. 2, cit. p. 75, n. 9; Gramunt Fombena, Mª.D. (2004). «Reflexiones...», cit. p. 2222; Lacruz Berdejo, JL. et al. (1986). *Elementos....* II-3 cit. p. 146; y la doctrina citada por Díaz Alabart, S. (2006). *La donación*, cit. p. 666, n. 39, y por Sánchez Calero, B. (2007). *La revocación…*, cit. p. 103, n. 169.

142 Díaz Alabart, S. (1991). «Comentarios...», cit. p. 1634-1635; Díaz Alabart, S. (2006). *La donación*, cit. pp. 668-671. Por ello, dice Díaz Alabart y valorando el espíritu del art. 1297.1 CC, el acreedor (donante-revocador) podrá perseguir siempre el bien en manos del ad-

(2)- «Si se hallaren hipotecados, podrá el donante liberar la hipoteca, pagando la cantidad que garantice, con derecho a reclamarla del donatario». Este inciso segundo del art. 645 CC se aplica también a otras cargas como el usufructo o la servidumbre —no solo a la hipoteca—, por cuanto el espíritu del precepto es que la disminución de valor sea pagada por el donatario[143]. En todo caso, el donante no puede imponer al acreedor hipotecario (o al titular de la carga) la liberación anticipada del gravamen[144], pero si dicho donante no libera la carga hipotecaria antes del vencimiento de la deuda garantizada y, llegado dicho

---

quirente (donatario), e incluso en manos del subadquirente a título gratuito. Y concluye Díaz Alabart que el término «vender» empleado por el art. 645 CC significa enajenar a título oneroso, y que, por eso, cuando los bienes donados no se hallen en el patrimonio del donatario al tiempo de la revocación, por haber sido enajenados a título oneroso por éste, el donatario restituirá al donante su valor. Y no lo restituirá si los donó, porque entonces puede recobrarse el mismo bien del adquirente del donatario, y así sucesivamente, si hubo posteriores donaciones. De este modo, sólo cuando una enajenación sea onerosa, y así impida recobrar el bien deberá el donatario pagar al donante que revoca, el valor del bien al tiempo de la donación (últ. o.c. pp. 670-671). Parece adherirse a esta postura Méndez Tomás, R.M. y Vilalta Nicuesa, A.E. (1998). *Donación: Acciones...*, cit. p. 16; y Zurilla Cariñana, M.A. (2013). «Comentarios...», cit. pp. 929-930.

143 Díez-Picazo, L. y Gullón, A. (2018). *Sistema...*, vol. II, T. 2, cit. p. 75; Díaz Alabart, S. (1991). «Comentarios...», cit. p. 1636; Sánchez Calero, B. (2007). *La revocación…*, cit. p 104; Saborido Sánchez, P. (2023). «Comentarios a los arts. 644-653 CC». *Comentarios al Código Civil,* T.II (arts. 268 a 743). Tirant lo Blanch, Valencia, p. 3199, y Zurilla Cariñana, M.A. (2013). «Comentarios...», cit. p. 930; Méndez Tomás, R.M. y Vilalta Nicuesa, A.E. (1998). *Donación: Acciones...*, cit. p. 16.

144 Díez-Picazo, L. y Gullón, A. (2018). *Sistema...*, vol. II, T. 2, cit. p. 75; Díaz Alabart, S. (1991). «Comentarios...», cit. p. 1636; Díaz Alabart, S. (1986). «Comentarios…», cit. pp. 339-340 y Zurilla Cariñana, M.A. (2013). «Comentarios...», cit. p. 930. Más ampliamente sobre la imposibilidad de imponer al acreedor hipotecario el pago de la deuda antes de su vencimiento en Sánchez Calero, B. (2007). *La revocación…*, cit. pp. 93-94.

vencimiento, el donatario no paga, el donante —como tercer poseedor que es— deberá hacerlo para impedir la ejecución de la hipoteca, pudiendo reclamárselo posteriormente al donatario[145].

(3) «Cuando los bienes no pudieren ser restituidos, se apreciarán por lo que valían al tiempo de hacer la donación». La doctrina ha debatido extensamente sobre el hecho de que el art. 645.III CC haga referencia al valor del bien en el momento de la donación, y su posible contradicción con el art. 1045 del mismo cuerpo legal, que atiende al valor del bien donado al tiempo en que se evalúen.

La tesis mayoritaria, como se analizará en detalle al abordar el art. 650 CC, sostiene que la restitución del valor, a pesar de la literalidad del precepto, debe entenderse como una deuda de valor. Esta interpretación se fundamenta principalmente en razones de justicia material, pues resultaría injusto que el donante recibiera el mismo valor que tenía el bien al momento de la donación si, entretanto, dicho bien se ha revalorizado, permitiendo así un enriquecimiento sin causa del donatario. En consecuencia, el donatario debería restituir el equivalente en moneda actual del valor que tenía el bien en el momento de la donación, lo cual implica que los eventuales perjuicios o beneficios que resulten para donante o donatario tras la revocación dependerán de la variación en el valor del bien y del cambio en el valor del dinero[146].

Sin embargo, una posición doctrinal minoritaria considera que, si bien concebir la restitución como una deuda de valor

---

145 Sánchez Calero, B. (2007). *La revocación…*, cit. p. 94; Díez-Picazo, L. y Gullón, A. (2018). *Sistema...*, vol. II, T. 2, cit. p. 75.

146 Así entre otros, consideran que se trata de una deuda de valor, Díaz Alabart, S. (2006). *La donación*, cit. pp. 687-690; Díaz Alabart, S. (1991). «Comentarios...», cit. p. 1636; Sánchez Calero, B. (2007). *La revocación…*, cit. p. 95; Marín Castán, F. (2000). «Comentarios...», cit. p. 190; Díez-Picazo, L. y Gullón, A. (2018). *Sistema...*, vol. II, T. 2, cit. p. 75, n. 10; Rodríguez Martínez, M.E. (2011). «Comentarios...», cit. pp. 195 y 220; y Zurilla Cariñana, M.A. (2013). «Comentarios...», cit. p. 930.

sería una solución más justa *de lege ferenda*, su aplicación exigiría una reforma expresa del art. 645 CC. Por tanto, desde una perspectiva *de lege lata*, sostienen que dicho precepto acoge un criterio nominalista, por lo que debe estarse al valor del bien en el momento en que fue donado, sin actualización alguna[147].

a2.- Análisis del art. 646 CC. Dispone el art. 646 CC que «la acción de revocación por superveniencia o supervivencia de hijos prescribe por el transcurso de cinco años, contados desde que se tuvo noticia del nacimiento del último hijo o de la existencia del que se creía muerto. Esta acción es irrenunciable y se transmite, por muerte del donante, a los hijos y sus descendientes».

Analicemos dicho precepto:

(1) «La acción de revocación por superveniencia o supervivencia de hijos prescribe por el transcurso de cinco años...» Según la doctrina mayoritaria dicho plazo de cinco años es, pese a la literalidad del precepto, de caducidad y no de prescripción, por analogía con la acción rescisoria, y porque siendo la revocación de donaciones una facultad dirigida a poder cambiar una situación que origina un estado de incertidumbre, la seguridad jurídica aconseja que el plazo sea el más breve posible —y, por tanto, no admita interrupción— y pueda apreciarse de oficio[148]. No obstante, en posición minoritaria, considera Marín Castán que se trata de un

---

147 Defienden dicho criterio nominalista, entre otros, Pérez de Ontiveros, C. (2017). «La revocación...», cit. pp. 618-619; y Albiez Dohrmann, K.J. (2013). «Comentarios...», cit. pp. 4973-4974.

148 Así, considera que se trata de un plazo de caducidad, entre otros, Díez-Picazo, L. y Gullón, A. (2018). *Sistema...*, vol. II, T. 2, cit. p. 76; Díaz Alabart, S. (1991). «Comentarios...», cit. p. 1637; Díaz Alabart, S. (2006). *La donación*, cit. pp. 699-704; Albiez Dohrmann, K.J. (2013). «Comentarios...», cit. p. 4932; Sánchez Calero, B. (2007). *La revocación...*, cit. p. 71 y la doctrina que cita en n. 71; Lacruz Berdejo, JL. et al. (1986). *Elementos...* II-3.°, cit. p. 146; Saborido Sánchez, P. (2023). «Comentarios...», cit. p. 3198; y Zurilla Cariñana, M.A. (2013). «Comentarios...», cit. p. 930.

plazo de prescripción porque su naturaleza privilegiada (no dura cuatro años como lo hace el plazo de los arts. 1299 y 1301 CC, sino cinco) chocaría con el hecho de que los plazos de caducidad suelen ser más breves —no más extensos— que los de prescripción[149]. Añade Rodríguez Martínez, a favor de dicha tesis minoritaria, que si el objetivo del legislador hubiera sido excluir cuanto antes la incertidumbre sobre la eficacia definitiva de la donación (objetivo perseguido por la caducidad) habría fijado, por un lado, el *dies a quo* para el ejercicio de la acción desde el nacimiento del primer hijo, no —como hace— desde el conocimiento del último (art. 646. I CC); y, por otro lado, no habría permitido —como permite, art. 646. II CC— el ejercicio de la acción por los hijos y descendientes del donante. Ambas reglas del legislador no son coherentes, dice esta autora, con la finalidad de la caducidad de evitar situaciones prolongadas de incertidumbre, ajustándose mejor a la figura de la prescripción que, además, añade, tiene la ventaja de permitir la interrupción, lo que evita la extinción de la acción de revocación en el caso de que estén pendientes acciones de filiación[150].

(2) «(...) contados desde que se tuvo noticia del nacimiento del último hijo o de la existencia del que se creía muerto». El *dies a quo del* cómputo del plazo de cinco años es, por tanto, el momento en que se tuvo noticia del nacimiento del último hijo o de la existencia del que se creía muerto. En los supuestos de supervivencia dicha regla no plantea problemas (el momento lo marca el conocimiento de la existencia del hijo que se creía muerto), pero sí los plantea en los supuestos de superveniencia porque el CC fija como momento determinante el del «nacimiento del último hijo», por lo que la doctrina se ha preguntado qué ocurre en los supuestos de adopción y determinación legal de la filiación de hijos extramatrimoniales. En estos casos, considera Díaz Alabart que el *dies a quo*

---

149 Marín Castán, F. (2000). «Comentarios...», cit. p. 192.

150 Rodríguez Martínez, M.E. (2011). «Comentarios...», cit. p. 199.

será, respectivamente, el momento de constitución de la adopción y el momento de determinación legal de la filiación[151].

En cuanto al *dies a quo*, si, donado un bien, el donante tiene sucesivamente varios hijos (o reaparecen hijos que se creían fallecidos), puede ocurrir que el nacimiento o reaparición del segundo, o de los posteriores, tenga lugar dentro del plazo de cinco años que fija el art. 646 CC para interponer la acción correspondiente por el primero de los hijos[152]. En tal caso, caben dos interpretaciones: la primera considera que la acción ya existente, por la supervenien-cia o supervivencia del primer hijo —y que pudo ejercitarse, por tanto, antes de que naciese el segundo—, se extiende en su duración hasta cinco años después de la fecha en que el donante haya tenido conocimiento del nacimiento o reaparición del segundo

---

151 Díaz Alabart, S. (1991). «Comentarios...», cit. p. 1638; en el mismo sentido, entre otros, Zurilla Cariñana, M.A. (2013). «Comentarios...», cit. p. 931. También Marín Castán se adhiere a dicha solución que es innegable para los supuestos de adopción y que, si bien podría plantear problemas teóricos en supuestos de determinación legal de la filiación de hijos extramatrimoniales (porque el donante pudo haber tenido cabal noticia del nacimiento de un hijo extramatrimonial, suyo con toda certeza, y sin embargo no haberlo reconocido) debe también aceptarse en la práctica. Y es que —dice dicho autor— si no se aceptara dicha solución, no se cumpliría el principio de protección de la legítima de hijos y descendientes que inspira esta causa de revocación, y, además, se discriminaría inconstitucionalmente al hijo no matrimonial a quien el donante no quiera reconocer, haciendo correr el plazo para la acción de revocación desde la mera noticia de su nacimiento e incluso limitándole las posibilidades de ejercitar la acción por sí mismo una vez muerto el donante. (en Marín Castán, F. [2000]. «Comentarios...», cit. p. 193).

152 Si el segundo hijo nace cuando ya ha caducado/prescrito la acción de cinco años del art. 646 CC no se plantean problemas porque simplemente surgirá una acción nueva para revocar la donación al haberse producido un hecho nuevo de aquellos por los que la ley concede la facultad de revocar (Díaz Alabart, S. [2006]. *La donación*, cit. p. 697).

hijo, prolongándose así el plazo inicial[153]. La segunda entiende que el nacimiento o reaparición de cada hijo posterior da lugar a una nueva acción autónoma, que tendrá el donante además de la que ya le correspondía por el primero, pudiendo ejercitar cualquiera de ellas y siendo suficiente, cada una de dichas acciones por sí sola, para fundar la revocación de la donación[154].

En cualquier caso, si el donante renuncia a ejercitar la acción revocatoria por el nacimiento de un hijo, ello no le impide invocar la acción correspondiente por el nacimiento o reaparición de otro hijo posterior.

Finalmente, si nace un hijo del donante después de la donación, pero fallece antes de la interposición de la demanda, no cabrá la revocación, aunque no hubiera transcurrido el plazo de 5 años desde la noticia del nacimiento. Y es que, en tal supuesto, faltaría la razón de ser de esta facultad revocatoria que, recordemos, se funda en la presunción de que el donante no hubiera donado si hubiera sabido de la existencia del descendiente, así como en la protección del interés de la familia del donante[155]. Por idéntica razón, si el hijo fallece una vez interpuesta la demanda revocatoria, pero sin que haya recaído sentencia, carece

---

153 A favor de esta teoría de la acción única que se prorroga parece inclinarse Marín Castán, F. (2000). «Comentarios...», cit. pp. 193-194.

154 A favor de esta tesis que considera que, en realidad, hay, en cada nacimiento, una acción nueva se muestran Díaz Alabart, S. (1991). «Comentarios...», cit. p. 1637; Díaz Alabart, S. (2006). *La donación,* cit. pp. 698-699. Véase, no obstante, una crítica a dicha teoría puede verse en Sánchez Calero, B. (2007). *La revocación…*, cit. pp. 74-75.

155 En este sentido, Mucius Scaevola, Q. (1896). *Código Civil...* XI, cit. p. 675; Sánchez Calero, B. (2007). *La revocación…*, cit. p. 75; Díaz Alabart, S. (2006). *La donación,* cit. p. 705; Ataz López, J. (2009). *Jurisprudencia....* T.II, cit. p. 1274.

de sentido su continuación y debería concluir el proceso por carencia sobrevenida de objeto (art. 22 LEC)[156].

(3) «Esta acción es irrenunciable...». Este inciso segundo del art. 646 CC prohíbe solo la renuncia anticipada (la realizada por el donante al donar o antes de tener noticia del nacimiento o supervivencia del hijo). Por el contrario, es válida la renuncia realizada después de producirse el hecho que hubiera podido dar lugar a la revocación (es decir, la renuncia después de nacida la acción, esto es, una vez tenida noticia del nacimiento o supervivencia del hijo)[157]. Y es que sería inútil prohibir renunciar a la acción de revocación una vez nacida porque bastaría, para conseguir idéntico resultado, que el donante volviera a donar después de haber tenido conocimiento de la supervivencia y superveniencia del hijo, y esa nueva donación no sería atacable por dichos eventos anteriores a ella.

(4) «... y se transmite, por muerte del donante, a los hijos y sus descendientes». Frente al carácter restrictivo que impone el art. 653 CC a la revocación por ingratitud, la acción de revocación por supervivencia o superveniencia de hijos presenta un régimen más amplio en cuanto a la legitimación activa. Esta última corresponde al donante, pero es además transmisible *mortis causa* a sus hijos y descendientes, siempre que, al momento del fallecimiento del donante, la acción no hubiera caducado (art.

---

156 Sánchez Calero, B. (2007). *La revocación...*, cit. p. 76; Díaz Alabart, S. (2006). *La donación*, cit. p. 705.

157 Así, Díaz Alabart, S. (1991). «Comentarios...», cit. p. 1638; Díaz Alabart, S. (2006). *La donación*, cit. p. 712; Zurilla Cariñana, M.A. (2013). «Comentarios...», cit. p. 931 y la doctrina mayoritaria citada por Sánchez Calero, B. (2007). *La revocación...*, cit. p. 76 en n. 88 y 89. Respalda esta posición la STS 22/04/1933 (RJ 1932-1933, 1639) que declaró irrevocable una donación por haberse confirmado después de nacido el hijo; porque confirmarla equivale a renunciar a la revocación. En contra, *vide* Marín Castán, F. (2000). «Comentarios...», cit. pp. 193-194.

646. II CC)[158]. Ello ha llevado a la doctrina a considerar que, mientras la acción revocatoria por ingratitud es personalísima, no lo es, por contra, la acción revocatoria fundada en el art. 644 CC,[159] si bien la doctrina no deduce de dicha diferente naturaleza las consecuencias que, naturalmente, se esperarían[160].

En todo caso, la acción es transmisible solo a los hijos o descendientes del donante[161] quienes, señala Marín Castán, dispondrían de una legitimación activa propia. Dichos hijos y descendientes podrán entablar la acción de revocación una vez fallecido el donante, aunque este hubiera conocido, en vida, el nacimiento o existencia del hijo y, lógicamente, siempre que no haya transcurrido el plazo establecido en el art. 646 CC[162].

---

158 Méndez Tomás, R.M. y Vilalta Nicuesa, A.E. (1998). *Donación: Acciones...*, cit. p. 15.

159 Marín Castán, F. (2000). «Comentarios...», cit. p. 194.

160 Dicha distinta naturaleza debería tener como consecuencia natural que no se admita el ejercicio de la acción por los acreedores del donante en la revocación por ingratitud, pero sí en la revocación por superveniencia y supervivencia. Y si bien la primera afirmación es cierta y la doctrina niega que los acreedores puedan ejercitar, con base en el art. 1111 CC, la acción de revocación por ingratitud, dicha doctrina también se opone a que pueda hacerlo en la acción de revocación por las causas del art. 644 CC en atención al fundamento de dicha acción que trata de proteger un interés familiar y que, por su excepcionalidad, debe interpretarse restrictivamente (asi Sánchez Calero, B. [2007]. *La revocación…*, cit. pp. 85-86; Albiez Dohrmann, K.J. (2013). «Comentarios...», cit. p. 4931).

161 Díaz Alabart, S. (1991). «Comentarios...», cit. p. 1638; Marín Castán, F. (2000). «Comentarios...», cit. p. 194.

162 Marín Castán, F. (2000). «Comentarios...», cit. p. 194. Sobre otros problemas que plantea la transmisión de dicha acción (destino del bien una vez producida la revocación ejercitada por el hijo o descendiente del donante-revocador; efectos de la restitución de un bien indivisible pedida solo por alguno de los hijos o descendientes o posibilidad de ejercicio de la acción por subrogación por los acreedores del donante ex art. 1111 CC) véase más ampliamente Sánchez Calero, B. (2007). *La revocación…*, cit. pp. 82-86.

Por el contrario, la acción no es transmisible al heredero del donante que no sea hijo o descendiente de aquel,[163] y ello, aunque la acción revocatoria se interpusiera por el donante, pero muera antes de que concluya el procedimiento. En resumen, dice Albiez, el art. 646.II CC prevé una transmisión *mortis causa* de la acción especial porque dicha transmisión de la acción de revocación de la donación a favor de los hijos y descendientes no tiene lugar por la condición de herederos del donante, sino por la vinculación biológica que tienen aquellos con este[164].

Pese al silencio del art. 646 CC entiende la doctrina que la legitimación de los descendientes de ulterior grado (p. ej. nietos) presupone la muerte del descendiente más próximo en grado del donante (p. ej. hijo) por lo que solo estaría legitimado el nieto, hijo de un hijo premuerto del donante, pero no el nieto viviendo el hijo del donante, ya que, en tales casos, le faltaría el interés necesario y donde no hay interés no hay acción[165]. Los nietos están legitimados junto con sus tíos para instar la revocación de la donación por las causas del art. 644 CC si su padre —hijo del donante— murió, pero no si vive, en cuyo caso corresponderá al padre —hijo del donante— y a sus hermanos —hijos también del donante— el ejercicio de la acción[166].

---

163 Díaz Alabart, S. (1991). «Comentarios...», cit. p. 1638; Marín Castán, F. (2000). «Comentarios...», cit. p. 194; Rodríguez Martínez, M.E. (2011). «Comentarios...», cit. p. 196; Saborido Sánchez, P. (2023). «Comentarios...», cit. p. 3199; y Zurilla Cariñana, M.A. (2013). «Comentarios...», cit. p. 931.

164 Albiez Dohrmann, K.J. (2013). «Comentarios...», cit. p. 4929.

165 Por todos, véase Rodríguez Martínez, M.E. (2011). «Comentarios...», cit. p. 196; Sánchez Calero, B. (2007). *La revocación...*, cit. p. 83; y Albácar López, J.L. y de Castro García, J. (1995). «Arts. 644 a 653». *Código Civil. Doctrina y Jurisprudencia,* t. III. Trívium, Madrid, p. 149.

166 Rodríguez Martínez, M.E. (2011). «Comentarios...», cit. p. 196, y Sánchez Calero, B. (2007). *La revocación...*, cit. p. 83.

En caso de pluralidad de descendientes con derecho a pedir la revocación considera la doctrina que no necesariamente debe haber unanimidad entre ellos y que ni unos pueden obligar a quienes deseen mantener la donación a interponer la acción revocatoria (en nuestro derecho no cabe el litisconsorcio activo necesario porque nadie puede ser obligado a demandar) ni quienes no quieran demandar pueden impedir el ejercicio de la acción por quienes si lo desean. En resumen, cada hijo o descendiente con derecho a revocar ostentará legitimación activa individual —no mancomunada— sin que sea preciso el concurso de los demás legitimados. Eso sí, los descendientes que opten por interponer la acción revocatoria deberán limitar cuantitativamente su pretensión a la parte proporcional de la herencia que ostenten, pues nada puede obligar a los herederos que no deseen ejercitar la acción de revocación a recibir su parte[167].

Y, finalmente, en cuanto a la legitimación pasiva, según Rodríguez Martínez, la acción de revocación debe interponerse contra el donatario no previendo el CC (a diferencia de los supuestos de revocación por ingratitud del donatario, art. 653 CC) la posibilidad de ejercitar la acción contra el heredero del donatario[168]. En contra de dicha tesis, entiende Albiez, con razón, que la acción puede dirigirse contra el donatario, contra los herederos del donatario y contra los terceros adquirentes que, conociendo la causa de revocación, adquieren, no obstante, el bien donado[169].

---

167 Así, Ragel Sánchez, L.F. (1998). «El perdón...», cit. p. 181 con cita de la doctrina francesa y argumentos dados para la revocación por ingratitud, pero que cabría extender a la revocación por las causas del art. 644 CC; y Sánchez Calero, B. (2007). *La revocación…*, cit. p. 84.

168 Rodríguez Martínez, M.E. (2011). «Comentarios...», cit. p. 198. No obstante, en el ámbito del derecho foral, el art. 531.15 ap. 4 CC catalán sí admite que la acción revocatoria pueda intentarse contra los herederos del donatario.

169 Albiez Dohrmann, K.J. (2013). «Comentarios...», cit. p. 4931.

b.- Efectos con relación a los frutos producidos por el bien donado

El párrafo primero del art. 651 CC señala que cuando la donación se revocare por alguna de las causas expresadas en el art. 644 CC, el donatario no devolverá los frutos sino desde la interposición de la demanda. La razón de dicho *dies a quo* es que, en ese momento, se interrumpe civilmente la posesión (art. 1945 CC), por lo que desde entonces cesa la razón de que el poseedor haga suyos los frutos producidos[170].

En la revocación extrajudicial, dice Albiez, la liquidación de los frutos tendría lugar, conforme al art. 651 CC, a partir de la declaración del donante de querer revocar la donación, aunque lo lógico sería que el momento de la liquidación se computase a partir del momento en que el donatario tuviera conocimiento de la efectiva revocación[171].

En todo caso, la devolución que impone dicho párrafo primero del art. 651 CC es la de frutos efectivamente percibidos por el donatario, no de los que este podía haber producido y percibido[172]. No obstante, dice Díaz Alabart, lo más lógico, a tenor del art. 455 CC, hubiera sido que el donatario de mala fe indemnizara por los frutos que hubiera podido percibir[173].

---

170 Como señala Mucius Scaevola el art. 651 CC es «extremadamente justo» porque su primer párrafo no es sino aplicación de la regla contenida en el art. 451 CC relativa a que el poseedor de buena fe hace suyos los frutos percibidos mientras no sea interrumpido legalmente en la posesión. Y esta interrupción tiene lugar por la interposición de la demanda (Mucius Scaevola. Q. [1896]. *Código...*, XI cit. p. 684).

171 Albiez Dohrmann, K.J. (2013). «Comentarios...», cit. p. 4979.

172 Pérez de Ontiveros, C. (2017). «La revocación...», cit. p. 619; Díaz Alabart, S. (1991). «Comentarios...», cit. p. 1647. No obstante, Lacruz muestra sus dudas (en Lacruz Berdejo, J.L. *et al.* [1986]. *Elementos...* II.3, p. 152).

173 Díaz Alabart, S. (1991). «Comentarios...», cit. p. 1647.

c.- Efectos con relación a las mejoras introducidas por el donatario y con relación a los deterioros sufridos por el bien donado

El CC no se ocupa expresamente en sus arts. 645, 647, 649 ni en su art. 650 de los deterioros o mejoras en la cosa donada cuando hay que devolverla por haberse revocado la donación, considerando la doctrina que procede aplicar en tales casos lo establecido para los efectos de la recuperación de la posesión por quien vence en ella al anterior poseedor[174].

Así, con respecto las mejoras realizadas por el donatario en el bien donado, señalaba Mucius Scaevola que, aunque nada dice el Código, teniendo en cuenta que el derecho romano admitía la restitución de las mejoras introducidas en la cosa donada[175], y que el CC regula la percepción de frutos por los principios aplicables a la posesión de buena fe (art. 651 CC en relación con el art. 451 CC) no hay motivo para no adaptar a este caso los mismos artículos que tratan de las mejoras introducidas en la cosa poseída, según aquellas sean suntuarias (de mero lujo), útiles o necesarias. Por ello, según este autor, el donatario, al restituir los bienes, tendrá derecho al abono de los gastos necesarios y de las mejoras útiles, gozando, como poseedor de buena fe, de *ius retentionis* como garantía de dicho derecho (art. 453 CC). Y en cuanto a las mejoras suntuarias, podrá retirarlas

---

174 Díaz Alabart, S. (1991). «Comentarios...», cit. p. 1647. Para un análisis más detallado de estos temas *vide* Díaz Alabart, S. (1986). «Comentarios...», cit. pp. 340 y ss.

175 En el derecho romano el principio de la restitución de las mejoras introducidas en la cosa donada estaba admitido, y asi lo prueba el Digesto 39.6.14 que señala: «Si mortis causa donatus fundus est, et in eum impensae necessariae atque utiles factae sint, fundum vindicantes doli mali exceptione summoventur, nisi pretium earum restituant» (trad: si se donó un fundo por causa de muerte y se hicieron en él gastos necesarios y útiles, a quien reivindique el fundo se le podrá oponer la excepción de dolo malo si no paga el importe de dichos gastos).

siempre que con ello no altere la substancia de la cosa o la deteriore gravemente, y siempre que el donante no prefiera abonar el importe de lo gastado (art. 454 CC)[176].

Respecto a los deterioros sufridos por el bien donado señala Albiez que el CC exige implícitamente, en sus arts. 645-1 y 647-2, que el donatario devuelva dicho bien en el mismo estado que le fue entregado, por lo que debe asumir el deterioro, reparando, en su caso, la cosa donada o abonando el valor del menoscabo[177].

Por lo demás, y como cláusula de cierre, cabría añadir que los efectos de la revocación de donaciones por supervivencia o superveniencia de hijos son idénticos a los que tienen lugar en el caso de revocación por ingratitud, y ello, aunque el art. 645 CC emplee distintas palabras que los arts. 649 a 651 CC[178]. Dicha identidad se observa, asimismo, en el régimen establecido para los frutos en el

---

176 Mucius Scaevola. Q. (1896). *Código...* XI, cit. p. 685. En igual sentido de aplicar los arts. 453-454 a las mejoras realizadas por el donatario en el bien donado Sánchez Calero, B. (2007). *La revocación…*, cit. p. 88; Díaz Alabart, S. (1991). «Comentarios...», cit. p. 1636; Rodríguez Martínez, M.E. (2011). «Comentarios...», cit. p. 195, y Saborido Sánchez, P. (2023). «Comentarios...», cit. p. 3198. También Lacruz considera que, ante el silencio de la ley sobre las mejoras y los aumentos de valor de la cosa donada obtenidos a expensas del donatario, la equidad exige que se indemnicen conforme a las reglas de la posesión de buena fe (en Lacruz Berdejo, J.L. *et al.* [1986]. *Elementos*....II-3, cit. p. 146).

177 Albiez Dohrmann, K.J. (2013). «Comentarios...», cit. p. 4981.

178 Insisten en dicha identidad de efectos Sánchez Calero, B. (2007). *La revocación…*, cit. pp. 173; Díaz Alabart, S. (1991). «Comentarios...», cit. pp. 1645-1646; Zurilla Cariñana, M.A. (2013). «Comentarios...», cit. p. 929 y Manresa y Navarro, J.M. (1910). *Comentarios...*, cit. p. 179 que señala que el Código equipara los efectos de la revocación de donaciones por superveniencia de hijos y por ingratitud del donatario. En contra, considera Rodríguez Martínez que, aunque existe gran coincidencia en el alcance de la revocación por las diferentes causas legales, no hay identidad (Rodríguez Martínez, M.E. [2011]. «Comentarios...», cit. p. 192).

art. 651.1 CC, por lo que, para evitar reiteraciones, nos remitimos al análisis que realizamos *infra* respecto a los arts. 650 y 651 CC.

D.- La revocación de la donación por incumplimiento de cargas

Dispone el art. 647 CC que: «la donación será revocada a instancia del donante, cuando el donatario haya dejado de cumplir alguna de las condiciones que aquel le impuso». Esta causa de revocación tiene, como veremos, una singular evolución histórica que la hizo desligarse de las causas de ingratitud del donatario en las que inicialmente se encuadraba, y una defectuosa redacción legal al emplear el término «condiciones» cuando, en realidad, se refiere a cargas o modo. En todo caso, la doctrina considera que su razón de ser es la voluntad presunta del donante que no hubiera donado de conocer que el donatario iba a incumplir con la carga impuesta[179], si bien, como dijimos, la idea de la voluntad presunta del donante no pasa de ser una ficción[180].

1.- Antecedentes históricos

Aunque en la redacción vigente del art. 647 CC el incumplimiento del modo es una causa autónoma de revocación de la donación, lo cierto es que el derecho romano incluía dicho incumplimiento entre las causas de revocación por ingratitud considerando ingrato al donatario que incumplía las cargas contenidas en la donación *sub modo*[181]. Así, podemos leer en la constitución del año 530 d. C. —recogida en C. 8, 55 (56), 10— como causas de revocación por ingratitud (además de injuriar o maltratar al donante, dañar sus bienes o poner en peligro de la

---

179 Costas Rodal, L. (2013). «Contrato...», cit. p. 2533, y STS 20/07/2007 (Tol 1123956).

180 Díez-Picazo, L. (1980). «Las causas...», cit. p. 217.

181 Murillo Villar, A. (2007), *La revocación...*, cit. pp. 77 y 78 con cita de doctrina.

vida de este) que el donatario no haya querido cumplir alguna convención que asumió (*vel quasdam conventiones... quas donationis acceptor spopondit minime implere voluerit*), llegando a afirmar Savigny, al abordar la *donatio sub modo*, que: «Justiniano ha colocado esta falta de ejecución (del modo) entre los casos de revocación por causa de ingratitud y esta prescripción... nos prueba que el antiguo derecho fundaba en la ingratitud esta extensión de la *condictio*»[182]. En fin —concluye Murillo—, es indudable que Justiniano, en dicha constitución del año 530, consideraba ingrato al donatario que no quiso cumplir las convenciones impuestas, que este prometió cumplir al aceptar la donación, y dicha ingratitud permitía al donante revocar la donación[183].

En nuestra patria, el Fuero Real (1255) sigue la senda romana de considerar la revocación por incumplimiento del modo como un supuesto más de ingratitud[184] estableciendo en FR.3,12,1 que, aunque «qualquier home que diere alguna cosa a otre, no gela pueda después toller», por excepción el donante podía revocar la donación por ingratitud no solo si el donatario le injuriaba, maltrataba, dañaba sus bienes o ponía en riesgo su vida, sino también «si gelo dio por alguna cosa facer e non la fizo».

Dicha concepción de la revocación por incumplimiento de cargas como supuesto de ingratitud se detiene, de forma definitiva, en nuestras Partidas. Por un lado, la Partida 5,4,10 recoge las causas de ingratitud (denominadas «*desconoscencia*»), omitiendo la revocación por incumplimiento del *modus*; por otro lado, la Partida 5,4,6 alude expresamente a la revocación que ahora analizamos, al señalar que, cuando la donación se realiza *sub modo* («con alguna postura»), si el donatario «cumple aquello porque gelo dieron, vale la donación, e si non lo cumple, bien lo puede revocar». Esto revela, dice Murillo, que «*donatio inter vivos facta sub*

182 Savigny, FK von. (1879), *Sistema*... T. III, cit. p. 185.

183 Murillo Villar, A. (2007). La revocación..., cit. pp. 78-79.

184 ibidem, p. 80.

modo revocatur si modus non adimpleatur» (trad.: la donación entre vivos hecha *sub modo* se revoca si la condición no se cumple)[185].

La línea comenzada por las Partidas de desligar la inejecución del modo de las causas de ingratitud continuó a lo largo de todo el gran siglo codificador —el siglo XIX— y se mantiene, en España, hasta el momento presente[186]. En efecto, a principios de dicho siglo XIX, el art. 953 del Code francés de 1804 señalará que «la donación *inter vivos* tan solo podrá revocarse por causa de incumplimiento de las condiciones con sujeción a las cuales se hubiese efectuado, por causa de ingratitud y por causa de superveniencia de hijos». En España, el Proyecto de CC de 1836, afirmaba en su art. 1605, recogiendo la terminología defectuosa del Code que habla de «condiciones», que «en el caso de revocación por falta de cumplimiento de las condiciones que se hubieren impuesto al donatario, volverán a poder del donante los bienes donados, libres de cuantas cargas o hipotecas les hubiere impuesto el donatario». Este precepto contemplaba consecuencias más gravosas para el donatario que incumplía el modo que para el ingrato, porque aquel debía devolver todos los bienes libres de cargas e hipotecas, mientras que el ingrato no (art. 1604). El Proyecto de CC de 1851 continúa esta línea, disponiendo en su art. 964 que «la donación será revocada a instancia del donador, cuando se haya dejado de cumplir alguna de las condiciones con que la hizo». Esta previsión fue recogida, con ligeras modificaciones, en el art. 646.1° del Anteproyecto de Código de 1882-1888 y, finalmente, se incorporó al art. 647 del CC vigente, que establece:

---

185 ibidem, p. 81.

186 A veces, los límites que separan la revocación por incumplimiento del modo y la revocación por ingratitud no están tan claros llegando a permitir la STS 18/01/2023 (TOL9.391.162) que «una donación con carga, además de ser revocable por incumplimiento (art. 647 CC) puede ser revocada por ingratitud si se da alguno de los motivos previstos en el art. 648 CC, al margen o con independencia de la carga impuesta».

> «La donación será revocada a instancia del donante, cuando el donatario haya dejado de cumplir alguna de las condiciones que aquel le impuso. En este caso, los bienes donados volverán al donante, quedando nulas las enajenaciones que el donatario hubiese hecho y las hipotecas que sobre ellos hubiese impuesto, con la limitación establecida, en cuanto a terceros, por la ley Hipotecaria»[187].

2.- Aspectos de derecho material: análisis del art. 647. I CC

a.- Impropiedad del término «condiciones»

El art. 647 CC habla, por influencia del Code francés, de «condiciones», pero no hay duda alguna en la doctrina y jurisprudencia de que dicho precepto no emplea la palabra «condiciones» en el sentido rigurosamente técnico de sucesos inciertos de los que se hace depender el nacimiento o extinción de una relación jurídica, sino en el sentido vulgar de obligaciones o cargas (modo) que pueda imponer el donante al donatario[188].

---

187 Mas ampliamente sobre dicha evolución en Albaladejo, M. (1986). «Comentarios...», cit. pp. 372-374.

188 En la doctrina defienden que la palabra «condiciones» equivale, en dicho art. 647 CC, a «modo», entre otros, Albaladejo García, M. (1986). «Comentarios...», cit. pp. 371-372; Albaladejo, M. (1991). «Comentarios...», cit. p. 1638; Albiez Dohrmann, K.J. (2013). «Comentarios...», cit. p. 4936; Ataz López, J. (2009). *Jurisprudencia....* T.II, cit. p. 1276; Berrocal Lanzarot, A. I. (2010). «La revocación...», cit. p. 1893; Castán Tobeñas, J. (1988). *Derecho....* T.4, cit. p. 248; Costas Rodal, L. (2013). «Contrato...», cit. p. 2533; De los Mozos, J.L. (2000). *La donación...*, cit. pp. 329 y ss. y 335; Díez-Picazo, L. y Gullón, A. (2018). *Sistema...*, vol. II, T. 2, cit. p. 78; Domínguez Rodrigo, L.M. (1983). «La revocación de donación modal». *ADC*, 1983-I, p. 67; Fernández Arroyo, M. (2003). «Observaciones en torno a la revocación de la donación modal». *Estudios Jurídicos en Homenaje al profesor Luis Díez-Picazo,* T. II. Civitas, Madrid, p. 1811; Lacruz Berdejo, J.L. et al. (1986). *Elementos...* II. vol. 3, cit. p. 147; Marín Castán, F. (2000). «Comentarios...», cit. p. 195; Medina Alcoz, M. (2010). «El incumplimiento de la carga en la

En consecuencia, esta causa de revocación no se aplica a la donación «*sub conditione suspensiva*» —donación que de no cumplirse tal condición no llega a existir—, ni a la donación bajo condición resolutoria —que es uno de los supuestos de donación reversional que ampara el art. 641 CC—, sino a las donaciones onerosas o modales que son eficaces desde luego, aunque puedan revocarse por la causa que analizamos[189].

Ello no significa, obviamente, que no quepa sujetar una donación, como elemento accidental de dicho negocio, a condición (o término). Dicha sujeción, reconocida por nuestro derecho histórico,[190] es perfectamente admisible, pero en tales casos no es

---

donación modal». *Contratos gratuitos*, Reus, Madrid, pp. 169 y ss.; Méndez Tomás, R.M. y Vilalta Nicuesa, A.E. (1998). *Donación: Acciones...*, cit. p. 17; Murillo Villar, A. (2007). *La revocación...*, cit. p. 82; Parra Lucán, M.A. (2016). «La donación», cit. p. 92; Saborido Sánchez, P. (2023). «Comentarios...», cit. p. 3201, y Zurilla Cariñana, M.A. (2013). «Comentarios...», cit. p. 931. Y en la jurisprudencia defienden dicha equiparación, entre muchas otras, la STS 25/06/1990 (Tol 1730346); STS. 02/11/1999 (Tol 2568); STS. 23/11/2004 (Tol 536336); STS. 20/7/2007 (Tol 1123956); STS 03/07/2009 (TOL 1570791); STS 21/10/2011 (TOL 2260940), y STS 18/01/2023 (TOL9.391.162).

189 Hay autores, destaca Costas Rodal, que distinguen las donaciones modales (el donante expresa los motivos, finalidad, deseo o recomendación) y onerosas (el donante impone al donatario un gravamen inferior al valor de lo donado), pero la doctrina mayoritaria emplea indistintamente la calificación de donación modal y onerosa o con carga, considerando que la donación con causa onerosa del art. 622 CC es la misma que la donación modal del art. 619 CC (Costas Rodal, L. [2013]. «Contrato...», cit. p. 2541).

190 Tanto el Codex (C. 8, 55 (55)) bajo la rúbrica «*De donationibus quae sub modo vel condicione vel ex certo tempore conficiuntur*» como las Partidas (P. 5.4.5 y P. 5.4.7) bajo las rúbricas respectivamente «En qué manera vale la donación, que es fecha so condición», y «De la donación que es fecha a dia cierto, e a tiempo señalado» permiten someter la donación a condición y término pero, en tales casos, no se alude a la posibilidad de revocarlas, porque dicha donación bajo condición

preciso otorgar al donante ninguna facultad de revocación, porque si la donación está sujeta a condición suspensiva el dominio no llega a adquirirse, y si está sujeta a condición resolutoria la donación se extingue automáticamente al producirse el incumplimiento (configurándose entonces como una donación reversional del art. 641 CC). Por el contrario, en los casos regulados por el art. 647 CC se otorga al donante dicha facultad revocatoria porque el donatario incumplió alguna de las cargas, obligaciones o gravámenes modales, que este último asumió al aceptar el contrato de donación[191]. En todo caso, tanto la revocabilidad por incumplimiento del modo, regulada en 647 CC, como la resolución de la donación por cumplimiento de la condición resolutoria, regulada en el art. 641 CC, son supuestos de ineficacia sobrevenida del contrato de donación si bien los efectos —dependientes de la voluntad del donante en la revocación y automáticos en la reversión— difieren con trascendentes repercusiones prácticas.

Aunque hemos dicho que la causa de revocación del art. 647 CC tiene su origen en el incumplimiento, por parte del donatario, de algunas de las obligaciones que este asumió al aceptar el contrato de donación, la existencia de dichas «obligaciones» no

---

o a término o vale o no vale, produce efectos o no produce efectos (Murillo Villar, A. [2007]. *La revocación...*, cit. pp. 80-81). Por contra, si nos fijamos en P. 5,4,6 «En qué manera vale el donadio, que faze un orne a otro con alguna postura», es decir, *sub modo*, sí admite la ley alfonsina que «si non lo cumple , bien lo puede revocar».

191 En la práctica judicial no siempre será fácil diferenciar una donación condicional suspensiva de una donación modal (Albiez Dohrmann, K.J. [2013]. «Comentarios...», cit. p. 4937), pero, como primera aproximación, cabría decir que habrá condición suspensiva si la voluntad. del donante fue que se cumpla la condición antes de exigir la atribución; y modo si la voluntad del donante fue que se exija la atribución antes de que se cumpla la carga. Y es que el modo obliga, pero no suspende (y, por tanto, puede cumplirse después de la adquisición); mientras que la condición suspensiva suspende, pero no obliga (*«condicio suspendit sed non cogit»*) y debe cumplirse antes de la atribución.

convierte, por sí, a dicho contrato de unilateral en bilateral. Así, aunque exista cierta jurisprudencia que considere a la donación modal como «negocio jurídico del cual se derivan obligaciones recíprocas» (STS 28/07/1997, TOL 215193), aporta argumentos más sólidos la jurisprudencia[192] y doctrina[193] que considera que,

---

192 STS 06/04/1999 (TOL 1466) y STS 16/12/1992 (TOL1.661.034) afirmando *verbatim* el FJ 2° de esta última sentencia que: «el que la donación imponga una carga al donatario no cambia su naturaleza; no es la contraprestación que ha de satisfacer para lograr su enriquecimiento a modo de sinalagma en los contratos sinalagmáticos, sino una determinación accesoria de la voluntad del donante por la que quiere lograr, además, otra finalidad, pero sin que desaparezca o queda subordinada la del enriquecimiento del donatario, que es la principal y la que constituye el nervio de la causa de la donación».

193 Niegan asi que el modo altere la naturaleza de la donación, que sigue siendo un negocio gratuito en su integridad, entre otros, Anderson, M. (2005). *Las donaciones...*, cit. pp. 235-236; Costas Rodal, L. (2013). «Contrato...», cit. p. 2540; De los Mozos, J.L. (2000). *La donación...*, cit. p. 336; Domínguez Rodrigo, L.M. (1983). «La revocación...», cit. pp. 105-107; Méndez Tomás, R.M. y Vilalta Nicuesa, A.E. (1998). *Donación: Acciones...*, cit. p. 18; Ossorio Serrano, J.M. (2020). «El contrato...», cit. p. 276, y Albiez Dohrmann señalando este último autor que «el modo beneficia al donante, pero no por ello la donación se debe entender como una compensación que hace el donante por dicho beneficio que le va a suponer el modo. En ningún caso, el modo puede funcionar como sinalagma (entonces no estaríamos realmente ante una donación)» (Albiez Dohrmann, K.J. [2013]. «Comentarios...», cit. p. 4737), y que en la donación modal «no estamos ante una relación típicamente sinalagmática en la que hay al menos una prestación y una contraprestación principal, cuyo incumplimiento por cualquiera de las partes es causa de resolución» porque en la donación modal, «el donatario asume una carga, modo o gravamen, impuestos por el donante, pero no hay ninguna «equivalencia» jurídica o económica con el bien donado. De alguna manera se puede decir que la carga, el modo o el gravamen tienen un carácter accesorio, sin que, por otra parte, deban tener contenido económico». (Albiez Dohrmann, K.J. [2013]. «Comentarios...», cit. p. 4938; en el mismo sentido, ibidem p. 4940).

aunque la donación modal imponga una carga al donatario, ello no altera su naturaleza, porque dicha carga no es la contraprestación a satisfacer por el donatario para lograr su enriquecimiento, a modo de sinalagma en los contratos sinalagmáticos, y por ello, por dicha ausencia de sinalagma, se impone legalmente que el modo deba ser inferior al valor del bien donado (art. 619 *i.f.* CC).

b.- El modo

El modo es un elemento accidental del negocio jurídico gratuito —ya sea este donación (art. 647 CC) o testamento (art. 797 CC)—, por el cual quien adquiere la liberalidad queda constreñido a dar, hacer o no hacer alguna cosa[194]. Dicho modo, cuyo incumplimiento permite la revocación de la donación conforme al art. 647 CC, debe constar claramente «sin que pueda confundirse con los meros deseos del donante no establecidos como vínculo jurídico forzoso del donatario»[195].

El *modus*, por otro lado, puede favorecer al donante, sus herederos, un tercero o incluso al propio donatario, si bien cuando el favorecido por la carga es un tercero, diversos autores mantienen que la donación debe tratarse como pura y simple, sin tener que deducir el valor de la carga del valor de lo donado; y, en consecuencia, únicamente cuando el favorecido por la carga sea el propio donante se aplicaría, en puridad, el régimen previsto en el art.

---

194 Sobre el concepto del modo *vide* ampliamente Torralba Soriano, O.V. (1967). *El modo en el derecho civil*, Montecorvo, Madrid, pp. 92, 93, 251-255 *et passim*.

195 Costas Rodal, L. (2013). «Contrato...», cit. p. 2540. La STS 3-12-1928 (citada por la STS 19/10/1973) distingue entre el modo simple («*modus simplex*») y el modo cualificado: en el primero de ellos no se establece un «vínculo forzoso» y, por consiguiente, no hay revocación.

622 CC[196]. Por otro lado, aunque en la práctica dicho modo suele consistir en la obligación de cuidar, alimentar y atender personalmente al donante, su contenido puede ser más amplio y extenderse, como indica la STS 20/07/2007 (TOL 1123956), a «cualquier tipo de actuación o conducta, aún no evaluable económicamente... o puede ser un motivo, finalidad, deseo o recomendación... o, en definitiva, el cumplimiento de una obligación como determinación accesoria de la voluntad del donante...Y esta amplia variedad de objeto del modo, comprende también la destinación, acción y efecto de destinar, es decir, el caso de que el donante impone el destino que ha de tener la cosa donada» o la obligación de pagar las deudas del donante (regulada por el art. 642 CC).

Finalmente, no existe en nuestro ordenamiento una norma clara que determine si el modo impuesto en una donación puede tener carácter perpetuo o debe ser necesariamente temporal. La jurisprudencia, aunque no siempre lo afirme expresamente, admite por regla general la posibilidad de revocación en cualquier momento, siempre que haya incumplimiento, incluso si han pasado muchos años desde la donación[197]; pero, en contra, se ha

---

196 Albaladejo, M. y Díaz Alabart, S. (2006). *La donación,* cit. p. 470. Por su parte, Torralba Soriano entiende que cuando el beneficiario del gravamen modal sea un tercero se produce una «especie de contrato o estipulación a favor de tercero» (en Torralba Soriano, O.V. [1967]. *El modo...,* cit. pp. 288 y 271-275).

197 *Vide,* en este sentido, la jurisprudencia citada por Pérez García, M.J. (2009). «La duración del modo impuesto en una donación: ¿carácter temporal o perpetuo?». *ADC,* T. LXII, 2009, fasc. I, p. 150, n. 10, y p. 158. Especialmente relevante fue la STS de 20/07/2007 (TOL1.123.956) que resuelve un caso en el que se planteó si el modo impuesto en una donación tenía carácter temporal o no. El supuesto enjuiciado fue el siguiente: en 1937 se donaron unos terrenos al Estado para uso militar. En 1997, el Estado vendió dichos terrenos para construir viviendas, por lo que los herederos del donante pidieron la revocación de la donación. Tras varios recursos, el TS revoca la donación, considerando que el modo (uso militar) fue incumplido,

pronunciado Pérez García, quien sostiene que el modo impuesto en una donación debe tener necesariamente temporal, ya que, en nuestro CC, puede inferirse un principio general contrario a la perpetuidad de las relaciones obligatorias y a la existencia de vínculos perpetuos (arts. 515, 640, 641, 781; 785.2° y 3°, 1583, 1705, 1750)[198]. Por ello, este autor sostiene que, aplicando analógicamente el art. 515 CC y la legislación administrativa, el *modus* se extingue —o, en otros términos, debe considerarse cumplido y consumado— una vez transcurridos 30 años desde la fecha de la donación modal. Considera Pérez García que dicho plazo resulta razonable y permite una adecuada ponderación de los intereses en juego, por lo que, transcurrido ese período, aunque el donatario deje de cumplir el *modus*, el donante ya no podrá ejercitar la acción de revocación de la donación prevista en el art. 647 CC[199].

c.-Requisitos de esta causa de revocación

La doctrina mayoritaria explica el incumplimiento de la carga en la donación modal considerando que se trata de un incumplimiento de una obligación, lo que conlleva la aplicación a esta causa de revocación de las normas del derecho de obligaciones

---

aunque hubieran pasado 60 años. Según el TS, al pasar en 1997 las fincas a ser objeto de tráfico jurídico, con ánimo de lucro, se incumplió el modo por el donatario, porque dicha carga nunca se pensó para ese destino lucrativo, sino para el uso militar y si este uso resultó ser temporal (guerra civil y 60 años más), temporal debe ser considerada la donación, de conformidad con el art. 647 CC.

198 Pérez García, M.J. (2009). «La duración del modo.», cit. pp. 159-163 y 180. Como excepción a dicho principio general señala dicho autor que nuestro Ordenamiento contempla una institución que permite la vinculación permanente de los bienes a un destino concreto para el cumplimiento de un determinado fin: la fundación (últ. o.c. pp. 162-170).

199 Pérez García, M.J. (2009). «La duración del modo.», cit. p. 180.

y, señaladamente, de los arts. 1101 y 1124 CC[200]. Así, Albaladejo señalaba que la revocación prevista en el art. 647 CC constituye un supuesto de resolución análogo al contemplado en el art. 1124 del mismo cuerpo legal, porque no se trata, en este caso, de retractarse o desdecirse de una voluntad previamente expresada —como sí ocurre en las otras causas de revocación previstas en los arts. 644 y 648 CC—, sino, por el contrario, de mantener la voluntad tal como fue formulada. Y precisamente por querer las cosas tal cual se establecieron (donar, pero con el deber del donatario de cumplir la carga), se considera justo que el donante pueda poner fin (resolver) a una situación en la que el donatario, no cumple lo que le incumbía[201]. Dicho argumento, unido a la bilateralidad que cierta jurisprudencia ha predicado de la donación modal, ha hecho que tanto doctrina como jurisprudencia hayan vuelto la vista al art. 1124 CC, y a la enorme jurisprudencia vertida en torno a dicho precepto, para

---

200 Defienden dicha tesis «obligacional», entre muchos otros, en la doctrina Albaladejo García, M. (1991). «Comentarios...», cit. p. 1639; Anderson, M. (2005) *Las donaciones...*, cit. p. 385, 396 *et passim* y la doctrina cit. en pp. 382-383, n.177; Marín Castán, F. (2000). «Comentarios...», cit. p. 197; Mucius Scaevola, Q. (1896). *Código...* T XI, p. 682; Torralba Soriano, O.V. (1967). *El modo...*, cit. pp. 296-298; y Zurilla Cariñana, M.A. (2013). «Comentarios...», cit. p. 932. Y en la jurisprudencia la STS 31/01/1995 (Tol 1667028), STS 28/07/1997 (Tol 215.193) y STS 23/11/2004 (Tol 536.336). Por contra, Albiez Dohrmann critica esta tesis estrictamente «*obligacional*» considerando que distorsiona el significado de la donación porque esta no es un contrato bilateral —el modo impuesto al donatario tiene carácter accesorio y no principal— ni, por tanto, cabe tratar al donante como simple acreedor y al donatario como simple deudor, ni cabe trasladar la lógica del incumplimiento de las obligaciones bilaterales al incumplimiento de una donación modal. Y, concluye dicho autor, la acción de revocación por incumplimiento «no se puede identificar con la acción resolutoria del art. 1124, por muchas semejanzas que se quieran ver entre ambas acciones» (en Albiez Dohrmann, K.J. [2013]. «Comentarios...», cit. pp. 4939-4940 y 4944).

201 Albaladejo, M. (1991). «Comentarios...», cit. p. 1639.

resolver las dudas que plantea la parquedad del art. 647 CC. Y, así, se han planteado las siguientes exigencias para que el donante pueda revocar por incumplimiento del modo la donación:

(1)- Gravedad del incumplimiento. Con relación al art. 1124 CC, la jurisprudencia viene exigiendo que, para que un incumplimiento tenga fuerza resolutoria, debe ser esencial y grave[202]. Dicha esencialidad y gravedad también se viene exigiendo por la doctrina para revocar la donación modal por incumplimiento de cargas[203] requiriendo que sea de tal naturaleza y entidad que, de haberlo tenido en cuenta el donante, no hubiera otorgado la donación, bien —dice De los Mozos— porque así resulte de su voluntad expresa, contenida en el contrato de donación, bien porque se pueda deducir de modo incontestable, conforme a las reglas de la lógica[204].

(2)- Incumplimiento imputable al donatario. Aunque en relación con el art. 1124 CC la jurisprudencia abandonó hace tiempo la exigencia de una voluntad deliberadamente rebelde del deudor, bastando actualmente con la constatación objetiva de una falta de cumplimiento injustificada —siempre que esta tenga entidad suficiente para frustrar la finalidad del contrato[205]—, en

---

202 Por todas, STS 23/11/2022 (TOL9.305.255).

203 Entre otros, De los Mozos, J.L. (2000). *La donación...*, cit. p. 335; Lacruz Berdejo, J.L. *et al.* (1986). *Elementos*...II. vol. 3, cit. p. 147; Albiez Dohrmann, K.J. (2013). «Comentarios...», cit. p. 4941; Torralba Soriano, O.V. (1967). *El modo...*, cit. p. 300.

204 De los Mozos, J.L. (2000). *La donación...*, cit. p. 335. Añade Torralba que el donante normalmente solo pedirá la revocación cuando el modo tenga para él tal importancia «que, de saber que no se iba a cumplir, no habría realizado la liberalidad, esto es, cuando hubiera sido determinante; pues, si era accesorio, lo lógico es que mantenga la donación a pesar de la no realización del gravamen modal» (en Torralba Soriano, O.V. [1967]. *El modo...*, cit. p. 300).

205 Precisamente Albiez Dohrmann formulaba como argumento crítico a la equiparación del incumplimiento de la donación modal por el donatario con el incumplimiento contractual que en aquel no es

el ámbito de la revocación de la donación por incumplimiento de cargas la doctrina y la jurisprudencia abrumadoramente mayoritaria han sostenido, de forma constante, la necesidad de que dicho incumplimiento sea imputable al donatario[206]. No obstante, algunos autores —en posiciones doctrinalmente aisladas, pero argumentadas de forma consistente— han defendido que no debe exigirse tal requisito. Esta postura, aunque minoritaria, resulta hoy en día más próxima a la evolución jurisprudencial experimentada en torno al art. 1124 CC que ya no exige dicha voluntad deliberadamente rebelde del deudor[207].

---

preciso indagar si la voluntad del donatario de no querer cumplir el modo es rebelde (Albiez Dohrmann, K.J. [2013]. «Comentarios...», cit. pp. 4940-4941; en idéntico sentido, Domínguez Rodrigo, L.M. [1983]. «La revocación...», cit. p. 105). En todo caso —añadimos— ya tampoco es necesaria dicha indagación en el incumplimiento contractual del art. 1124 CC.

206 En la doctrina han exigido dicha imputabilidad y dicho incumplimiento culpable entre otros Albiez Dohrmann, K.J. (2013). «Comentarios...», cit. p. 4941; Ataz López, J. (2009). *Jurisprudencia*.... T.II, cit. p. 1278 con análisis de diferentes sentencias del TS; Berrocal Lanzarot, A. I. (2010). «La revocación...», cit. p. 1894 con cita de numerosa jurisprudencia menor en n. 118; Cardós Elena, J.M. (2023). «Revocación de donación por incumplimiento de cargas y por ingratitud. Comentario a la STS de España, núm. 44/2023, de 18 de enero». *Revista Boliviana de Derecho*, nº. 36, pp. 417-418; Lacruz Berdejo, J.L. *et al.* (1986). *Elementos*...II. vol. 3, cit. pp. 145-146; Ordás Alonso, M. (2017). «Revocación por incumplimiento de cargas». *Tratado de las liberalidades*. Thomson Aranzadi, Navarra, pp. 570-571; y Zurilla Cariñana, M.A. (2013). «Comentarios...», cit. p. 932. En la jurisprudencia puede verse dicha exigencia en la STS 12/11/1990 (TOL1.729.980), presumiéndose, salvo prueba en contrario, la culpa del donatario (STS 16/05/1957, TOL4.377.338).

207 Domínguez Rodrigo sostuvo, en posición aislada, que el incumplimiento del donatario no tiene por qué ser imputable ni tiene por qué existir una voluntad de este contraria al cumplimiento del modo, siendo suficiente que se «deje de cumplir» sin causa legítima el modo por el donatario para que el donante pueda revocar la donación (en Domínguez Rodrigo, L.M. [1983]. «La revocación...», cit. p. 105).

Por su parte, la STS 18/01/2023 (TOL9.391.162) insiste en la idea de que la revocación de una donación por incumplimiento de cargas exige probar que éste es exclusivamente imputable al donatario. Así —en el caso enjuiciado— aunque hubieran surgido enfrentamientos diarios entre madre —codonante— e hijo —donatario—, si no consta probado que las malas relaciones las provocó el donatario, no cabe revocar la donación[208].

(3)- La elección del remedio por el perjudicado: el *ius electionis*. En las obligaciones recíprocas, el art. 1124 CC permite al perjudicado por el incumplimiento optar (*ius electionis*) entre la resolución (si el incumplimiento reúne las características exigidas para que sea un incumplimiento resolutorio) o el cumplimiento del contrato. Precisamente, por entender que el incumplimiento de las cargas del art. 647 CC origina un juego similar al de los arts. 1101 y 1124 CC, señala Albaladejo que el donante perjudicado podrá optar entre exigir el cumplimiento de la obligación modal o la resolución de la donación[209]. Dicha

---

[208] Sentencia comentada por Cabezuelo Arenas, A.L. (2023). «Imposibilidad de revocar una donación modal por ingratitud ni por incumplimiento de cargas». *Revista Aranzadi Doctrinal*, nº. 5, 2023. En su comentario a dicha sentencia la profesora Cabezuelos Arenas analiza la imposibilidad de revocar una donación modal por ingratitud o por incumplimiento de cargas cuando no se acredita la responsabilidad exclusiva del donatario en el deterioro de la relación con el donante.

[209] Albaladejo García, M. (1991). «Comentarios...», cit. p. 1639. En el mismo sentido, Berrocal Lanzarot, A. I. (2010). «La revocación...», cit. pp. 1896 y 1897; Costas Rodal, L. (2013). «Contrato...», cit. p. 2533; Torralba Soriano, O.V. (1967). *El modo*..., cit. p. 298; Prats Albentosa, L. (1999). «Comentario de la Sentencia de 6 de abril de 1999. Donación con modo. Cosa juzgada. Compatibilidad de la acción revocatoria y de cumplimiento de obligaciones». CCJC, nº 51, p. 1060; Rodríguez Martínez, M.E. (2011). «Comentarios...», cit. p. 203; Medina Alcoz, M. (2010). «El incumplimiento...», cit. pp. 162 y ss. y —aunque con matices— Albiez Dohrmann, K.J. (2013). «Comentarios...», cit. pp. 4941-4942. Añade Albaladejo que se discute si antes de revocar es

doctrina —aunque no es unánime[210] y aunque admite excepciones[211]— ha sido recogida por la jurisprudencia que, en la STS 06/04/1999 (TOL 1466), señala que la revocación no es la única facultad que confiere el incumplimiento de la donación modal, porque el incumplimiento también permite «exigir simplemente el cumplimiento o sus equivalentes indemnizatorios, según ya reconoció la STS de 19/01/1901 (TOL5.065.237) y, según se desprende de la aplicabilidad del art. 1.101 CC, en relación con los arts. 621 y 622 CC. La opción que la aplicación de este criterio concede significa que, ejercitada la acción de revocación por incumplimiento, si esta se desestima porque se entiende

---

necesario pedir el cumplimiento, de modo que solo si este es imposible quepa obtener aquélla. Y señala dicho autor que la doctrina, con apoyo en la STS 19/01/1901 (TOL5.065.237), considera que el donante puede elegir libremente entre cumplimiento o revocación. En todo caso, dice Albaladejo, «al caso es aplicable el art. 1124 (ex art. 622, pr., contratos onerosos con prestaciones recíprocas), y así la revocación no procede si el incumplimiento no es culpable, y el Juez puede conceder plazo para cumplir, y el donante puede pedir la revocación aun después de haber optado por el cumplimiento, si éste es imposible, y la previa petición del cumplimiento sólo tiene que preceder a la de revocación, cuando sin aquella previa petición no sea demostrable que el incumplimiento es culpable» (Albaladejo García, M. [1991]. «Comentarios...», cit. p. 1642).

210 En contra de la acción de cumplimiento se argumenta que la carga impuesta al donatario no es una verdadera obligación, por lo que no cabe pedir el cumplimiento posterior (Gramunt Fombena, Mª.D. [2004]. «Reflexiones…», cit. p. 2214; esta autora precisa que, por ello, la única exigibilidad predicable del modo es, si acaso, de carácter material: si no se desarrolla la conducta prevista puede perderse la atribución patrimonial).

211 Obviamente, el cumplimiento coercitivo solo puede solicitarse si el modo tiene contenido patrimonial; si no lo tiene no cabe exigir dicho cumplimiento coercitivo y solo cabe revocar la donación (Albiez Dohrmann, K.J. [2013]. «Comentarios...», cit. p. 4942; Prats Albentosa, L. [1999], «Comentario...», cit. p. 1064; Gramunt Fombena, Mª.D. [2004]. «Reflexiones…», cit. p. 2214).

que no hay incumplimiento, ya no es posible acudir a la otra vía. Pero si ejercitada aquella, la sentencia deja imprejuzgada la cuestión del cumplimiento, es perfectamente posible acudir a la acción de cumplimiento, si aquella otra ha prescrito». Reitera dicha doctrina la STS 03/07/2009 (Tol 1570791).

3.- Ejercicio de la acción de revocación de la donación por incumplimiento del modo, análisis del art. 647-II CC

La revocación de la donación modal no se produce de forma automática (*ipso iure*) por el mero incumplimiento de la carga, a diferencia de lo que sucede con la donación reversional regulada en el art. 641 CC, donde la reversión opera automáticamente una vez cumplido el evento —condición o término— previsto. En el caso de la donación modal, cuando el donatario incumple la carga impuesta[212] y no acepta la revocación unilateral extrajudicial efectuada por el donante, es necesaria una declaración judicial para que se produzca la revocación de la propiedad, tal como ha señalado la STS de 21/10/2011[213]. No basta, por tanto, con la sola voluntad del donante, quien deberá interponer la correspondiente demanda. Además, con carácter previo a dicha interposición, deberá cumplir los requisitos de procedibilidad establecidos por la LO 1/2025, de 2 de enero, de medidas en materia de eficiencia del Servicio Público de Justicia, que exige acudir a alguno de los MASC que dicha ley orgánica contempla (vide arts. 264, 399.3-II y 403.2 LEC). Por otro lado, como ya se ha señalado, el donante (o sus herederos) puede optar, en lugar de revocar la donación, por exigir coactivamente el cumplimiento de la carga impuesta al donatario; y si el donante opta por el ejercicio de la acción de

---

212 Albaladejo García, M. (1991). «Comentarios...», cit. p. 1639 con cita de la STS 11/03/1988 (TOL1.735.339).

213 STS 21/10/2011 (Tol 2260940).

revocación, esta no se condiciona legalmente a que el donante exija previamente el cumplimiento de la carga al donatario[214].

Los efectos del triunfo de la acción judicial de revocación de la donación por incumplimiento del modo se regulan en los arts. 647. II y 651. II CC que analizaremos distinguiendo, con Mucius Scaevola[215], tres grupos:

a- Efectos con relación a los bienes donados

Si el donante ejercita la acción revocatoria de la donación por incumplimiento del modo y el juez estima dicha demanda, el donatario debe devolver al donante el bien donado teniendo dicha revocación, con relación a terceros adquirentes —en palabras de Albiez— una retroactividad de mayor alcance que en los otros supuestos de revocación[216]. Dicha mayor retroactividad, que se trasluce de la simple confrontación del art. 647 CC con los arts. 645 y 649 CC, se debe, como nos recuerda Albaladejo,

---

214 Berrocal Lanzarot, A. I. (2010). «La revocación...», cit. p. 1896; Costas Rodal, L. (2013). «Contrato...», cit. p. 2533; Saborido Sánchez, P. (2023). «Comentarios...», cit. p. 3202; Torralba Soriano, O.V. (1967). *El modo...*, cit. p. 298.

215 Mucius Scaevola, Q. (1896). *Código...* XI, cit. p. 682.

216 Albiez Dohrmann, K.J. (2013). «Comentarios...», cit. p. 4979. Albaladejo prefiere decir que la revocación por incumplimiento del modo tiene eficacia retroactiva limitada (en Albaladejo García, M. [2006]. *La donación*, cit. pp. 768-772; y Albaladejo García, M. [1991]. «Comentarios...», cit. pp. 1642-1643) frente a la eficacia —en su opinión— no retroactiva de la revocación por superveniencia o supervivencia de hijos o por ingratitud; pero preferimos la calificación de Albiez Dohrmann de que «la retroactividad es de un alcance mayor que en los otros supuestos de revocación» porque, como vimos, todas las causas de revocación tienen —si son apreciadas judicialmente— cierta eficacia retroactiva limitada y la única diferencia es que, en el caso del art. 647 CC, la retroactividad es de mayor alcance que en las demás.

a que merece un trato más severo quien asumió con el donante la obligación modal y culpablemente, pues en otro caso no se da la revocación, no la cumplió que quien incurre en las demás causas de revocación[217]. Pero dicha mayor severidad, dice este autor, debe afectar al donatario y a su mayor deber de devolver los frutos —ya no desde la interposición de la demanda, sino desde el incumplimiento de la carga modal, art. 651. II CC— pero no a quien, antes de la revocación, adquirió del donatario (sujeto a modo) la cosa, que debería ser tratado como se trata al *accipiens* en los demás supuestos de revocación. Por dicha razón, la ley establece una regulación idéntica con relación a dicho adquirente, porque, a pesar de los diferentes términos empleados por los arts. 647. II CC con relación al art. 649. I CC, lo cierto es que luego resulta que la protección a los terceros (647.II, *i.f.* y 649. I, *i.f.* CC) iguala el resultado en los dos[218].

Entrando en la exégesis del art. 647. II CC, este establece un principio general y una excepción[219]. El principio general es el de que los bienes donados volverán al donante, quedando nulas las enajenaciones que el donatario hubiere hecho y las hipotecas que sobre ellos hubiere impuesto[220]. La excepción alude a la «limitación establecida, en cuanto a terceros, por la Ley Hipotecaria». Analicemos ambas:

(1).- Regla general. El donante tiene derecho a recobrar la cosa en el estado legal y de hecho en que se encontraba al donarla. Ello supone —dice Albaladejo— deshacer las

---

217 Albaladejo García, M. (1991). «Comentarios...», cit. p. 1643.

218 ibidem. p. 1643.

219 Díez-Picazo, L. y Gullón, A. (2018). *Sistema...*, vol. II, T. 2, cit. p. 78.

220 A pesar de emplear el término «*hipotecas*» entiende la doctrina que también es aplicable por analogía a otros derechos reales o gravamen distintos de la hipoteca (entre otros Díez-Picazo, L. y Gullón, A. [2018]. *Sistema...*, vol. II, T. 2, cit. p. 79; Albaladejo García, M. [1991]. «Comentarios...», cit. p. 1643).

enajenaciones de que hubiese sido objeto, y limpiarla de cualquier gravamen impuesto después sobre ella, siempre con el tope de que ello no choque con la protección que la ley dispensa a los terceros; y si su estado material se alteró, y no cabe devolverla en su estado originario, el donatario compensará al donante por los cambios sufridos[221]. En resumen, el donatario restituirá el bien al donante en el estado que se hallaba en el momento de la donación, libre de cualquier carga o gravamen, con el límite del respeto al tercero, que analizaremos a continuación como excepción a la regla general expresada. Se pretende recuperar el *statu quo* previo a la perfección de la donación modal.

(2).- Excepción. En cuanto a la excepción referida y contenida en el art. 647-II *in fine CC* («con la limitación establecida, en cuanto a terceros, por la Ley Hipotecaria») la retroacción de los efectos de la revocación por incumplimiento del modo tiene el límite de que no choque con adquisición del bien o de gravámenes sobre él por terceros, cuando tal adquisición o gravamen deba ser mantenido según la propia ley —dice el art. 647 CC— «hipotecaria»[222]. Aunque dicha excepción, interpretada literalmente, parecería restringirse solo a los bienes inmuebles registrados, pero no a los bienes muebles —que no se sujetan a la LH—[223], considero

221 Albaladejo García, M. (1991). «Comentarios...», cit. p. 1643.

222 Albaladejo García, M. (2006). *La donación*, cit. p. 770.

223 Dicha redacción literal del art. 647.II CC generó cierta perplejidad en los primeros comentaristas afirmando Valverde y Valverde (en *Tratado de Derecho Civil español. T. III*, pp. 451-452) que cuando se trate de muebles, el artículo puede dar lugar a injusticias, puesto que no señala entonces que la retroacción de la revocación tenga límites y el tercer adquirente de dicho bien mueble no está obligado a conocer, y de hecho casi siempre desconoce el título de adquisición del *tradens*. Asimismo, Mucius Scaevola (*Código*... XI, cit. p. 684) advirtió que «no parece sino que la ley no ha tenido en cuenta más que las

con Albaladejo que, «aunque la ley calle sobre el caso de los muebles; su espíritu los engloba también» quedando también protegido contra los efectos de la revocación el tercero que antes de conocer (o haber debido conocer) que el donante demandó de revocación adquirió, de buena fe y a título oneroso, del donatario la cosa mueble donada[224].

Por tanto, cabe distinguir:

a.- Si la donación recae sobre un inmueble registrado y la carga modal figura en la inscripción del dominio del donatario, el *accipiens* del donatario o acreedor hipotecario no pueden ni desconocerla ni ignorarla, por lo que sufrirán los efectos de la revocación (art. 37.1° LH)[225], que en rigor no será nulidad de sus adquisiciones o hipotecas, sino, dicen Díez-Picazo y Gullón, pérdida de eficacia sobrevenida en razón de la revocación del título del donatario[226].

---

donaciones de bienes raíces» y se pregunta —aunque sin responder— lo siguiente: «¿Y si se tratase de bienes muebles en que la posesión suple al título cuando la adquisición es de buena fe?».

224 Albaladejo García, M. (2006). *La donación*, cit. p. 770. Por tanto, defiende dicho autor la protección del tercero adquirente en los términos dichos y no en los literales del art. 464 CC (ibidem n. 204). En contra, consideran Díez-Picazo y Gullón que si la donación fue de cosa mueble no parece que el principio general de la no afección a tercero deba imponerse dado que la única excepción se refiere a inmuebles, que son a los que se aplica la LH, concluyendo que la misma necesidad de protección a la buena fe existe en materia mobiliaria, y aquí el precepto amparador del tercero sería el art. 464 CC (en Díez-Picazo, L. y Gullón, A. [2018]. *Sistema...*, vol. II, T. 2, cit. p. 79).

225 Así, en cuanto a los inmuebles, dispone el artículo 37 LH que: «Las acciones... revocatorias... no se darán contra tercero que haya inscrito los títulos de sus respectivos derechos conforme a lo prevenido en esta ley. Se exceptúan de la regla contenida en el párrafo anterior: ...2. ° Las (acciones) de revocación de donaciones, en el caso de no cumplir el donatario condiciones (cargas modales) inscritas en el Registro».

226 Díez-Picazo, L. y Gullón, A. (2018). *Sistema...*, vol. II, T. 2, cit. p.79.

Obviamente, si la carga modal no figura en el registro, ni el tercero hipotecario del art. 34 LH, ni el acreedor hipotecario pueden verse afectados por la misma.

b.- Si la donación recae sobre un mueble, queda también protegido contra los efectos de la revocación el tercero que, antes de conocer (o haber debido conocer) que el donante interpuso demanda de revocación, adquirió de buena fe y a título oneroso del donatario la cosa mueble donada.

c.- Si la donación recae sobre un inmueble no registrado, y a pesar también del silencio del art. 647. II CC sobre esta hipótesis, queda también protegido contra los efectos de la revocación el tercero que hubiese adquirido de buena fe y a título oneroso la cosa donada del donatario o adquirentes ulteriores antes de tener (o haber debido tener) conocimiento de la revocación[227].

d.- Finalmente, si el bien donado (sea inmueble o mueble) pasó a poder de un tercero y, por la protección que la ley dispensa a este y que acabamos de analizar, no es recobrable por el donante o no lo es libre de gravámenes, el donante tendrá derecho —por analogía con lo dispuesto en los arts. 645. III y 650. II CC y porque así se deduce del art. 37 *i.f.* LH[228]— a exigir del donatario el valor del bien enajenado o el que le reste el gravamen que deba subsistir[229]. Y ello atendiendo, como señalan dichos preceptos del CC, al «tiempo de la donación» para regular el valor[230].

---

227 Albaladejo García, M. (2006). *La donación*, cit. p. 771.

228 Así señala el art. 37 *i.f.* LH que cuando la acción revocatoria no se pueda dirigir contra tercero se podrán ejercitar entre las partes las acciones personales que correspondan.

229 Díez-Picazo, L. y Gullón, A. (2018). *Sistema...*, vol. II, T. 2, cit. pp. 78-79; Albaladejo García, M. (2006). *La donación*, cit. p. 771.

230 En esta sede se reproducen en la doctrina las discusiones que vimos al analizar el art. 645.III CC y veremos al examinar el art. 650.II CC

En resumen, habiéndose donado bienes inmuebles, y pese a la retroactividad contenida en la regla general analizada del art. 647. II CC, la revocación no perjudicará al tercero hipotecario del art. 34 LH ni tampoco en los supuestos del art. 37 LH; y habiéndose donado bienes muebles, el tercero estará protegido por el art. 464 CC[231]. El donatario restituirá el bien al donante en el estado en que se hallaba en el momento de la donación, libre de cualquier carga o gravamen, con el límite del respeto al tercero ya analizado. Cuando dicha restitución sea imposible (por existir terceros protegidos) y el donante deba soportar la carga que el donatario impuso, aquel podrá dirigirse contra el donatario para exigir su valor, por analogía con los arts. 645 y 650 CC[232].

b.- Efectos con relación a los frutos producidos por los bienes donados

La liquidación del estado posesorio se aborda parcialmente —pues solo se ocupa de los frutos de la cosa donada— en el art. 651-II CC que dispone que: «si la revocación se fundare en haber dejado de cumplirse alguna de las condiciones impuestas en la donación, el donatario devolverá, además de los bienes, los frutos que hubiese percibido después de dejar de cumplir la condición».

---

sobre si debe actualizarse o no dicho valor. A favor de actualizar a euros constantes el precio que en aquel momento de la donación tuviere la cosa donada, entre otros, Díez-Picazo, L. y Gullón, A. (2018). *Sistema...*, vol. II, T. 2, cit. pp. 79 y 75 n.10; y Albaladejo García, M. (2006). *La donación*, cit. p. 771 porque entienden que se trata de una deuda de valor y no de una deuda de suma de dinero.

231 Díez-Picazo, L. y Gullón, A. (2018). *Sistema...*, vol. II, T. 2, cit. p. 79; Berrocal Lanzarot, A.I. (2010). «La revocación...», cit. p.1900; Costas Rodal, L. (2013). «Contrato...», cit. p. 2535.

232 Albaladejo García, M. y Díaz Alabart, S. (2006). *La donación*, cit. p. 771; Berrocal Lanzarot, A.I. (2010). «La revocación...», cit. p. 1900, y Costas Rodal, L. (2013). «Contrato...», cit. p. 2535.

Como vimos, esta causa de revocación determina un régimen más severo que la revocación por ingratitud o por superveniencia o supervivencia de hijos, porque, en cuanto a los frutos, el donatario debe devolver no solo aquellos percibidos desde la interposición de la demanda (regla prevista para las demás causas de revocación en art. 651.I CC), sino también los frutos obtenidos con posterioridad al incumplimiento de la condición, aunque hayan sido percibidos antes de la demanda. (art. 651. II CC). Dicho art. 651.II CC parece pues —dice Albiez— que «sanciona» al donatario incumplidor de una carga frente a las demás causas de revocación, siendo para él verdaderamente gravoso tener que liquidar los frutos desde el mismo momento del incumplimiento; y, por eso, la retroactividad —como vimos— es de un alcance mayor en la revocación por incumplimiento del modo que en los otros supuestos de revocación[233].

Consecuencia de lo afirmando es que el donatario debe, por tanto, devolver los frutos percibidos desde que incumpliere el modo[234]. El CC lo trata desde ese momento, dicen Díez-Picazo y Gullón, como un poseedor de buena fe al que se interrumpe legalmente la posesión (vid. art. 451.1 CC)[235], y no como un poseedor de mala fe, porque no le obliga a devolver los «frutos percibidos y los que el poseedor legítimo (aquí donante o here-

---

233 Albiez Dohrmann, K.J. (2013). «Comentarios...», cit. p. 4979.

234 Si no se estipuló un concreto momento para cumplir el modo habrá que considerarse, en beneficio del donante, que el donatario deberá devolver todos los frutos percibidos (Díaz Alabart, S. [1991]. «Comentarios...», cit. p. 1648; Zurilla Cariñana, M.A. [2013]. «Comentarios...», cit. p. 937); y si el cumplimiento del modo se prolonga en el tiempo los frutos que deben devolverse son aquéllos que correspondan al tiempo durante el cual se incumplió, no los percibidos durante el período que hubo cumplimiento (Costas Rodal, L. [2013]. «Contrato...», cit. p. 2534).

235 Díez-Picazo, L. y Gullón, A. (2018). *Sistema...*, vol. II, T. 2, cit. p. 79.

deros) hubiera podido percibir» (vid. art. 455 CC)[236]. Por tanto, para la liquidación de otras partidas (gastos necesarios, mejoras, deterioro o destrucción de la cosa) se aplicarán las normas generales de los arts. 451-457 CC, en lo que atañen a los poseedores de buena fe. Este punto de vista del CC no es criticable porque, a juicio de dichos autores, no hay posesión indebida o no legítima por el mero hecho de no cumplir la carga, ya que el donante puede, o no, revocar la donación, en otras palabras, puede darle importancia al incumplimiento, o no dársela[237].

Finalmente, si se dona una cantidad en metálico y con dicha cantidad el donatario adquiere una vivienda no cabe equiparar a frutos de la cosa donada, si se revoca la donación «lo adquirido con dicha cantidad ni lo que esto produzca o hubiere podido producir..., ni el piso adquirido, ni lo que este, de su uso y disfrute se entienda producido» (STS 19/10/1973, TOL4.257.982)[238].

---

236 Ibidem. p. 79. No obstante, véase una crítica a dicha opción del legislador en Díaz Alabart, S. (1991). «Comentarios...», cit. p. 1647. Así, aunque el CC en materia de revocación de donaciones por incumplimiento de cargas se refiera sólo a la devolución de los frutos percibidos (art. 651. II CC) considera Díaz Alabart, por aplicación de las normas generales sobre liquidación de los estados posesorios, que el donatario de mala fe deberá devolver en caso de revocación, también los frutos que el poseedor legítimo hubiera podido percibir (Díaz Alabart, S. [2006]. *La donación*, cit. p. 839) pero frente a dicha solución opone Costas Rodal que el art. 651 CC es norma especial en materia de liquidación de estados posesorios por revocación de donaciones, y, por ello, debe prevalecer sobre la general (Costas Rodal, L. [2013]. «Contrato...», cit. p. 2534).

237 Díez-Picazo, L. y Gullón, A. (1992). *Sistema*...II, cit. p. 349.

238 Díaz Alabart, S. (1991). «Comentarios...», cit. p. 1647. La sentencia del Juzgado de Primera Instancia y la sentencia de la Audiencia Provincial, casadas en este punto por el TS, habían condenado a los demandados al abono a la actora de los frutos percibidos por la vivienda adquirida con el metálico donado durante el tiempo en que lo han ocupado, privando de su disfrute a la actora.

c.- Efectos con relación a las mejoras introducidas por el donatario y con relación a los deterioros sufridos por el bien donado

El CC no se ocupa expresamente en sus arts. 645, 647, 649 ni en su art. 650 de los deterioros o mejoras en la cosa donada cuando hay que devolverla considerando Díez-Picazo y Gullón que, dado que el CC no trata al donatario aunque incumpla el modo como un poseedor de mala fe (porque no le obliga a devolver los frutos que hubiera debido percibir), para la liquidación de gastos necesarios, mejoras, deterioro o destrucción de la cosa se aplicarán las normas generales de los artículos 451-457 CC, en lo que atañen a los poseedores de buena fe[239].

Así, con respecto las mejoras realizadas por el donatario en el bien donado, señalaba Mucius Scaevola que, aunque nada dice el Código, teniendo en cuenta que el derecho romano admitía la restitución de las mejoras introducidas en la cosa donada (D. 39,6,14 ya analizado), y que el CC regula la percepción de frutos por los principios aplicables a la posesión de buena fe (art. 651 CC en relación con el art. 451 CC) no hay motivo para no adaptar a este caso los mismos artículos que tratan de las mejoras introducidas en la cosa poseída, según aquellas sean suntuaria (de mero lujo), útiles o necesarias. Por ello, según este autor, el donatario al restituir los bienes tendrá derecho al abono de los gastos necesarios y de las mejoras útiles gozando —como poseedor de buena fe— de *ius retentionis* como garantía de dicho derecho (art. 453 CC). Y en cuanto a las mejoras suntuarias, podrá retirarlas —art. 454 CC— siempre que con ello no altere la

---

239 Díez-Picazo, L. y Gullón, A. (1992). *Sistema*...II, cit. p. 349. Por contra, consideraban Albaladejo-Díaz Alabart que, en cuanto a la pérdida o destrucción de la cosa o a sus menoscabos o mejoras, el espíritu del CC es tratar al donatario que incumple el modo como poseedor de mala fe y, en consecuencia, procede aplicar las reglas que el CC dicta (arts. 453 y ss.) para la recuperación de la posesión por el donante (Albaladejo García, M. y Díaz Alabart, S. [2006]. *La donación,* cit. pp. 771-772).

substancia de la cosa o la deteriore gravemente, y siempre que el donante no prefiere abonar el importe de lo gastado.

Y respecto a los deterioros sufridos por el bien donado, señala Albiez que el CC exige implícitamente, en sus arts. 645-1 y 647-2, que el donatario devuelva dicho bien en el mismo estado que le fue entregado por lo que debe asumir el deterioro, reparando, en su caso, la cosa donada o abonando el valor del menoscabo[240].

4.- Cuestiones procesales del ejercicio de la acción de revocación de la donación por incumplimiento del modo

a. Legitimación activa

Corresponde, sin duda, al donante la legitimación activa para el ejercicio de la acción de revocación de la donación modal. No obstante, se ha debatido si, fallecido este, dicha acción se transmite a sus herederos o si, por el contrario, tiene carácter personalísimo. La doctrina tradicional ha estado dividida sobre esta cuestión[241], pero la doctrina moderna mayoritaria sostiene que la acción de revocación por incumplimiento de cargas es, en principio, transmisible *mortis causa*; si bien, de forma excepcional y por aplicación analógica del art. 653.1 CC, no se transmitirá *mortis causa* si el donante no quiso revocar. Tal voluntad negativa se presumirá *iuris tantum* cuando dicho donante, habiendo tenido la posibilidad de

240 Albiez Dohrmann, K.J. (2013). «Comentarios...», cit. p. 4981.

241 Sobre el estado de la cuestión en la doctrina tradicional véase Albaladejo García, M. (1986). «Comentarios...», cit. pp. 385 y ss. Por su parte, la jurisprudencia tradicional suele declarar que la regla es que la acción revocatoria es personalísima del donante e intransmisible a sus herederos (*vide*, por todas, STS 03/12/1928 [TOL5.036.633] y STS de 11/12/1975 [TOL4.251.260]). Más ampliamente sobre dichas sentencias, Albaladejo García, M. (1986). «Comentarios...», cit. pp. 385-396.

ejercitar la acción, fallece sin interponerla[242]. Y esta presunción puede destruirse probando, bien que el donante no pudo interponer la acción en vida, bien que, aun no habiéndola interpuesto —pudiendo haberlo hecho—, sí quiso revocar[243]. En todo caso, si la carga no ha de cumplirse en vida del donante, los herederos serán titulares de la acción de revocación, porque, en otro caso, se dejaría al arbitrio del donatario el cumplimiento del modo[244].

---

242 Entre otros, por ejemplo, Albaladejo García, M. (1986). «Comentarios...», cit. pp. 396-398; Zurilla Cariñana, M.A. (2013). «Comentarios...», cit. p. 932; Albiez Dohrmann, K.J. (2013). «Comentarios...», cit. pp. 4947-4948 con base este último autor también en los arts. 1257 y 1112 CC; Manresa y Navarro, J.M. (1910). *Comentarios....* T V, cit. p. 172 quien resume magistralmente dicha posición al decir: «la acción es, por regla general, transmisible a los herederos, y que sólo no debe prosperar en el caso en que se pruebe que el donante pudo y no quiso ejercitarla, no presumiéndose nunca esta falta de voluntad». En el mismo sentido, la jurisprudencia ha reconocido legitimación activa al bisnieto del donante —STS 12/11/1990 (TOL1.729.980)—; a sus herederos —STS 11/03/1988 (TOL1.735.339) y 31/01/1995 (TOL1.667.028)—; y a los herederos legales —STS 06/03/2013 (TOL3.527.136)—.

243 Albaladejo García, M. (1986). «Comentarios...», cit. pp. 396-398. Por eso, dice Berrocal Lanzarot, resulta rechazable el posible sentido de cierta jurisprudencia de que para que pueda revocar el heredero, debe probar que el donante no pudo hacerlo, y, además que quiso revocar (Berrocal Lanzarot, A. I. [2010]. «La revocación...», cit. p. 1896). Basta, por contra, que se pruebe una sola de las dos cosas para desmontar la presunción del citado art. 653.I CC, de que el donante no quiso revocar, caso en que la acción no se transmite al heredero (loc. cit.).

244 Díez-Picazo, L. y Gullón, A. (2018). *Sistema...*, vol. II, T. 2, cit. p. 79. En el mismo sentido, Berrocal Lanzarot, A. I. (2010). «La revocación...», cit. p. 1897; Costas Rodal, L. (2013). «Contrato...», cit. p. 2535. En cualquier caso, aunque no se transmita a los herederos la acción revocatoria, siempre tendrán la acción para exigir el cumplimiento de la carga (Albaladejo García, M. [2006]. *La donación*, cit. p. 751; Costas Rodal, L. [2013]. «Contrato...», cit. p. 2535).

En cuanto a la doctrina del TS se contiene en la STS 20/07/2007[245] que, analizando la jurisprudencia de la Sala de lo Civil del TS, indica que:

> «La jurisprudencia no ha negado el carácter transmisible *mortis causa* de esta acción, lo que no la niega tampoco el CC (a diferencia de la acción de revocación por ingratitud, art. 653). Lo que ha mantenido es que, si el donante no quiso la revocación o no quiso ejercitar la acción, pudiendo hacerlo, no pueden ejercitarla sus herederos. Así, la acción es transmisible: ningún precepto dispone lo contrario, pero si el donante no la quiso ejercitar, no pueden tampoco hacerlo sus herederos. La jurisprudencia, examinada atentamente, proclama la intransmisibilidad de la acción, pero advierte que si el donante no pudo ejercitar la acción, sí pueden hacerlo sus herederos (STS 03/12/1928, en que la transmisión no se rechaza si el donante no hubiese podido ejercitar la acción; la STS 06/02/1954, que dice que no es transmisible a los herederos del donante que pudo ejercitarla en vida y no lo hizo; la STS 16/05/1957 que proclama explícitamente la intransmisibilidad de la acción partiendo del supuesto de que el donante haya podido ejercitarla y no la ejercitó; la STS 11/12/1975... afirma, reiterando la jurisprudencia anterior, que la acción es intransmisible en el supuesto de que el donante habiendo podido ejercitarla, no la hubiere ejercitado). En definitiva, la transmisión *mortis causa* de la acción debe admitirse, cuando conste que el donante quería revocar o que no pudo hacerlo».

b.- Renuncia anticipada a la acción de revocación por incumplimiento del modo

A pesar del silencio del CC sobre este extremo, Albaladejo considera que debe permitirse la renuncia anticipada a la acción de revocación por incumplimiento de cargas[246] (es decir, la renuncia anterior a que el donante conozca que se ha incumplido

---

245 STS 20/07/2007 (TOL 1123956).

246 La admisibilidad de la renuncia posterior al incumplimiento no plantea dudas a la doctrina siempre que el donante conozca dicho incumplimiento por permitirlo así el art. 6.2 CC (por todos, Marín

el modo) porque si el donante pudo válidamente realizar la donación sin imponer carga alguna, también puede —cuando decide imponer una carga— renunciar desde el inicio a los derechos (como el de revocar) que, de no haber impuesto la carga, no habría tenido[247]. Además, a favor de dicha facultad de renuncia anticipada, juega el principio de autonomía de la voluntad y la aplicación, ante el silencio del CC sobre dicha renuncia, de la norma general del art. 6.2 CC, siempre que la renuncia sea clara y no ofrezca dudas sobre la misma[248]. En el mismo sentido, la STS 16/12/1992 admite dicha renuncia porque no está prohibida en el CC «a diferencia de otros supuestos de revocación de las donaciones (art. 646, 652 y 655 CC)[249]». En todo caso, como señala Marín Castán, aunque la posibilidad de dicha renuncia anticipada sea obvia la realidad es que, en tal supuesto, no habría propiamente una obligación modal, sino un puro y simple deseo

---

Castán, F. [2000]. «Comentarios…», cit. p. 197 y Zurilla Cariñana, M.A. [2013]. «Comentarios…», cit. p. 932).

247 Albaladejo García, M. (1991). «Comentarios…», cit. p. 1640.

248 Berrocal Lanzarot, A.I. (2010). «La revocación...», cit. pp. 1897-1898 y Ataz López, J. (2009). *Jurisprudencia....* T.II, cit. p. 1278 considerando este último autor insuficiente para que tenga lugar dicha renuncia —y frente a lo que resolvió la STS 16/12/1992 (TOL 1661034)— la simple expresión contenida en el contrato de donación de que el donante dona «*inter vivos e irrevocablemente*» el bien, exigiendo una renuncia clara —y no simplemente de formulario— que refleje la voluntad del donante de renunciar a la acción de revocación. También admite dicha renuncia anticipada, entre otros, Zurilla Cariñana, M.A. (2013). «Comentarios…», cit. p. 932, y Albiez Dohrmann, K.J. (2013). «Comentarios...», cit. p. 4943 si bien, dice este último autor, tal renuncia significaría que el donatario queda desvinculado de la obligación impuesta en la donación. En contra de dicha renuncia anticipada se ha mostrado, sin embargo, Anderson por la naturaleza marcadamente (aunque no esencialmente) personal de la acción y por el propio concepto de donación modal (en Anderson, M. [2005]. *Las donaciones...*, cit. pp. 387-388).

249 STS 16/12/1992 (TOL 1661034).

del donante no vinculante para el donatario, por lo que es lógico que el CC no considerase necesario ocuparse de esta cuestión[250].

c.- Plazo de ejercicio de la acción

A diferencia del art. 646. I CC que establece un plazo de prescripción de cinco años para la revocación de la donación por supervivencia o superveniencia de hijos, y a diferencia del art. 652 CC que establece un plazo de prescripción de 1 año para la revocación de la donación por ingratitud, también en este asunto el CC guarda silencio sobre el plazo de la acción revocatoria por incumplimiento del modo.

La STS 18/01/2023[251] reconoce dicha falta de previsión legal, y analiza las diversas alternativas que se han propuesto que son esencialmente tres: primera, sostener que el plazo aplicable a la acción de revocación por incumplimiento del gravamen modal debe ser el mismo que el previsto con carácter general para el ejercicio de la acción de cumplimiento de las obligaciones contractuales, esto es, cinco años, (art., 1964.2 CC)[252]; segunda, sostener que el plazo es el de un año, dada la proximidad del supuesto al de la revocación por ingratitud (art. 652 CC, que expresamente prevé el plazo de un año)[253], y tercera, sostener que el plazo es el de cuatro

---

250 Marín Castán, F. (2000). «Comentarios...», cit. p. 198.

251 STS 18/01/2023 (TOL9.391.162), comentada por Cabezuelo Arenas, A.L. (2023). «Imposibilidad...». cit.

252 Esta tesis se funda en que el donante, ante el incumplimiento del modo, puede o revocar la donación, o exigir el cumplimiento de la carga por lo que sería lógico que el plazo de ejercicio de ambas acciones fuera coincidente. En contra de dicho plazo, alega Costas Rodal que si el plazo de anulabilidad —defecto más grave que la revocabilidad— es de 4 años (art. 1301 CC), es ilógico que tenga un plazo mayor la acción de revocación (Costas Rodal, L.[2013]. «Contrato...», cit. p. 2534).

253 Dicho plazo de un año para la acción de revocación de la donación por incumplimiento del modo ha sido defendido por Albaladejo García, M.

años del art. 1299 CC, por analogía con la acción rescisoria, en tanto se trata de dejar sin efecto una situación jurídica creada[254].

(1991). «Comentarios...», cit. p. 1642; Albiez Dohrmann, K.J. (2013). «Comentarios...», cit. p. 4945; Anderson, M. (2005). *Las donaciones...*, cit. pp. 391-393; Ataz López, J. (2009). *Jurisprudencia....* T.II, cit. pp. 1281-1282 y Zurilla Cariñana, M.A. (2013). «Comentarios...», cit. p. 933. El principal argumento de estos autores es la aplicación analógica de lo establecido para la revocación por ingratitud en el art. 652.II CC porque, dice Albaladejo, «su espíritu le alcanza», y porque los antecedentes históricos, señaladamente el Fuero Real, realizaban un tratamiento conjunto de ambas acciones. En contra de dicho plazo, se argumenta que no cabe analogía entre la revocación por incumplimiento de cargas y la revocación por ingratitud (Costas Rodal, L. [2013]. «Contrato...», cit. p. 2534) y que dicho plazo es demasiado corto para «denunciar» el incumplimiento del donatario permitiendo dicha brevedad que el donatario puede burlar fácilmente la voluntad del donante a poco que éste no sepa reaccionar con celeridad (Amat Llari, E. [1991]. «Comentario de la STS 12 de noviembre de 1990», *CCJC*, p. 78).

254 Sostienen dicho plazo cuatrienal, entre otros, Berrocal Lanzarot, A. I. (2010). «La revocación...», cit. p. 1898; Costas Rodal, L. (2013). «Contrato...», cit. p. 2534; Díez-Picazo, L. y Gullón, A. (2018). *Sistema...*, vol. II, T. 2, cit. p. 79; De los Mozos, J.L. (2000). *La donación...*, cit. pp. 340-344; Marín Castán, F. (2000). «Comentarios...», cit. p. 197; Sánchez-Calero, B. (2007). *La revocación...*, cit. p. 201; Manresa y Navarro, J.M. (1910). *Comentarios...*, cit. p. 172; Fernández Arroyo, M. (2003). «Observaciones...», cit. p. 1821; Medina Alcoz, M. (2010). «El incumplimiento...», cit. p. 185; Torralba Soriano, O.V. (1967). *El modo...*, cit. p. 301 y Domínguez Rodrigo, L.M. (1983). «La revocación..», cit. p. 100, señalando este último autor que, a favor de la aplicación del plazo cuatrienal juega el argumento de considerar la donación modal como un supuesto especial de contrato oneroso, en el que el art. 647.1 CC operaría como una especificación del régimen general del art. 1290 CC. Asimismo, refuerza esta tesis un razonamiento *a contrario*: la inaplicabilidad del art. 652 CC, dado que el fundamento de la revocación por incumplimiento de cargas es sustancialmente distinto del que rige en los supuestos de revocación por ingratitud. En efecto, en este caso no se trata de una sanción que el donante impone por la

Reconoce dicha sentencia que la Sala Primera del TS, hasta el momento, no ha tenido ocasión de sentar doctrina (tampoco lo hace en dicha sentencia), porque siempre que ha abordado el tema lo ha hecho como *obiter dicta* y no como *thema decidendi.* Y, así, pone como ejemplos de jurisprudencia oscilante, y siempre *obiter dicta,* la STS de 11/03/1988[255], que se inclinó por el plazo de un año desde que el donante (sus causahabientes) conocieron el hecho del incumplimiento y pudieron ejercitar la acción, o la STS de 23/11/2004[256] que se inclinó por el plazo de cuatro años, «por tratarse de un tipo de acción asimilable a la rescisión». Como señala Cardós Elena, es decepcionante que la STS 18/01/2023 recoja dicha discusión jurisprudencial sin aclarar, aunque fuera también *obiter dicta,* cuál es la solución actual del TS[257].

d.- Naturaleza de la acción

La acción judicial de revocación de la donación por incumplimiento del modo es una acción de carácter personal, en tanto que su estimación genera una obligación de restitución a cargo del donatario. No obstante, se ha debatido si el plazo para su ejercicio debe considerarse de caducidad o de prescripción. La cuestión ha sido planteada, entre otras, por la reciente STS de 18/01/2023 de enero de 2023, que señala:

---

conducta del donatario, sino de la aplicación de los principios generales del Derecho de Obligaciones contenidos en el art. 1124 CC.

255 STS de 11/03/1988 (TOL1735339).

256 STS de 23/11/2004 (TOL 536336).

257 Cardós Elena, J.Mª. (2023). «Revocación...», cit. p. 413. Comenta dicha STS de 18/01/2023, también, Cabezuelo Arenas, A.L. (2023). «Imposibilidad de revocar...», cit. donde destaca la inseguridad jurídica que existe en torno al plazo para ejercitar esta acción revocatoria, reclamando que el TS zanje, cuanto antes, dicho debate con el fin de facilitar que las personas mayores, colectivo que con mayor frecuencia recurre a la donación modal, puedan recuperar sus bienes donados si se incumple la carga.

> «se han mantenido posturas diferentes acerca de si el plazo debe calificarse como de caducidad (lo que se justifica en atención a la función que se atribuye a la caducidad y a la mayor seguridad jurídica y certidumbre que proporciona para evitar que se prolonguen situaciones de pendencia) o de prescripción (en cuanto que, en este supuesto, la revocación se fundamenta en el incumplimiento de una obligación)».

En efecto, en la doctrina, mientras numerosos autores se han inclinado por entender que es un plazo de prescripción por analogía con las acciones rescisorias o porque protege mejor el interés del donante en caso de incumplimiento del modo[258]; otros autores se han inclinado por entender que se trata de un plazo de caducidad por analogía con las otras causas de revocación y con las acciones rescisorias[259]. La jurisprudencia, aunque se inclina

---

258 Se inclinan por considerar que se trata de un plazo de prescripción, entre otros, Domínguez Rodrigo, L.M. (1983). «La revocación...», cit. p. 100; De los Mozos, J.L. (2000). *La donación...*, cit. p 344 o Albiez Dohrmann, K.J. (2013). «Comentarios...», cit. p. 4946 argumentando este último autor que el plazo debería ser de prescripción porque «todas las acciones que tienen por base el cumplimiento o la denuncia por incumplimiento de obligaciones se caracterizan por ser acciones cuyo plazo es de prescripción». Además, añade este autor, se protege mejor el interés del donante en caso de incumplimiento del modo de la donación si se considera que es un plazo de prescripción y no de caducidad.

259 Se inclinan por considerar que se trata de un plazo de caducidad entre otros Albaladejo García, M. (1991). «Comentarios...», cit. p. 1642; Albaladejo García, M. (1986). «Comentarios...», cit. p. 407 y la doctrina que cita; Berrocal Lanzarot, A. I. (2010). «La revocación...», cit. p. 1899; Costas Rodal, L. (2013). «Contrato...», cit. p. 2534; Imaz Zubiaur, L. (2008). «Sentencia del Tribunal Supremo de 20 de julio de 2007: Donación modal Revocación por incumplimiento de carga consistente en la enajenación del bien donado con un destino preciso». *CCJC*, nº 76, p. 357; Medina Alcoz, M. (2010). «El incumplimiento...», cit. p.18; y en la doctrina italiana Torrente, A. (1956). «La donazione», cit. § 230, p. 567.

por entender que es un plazo de caducidad[260], también tiene alguna sentencia aislada que considera que es de prescripción[261].

e.- *Dies a quo*

Ya se entienda que el plazo es de caducidad, ya se entienda que es de prescripción, el *dies a quo* será aquel en el que el donante tuvo conocimiento del hecho (incumplimiento) y posibilidad de ejercitar la acción (art. 652, i.f. CC)[262]. Así, la STS de 23/11/2004[263], tras defender el plazo cuatrienal, afirma que el *dies a quo* para el cómputo de la acción no es la escritura de donación, sino el conocimiento del incumplimiento del modo, porque, en dicho momento, se produce la *actio nata.* Por su parte, la STS 18/01/2023 matiza dicha doctrina señalando que, aunque el plazo empieza a correr desde que el donante pudo conocer el incumplimiento, si el modo consiste en una conducta continuada del donatario y el incumplimiento es duradero, «no existe un día concreto de incumplimiento, sino que el incumplimiento persiste, y el plazo no empieza a contar cuando se inició el incumplimiento, y mientras el incumplimiento dura se va renovando el comienzo del tiempo de ejercicio de la acción»[264].

---

260 Así, SSTS 11/03/1988 (TOL1735339), STS 23/11/2004 (TOL 536336) y STS 20/07/2007 (TOL1.123.956).

261 Así, STS 26/05/1988 (TOL1733966). También, señala Ataz López, J. (2009). *Jurisprudencia*.... T.II, cit. p. 1282, que la STS 23/10/1983 considera implícitamente que el plazo —en el caso que enjuiciaba de la acción revocatoria por ingratitud, pero con argumentos extensibles a la acción del art. 647 CC— era de prescripción y no de caducidad porque admitió su interrupción (lo cual es posible en la prescripción, pero no en la caducidad).

262 Así, entre otros Albaladejo García, M. (1991). «Comentarios...», cit. p. 1642 y STS 11/03/1988 (TOL1735339).

263 STS 23/11/2004 (Tol536336).

264 STS18/01/2023 (TOL9.391.162).

f.- Procedimiento

1.- Competencia objetiva y territorial. La competencia objetiva para conocer de esta acción corresponde al orden civil de la Jurisdicción y en concreto, en primera instancia, a la Sección Civil —o Única— de los Tribunales de Instancia (antiguos Juzgados de Primera Instancia), puesto que la revocación de donaciones es un asunto de derecho civil que no se halla atribuido por ley a otros órganos judiciales (art. 45 LEC y 84 y 85 LOPJ).

En cuanto a la competencia territorial, habrá que estar a las reglas generales de la LEC, por lo que —en principio— dicha competencia corresponderá al tribunal del domicilio del donatario demandado (art. 50 LEC). Dada la naturaleza personal, y no real, de la acción de revocación, ya argumentada *supra*, no considero aplicable el fuero legal imperativo *forum rei sitae* previsto en la regla primera del art. 52.1 LEC, y ello, aunque el bien donado sea un inmueble y aunque la finalidad última de la acción afecte —en la medida en que su estimación implica la reintegración del mismo al patrimonio del donante— al derecho de propiedad sobre dicho bien. Y es que, como ha señalado nuestra jurisprudencia, lo determinante para la aplicación del fuero especial del art. 52.1.1° LEC es la naturaleza de la acción ejercitada, no las posibles consecuencias que de ella se deriven[265]. Como consecuencia de la aplicación del

---

265 En este sentido, se pronunció la STS de 28/01/2010 (Tol 1782853), en un caso en el que no se ejercitó acción real alguna, ya que toda la *litis* giraba en torno al cumplimiento de un contrato o, por vía de reconvención, a su resolución. Por ello, consideró dicha sentencia, en su FJ 4°, que, aunque en el suplico de la demanda se incluyera una petición injustificada de declaración de dominio derivada de dicha relación, ello no comportaba por sí la aplicación del fuero correspondiente a las acciones reales. En línea con esta interpretación, cabe citar también

fuero general previsto en el art. 50 LEC —y no del fuero imperativo del art. 52.1.1.° LEC, aun cuando el bien donado sea un inmueble— es posible la sumisión expresa o tácita del demandado, siempre que el procedimiento se tramite, en atención al valor del bien donado, por los trámites del juicio ordinario. En cambio, dicha sumisión no sería admisible si el procedimiento se sustanciara, por la cuantía, por los trámites del juicio verbal (art. 54 LEC).

2.- Requisitos previos a la interposición de la demanda de revocación. Desde la reforma de la LEC llevada a cabo por la LO 1/2025, de 2 de enero, de medidas en materia de eficiencia del Servicio Público de Justicia, es requisito de procedibilidad para interponer una demanda de revocación por incumplimiento del modo (o por cualquiera de las demás causas legales) que el donante acredite haber intentado previamente una actividad negociadora antes de acudir a la vía judicial. Esta obligación implica que, antes de interponer la demanda, el donante debe haber recurrido a algún MASC en vía no jurisdiccional de los previstos en el art. 2 LO 1/2025[266], o, en su defecto, deberá presentar una declaración responsable en la que

la SAP de Valencia de 17/06/2004 (Tol 1619554). Asimismo, la SAP de Valencia de 01/10/2021 (Tol 8.724.632) consideró que la acción de revocación de donación por causa de ingratitud no se encuadra en ninguno de los fueros imperativos previstos en los artículos 52 ó 54.1 LEC, por lo que resulta admisible la sumisión expresa.

266 Los métodos adecuados de solución de controversias en vía no jurisdiccional se definen por dicha LO 1/2025 «como cualquier tipo de actividad negociadora, reconocida en esta u otras leyes, estatales o autonómicas, a la que las partes de un conflicto acuden de buena fe con el objeto de encontrar una solución extrajudicial al mismo, ya sea por sí mismas o con la intervención de una tercera persona neutral». Las distintas modalidades de negociación extrajudicial se regulan en los artículos 14 a 19 de la Ley Orgánica 1/2025.

manifieste la imposibilidad de llevar a cabo dicha actividad negociadora previa, ya sea por desconocer el domicilio del donatario demandado o el medio por el cual puede ser requerido (arts. 264, 399.3-II y 403.2 LEC).

3.- Procedimiento. Al no estar comprendida la acción de revocación en los arts. 250 y 251 LEC, debe estarse a la cuantía del bien donado para determinar el procedimiento, verbal u ordinario, que debe seguirse[267]. Por tanto, si el valor del bien donado excede de 15.000 euros, se tramitará la demanda por los trámites del juicio ordinario (art. 249.2 LEC); y, si no excede de dicha cuantía, por los trámites del juicio verbal (art. 250.2 LEC).

E.- La revocación de la donación por ingratitud del donatario

La última causa de revocación legal que recoge nuestro CC —ingratitud del donatario— es, sin ningún género de dudas, la que más conflictividad genera en la práctica judicial. Dicha causa ha sido recientemente objeto de importantes novedades jurisprudenciales por parte de la Sala Primera del TS al interpretar, especialmente en relación con el art. 648.2° CC, qué debe entenderse por el término «imputar»; y qué debe entenderse por las expresiones «el delito se hubiese cometido contra el mismo donatario», y «perseguible de oficio»[268]. Asimismo, se ha planteado el TS si la aplicación de la excepción contenida en el inciso final de dicho art. 648.2° CC exige, necesariamente, la condena penal del donante[269].

---

[267] Albiez Dohrmann, K.J. (2013). «Comentarios...», cit. p. 4944.

[268] STS 05/11/2019 (TOL7.571.512).

[269] STS 12/12/2023 (TOL 9807259).

1. Antecedentes históricos

De igual manera que cabe decir con Ortega que «el hombre no tiene naturaleza, sino que tiene... historia»[270], cabría afirmar que el Derecho, como una de las obras supremas de la civilización, «solo se explica y es como es porque ha sido antes de una determinada manera. Su explicación científica conlleva esencialmente la dimensión histórica»[271].

La mayoría de las instituciones, como ya nos recordó De Castro, no son algo dado *a priori,* sino una figura variable, resultado del entorno social y del juego de intereses de ciertos grupos sociales[272]. Y la revocación de la donación por ingratitud del donatario no es una excepción, exigiendo, su conocimiento científico, el estudio de la historia de dicha institución y el estudio, también, de las construcciones doctrinales llevadas a cabo por la dogmática en torno a ella[273]. Pero ello no puede hacernos caer en un exceso historicista que valore lo histórico en sí mismo independientemente de en qué medida los hechos estudiados sean relevantes para la comprensión del derecho actual y convierta a los historiadores del derecho, en palabras de Thibaut, en «doctos historiadores cazamoscas»[274]. Y es que un exceso de historia puede hacer perder a la dogmática su carácter de ciencia práctica, pero una ausencia de conocimiento de la historia interna de las instituciones nos lleva a un adanismo que formula, por

---

270 Ortega y Gasset, J. (1970). *Historia como sistema.* Revista de Occidente 6ª ed. Madrid, p. 51.

271 Escudero López, J.A. (1985). *Curso de Historia del Derecho. Fuentes e Instituciones Político administrativas.* Madrid, p. 42.

272 De Castro y Bravo, F. (1979). «El arbitraje y la nueva Lex Mercatoria». *ADC 1979-IV,* p. 624.

273 Robles Morchón, G. (2015). *Teoría del Derecho. Fundamentos de Teoría comunicacional del Derecho,* Vol. II. Thomson Reuters-Civitas, Navarra, p. 373.

274 Hernández Marín, R. (2005). Prólogo a la obra *El espíritu del derecho romano de Von Ihering.* Abreviatura por Fernando Vela. Marcial Pons, Madrid, p. 18.

vanidad científica o ignorancia, como nuevas teorías ya existentes (*nihil novum sub sole*). Como señalaba poéticamente Miguel de Unamuno, «tropezamos/ con el pasado al avanzar, todo es renuevo(...) lo que ha de ser ha sido ya, nada hay de nuevo»[275]. Con estas premisas abordemos los antecedentes históricos de la revocación de donaciones por ingratitud, con especial referencia al derecho romano y a su recepción en nuestro derecho patrio.

A.- Derecho romano. En el siglo III el derecho romano clásico permitió al patrono revocar la donación realizada al liberto ingrato (Fragmenta Vaticana, 272)[276] extendiéndose tal derecho, en tiempos del emperador Constantino (año 330 d. C.)[277], al padre en determinados casos de ingratitud del hijo (Fragmenta Vaticana, 248)[278], y posteriormente, en tiempos de Constancio

---

275 Unamuno, M de. (2023). *Rosario de sonetos líricos* CXXIII.

276 Como destaca Murillo Villar, el derecho romano concedió al patrono un gran poder discrecional para revocar las donaciones que realizó al liberto, pudiendo aquel juzgar libremente el comportamiento de este y, así, libremente revocar la donación, pero este ilimitado derecho de revocación pronto fue restringido, exigiéndose que la ingratitud se probara, evitando así auténticas injusticias bajo la falsa apariencia de justificación de la revocación (Murillo Villar, A. [2007]. *La revocación...*, cit. p. 56. Vide también Savigny, FK von. [1879]. *Sistema...*III, cit. pp. 150-152).

277 Institut. De donationibus II, 7. (§) 2 «*Antiquiores leges vel hoc totum donatori (patrono) ita permisisse videntur, ut pro ingrato is haberetur, qui patrono ingratus videbatur (Fr. Vat . 272) vel ingratitudinem impietatemve generalibus verbis dicendo , iudicis arbitrio cuiusvis causae examen committebant (Fr. Vat 248)*» (trad. «Las leyes más antiguas parecen haber permitido esto al donante [patrono], de modo que se consideraba ingrato a quien se mostraba ingrato hacia el patrono [Fr. Vat. 272], o al hablar en términos generales de ingratitud o impiedad, confiaban al juicio del juez el examen de cualquier causa [Fr. Vat. 248]).

278 Así puede leerse en Codex Theodosianus (C.Th.) 8,13,2 «Nuestros antepasados, establecieron firmemente mediante una ley que, si los padres donaban algo a los hijos y los declaraban impíos en juicio, todo eso debía ser revocado, para que la recompensa de la piedad no permaneciera en mentes malvadas y criminales» («*avi nostri pro*

II (año 349 d. C.) a la madre, si esta no contrajo segundo matrimonio[279], y a otros ascendientes[280].

Justiniano (año 530 d. C.) extendió, aún más, dicha facultad revocatoria por ingratitud que será aplicable a cualquier donación, aunque donante y donatario no estuvieran unidos por vínculos de parentesco, si el donatario injurió gravemente de palabra al donante («*ita ut iniurias atroces in eum effundat*»); atentó contra el donante («*manus impias inferat*»); dañó dolosa

---

patribus firma lege sanxerunt, ut, si quid patres in liberos munificentiae título contulissent, si eos impios in iudicio declarassent, omne id esset revocandum, ne pietatis praemium apud scelestos et flagitiosos animos permaneret»). Más ampliamente sobre dicha facultad revocatoria del padre en Murillo Villar, A. (2007). *La revocación...*, cit. pp. 58 y 59.

279 Así, puede leerse en el C.Th. 8.13.1pr. que las madres, si confían en poder probar que sus hijos son impíos, pueden acudir públicamente ante los tribunales («*liceat matribus, si impios filios probare se posse confidunt, publice adire iudicia*») si bien se excluye a la mujer que se ha casado en segundas nupcias («*secludimus mulierem, quae in secundi matrimonii foedus innubserit*»). El acusado de impiedad por su madre, todo lo que posea por donación el día en que se inicie cualquier tipo de controversia por orden del juez, perderá la mitad de ello si es vencido («*qui a matre impietatis arguitur, quidquid ex eo, quod título donationis tenet, eo die, quo controversiae qualecumque principium iussu iudicantis datur, habere repperitur, huius dimidium victo eripiatur*») (349 sept. 20).

280 Así, puede leerse en C.Th. 8.13.6 (Teodosio y Valentiniano -426 d.C- al Senado): el padre, abuelo o bisabuelo no podrá revocar una donación realizada al hijo, nieto o bisnieto, salvo que haya causas manifiestamente claras, que prueben que el donatario actuó contra la piedad hacia el donante, y que estas causas, contenidas en las leyes, prueben que fue ingrata («*donationem circa filium filiamve, nepotem neptemve, pronepotem proneptemve emancipationis tempore celebratam pater seu avus vel proavus revocare non poterit, nisi edoctis manifestissimis causis, quibus eam personam, in quam collata donatio est, contra ipsam venire pietatem, et ex causis, quae legibus continentur, fuisse constabit ingratam...*»). *Vide amplius* sobre dicha facultad revocatoria en Murillo Villar, A. (2007). *La revocación...*, cit. p. 59.

y gravemente al patrimonio del donante, o incumplió las cargas que el donatario voluntariamente asumió (C. 8, 55 [56], 10)[281].

Finalmente, Justiniano en Nov. 22 c. 35 (*Authent. de nuptiis § Mater tamen* en C. 8, 55 [56], 7) reduce a tres las causas por las que la madre que pasa a segundo matrimonio puede revocar por ingratitud la donación hecha al hijo; y dichas tres causas serán: atentar contra la vida de ella; poner en ella sus impías manos e intentar privarla de todos sus bienes[282]. Como destaca Murillo, es significativo, que, en dicha Novela de Justiniano, desaparezca aquella causa recogida en primer lugar en C.8,55(56), 10: «*ut iniurias atroces in eum effundat*»[283].

---

[281] C. 8, 55 (56), 10 (Justiniano a Juliano): «Mandamos en general, que permanezcan firmes e inalterables todas las donaciones hechas con arreglo a la ley, salvo que el donatario sea hallado ingrato por proferir contra el donante injurias atroces («*iniurias atroces*»); poner sobre él sus manos impías («*manus impias inferat*»), causarle con sus insidias un gran daño a los bienes del donante («*iacturae molem ex insidiis* suis ingerat, quae non levem sensum substantiae donatoris imponit»), suscitarle algún peligro para la vida de este («*vitae periculum*») o no haber querido cumplir algún acuerdo («*quasdam conventiones*»)..., que el donatario asumió. Porque solo por estas causas, probadas en juicio con pruebas evidentes, permitimos que se revoquen las donaciones, para que no pueda cualquiera adquirir bienes ajenos y burlarse de la fragilidad del donante, y para que el mismo donante no pierda sus bienes, y sea agobiado con los susodichos males por un donatario ingrato. Esto regirá solo para el donante sin que los sucesores de este puedan interponer tales querellas porque si calló quien sufrió estas cosas, su silencio subsistirá siempre, y no se permitirá que por su posteridad se suscite cuestión ni contra el ingrato, ni contra los sucesores de éste». Un certero comentario sobre dicho texto en Murillo Villar, A. (2007). *La revocación...*, cit. pp. 59-62.

[282] CI. 8, 56 = Nov. 22, cap. 35 «*Quod mater filio donat, ex ingratitudine non revocatur, postquam transit ad secundas nuptias, nisi ex tribus causis: prima si vitae eius insidiatur; item si manus impias in eam intulerit; tertia si totius substantiae molitus est iacturam*».

[283] Murillo Villar, A. (2007). *La revocación...*, cit. p. 62.

B. Derecho español. La recepción en nuestro derecho histórico patrio de dichos textos romanos y de diversas decretales papales[284], que regulaban la revocación por ingratitud, puede analizarse a través de los siguientes textos:

(I) Fuero Real. Promulgado por Alfonso X de Castilla para intentar homogeneizar las leyes vigentes en su reino, contiene el Fuero Real 3,12,1 prácticamente una traducción del C.8,55(56),10 ajustado al momento histórico del siglo XIII[285]. Así, comienza dicho Fuero Real 3,12,1 afirmando la irrevocabilidad de la donación (igual que comenzaba C. 8,55 [56], 10) para seguidamente permitir excepcionalmente su revocación si el donatario fue ingrato y desagradecido con el donante («si le fuere desconosciente, e lo desgradesciere aquello que le dio»). Dicha ingratitud se traduce, a semejanza del derecho romano, en las siguientes cuatro causas: injurias de hecho (si le «firió»), injurias de palabra («si le denuestó de malos denuestos, o si le deshonro abiltadamente»); si atacó la propiedad del donante disminuyendo su patrimonio («si le tollo o le fizo toller sus cosas sin derecho»), o si atentó contra la vida del donante («le consejó muerte o lisión de su cuerpo»). También el Fuero Real 3,12,1 incluye (como sucedía en C.8,55(56),10) el incumplimiento del modo como causa de ingratitud («si gelo dio por alguna cosa facer y no gelo fizo»).

---

284 Mas ampliamente sobre dichas Decretales en Rogel Vide C. (2024). *Revocabilidad...*, cit. p. 23.

285 FR. 3,12,1. «Maguer que qualquier home que diere alguna cosa á otre, no gela pueda después toller, pero si le fuere desconosciente, e lo desgradesciere aquello que le dio, como se le firió, o si le denuestó de malos denuestos, o si le deshonro abiltadamente, o si le tollo, o le fizo toller sus cosas sin derecho, o le consejó muerte, o lision de su cuerpo, o si gelo dio por alguna cosa facer, y no gelo fizo: por estas cosas, o por cada una de ellas, el que dio las cosas puédalas toller a aquel a quien las dio: pero si gelo él no quisiere toller, sus herederos no gelo puedan toller, ni demandar, pues que aquel que gela dio no gela quiso toller».

(II) Las Partidas. Representan el apogeo de la recepción del Derecho común en nuestra nación. La Partida 5,4,10, destaca Ortuño, recoge los dos pasajes del *Corpus Iuris Civilis* ya analizados, consistentes en una constitución imperial (la de Justiniano del año 530 recogida en C. 8,55 [56),10] y una Auténtica (la *Auténtica de nuptiis § Mater tamen* recogida en C. 8,56, 7)[286].

De este modo, recogiendo dichos dos pasajes del Códex justinianeo, señala la Partida 5,4,10 que el donante puede revocar la donación al donatario ingrato («desconosciente» en castellano antiguo) en los siguientes cuatro casos ya establecidos por los «sabios antiguos» (alude al C. 8, 56, 10):

La primera, cuando el donatario deshonra gravemente al donante, denostándolo de palabra o acusándole de algún delito que conllevara —de probarse— pena de muerte, mutilación de algún miembro o por el que incurra en infamia o pierda la mayor parte de sus bienes porque si bien cualquier persona puede acusar al donante «non lo puede decir nin debe el home que rescibe algo dél».

La segunda, cuando el donatario daña de hecho, lesiona, al donante («faciendol tuerto de fecho») metiendo «manos iradas (expresión que sustituye a la anterior de «manos impías») en él.

La tercera, cuando el donatario provoca un daño grave en las cosas del donante. Y la cuarta, cuando el donatario intenta matar al donante[287].

---

286 Ortuño Sánchez-Pedreño, J.Mª. (2001). «Las fuentes del régimen de la donación en las Partidas». *Revista de estudios histórico-jurídicos* nº. 23, Valparaíso.

287 Part. 5.4.10: «Desconoscientes son los homes a las vegadas, contra aquellos que les dan algo, o les fazen alguna gracia, et por ende tovieron por bien, los sabios antiguos que non fincasen sin pena et establecieron quatro razones, que por qualquier dellas, deue perder la cosa quel fue dada. La primera es, quando aquel que rescibe el donadio, es desconosciente contra aquel que gelo faze, faziendol grant deshonra, denostandol de palabra ó acusandol de algunt yerro porque hobiese de rescebir muerte o perder algunt miembro, o

Por otro lado, de acuerdo con dicha P. 5, 4, 10, y recogiendo la «*Auténtica de nuptiis § Mater tamen*» ya analizada, cuando una mujer, tras la muerte de su marido, dona algo a su hijo y aquella se casa con otro hombre, las causas de revocación de la donación se reducen de cuatro a tres: cuando el hijo, tras recibir la donación, procura la muerte de la madre; cuando el hijo agrede a su madre, y, finalmente, cuando el hijo intenta que la madre donante pierda todos sus bienes o la mayor parte de ellos[288].

Finalmente, para nuestras Partidas, al igual que ya se preveía en derecho romano, solo el donante puede revocar la donación por ingratitud, de modo que, si este calla en vida, su silencio

---

cayese en enfamamiento, o perdiese la mayor partida de lo suyo si fuese probado; ca como quier que otro alguno pueda decir contra la persona del que face el donadío, non lo puede decir nin debe el home que rescibe algo dél. La segunda es faciendol tuerto de fecho metiendo manos iradas en él: la tercera es faciendol grant daño en sus cosas: la quarta es si se trabajase en alguna manera de su muerte. Más si alguna muger, habiendo lijo de su marido después de la muerte dél face donación al lijo et se casa con otro, como quier que deximos desuso que son quatro razones porque puede home revocar la donación, en tal caso como este non son más de tres: el primero es si después de la donación se trabajase el fijo de la muerte de su madre: el segundo es si metiese en ella manos iradas: el tercero es si se trabajase de facerle perder todos sus bienes o la mayor partida dellos; por qualquier destas tres cosas sobredichas puede tal madre revocar la donación que hobiese fecho a su fijo. Et estas razones de desconoscencia que contamos en esta ley, puédelas poner et razonar aquel que fizo la donación; et sí se callare ende en su vida, sus herederos non la pueden retraer nía querellar después» (en Las siete partidas del Rey Don Alfonso el Sabio, Tomo III Partida quarta, quinta, sexta y séptima. Imprenta Real 1807).

288 Más ampliamente sobre dicha similitud, aunque con sutiles diferencias, de la regulación contenida en las Partidas y el derecho romano sobre la revocación por ingratitud de la donación realizada por la madre al hijo cuando aquella contrae segundo en Murillo Villar, A. (2007). *La revocación...*, cit. p. 65.

subsistirá siempre, y, en tal caso, sus herederos no pueden pedir la revocación de la donación por ingratitud.

Sin duda, como destaca Murillo y se deduce de la simple lectura de dicha P. 5, 4, 10, las reminiscencias romanas en dicho Código de las Siete Partidas son palmarias existiendo una coincidencia absoluta —incluso en el orden en que son expuestos— entre los supuestos originarios de ingratitud del derecho romano tal y como aparecieron por vez primera en el año 530 en C.8, 55(56),10. y como se recogen siete siglos después en nuestras Partidas[289]. La única diferencia destacable fue que, al regular la revocación por ingratitud, las Partidas no incluyeron, por causas que se desconocen, el supuesto de la revocación por incumplimiento del modo como causa de ingratitud (frente al Fuero Real y el derecho justinianeo que sí la incluían), sino como causa independiente y suficiente de revocación[290]. Y dicha autonomía de la revocación de la donación por incumplimiento del gravamen modal con relación a la revocación de la donación del simplemente ingrato se ha mantenido hasta el momento presente, regulándose la primera en el art. 647 CC y la segunda en el art. 648 CC ahora analizado.

(III) Proyecto de CC de 1836. Ya en época contemporánea, y en pleno siglo codificador, nuestro Proyecto de CC de 1836 recogió, con innegable influencia romana (en concreto influido por C.8,55 [56],10), las cuatro causas de revocación de donaciones por ingratitud que contenían las Partidas[291] al señalar en su art. 1602 que:

> «Podrán revocarse las donaciones por causa de ingratitud del donatario respecto del donante en los casos siguientes: 1°. Cuando

---

[289] Murillo Villar, A. (2007). *La revocación...*, cit. pp. 64-65.

[290] ibidem. pp. 64-66.

[291] No contempló, sin embargo, —omisión que, ya vimos, comenzó en las Partidas— la revocación de la donación por cumplimiento del modo como causa de ingratitud (frente al Fuero real y el derecho justinianeo que sí la incluían), sino, siguiendo a las Partidas, como causa independiente y suficiente de revocación al margen de la ingratitud.

> le deshonre gravemente de palabra. 2°. Cuando le acuse de algún delito por el cual mereciera el donante pena corporal. 3°. Cuando el donatario hiera o maltrate al donante o ponga acechanzas a cosas pertenecientes al donante. 4°. Cuando voluntariamente causare daños de gravedad en los bienes o cosas pertenecientes al donante. 5°. Si negare al donante los alimentos en el caso de estar obligado a dárselos por algún motivo».

De este artículo destaca que —sin duda por influencia del art. 965 del *Code* francés, que sí la contempla— aparece, por primera vez en nuestro derecho histórico patrio, como causa de revocación de la donación por ingratitud, la denegación de alimentos por parte del donatario al donante. Hasta ese momento, dicha conducta no había sido nunca considerada como causa de revocación, por lo que este reconocimiento representa una novedad relevante y constituye el antecedente directo del actual art. 648.3° CC[292].

(d) Proyecto de CC de 1851. El Proyecto de CC español de 1851 —de mucha mayor trascendencia histórica que el de 1836 y que fue conocido como «Proyecto García Goyena»— ejerció un importante influjo sobre el vigente CC español de 1889 y, si bien finalmente no cristalizó en Ley[293], debe tomarse por base del vigente Código Civil de 1889 porque contenía, en palabras de la Base 1.ª de la Ley de Bases del CC de 1888, «el sentido y capital pensamiento de las instituciones civiles del derecho histórico patrio».

Dicho Proyecto ya no sigue la literalidad romana recogida en la tradición castellana, pero sí el espíritu favorable a admitir excep-

---

292 Murillo Villar, A. (2007). *La revocación...*,cit. p. 66.

293 Principalmente, decía Reparaz Padrós, dicho Proyecto fracasó por la crítica que recibió de la Iglesia Católica (critica centrada, aunque no exclusivamente, en la regulación del matrimonio), la clase jurista y los intereses económicos, mayoritariamente, catalanes (en Reparaz-Padrós, M. [1995]. *García Goyena y el Proyecto de Código Civil de 1851,* Tesis Doctoral, Universidad de Navarra, p. 610).

cionalmente la revocación de la donación realizada al ingrato[294]. Y así, el art. 965 del Proyecto de CC de 1851 consideró revocable la donación a instancia del donante por causa de ingratitud: «cuando (1) el donatario cometiere algún delito contra la persona, honra o bienes del donador y cuando (2) el donatario imputare al donador algún delito que da lugar a procedimiento de oficio, aunque lo pruebe a menos que el delito se hubiere cometido contra el donatario, su mujer o hijos constituidos bajo su autoridad».

En cuanto al apartado primero de dicho art. 965 destaca que ya no se distingue —como sí sucedía en nuestro derecho intermedio— si la injuria es de palabra o de obra, sino que solo dice «algún delito» por lo que debía entenderse todo delito previsto en el Código Penal, ya que, decía García Goyena, todos encierran una grave ingratitud que hacen al donatario indigno de conservar lo donado[295].

Y en cuanto al apartado segundo de dicho art. 965, señalaba García Goyena que el donatario «no queda libre de la nota de ingrato por la prueba del delito imputado, aunque lo quede de la pena de calumniador»[296]. Y añade, en frase repetida reiteradamente por la jurisprudencia, que «sobre delitos, cuya persecución debe instaurarse por el ministerio público, y puede serlo por acción popular, no está bien al donatario perseguir, sino más bien compadecer a su bienhechor. Pero si el delito hubiere sido cometido contra el mismo donatario, su mujer o hijos constituidos bajo su patria potestad, entiendo que no le comprenderá la disposición de este artículo. El derecho de vindicarse a sí mismo, o a las personas, cuya defensa le está encomendada por la ley, es anterior y preferente a todo otro derecho». Añade dicho autor que esta causa de revocación no

---

294 Murillo Villar, A. (2007). *La revocación...*, cit. p. 66.

295 García Goyena, F. (1852). *Concordancias, Motivos y Comentarios del Código Civil Español* T. II. Imprenta de la Sociedad Tipográfico-Editorial, Madrid, p. 310.

296 Ibidem p. 311.

puede renunciarse anticipadamente, ya que «mal pacto sería contra las buenas costumbres porque invitaría a delinquir»[297].

(IV) Anteproyecto del CC español 1882-1888. La revocación por ingratitud se regulaba en el artículo 647, el cual —a diferencia del Proyecto de 1851—, como señala Rogel Vide, utiliza ya el término *donante* en lugar de *donador*. En cuanto a los delitos imputados al donante por el donatario, junto a aquellos que dan lugar a procedimientos de oficio, el precepto alude también a los que dan lugar a «acusación pública». Asimismo, incorpora, como causa de revocación por ingratitud, la denegación indebida de alimentos, influencia que responde claramente al *Code* Napoleón y al Proyecto de CC de 1836[298].

(V) Código Civil de 1889. El CC de 1889 regula finalmente la revocación por ingratitud en su art. 648 que, en su redacción original, señalará:

> «También podrá ser revocada la donación, a instancia del donante, por causa de ingratitud en los casos siguientes: 1.º Si el donatario cometiere algún delito contra la persona, la honra o los bienes del donante. 2.º Si el donatario imputare al donante alguno de los delitos que dan lugar a procedimientos de oficio o acusación pública, aunque lo pruebe; a menos que el delito se hubiese cometido contra el mismo donatario, su mujer o los hijos constituidos bajo su autoridad. 3.º Si le niega indebidamente los alimentos».

Finalmente, el art. 5 de la Ley 11/1990, de 15 de octubre, modifica el ap. 1 del art. 648 CC (sustituyendo el término «honra» por el término «honor»), y el ap. 2 del art. 648 CC (sustituyendo el término «mujer» por el término «cónyuge») en redacción que persiste hasta el momento presente.

---

297 Ibidem p. 311.

298 Más ampliamente sobre otros antecedentes de derecho comparado relativos a la denegación de alimentos como causa de ingratitud en Rogel Vide, C. (2024). *Revocabilidad...*, cit. p. 29.

2.- Fundamento de la revocación de donaciones por ingratitud

La razón de ser de esta causa de revocación se halla profundamente enraizada en la conciencia social de la civilización occidental que estima que «quien no agradece, no merece» la liberalidad recibida (o, en palabras de nuestro sabio refranero, «es de bien nacidos ser agradecidos») limitándose el Código Civil a recoger, en su art. 648, dicha conciencia mayoritaria. Y es que dicha ingratitud —«hija de la soberbia», en palabras de Cervantes[299], y verdadera amnesia del corazón— implica, moralmente, una traición del donatario al donante. Supone una falta de reconocimiento y de gratitud hacia quien, con ánimo liberal, dispuso gratuitamente de bienes a su favor. Por ello, la conciencia social, consagrada en los Códigos, exige como consecuencia jurídica frente a este supuesto de hecho —felón, desleal e ingrato, y necesariamente posterior a la donación— la pérdida del bien donado, siempre que concurra alguna de las causas taxativamente previstas por nuestro CC[300].

En resumen, como ha reiterado nuestra jurisprudencia, el donatario debe agradecimiento al donante, porque este ha enriquecido a aquel a cambio de nada y en detrimento de su propio patrimonio por lo que, la ingratitud de aquel, entraña «desagradecimiento, olvido o desprecio de los beneficios recibidos»[301]. Y,

---

299 Cervantes, *Don Quijote de la Mancha.* Segunda parte. Capítulo LI.

300 Así, Torrente, A. (1956). «La donazione», cit. p. 559 que destaca que deben ser hechos que ocurren posteriormente al acto de donación; si hubieran ocurrido antes, la donación podría ser anulada por error sobre las cualidades del donatario, siempre que el donante hubiera tenido conocimiento de ellos.

301 Así, entre muchas otras, STS 13/12/1993 (TOL 1664095) y en nuestra jurisprudencia menor SAP Barcelona de 30/01/2004 (TOL7.619.118); SAP Alicante de 27/10/2009 (TOL1.843.214); SAP Alicante de 30/10/2012 (TOL2.728.210); SAP Alicante de 21/06/2017 (TOL6.368.657); SAP Valencia de 27/06/2017 (TOL6.537.544); SAP Barcelona de 24/07/2017 (TOL6.340.939); SAP Madrid de 03/11/2017

por todo ello, el CC permite al donante revocar la donación, si después de hacerla, el donatario realiza una conducta que denote una absoluta falta de agradecimiento por su parte al donante[302].

Dejando de lado dichas consideraciones sociológicas y éticas[303], se han vertido numerosas teorías sobre el fundamento

---

(TOL6.505.802); SAP Madrid de 28/06/2018 (TOL6.766.897); SAP Barcelona de 16/10/2018 (TOL6.853.028); SAP Tenerife de 11/06/2020 (TOL8.103.450); SAP Orense de 29/09/2020 (TOL8.191.533); SAP Barcelona de 16/11/2020 (TOL8.259.158); SAP Alicante de 23/11/2021 (TOL8.876.746); SAP Málaga de 14/11/2022 (TOL9.554.216).

302 Mas poético es, aún, Mucius Scaevola quien llega a afirmar «Los cuerpos jurídicos tienen también sus toxinas, y toxina de la *donatio* es la ingratitud, puesto que, envenenando las relaciones de cordialidad entre donador y donatario, altera los tejidos de la donación, generando, en definitiva, su muerte. Gran verdad es que lo que nace por una causa, perece por la causa contraria. La donación nutre su principal raíz en el cariño, en la gratitud, y por eso la ingratitud la destruye. Máxima evangélica es la de perdonar el daño que se nos infiere y no buscar las represalias; pero también, en los eternos designios, al pecador de este mundo, que es el ingrato para los beneficios, de la Divinidad, le está señalada la desheredación del cielo y reservado el tormento perdurable. Si la Divinidad revoca la gloria prometida al ingrato ¡qué mucho que la humanidad prive de los beneficios de la donación a quien, no solo no sabe agradecerlos, sino que se vuelve airado contra quien se los otorgó! La revocación por ingratitud arranca de la esencia misma de la naturaleza humana, y mientras haya donaciones y haya ingratos, la *revocatio* será el agua que apague el fuego de la indignación» (Mucius Scaevola, Q. [1896]. *Código...*, XI, cit. pp. 679-680).

303 En la doctrina italiana destacaba Torrente el fundamento ético de esta causa de revocación, si bien, a pesar de dicho trasfondo moral, añadía, los efectos resultantes del ejercicio de la acción revocatoria son de carácter patrimonial, consistiendo en la eliminación del enriquecimiento producido por la donación (Torrente, A. [1956]. «La donazione», cit. p. 558). Destaca también el fundamento moral de la revocación en dicha doctrina italiana Montecchiari, T. (2010). «La revocazione della donazione», cit. p. 405.

jurídico de esta causa de revocación. Destacamos como posible fundamento de esta causa de revocación las siguientes teorías:

(1).- Se funda en la voluntad presunta del donante que no hubiera donado de haber sabido que el donatario iba a ser ingrato. Díez-Picazo critica esta tesis porque «la idea de la voluntad presunta no pasa de ser una ficción», siendo «de imposible existencia, pues si el donante hubiese previsto o podido prever la ingratitud del donatario o hubiera establecido una expresa condición o no hubiera donado»[304]. Además, señala este autor que, al concederse al donante la facultad de decidir libremente si ejercita o no la acción de revocación en caso de ingratitud del donatario, resulta evidente que su voluntad revocatoria no se presume, porque si se presumiera no se otorgaría dicha posibilidad de elección[305].

(2).- Se funda en un cambio de voluntad del donante que la ley ampara. Así, afirma De Fuenmayor que la revocación se produce como consecuencia de una modificación en la voluntad del donante, la cual requiere, en primer lugar, una voluntad inicial positiva de transmitir el dominio y la efectiva realización de dicha transmisión, y, en segundo lugar, una voluntad posterior, contraria a la anterior, orientada a dejarla sin efecto cuando concurran ciertos hechos previstos en el art. 648 CC que no serían motivos de la revocación, sino presupuestos de esta[306].

Esta tesis, de marcado cariz psicológico —porque, afirman sus defensores, la misma ley que acogió el impulso liberal del donante de transmitir gratuitamente su propiedad se hace también eco de la natural reacción psicológica del donante y le faculta para castigar el indigno proceder del donatario ingrato—, sostiene que la revocación por ingratitud traduce sobre el plano jurídico aquel arrepentimiento que la conducta ingrata

---

304 Díez-Picazo, L. (1980). «Las causas...», cit. p. 217.

305 ibidem.

306 De Fuenmayor Champín, A. (1941). *La revocación...*, cit. pp. 82 y 83.

del donatario provoca en el ánimo del donante. Se trata de un arrepentimiento que la conciencia colectiva percibe como plenamente justificado y que el ordenamiento jurídico legitima, al facultar al donante para sancionar el comportamiento indigno del beneficiario de su liberalidad[307].

No obstante, y desde una visual crítica, cabe señalar con Díez-Picazo que, si bien dicha idea de una traducción al plano jurídico de sentimientos de la persona puede ser útil, tiene que tomarse metafóricamente, pues no existe, en puridad, ninguna manera de traducir jurídicamente los sentimientos heridos del donante[308].

(3).- Esta revocación es una sanción civil impuesta por el juez, a instancia del donante, al donatario que infringió el deber moral de gratitud por el beneficio que recibió[309].

Esta tesis, si bien cuenta con el respaldo aislado de alguna resolución del TS[310], ha recibido una fuerte crítica doctrinal por diversas razones que señala Díez-Picazo:

---

307 Así, Torrente, A. (1956). «La donazione», cit. p. 559.

308 Díez-Picazo, L. (1980). «Las causas...», cit. pp. 217-218.

309 Así Manresa llega a decir que «la acción de revocación por causa de ingratitud tiene cierto carácter penal» (Manresa y Navarro, J.M. [1910]. *Comentarios...*, cit. p. 182) considerando, asimismo, Marín Castán que el precepto tiene un marcado carácter sancionador (Marín Castán, F. [2000]. «Comentarios...», cit., p. 205).

310 La jurisprudencia del TS ha defendido expresamente el carácter sancionador de la revocación por ingratitud, solo en la STS de 29/11/1969 (TOL4.275.133) que afirmará que ésta «presenta las características de una verdadera sanción penal de tipo económico». Dicha afirmación ha sido recogida, sin más argumentación, por diversas sentencias de nuestra jurisprudencia menor como p.ej. SAP Guipúzcoa 04/10/2006 (TOL1.628.135); SAP Asturias 31/03/2011 (TOL2.181.318); SAP Las Palmas 02/02/2017 (TOL6.171.906); SAP Madrid de 03/11/2017 (TOL6.505.802); SAP Madrid de 28/06/2018 (TOL6.766.897); SAP Tenerife, 11/06/2020 (TOL8.103.450); SAP Orense, 29/09/2020 (TOL8.191.533), etc. Por su parte, Díez-Picazo criticó dicha resolución

En primer lugar, porque el CC hace descansar la posibilidad de ejercitar la acción en la voluntad del donante, el cual no se encuentra obligado por la ley a ejercitarla —como sería exigible en caso de tratarse de una auténtica sanción civil—.

En segundo lugar, porque una sanción al donatario requiere como premisa la existencia de un hecho ilícito, al menos civil, premisa que no se cumple en todos los supuestos previstos en el art. 648 CC[311].

Y, en tercer lugar, porque dicha tesis, obligaría a una interpretación restrictiva del precepto[312].

Además, añade Albiez, si fuera una sanción civil, debería poderse —y, sin embargo, no se puede— acordar de oficio; debería ser irrenunciable —y, sin embargo, puede renunciarse, art. 652 CC—, y no debería estar sujeta, como no lo está la nulidad absoluta, a plazo —y, sin embargo, lo está—[313]. «Difícilmente, concluye Albiez, puede hablarse entonces de una sanción»[314].

---

del TS de 1969 principalmente porque una sanción penal requiere como presupuesto que haya deberes jurídicos, y al menos en los números primero y segundo del art. 648 CC no hay deberes jurídicos, sino morales. Y no puede decirse —añade este autor— que estos deberes puedan ser exigidos al donatario en forma más rigurosa que a cualquier otra persona (Díez-Picazo, L. [1980]. «Las causas...», cit. p. 218).

311 Díez-Picazo, L. (1980). «Las causas...», cit. pp. 217-218.

312 Ibidem. p. 219. En la doctrina italiana, a pesar de existir distintas posiciones doctrinales, Torrente se opuso a calificar esta causa de revocación como sanción civil (pese a los antecedentes remotos del instituto) porque la acción puede también ejercerse contra los herederos del donatario (art. 802 CC italiano) y por los acreedores del donante, lo que, a su juicio, excluiría un elemento esencial de la pena: su inherencia a la persona del culpable y su intransmisibilidad (Torrente, A. [1956]. «La donazione», cit. pp. 558-559). Más ampliamente sobre dicha disputa en la doctrina italiana en Montecchiari, T. (2010). «La revocazione...», cit. p. 407, y n. 10 y 11.

313 Albiez Dohrmann, K.J. (2013). «Comentarios...», cit. pp. 4950-4953.

314 ibidem. p. 4952.

(4)- Otras tesis. Como decimos, las teorías sobre el fundamento de esta causa no se limitan a las tres expuestas anteriormente y así, sin pretensiones de exhaustividad, por ejemplo, Díez-Picazo funda la revocación mediatamente en la Ley —que es la que configura las causas taxativas de revocación— e inmediatamente en la voluntad del donante a quien se atribuye la facultad revocatoria si concurren dichas causas legales[315].

Por su parte, Díaz-Alabart funda esta causa de revocación de la donación realizada al ingrato en la realización por este de «ciertos actos ilícitos dolosos penales o civiles, o que aun sin ser ilícitos en la generalidad de los casos, lo son para el del donatario por su relación con el donante (caso del art. 648.2° CC). Por esta razón, la posibilidad de revocar una donación no sustituye, dice esta autora, a las posibles sanciones penales o civiles que pueda merecer la conducta del donante, sino que se agrega a ellas»[316].

3.- La interpretación de las causas de revocación de donaciones por ingratitud

a.- Carácter taxativo de las causas de revocación por ingratitud e interpretación flexible de los términos del art. 648 CC. Es prácticamente unánime la doctrina y jurisprudencia que entiende que las causas de revocación de donaciones por ingratitud tienen un carácter tasado considerando, como tales, únicamente las que se contem-

---

315 Díez-Picazo, L. (1980). «Las causas...», cit. p. 217.

316 Díaz Alabart, S. (1991). «Comentarios...», cit. p. 1643; Díaz Alabart, S. (1986). «Comentarios...», cit. p. 421.

plan en el art. 648 CC[317], y sin que quepa, en cuanto a las mismas, dice Díez-Picazo, ni la interpretación integradora ni la analogía[318].

Ahora bien, mientras que algunos autores sostienen que la interpretación de los términos concretos contenidos en el art. 648 CC —tales como «delito», «imputare», «alimentos», entre otros— debe regirse por criterios estrictamente restrictivos, en atención a la supuesta naturaleza penal de la revocación y al hecho de que esta limita el derecho de propiedad del donatario, quien se ve privado de un bien que ya había adquirido (principio *odiosa sunt restringenda*) [319], la doctrina mayoritaria y la jurisprudencia más reciente, si bien insisten en el carácter

---

[317] Así, por todos, en la doctrina Díez-Picazo, L. (1980). «Las causas...», cit. p. 219; Albiez Dohrmann, K.J. (2013). «Comentarios...», cit. pp. 4952-4953; Pérez de Ontiveros, C. (2017). «La revocación...», cit. pp. 588-589 etc.; y, en la jurisprudencia reciente, la STS. 13/05/2000 (Tol 2615) («en nuestro sistema legal no toda ingratitud del donatario da lugar a la causa de revocación, sino solamente los casos concretos y determinados, que señala el art. 648 CC»); STS 13/05/2010 (TOL1.854.885); STS 20/05/2011 (TOL2.136.962), y STS 20-7-2015 (TOL5.512.942). Asimismo, nuestra jurisprudencia menor recoge dicho carácter tasado de las causas de revocación, por ejemplo, entre muchas otras, en la SAP Navarra de 13/09/2005 (TOL773.596); SAP Castellón de 21/09/2009 (TOL6.881.570); SAP Sevilla de 30/06/2014 (TOL 4538773); y SAP Valencia de 16/03/2015 (TOL 4893440).

[318] Díez-Picazo, L. (1980). «Las causas...», cit. p. 219.

[319] A favor de dicha interpretación restrictiva están quienes conciben estas causas de ingratitud como una sanción penal como, p.ej. Manresa y Navarro, J.M. (1910). *Comentarios...*, cit. p. 177 que señalará que esta materia es de «interpretación restrictiva»; o De la Válgoma cuando afirma que debe seguirse siempre una interpretación restrictiva de la revocación porque «la materia es odiosa y de estricta interpretación» (De la Válgoma Rodríguez-Monge, M. [1981]. «Revocación...», cit. p. 396). Entre los más recientes, Berrocal Lanzarot, A. I. (2010). «La revocación...», cit. p. 1874 y Sanz Viola, A.M. (2003). «Sentencia...», cit. p. 773.

taxativo de las causas de revocación, admiten una interpretación más flexible de las expresiones utilizadas en dicho precepto[320].

Expresa esta última idea Díez-Picazo al decir que no caben más causas de revocación por ingratitud que las legalmente establecidas (existe, pues, *numerus clausus*), pero cabe modalizar la interpretación del art. 648 CC para mitigar el rigor de la aplicación literal de la norma en casos en los que, aun encajando objetivamente el hecho en el supuesto previsto en el precepto, no resulte socialmente reconocible como fenómeno de ingratitud (por ejemplo, lesiones imprudentes).

Y es que la idea de que la interpretación de los concretos términos que emplea el art. 648 CC deba ser restrictiva sería válida si el art. 648 CC estableciera sanciones penales, pero, si se niega dicho carácter punitivo, la interpretación no tiene por qué ser necesariamente restrictiva, siempre que se trate de una actividad genuinamente interpretativa y no de una interpretación integradora o de un procedimiento de analogía que si estarían vedados[321]

Dicha interpretación flexible de los términos empleados por el art. 648 CC ha sido recogida por el TS que, siguiendo la doctrina iniciada, en 1980, por Díez-Picazo, diferencia dos planos interpretativos al abordar el art. 648 CC: «en el prime-

---

320 Así, entre otras muchas, STS 05/12/2006 (TOL 1023013), y STS 18/12/2012 (TOL3706385). Decimos la jurisprudencia «reciente» porque si analizamos globalmente la jurisprudencia remota y reciente de la Sala 1ª del TS habremos de concluir, con Rogel Vide, que la misma ha fluctuado debido a la necesidad de resolver sobre casos reales y concretos. De este modo, aunque inicialmente el TS mantuvo una interpretación restrictiva de las causas de revocación de la donación por ingratitud, posteriormente amplió su campo de acción, extendiéndola a conductas socialmente —que no jurídicamente— reprobables, y a hechos potencialmente delictivos, aunque no mediara condena judicial e, incluso, aunque no se iniciara proceso penal alguno. (Rogel Vide, C. [2024]. *Revocabilidad...*, cit. pp. 69-71).

321 Díez-Picazo, L. (1980). «Las causas...», cit. p. 219.

ro, los hechos tipificados como causas de ingratitud tienen un carácter tasado, conforme al principio de legalidad que sigue nuestro sistema codificado en esta materia, que permanece inalterado.... En el segundo plano, la literalidad en la descripción o contenido de las causas tipificadas sí que puede ser objeto de interpretación»[322]. Por tanto, las causas son tasadas, pero los términos que describen dichas causas son de interpretación flexible.

Dicha interpretación flexible ha tenido diferentes reflejos en la jurisprudencia que considera, por ejemplo, que la expresión «comisión de algún delito contra la persona, al honor o los bienes del donante» del art. 648.1° CC no debe entenderse literalmente ni deben adscribirse tales términos a títulos concretos del Código Penal porque el precepto abarca todo delito que ofenda al donante en su gratitud[323]. O señala, por ejemplo, dicha jurisprudencia que no es necesario, para que el donante puede revocar la donación, que exista previa sentencia penal condenatoria, ni tan siquiera procedimiento penal iniciado[324]. O indica finalmente nuestro TS —atendiendo al canon hermenéutico del art. 3.1 CC (realidad social del tiempo en que han de ser aplicadas)— que el maltrato de obra o psicológico realizado por el donatario debe

---

322 Por todas, STS 18/12/2012 (TOL3706385).

323 De acuerdo con la STS 27/02/95 (TOL1.668.468) las expresiones «cometer el donatario algún delito contra las personas, la honra o los bienes del donante» no hay por qué encajarlas en títulos concretos del CP; de ahí, que la norma haya de interpretarse en el sentido de que no es preciso para que se produzca el efecto revocatorio que se trate de uno de los delitos catalogados en el CP contra las personas, la honestidad o la propiedad, sino que el precepto se refiere a todos aquellos por los cuales resulte ofendido el donante que revelen ingratitud.

324 Sin embargo, esta interpretación flexible de la literalidad tiene la delimitación causal que impone el precepto, en el sentido de que no basta una conducta que resulte sólo socialmente o éticamente reprobable, sino que tiene que revestir o proyectar caracteres delictuales, aunque no estén formalmente declarados como tales (STS 05/12/2006, TOL 1023013).

quedar reflejado como un hecho integrado en la causa de ingratitud del art. 648.1° CC[325]. Sobre ello volveremos más adelante.

En resumen, tal y como reconoce la STS 20/07/2015[326], aunque las causas de revocación de la donación sean únicamente las que expresamente contempla la norma (art. 648 CC), y ello suponga su enumeración taxativa, sin posibilidad de aplicación analógica, ni de interpretación extensiva; no obstante, esto no significa que los elementos conceptuales contemplados por la norma deban ser, asimismo, objeto de interpretación rígida o sumamente restrictiva.

b.- Carácter objetivo de las causas de ingratitud. El donante, decía Díez-Picazo, puede revocar la donación por ingratitud «aunque la actuación del donatario ingrato le haya dejado frío» y sin que necesite justificar su aflicción porque —dado que no se pretende resarcir ningún daño moral— «el funcionamiento del art. 648 CC se produce... en forma objetiva y lo más automática posible»[327]. Por tanto, la admisión de la revocación de la donación debe desvincularse de consideraciones subjetivas sobre la aflicción del donante por la conducta del donatario, procediendo dicha revocación solo cuando objetivamente considerada, dicha conducta de especial gravedad pueda subsumirse en alguno de los supuestos previstos del art. 648 CC[328].

---

325 Así, dice la STS 20/07/2015 (Tol 5512942) que «en la actualidad el maltrato de obra o psicológico del donatario, como conducta socialmente reprobable, reviste o proyecta caracteres delictivos que resultan necesariamente ofensivos para el donante. Del mismo modo que su comisión atenta a los más elementales deberes de consideración y gratitud hacia el donante, dotando de fundamento a la revocación de la donación por ingratitud como sanción impuesta a los donatarios que infringen dicho deber básico de consideración hacia el donante».

326 STS 20/07/2015 (Tol 5512942).

327 Díez-Picazo, L. (1980). «Las causas...», cit. p. 219.

328 Así, también, Albiez Dohrmann, K.J. (2013). «Comentarios...», cit. pp. 4952-4953; Pérez de Ontiveros, C. (2017). «La revocación...», cit. pp. 588-589; Rogel Vide, C. (2024). *Revocabilidad...*, cit. p. 75. En contra

4.- Ámbito de aplicación del art. 648 CC

El art. 648 CC establece las causas por las que una donación puede ser revocada por ingratitud, lo que plantea la cuestión del alcance de esta revocación. En particular, cabe preguntarse si dicha causa de revocación se limita exclusivamente a la donación simple o si también se extiende a la donación remuneratoria o a la modal.

(4a).- La donación remuneratoria («la que se hace a una persona por sus méritos o por los servicios prestados al donante, siempre que no constituyan deudas exigibles», art. 619 CC).

Aunque, según la doctrina mayoritaria, dicha donación remuneratoria es revocable por ingratitud[329], consideraba Manresa que, aun admitiendo dicha revocación, «es justo apreciar —dice este último autor— con generosidad los servicios prestados y deducir su importe»[330].

Frente a dicha tesis mayoritaria, niega Anderson la posibilidad de revocar por ingratitud las donaciones remuneratorias por las siguientes razones: primero, estas donaciones remuneratorias se realizan en agradecimiento por unos servicios prestados por lo que cierran un círculo de favores y agradecimiento y al cerrar dicho círculo mira al pasado, siendo una donación «*ex causa praeterita*», que no genera los deberes de gratitud que le impone al donatario el CC en las donaciones ordinarias; segundo, por ello el donatario en la donación remuneratoria no está sujeto más que cualquier otro individuo a los genéricos deberes de no

---

de dicha concepción objetiva de las causas de ingratitud considera De los Mozos que debe introducirse un elemento subjetivo en la valoración de la ingratitud, necesariamente referido a las convicciones del donante, aunque siempre dentro de un criterio de racionalidad. (en De los Mozos, J.L. [2000]. *La donación...*, cit. p. 367).

329 Por todos, Lacruz Berdejo, J.L. *et al.* (1986). *Elementos...* II-3°, cit. p. 148. En el mismo sentido, De los Mozos, JL. (2000). *La donación...* cit. p. 381;

330 Manresa y Navarro, J.M. (1910). *Comentarios...*, cit. p. 178.

atentar contra la persona, honor o vida del donante; tercero, en la donación remuneratoria no se mira al futuro, sino al pasado, hasta el punto de que se atribuye relevancia causal a ciertos sucesos pretéritos, y la pierden los acontecimientos posteriores a la donación; cuarto, por todo lo expresado el donatario no tiene por qué «compadecer a su bienhechor» —fundamento, según García Goyena, de la revocación por ingratitud—[331] en lugar de imputarle un delito perseguible de oficio, ni pesa sobre él deber alguno de alimentos cuyo incumplimiento posibilite la revocación. Al realizar la donación remuneratoria, el donante agradeció algo, con lo que pretendió beneficiar al donatario, pero no por pura liberalidad, sino por un motivo relevante, como es la intención de remunerar unos servicios prestados[332].

(4b).- La donación modal («*aquella en que se impone al donatario un gravamen inferior al valor de lo donado*», art. 619 i.f. CC).

Señala Albiez que la donación modal podrá revocarse por ingratitud conforme a los supuestos previstos en el art. 648 CC[333],

---

[331] Recordemos que García Goyena señalaba como fundamento de la revocación por ingratitud que «sobre delitos, cuya persecución debe instaurarse por el ministerio público, y puede serlo por acción popular, no está bien al donatario perseguir, sino más bien compadecer a su bienhechor» (en García Goyena, F. [1852]. *Concordancias...* T. II, cit. p. 311).

[332] Anderson, M. (2005). *Las donaciones...*, cit. pp. 417-418. En el mismo sentido, Roca Sastre «La donación remuneratoria», *Estudios...* I, p. 521; Lacruz Berdejo, J.L. *et al.* (1986). *Elementos...*II-3°, cit. p. 159; y Costas Rodal, L. (2013). «Contrato...», cit. p. 2550 que reitera el argumento de que la donación remuneratoria no abre sino que cierra una situación de agradecimiento y, por tanto, al pretender remunerar un servicio, no sería, en la parte de la atribución absorbida por el valor del servicio que se remunera, revocable por supervivencia o superveniencia de hijos ni por ingratitud (si el valor de lo donado supera el del servicio remunerado, la donación es revocable en esa parte por aplicación de las normas generales de la donación, art. 622 CC).

[333] Albiez Dohrmann, K.J. (2013). «Comentarios...», cit. p. 4954.

aunque, en contra, se manifiesta matizadamente Costas, que limita la revocación solo a lo que exceda del valor de la carga[334].

(4c).- La donación por razón del matrimonio. El derecho francés expresamente (art. 959 Code) y nuestro originario CC implícitamente (ant. art. 1333 CC) impedían revocar las donaciones por razón del matrimonio por causa de ingratitud. Y ello porque, como decía Manresa, hechas esas donaciones a la sociedad conyugal, es lógico que la ingratitud del marido no baste para despojar a la mujer e hijos del bien donado[335].

No obstante, el art. 1343 CC vigente dispone que las donaciones por razón del matrimonio «serán revocables por las causas comunes, excepto la supervivencia o superveniencia de hijos» por lo que admite la revocación por ingratitud señalando en su párrafo tercero que en las donaciones por razón del matrimonio otorgadas por los contrayentes «se estimará ingratitud además de los supuestos legales, el que el donatario incurra en causa de desheredación del artículo 855 o le sea imputable, según la sentencia, la causa de separación o divorcio».

---

[334] Señala dicha autora que, en la donación modal, el incumplimiento de la carga es causa específica de revocación (art. 647 CC) por lo que el donante podrá revocar dicha donación por supervivencia o superveniencia de hijos o por ingratitud, pero sólo en cuanto a lo que exceda del valor de la carga (Costas Rodal, L. [2013]. «Contrato...», cit. pp. 2541; 2543, 2550 *et passim*). De este modo, en caso de revocación por supervivencia o superveniencia de hijos o ingratitud y dado el carácter oneroso de la donación modal, la revocación no alcanzará al valor total de la donación, sino que éste se verá reducido por el valor del gravamen por lo que si el valor de la carga absorbe el global de la donación el donante no podría revocar (ibid., p. 2545).

[335] Manresa y Navarro, J.M. (1910). *Comentarios...*, cit. p. 178.

5.- El artículo 648.1° CC

Dispone el apartado 1° del art. 648 CC que «también podrá ser revocada la donación, a instancia del donante, por causa de ingratitud...: 1.° Si el donatario cometiere algún delito contra la persona, el honor o los bienes del donante».

Dicho párrafo exige, para que surja la causa de ingratitud del art. 648.1° CC, que el donatario sea quien cometa el delito y el donante quien lo sufra[336], pero dicha afirmación, en su aparente sencillez y en su innegable acierto, oculta numerosos problemas relativos al tipo objetivo de injusto penal (¿incluye solo la acción o también la omisión?); al tipo subjetivo de injusto penal (¿incluye el delito imprudente o solo el doloso?); al juicio de antijuridicidad y culpabilidad penal (¿incluye los supuestos en los que concurra causa de justificación o causa de inculpabilidad?) o punibilidad (¿incluye a quien realizó una conducta típica, antijurídica o culpable, pero no punible por concurrir excusa absolutoria o por concurrir una condición objetiva de punibilidad); al juicio de autoría penal (¿incluye solo al autor material o también al encubridor?); a la extinción de la responsabilidad criminal (¿incluye al donatario indultado o amnistiado?); al grado de participación, etc.

No obstante, otros problemas que ocuparon a la doctrina han desaparecido en el CP vigente como es el tema de si la expresión «*delitos*» incluía a las derogadas faltas[337].

---

336 Díez-Picazo, L. (1980). «Las causas...», cit. p. 220.

337 Discutió la doctrina si la causa de ingratitud incluía no solo los delitos cometidos por el donatario sino también las faltas. Como señala Díaz Alabart numerosos tratadistas —García Goyena, Lacruz, Manresa, Mucius Scaevola etc.— incluyeron solo los delitos y no las faltas porque el art. 648.1° CC, de interpretación estricta, empleaba la palabra «delito» en un sentido técnico penal (Díaz Alabart, S. [1986]. «Comentarios...», cit. pp. 422-423). Por contra, otros autores incluyeron tanto los delitos como las faltas por entender que la ingratitud

Analicemos, por partes, las preguntas indicadas:

a.-Problemas de tipicidad

La estructura del delito —según la tesis finalista mayoritaria en España— presenta un tipo objetivo y un tipo subjetivo. El primero, como elemento externo, incluye la acción (y en determinados casos la omisión) el resultado, los sujetos, el objeto material, la relación de causalidad y la imputación objetiva del resultado. El segundo, como elemento interno, incluye el dolo y la imprudencia y, en ocasiones —en los delitos dolosos— elementos subjetivos del injusto distintos del dolo.

En cuanto a la parte objetiva del tipo de injusto, el principal problema en sede de ingratitud es si la expresión «cometiere» que emplea el art. 648.1° CC incluye solo la acción o también la omisión. Comparto la opinión de Díez-Picazo en el sentido de que, aunque dicho precepto parece presuponer una actividad de carácter positivo y puesto que no es necesario realizar una interpretación restrictiva del término, tal conclusión no es necesaria de modo que habrá también causa de ingratitud si el delito se comete por omisión[338].

Y, en cuanto a la parte subjetiva del tipo de injusto, creemos con Díez-Picazo, que, aunque el art. 648 CC no lo mencione expresamente, parece claro que los hechos contemplados como manifes-

---

aflora tanto si se comete un delito como una falta (asi, por ejemplo, Díez-Picazo, L. [1980]. «Las causas...», cit. p. 220; Rodríguez Martínez, M.E. [2011]. «Comentarios...», cit. p. 211; Hualde Sánchez, J.J. [1983]. «Comentario a la sentencia de 23 octubre 1983», *CJCC*, n°. 3, p. 1017). La discusión, como decimos, carece ya de razón porque la LO 1/2015 suprimió las faltas de nuestro ordenamiento penal —convirtiendo algunas en delitos leves y despenalizando otras—, por lo que actualmente la única infracción penal es el delito.

338 Díez-Picazo, L. (1980). «Las causas...», cit. p. 220

taciones de ingratitud solo pueden constituir causa de revocación si el delito cometido por el donatario reviste naturaleza dolosa. En consecuencia, los delitos cometidos por imprudencia quedarían fuera del ámbito de aplicación del precepto, al no reflejar una actitud subjetiva que pueda considerarse social o jurídicamente ingrata[339].

b.-Problemas de antijuridicidad y culpabilidad

Entiende la mejor doctrina que la concurrencia de causas de exclusión penal de la antijuridicidad o de la culpabilidad debe excluir la aplicación del art. 648.1° CC[340]. No habrá causa de ingratitud, por tanto, si en el donatario concurre causa de

---

339 Ibidem. p. 221. Exigen también dicho dolo excluyendo la imprudencia, entre otros, Díaz Alabart, S. (1986). «Comentarios...», cit. p. 433 y de la misma autora (1991). «Comentarios…», cit. p. 1644; Marín Castán, F. (2000). «Comentarios...», cit. p. 206; y en la doctrina italiana Torrente, A. (1956). «La donazione», cit. p. 560 y Ermini, M. (2009). «Revocazione...», cit. p. 455. Es más, en derecho italiano, componente esencial de la revocación de la donación por ingratitud por injuria grave es el elemento subjetivo exigiendo la jurisprudencia que el comportamiento sea evaluado también en el ámbito interno: el donatario, además de manifestar externamente un comportamiento ingrato, debe protagonizar una conducta que revele una auténtica actitud de desprecio, «expresión de una aversión arraigada y profunda o de una animosidad perversa hacia el donante» (así, Corucci, L. [2024]. «L'ingiuria grave quale motivo di revocazione della donazione per ingratitudine: conferme dalla Cassazione». *Pactum online. Rivista telematica di diritto dei contratti* comentando la sentencia de la Corte de Casación, sección segunda civil, de 12/02/2024, n.° 3811).

340 Por todos, Díez-Picazo, L. (1980). «Las causas...», cit. p. 221. En el mismo sentido, Pérez de Ontiveros que señala que sí deberían ser relevantes las causas de exención de la responsabilidad penal, como pueden ser la legítima defensa o el estado de necesidad (Pérez de Ontiveros, C. [2017]. «La revocación...», cit. p. 602).

justificación excluyente de la antijuridicidad[341] o de inculpabilidad[342] entre las que se incluye los actos de ingratitud realizados por un donatario menor de 14 años.

Mayores problemas ofrece si el donatario es menor de 18 y mayor de 14 años porque, en tales casos, dichas personas están sujetas a responsabilidad penal (L.O. 5/2000, de 12 de enero) por lo que pueden cometer delitos y, por tanto, incurrir en causa de ingratitud. En este sentido, Díaz Alabart se inclina por considerar que el donatario mayor de 14 años puede ser ingrato porque el ordenamiento le permite realizar un acto de tanta trascendencia como otorgar testamento, salvo el ológrafo (art. 663 CC)[343].

c.-Problemas de punibilidad

Hay situaciones en que, aunque exista un comportamiento típico, antijurídico y culpable no se impone, por el derecho pe-

---

341 Dichas causas de justificación excluyente de la antijuridicidad son la legítima defensa (art. 20.4 CP); el estado de necesidad (art. 20.5 CP); y el obrar en cumplimiento de un deber o ejercicio legítimo de un derecho, oficio o cargo (art. 20.7 CP)

342 Dichas causas de inculpabilidad son las anomalías o alteraciones psíquicas permanente y el trastorno mental transitorio (art. 20.1 CP); la intoxicación fortuita y plena (art. 20.2 CP); la alteración en la percepción desde el nacimiento o infancia (art. 20.7 CP); el donatario menor de 14 años; el miedo insuperable (art. 20.6 CP), y el error de tipo o prohibición (art. 14 CP). En cuanto a la causa de inculpabilidad prevista en el art. 20.1 CP, consideró la SAP Santander de 29/03/2012 (TOL2.733.206) —en un supuesto de hecho en el que el donatario había sido condenado por falta de amenazas, por haber dicho «voy a acabar contigo y voy a volar la casa»— que no procede la revocación solicitada porque dicho donatario estaba en tratamiento psicológico, y aunque las expresiones no eran leves, se pronunciaron en un estado psiquiátrico del demandado que provocaban que carecieran de la «gravedad suficiente para revocar la donación por ingratitud».

343 Díaz Alabart, S. (1986). «Comentarios...», cit. p. 428.

nal, una sanción al autor de dicha conducta por concurrir una excusa absolutoria[344], o no concurrir una condición objetiva de punibilidad[345]. Acierta Díez-Picazo cuando señala que debe aplicarse el art. 648.1° CC, aunque en el donatario concurra excusa absolutoria de parentesco próximo porque las excusas absolutorias suelen fundarse en razones de política criminal, pero no olvidan que existe un comportamiento típico, antijurídico y culpable y que, en todo caso, el culpable, aunque no responda penalmente sí responde civilmente[346].

d.- Problemas de autoría

No cabe duda de que será donatario ingrato quien cometa la conducta prohibida por el art. 648.1° CC como autor o cómplice. Debe entenderse incluido dentro del término «autor» no solo al autor directo, sino también al coautor, al autor mediato, al inductor[347] y al cooperador necesario porque todos ellos responden criminalmente de los delitos que han cometido (art. 27 a 29 CP)[348], y porque, como decía Mucius Scaevola, la perversidad

---

344 Las excusas absolutorias más importantes son las contenidas en el art. 268 CP —parientes próximos en delitos patrimoniales—, y en el art. 454 CP —encubrimiento de parientes—.

345 Es ejemplo de condición objetiva de punibilidad p. ej. la reciprocidad del art. 606.2 CP.

346 Díez-Picazo, L. (1980). «Las causas...», cit. p. 221.

347 Como indicaba Díaz Alabart, sujeto activo será todo donatario que haya sido autor material o moral de esa conducta dolosa socialmente condenable, pues tan ingrato es el donatario que el mismo causa lesiones a su donante, como el que paga a otro delincuente para que sea este y no él el autor material del acto ilícito (Díaz Alabart, S. [1986]. «Comentarios...», cit. p. 433).

348 Así —aunque con referencia al anterior CP— Díaz Alabart, S. (1991). «Comentarios...», cit. p. 1644 y Díez-Picazo, L. (1980). «Las causas...», cit. p. 220. Y, ya con referencia al CP de 1995, Pérez de Ontiveros, C. (2017). «La revocación...«, cit. p. 602; O' Callaghan Muñoz, X. (2003).

criminal del cómplice o encubridor no será tan grave como la del autor «pero la ingratitud es indudablemente la misma»[349].

Si bien esta afirmación es innegable, a la vista del CP actual, con relación al cómplice —que responde criminalmente del delito cometido—, exige alguna aclaración añadida con relación al encubridor —que no responde actualmente por el delito encubierto sino por un tipo penal autónomo—. En efecto el derogado CP de 1973 incluía al encubridor, junto al autor y cómplice, en la enumeración de las personas responsables criminalmente de las infracciones penales (art. 12 CP de 1973) por lo que la respuesta unánime a este problema era obvia: el donatario que encubra un delito cometido por un tercero contra el donante incurría en causa de ingratitud del art. 648.1° CC porque dicho donatario era responsable penal del delito encubierto[350].

El problema sobrevenido es que actualmente el Código Penal ya no considera al encubridor responsable del delito encubierto, sino responsable de un delito autónomo tipificado en los arts.

Código Civil Comentado y con Jurisprudencia. Ed. La Ley, Madrid, p. 670; Saborido Sánchez, P. (2023). «Comentarios...», cit. p. 3206; Zurilla Cariñana, M.A. (2013). «Comentarios...», cit. p. 934, y Marín Castán, F. (2000). «Comentarios...», cit. p. 207 que llega a señalar que «por comisión hay que entender cualquier forma de participación criminal».

349 Señalaba Mucius Scaevola que basta para generar la revocación cualquier acto del donatario que coadyuve a la perpetración u ocultación del delito, por complicidad o encubrimiento porque tanto «se manifiesta la ingratitud cometiendo personalmente el delito que cooperando a su ejecución o albergando o proporcionando la fuga del culpable. La perversidad criminal no será tan graduada, pero la ingratitud es indudablemente la misma» (Mucius Scaevola, Q. (1896). *Código...*, T XI, p. 680).

350 Así señalaba Díez-Picazo que la causa de ingratitud existirá también si la participación del donatario es como cómplice o como encubridor (Díez-Picazo, L. [1980]. «Las causas...», cit. p. 220) En el mismo sentido, Díaz Alabart, S. (1991). «Comentarios...», cit. p. 1644; y en Díaz Alabart, S. (1986). «Comentarios...», cit. p. 426.

451 a 454 CP dentro de los «Delitos contra la Administración de Justicia»[351] y dicho bien jurídico (la «Administración de Justicia») no es de los señalados en dicho art. 648.1° CC (que alude a delito contra la persona, honor o bienes del donante).

No obstante, a mi juicio, el problema pierde fuerza si, como hemos defendido *supra*, entendemos que no es preciso una interpretación literal o restrictiva de los términos empleados por el art. 648 CC y en vista de que la jurisprudencia reciente incluye, como causa de ingratitud, cualquier delito que cometa el donatario y afecte al donante. En consecuencia, entiendo que sigue vigente la doctrina que entendía que el donatario que encubre un delito grave cometido por un tercero contra el donante es, indudablemente, ingrato con este, por lo que la donación que recibió será revocable[352].

e.-Problemas de extinción de la responsabilidad criminal

¿Si el donatario es indultado, desaparece la causa de ingratitud? Díez-Picazo y Gullón sostenían que la donación realizada al donatario ingrato, que posteriormente es indultado o amnistiado, puede ser revocada por ingratitud, ya que tanto el indulto como la amnistía carecen de efectos civiles y no eliminan la existencia de la ingratitud[353].

---

351 Es más lógica la solución del Código Penal vigente porque el encubridor no puede ser responsable de un delito que se ejecutó antes de su intervención; en resumen, porque el encubridor no cometió el delito.

352 La STS 27/02/1995 (Tol 1667004) precisó —conforme a la doctrina científica— que la literalidad de las expresiones utilizadas no debía adscribirse a títulos concretos del CP, sino que el precepto debía interpretarse en relación con todos aquellos delitos por los cuales pudiera resultar ofendido el donante en su gratitud.

353 Díez-Picazo, L. y Gullón, A. (2018). *Sistema...*, vol. II, T. 2, cit. p.77. En el mismo sentido, entre muchos otros, Albiez Dohrmann, K.J. (2013). «Comentarios...», cit. p. 4959; Díaz Alabart, S. (1986). «Comentarios...», cit. pp. 430-431; Pérez de Ontiveros, C. (2017). «La revocación...», cit. p. 6602; Saborido Sánchez, P. (2023). «Comentarios...», cit. p. 3206.

En el mismo sentido se pronunció la STS 23/10/1983, con base en los mismos argumentos: el indulto extingue los efectos penales del delito, pero no produce consecuencias en el ámbito civil[354].

f.-Grado de ejecución

Señalaba Díez-Picazo que existe ingratitud en los casos de delito consumado, frustrado e intentado[355]. Desaparecida la frustración de nuestro actual CP es indudable que en los casos de tentativa —acabada o inacabada— habrá causa de ingratitud, pero ofrece más dudas si existirá también en los casos de resoluciones manifestadas —conspiración; proposición y provocación y apología, (arts. 17 y 18 CP)—, de desistimiento del art. 16.2 CP y de delito imposible.

---

354 STS 23/10/1983 (RJ 1983,5338). Vide unos interesantes comentarios a dicha resolución en Hualde Sánchez, J.J. (1983). «Comentario de la STS de 23 de octubre de 1983». *CCJC*, 1983, pp. 1011 y ss.; y en Ataz López, J. (2009). *Jurisprudencia....* T.II, cit. pp. 1284-1285. El supuesto de hecho de dicha sentencia es, como nos recuerda Ataz, difícilmente repetible: unos padres donan a su hija ciertos bienes y posteriormente esta agrede al padre. Iniciadas las actuaciones penales contra dicha donataria por las lesiones que produjo al padre el juzgado acordó el sobreseimiento por aplicación del indulto general que se produjo en España el 14/03/1977, en virtud del RD 388/1977, de 14 de marzo, sobre indulto general.

355 Díez-Picazo, L. (1980). «Las causas...», cit. p. 220. En el mismo sentido, O ´Callaghan Muñoz (2003). X., *Código Civil...*, cit. p. 670; Marín Castán, F. (2000). «Comentarios...», cit. p. 207 que llega a señalar que «por delito (hay que entender) cualquier grado de ejecución, comprendiendo no solo la tentativa sino también la conspiración, la proposición y la provocación»; Díaz Alabart, S. (1986). «Comentarios...», cit. p. 426; Díaz Alabart, S. (1991). «Comentarios...», cit. p. 1644; Carrión Olmos, S. (2023). «La donación». *Derecho Civil II. Obligaciones y contratos.* Tirant lo Blanch, Valencia, p. 350; Pérez de Ontiveros, C. (2017). «La revocación...», cit. p. 602; Zurilla Cariñana, M.A. (2013). «Comentarios…», cit. p. 934 y Mucius Scaevola, Q. (1896). *Código...XI,* cit. p. 680-681 porque, dice, aunque no llegue el delito a consumarse es indudable que el delito intentado revela la más acerba ingratitud.

A mi juicio es indudablemente ingrata cualquiera de las resoluciones manifestadas previstas en los arts. 17 y 18 CP —interpretando ampliamente el término «cometer»— y el delito imposible —sea la inidoneidad relativa o absoluta, aunque penalmente solo sea punible la primera de ellas—[356]. Por el contrario, no incurren en causa de ingratitud los supuestos de desistimiento del art. 16 CP porque el donatario desiste voluntariamente de su acción mostrando, finalmente, su gratitud al donante.

Finalmente, tampoco habrá ingratitud en los supuestos de delito putativo —que no es punible por ser atípico— porque el donatario no habrá realizado —aunque creyera hacerlo— ningún delito contra «la persona, honra o bienes del donante». Como vimos, las causas de ingratitud deben interpretarse objetivamente, no bastando la creencia subjetiva del donatario de estar cometiendo un delito o acción socialmente condenable, sino que es preciso que objetivamente la esté realizando.

---

356 Aunque la Sala 2ª del TS consideró, en un principio, impune el delito imposible (tentativa inidónea) por imperativo del art. 4.1 CP, actualmente admite su punición en virtud del art. 16 CP si los medios utilizados valorados objetivamente y *ex ante* son abstracta y racionalmente aptos para ocasionar el resultado típico. Dicha valoración *ex ante* debe hacerse desde la perspectiva de un hombre medio puesto en el lugar del autor. Ahora bien, aunque es punible la inidoneidad relativa —la que es ineficaz temporalmente en atención a las circunstancias, pero puede ser eficaz en otras circunstancias— es impune la tentativa inidónea absoluta, o sea la irreal, mágica o supersticiosa. Así, el TS insiste en que la tentativa para ser punible debe reunir los siguientes requisitos (1) Voluntad del autor hostil al derecho; (2) Acción peligrosa *ex ante* (3) Peligro, al menos, abstracto para el bien jurídico (por todas STS, Sala 2ª, de 22/03/2018 [TOL6.554.457] con cita de numerosa jurisprudencia).

g.-¿Es necesaria sentencia penal condenatoria del donatario?

Se pregunta la doctrina y jurisprudencia si cuando el art. 648.1° CC habla de «delito» exige que previamente haya sido declarado como tal por el juez penal —lo que parecería dogmáticamente más congruente con las garantías que acompañan al principio de legalidad penal, porque solo el juez penal puede apreciar la existencia de una infracción penal— o no.

Destacada reiteradamente por la jurisprudencia la falta de precisión técnica del art. 648 CC al referirse al concepto de delito y a los concretos derechos o bienes protegidos («persona, el honor o los bienes del donante»)[357] dicha imprecisión ha dado lugar a diversas teorías.

En síntesis, existen dos posturas. La primera tesis, seguida por la Sala Primera del TS, sostiene que no es necesario, para que el mecanismo revocatorio del art. 648.1° CC pueda ponerse en marcha, que se haya pronunciado sentencia penal condenatoria contra el donatario ni que el procedimiento penal se haya iniciado bastando que el hecho revista los caracteres de delito[358]. Es

---

[357] Por todas, STS 18/12/2012 (TOL3.706.385), y STS 20/07/2015 (Tol 5512942).

[358] Así señalaba la STS 27/02/1995 (Tol 1667004) que es innecesario que se haya producido previamente una sentencia penal condenatoria, ni tan siquiera que el procedimiento penal se haya iniciado, bastando —añade la STS 20/07/2015 (Tol 5512942)— «la existencia de una conducta del donatario socialmente reprobable, que, revistiendo caracteres delictivos, aunque no estén formalmente declarados como tales, resulte ofensiva para el donante». Reiteran dicha doctrina la STS de 05/12/2006 (TOL1.023.013) y la STS 18/12/2012 (TOL3.706.385). En el mismo sentido en la doctrina, entre otros, Díez-Picazo, L. (1980). «Las causas...», cit. p. 220; Lacruz Berdejo, J. L., *et al.* (1986). *Elementos..., II-3,* cit. p. 149; Parra Lucán, M.A. (2016). «La donación», cit. p. 92 y Albiez Dohrmann, K.J. (2013). «Comentarios...», cit. p. 4959 señalando, este último autor, que no es necesario que el donatario ingrato sea condenado penalmente, ni

más, añade Marín Castán, ni siquiera la absolución del imputado por concurrir causa de inimputabilidad o de inculpabilidad o por concurrir una excusa absolutoria, o por faltar una condición objetiva de punibilidad impiden revocar la donación (sí si concurre causa de justificación), porque lo decisivo no es que el donatario sea condenado por delito, con todos los elementos que la dogmática penal exige para ello[359], sino simplemente que realice una acción típica y antijurídica[360] aunque dicho acto no sea culpable o sea impune por concurrir excusa absolutoria o por faltar una condición objetiva de punibilidad[361]. No obstante, de existir dicha sentencia penal condenatoria, esta debe recibirse como base de la acción en el orden civil[362].

La segunda tesis, minoritaria, exige como requisito previo para aplicar el art. 648.1° CC que se haya dictado previa sentencia penal condenatoria contra el donatario. Así, considera Rogel Vide poco ortodoxo «que se decrete la revocación por ingratitud en presencia

---

siquiera hace falta que esté acusado o imputado, sino que es suficiente que el donatario haya realizado un hecho que pueda calificarse de delito. Y en la doctrina italiana Torrente considera innecesaria dicha previa condena penal con relación al homicidio, intentado o consumado, contra el donante, cónyuge e hijos —y, en dicho derecho, ascendiente—, pero la exige con relación a la calumnia (Torrente, A. [1956]. «La donazione», cit. pp. 560-561).

359 Recordemos que, en derecho penal, la condena por delito exige que la acción u omisión sea cumulativamente típica, antijurídica, culpable, sometida a una adecuada sanción penal y que llene las condiciones objetivas de punibilidad.

360 Marín Castán, F. (2000). «Comentarios...», cit. p. 207.

361 Recordemos que el TS considera que la sentencia penal absolutoria no produce el efecto de cosa juzgada en el proceso civil, salvo cuando se declare que no existió el hecho del cual la responsabilidad hubiere podido nacer o cuando se declare probado que una persona no fue autora del hecho.

362 Ello se observa claramente en la STS de 19/02/2003 (TOL253.601) comentada por Sanz Viola, A.M. (2003). «Sentencia ...», cit. pp. 763-780.

de hechos potencialmente delictivos, aun no mediando proceso penal alguno al respecto, resolviendo, por ello y en ocasiones, la jurisdicción civil asuntos penales»[363]. También Carrión Olmos exige sentencia que acredite la comisión del hecho delictivo[364].

h. Significado del término «delito»

Se plantea la dogmática civil si la expresión «delito» del art. 648.1° CC tiene un significado técnico jurídico (acción típica, antijurídica, culpable, sometida a una adecuada sanción penal y que llena las condiciones objetivas de penalidad) o no. Se han formulado, en esencia, las siguientes teorías:

(1).- Tesis estricta. El art. 648.1° CC emplea el término «delito» en sentido técnico jurídico porque, para la mayor parte de la doctrina clásica, el término delito significa una remisión a conceptos técnico-penales[365]. Dicha tesis ha tenido también cierto respaldo en la doctrina más moderna[366].

(2).- Tesis amplia. El art. 648.1° CC no emplea el término «delito» en sentido técnico jurídico, sino como comportamiento socialmente reprobable que alcance cierta entidad. El origen

---

363 Rogel Vide, C. (2004). *Revocabilidad...*, p. 77.

364 Carrión Olmos, S. (2023). *La donación, cit.* p. 350.

365 Así, cita Díaz Alabart a favor de dicha tesis estricta, dentro de la doctrina clásica, a García Goyena, Lacruz, Manresa, Mucius Scaevola, Santamaría y Santos Briz (Díaz Alabart, S. [1986]. «Comentarios...», cit. pp. 422-423).

366 Entre otros, Marín Castán, F. (2000). «Comentarios...», cit. p. 206 que exige que la conducta del donatario esté tipificada penalmente, y además como delito; De la Válgoma Rodríguez-Monge, M. (1981). «Revocación...», cit. p. 302; o, más recientemente, Rogel Vide, C. (2024). *Revocabilidad...*, cit. p. 78, considerando, este último autor, que la tesis que contempla la posibilidad de incluir en el marco del art. 648.1° CC «conductas dolosas socialmente condenables de alguna entidad», no es de recibo ni tiene apoyo alguno en el CC.

de esta doctrina se halla dogmáticamente en Díaz Alabart que consideraba «extraño» que, en el art. 648.1° CC, solo debiera dársele un significado exacto estrictamente técnico-penal a la expresión «delito» —como defendía entonces la doctrina mayoritaria—, y, por contra, se les diera un sentido amplio al resto de expresiones que forman la frase. Y, con base en dicha extrañeza, dicha autora defendió que el art. 648.1° CC no contiene remisión alguna a conceptos técnicos-penales teniendo el término «delito» un sentido vulgar, de conducta socialmente condenable de cierta entidad ejecutada de propósito[367].

Con esta tesis —que, reconoce Díaz Alabart, tiene inconvenientes y ventajas— se pierde el automatismo de saber que los casos de ingratitud son, exclusivamente, los de las infracciones penales contemplados en nuestro Código Penal. Y una vez perdido ese automatismo, la determinación de si la conducta del donatario presuntamente ingrato constituye una acción dolosa, socialmente

---

367 Díaz Alabart, S. (1986). «Comentarios...», cit. pp. 427-428. En el mismo sentido, Méndez Tomás, R.M. y Vilalta Nicuesa, A.E. (1998). *Donación: Acciones...*, cit. p. 21. Díaz Alabart ofrece varias razones para mantener su posición: primera que de aceptarse, a efectos dialécticos, que el art. 648.1° CC remite al CP dicha remisión sería defectuosa porque en las rúbricas del CP no aparecen «delitos contra la honra», y porque quedan fuera de la rúbrica «delitos contra las personas» —como las detenciones ilegales, amenazas y coacciones, sustracción de menores, allanamiento de morada, etc.— que de cometerse por un donatario contra su donante, sin duda, harían a aquel ingrato; segundo, hay conductas no tipificadas en el CP que la conciencia social estima constitutivas de ingratitud como, por ejemplo, el adulterio cometido por el donatario con la mujer del donante; y conductas tipificadas en el CP que no parece admisible —porque para que pueda haber ingratitud es indispensable que haya dolo— que den lugar a ingratitud como p.ej. las lesiones imprudentes del donatario al donante; y tercero, que en el anterior CP de 1973 la edad mínima para delinquir era de 16 años (ant. art. 8.2 CP de 1973) cuando es obvio que el donatario menor de 16 pero mayor de 14 puede ser ingrato porque puede realizar actos de transcendencia como testar.

reprobable y de entidad suficiente, pasa a ser una cuestión que queda sujeta a la apreciación judicial en cada caso concreto[368]. E invoca dicha autora, en defensa de sus tesis, la STS 23/10/1983 —que, aunque no lo diga expresamente, lo aplica[369]— y la STS 19/11/1987 (TOL1.737.383), que lo dice expresamente[370].

---

368 Díaz Alabart, S. (1986). «Comentarios...», cit. p. 429. En algunas ocasiones nuestros Tribunales rechazan la revocación porque la conducta del donatario, aunque cause rechazo en el donante, no es objetivamente ilícita. Así p.ej. la S. 27/02/1995 (Tol 1658286) considera que la relación extramatrimonial de la hija (donataria) con un árabe no es causa de ingratitud, aunque dicha relación —por el rechazo que provocaba en el entorno social en el que se movían sus padres— causase problemas a estos. Y es que, dice el TS, no es aceptable el proceder de los padres que asumen como propio tal rechazo, con apoyo en componentes xenófobos, contrarios a la dignidad de la persona humana y al principio de igualdad ante la Ley que consagra el art. 14 CE y el art. 7 del Pacto Internacional de los Derechos Civiles y Públicos. Véase un comentario a dicha resolución en Ragel Sánchez, L.F. (1995). «Comentario de la STS de 27 de febrero de 1995». *CCJC*, p. 793.

369 La STS 23/10/1983 (RJ 1983,5338) aborda una donación realizada conjuntamente por un matrimonio a su hija. Tras dicha donación, la donataria fue procesada por lesionar al padre interponiendo ambos progenitores demanda de revocación por ingratitud que fue estimada en ambas instancias. La donataria recurre en casación alegando que, si bien fue procesada por lesionar al padre, no cabe aplicar el art. 648.1° CC a su conducta por lo que se refiere a su madre, respecto de la cual no hubo pronunciamiento por el juez penal. El TS rechaza ese argumento, afirmando que, junto a las lesiones ocasionadas al padre, están las coacciones y vejaciones causadas a ambos progenitores —vejación para la madre que se revela en la agresión al esposo en su presencia—, las cuales tienen naturaleza penal, aunque no fueran sancionadas por la jurisdicción penal. Y entiende Díaz Alabart que dicha sentencia aplica su tesis porque dichas coacciones y vejaciones a la madre no fueron castigadas por el juez penal —y, por tanto, en sentido técnico jurídico no fueron delito—, pero fueron una conducta dolosa socialmente condenable, que dio lugar a ingratitud de la donataria también respecto a su progenitora.

370 Díaz Alabart, S. (1991). «Comentarios…», cit. p. 1644. También sería expresión de dicha tesis la SAP Zaragoza de 25/09/2007 (TOL7.284.551)

La doctrina, no obstante, ha criticado la tesis de Díez Alabart no solo por la inseguridad jurídica que introduce sino también porque, dice Albiez, el art. 648 CC no dice «conductas socialmente reprobables» sino «delito» añadiendo que el legislador ha podido, en numerosas ocasiones, modificar la redacción del precepto, incluso en los términos que propugna la autora, pero no lo ha hecho[371].

(3).- Tesis intermedia mayoritaria. Una postura más matizada, a medio camino entre la tesis estricta y la tesis amplia, es la empleada por numerosas sentencias que ya no hablan estrictamente de «delitos» sino de conducta del donatario socialmente reprobable, que, revistiendo caracteres delictivos, aunque no estén formalmente declarados como tales, resulte ofensiva para el donante.

---

que considera procedente la revocación solicitada al amparo de los arts. 634, 648.1° y 648.3° CC, porque el hijo no se había ocupado de su madre anciana a la que había intentado desalojar de la casa en la que vivía, instando su incapacitación sin causa. En atención a ello, revoca la donación no sólo por infracción del art. 634 CC sino, también, porque el donatario actuó de forma socialmente reprobable, con desagradecimiento y olvido de los bienes recibidos (art. 648 CC).

371 Albiez Dohrmann, K.J. (2013). «Comentarios...», cit. p. 4957. Una postura más matizada a la de Díaz Alabart pero que, asimismo, desborda el concepto técnico jurídico de delito es la defendida por De los Mozos quien rechaza la tesis de Díaz Alabart —y, por tanto, un concepto genérico y vago de conductas dolosas socialmente condenables de entidad— y considera que la interpretación del art. 648.1° CC debe llevarse a cabo actualizando el concepto romano de «*iniuria*» como daño inferido injustamente, es decir, contrario a derecho. Ello permite una interpretación que comprenda supuestos que, aunque no son reprochables socialmente, son claramente ofensivos para el donante (como, p.ej. el adulterio o las lesiones imprudentes) (en De los Mozos, J.L. [2000]. *La donación...*, cit. p. 362).

Así, en defensa de dicha tesis cabe invocar, entre otras, las STS 05/12/2006 (TOL1.023.013); STS 18/12/2012 (TOL3.706.385); STS 12/12/2023 (TOL9807259)[372] y STS 20/07/2015 (Tol 5512942).

Todas esas sentencias reflejan una interpretación flexible del art. 648.1° CC llegando esta última sentencia a incluir, dentro del ámbito de aplicación de dicho precepto, el maltrato de obra o psicológico realizado por el donatario[373].

---

372 Esta STS 12/12/2023 indica que «no basta una conducta que resulte sólo social o éticamente reprobable, sino que tiene que revestir o proyectar caracteres delictuales, aunque no estén formalmente declarados como tales». Una interesante reflexión sobre dicha resolución en Pérez de Ontiveros, C. (2024). «Revocación de donación por ingratitud del donatario. Comentario a la STS (Pleno) 1713/2023, de 12 diciembre (JUR 2023, 445839)». *CCJC*, n° 125, pp. 307-320.

373 En efecto, la STS 20/07/2015 revocó la donación hecha a una hija, que abofeteó al padre e injurió gravemente a la madre, pese a no haber sido condenada penalmente por ello. En esta sentencia, dice Hijas, el TS realiza una interpretación sociológica —i.e. de acuerdo con la realidad social del tiempo presente— y teleológica —de acuerdo a su espíritu y finalidad— del art. 648.1° CC. En atención al criterio interpretativo sociológico dicha sentencia evidencia que basta «una conducta del donatario socialmente reprobable que, revistiendo caracteres delictivos, aunque no estén formalmente declarados como tales, resulte ofensiva para el donante»; y dicha conducta concurría en el caso enjuiciado, que además estaba agravada por la relación paterno-filial de donantes y donataria. En atención al criterio interpretativo teleológico, el espíritu y finalidad del art. 648 CC debe buscarse en el deber de gratitud que todo donatario debe a su donante, dado el sacrificio patrimonial que éste realizó a favor de aquél. La conculcación del mencionado deber de gratitud, a través del maltrato psicológico, dota de fundamento a la revocación de la donación y justifica esta excepción al principio de irrevocabilidad de los contratos y del principio *pacta sunt servanda* que inspira los art. 1.091 y 1.256 CC (Hijas Cid, E. (2015). «Doctrina del Tribunal Supremo sobre el maltrato psicológico y sus efectos en sucesiones y donaciones». *Revista el Notario del SXXI* n° 64).

Y ello porque, conforme a los criterios interpretativos basados en la realidad social actual y en la finalidad de la norma (art. 3 CC), es indudable que dicho maltrato, en cuanto conducta socialmente reprobable, reviste o proyecta caracteres delictivos ofensivos para el donante. Asimismo, su comisión atenta a los más elementales deberes de consideración y gratitud hacia quien ha realizado una liberalidad en favor del donatario[374].

En todo caso, precisa la STS 18/01/2023 (Tol 9391162) que, si bien el maltrato de obra o psicológico puede dar lugar a la revocación por ingratitud, es necesario que el donante identifique un hecho, «que, aunque no medie condena, pueda ser subsumido de manera prejudicial en alguna actuación delictiva».

---

374 También en la jurisprudencia menor numerosas sentencias consideran que «no basta una conducta que resulte sólo socialmente o éticamente reprobable, sino que tiene que revestir o proyectar caracteres delictuales, aunque no estén formalmente declarados como tales». Así, entre otras, SAP Asturias de 22/07/2013 (TOL3.890.768); SAP Alicante de 08/10/2013 (TOL4.061.684); SAP Sevilla de 30/06/2014 (TOL4.538.773); SAP Málaga de 01/09/2014 (TOL5.395.127); SAP Valencia de 06/03/2015 (TOL5.198.036);SAP Madrid de 01/06/2015 (TOL5.542.789); SAP Bizkaia de 30/09/2016 (TOL5.866.942); SAP Madrid de 03/11/2017 (TOL6.505.802); SAP Las Palmas de 17/11/2017 (TOL6.960.406); SAP Madrid, de 28/06/2018 (TOL6.766.897); SAP Pontevedra de 27/06/2018 (TOL6.963.575); SAP Navarra de 02/11/2018 (TOL7.048.821); SAP Gipuzkoa de 10/05/2019 (TOL7.416.969); SAP Tenerife de 11/06/2020 (TOL8.103.450); SAP Orense de 29/09/2020 (TOL8.191.533); SAP Alicante de 23/03/2023 (TOL9.672.204); SAP Granada de 27/09/2023 (TOL9.856.680), etc. La SAP Madrid de 01/06/2015 (TOL5.542.789), por ejemplo, considera que no se observaba carácter delictual alguno en la conducta del donatario, siendo posible que este no hubiera acompañado a su tía, donante, como ella hubiera querido durante su penosa enfermedad, pero que aun cuando ello pudiera valorarse como moralmente reprobable, no constituye un comportamiento delictivo del donatario.

Esta posición del TS, y jurisprudencia menor, evidencia, dicen Pérez de Ontiveros y Ataz López que dicho Alto Tribunal no parece desvincular la aplicación del art. 648 CC de lo dispuesto en el CP de forma tan amplia como ha venido proponiendo algún sector de nuestra doctrina, porque no basta —como sostiene la tesis amplia— cualquier conducta socialmente reprobable y reveladora de ingratitud, sino que se exige que tales conductas, al menos de forma abstracta, encajen en algún tipo delictivo, aunque no sea necesario que hayan sido formalmente declaradas como delito por un juez penal[375].

En todo caso, y finalmente, aunque la jurisprudencia reciente parece inclinarse por dicha tesis intermedia, hay que reconocer que el criterio del TS no siempre ha sido claro y casi siempre ha atendido, en búsqueda de la justicia del caso concreto, a las circunstancias concretas que concurrían. Así, como resume la STSJ Navarra de 7/04/2006[376]:

> «*Las SSTS de 23 de octubre de 1983 y 19 de noviembre de 1987 afirman que la ingratitud como causa de revocación de la donación debe interpretarse como conducta socialmente reprobable; sin embargo las SSTS de 13 de diciembre de 1993 y 27 de febrero de 1995, 13 de mayo de 2000, 19 de febrero de 2003 , si bien abogan por una interpretación amplia del término ingratitud, matizan que se refiere a conductas socialmente reprobables constitutivas de delito, aunque este no se haya declarado formalmente, considerando la citada STS de 27 de febrero de 1995 que la infidelidad de la esposa no es causa de revocación de una donación "propter nuptias", criterio también mantenido por esta Sala en su Sentencia de 3 de octubre de 2000 ; y considerando la STS de 13 de mayo de 2000, que no es causa revocatoria la ingratitud de un hijo donatario que traslada a su madre donante a vivir de la casa familiar a una cabaña de fin de semana, y posteriormente la ingresa en un asilo*».

---

375 Pérez de Ontiveros, C. (2017). «La revocación...«, cit. p. 598; Ataz López, J. (2009). *Jurisprudencia*.... T.II, cit. p. 1286.

376 STSJ de Navarra de 07/04/2006 (TOL946.212).

i.- ¿Qué delitos realizados por el donatario pueden acarrear ingratitud?

El art. 648.1° CC se refiere a los delitos «contra la persona, el honor (antes de la Ley 11/1990 decía «honra») o los bienes del donante».

Sin embargo, existen diversas teorías estrechamente relacionadas con la respuesta que se dé a la pregunta del epígrafe anterior sobre qué delitos cometidos por el donatario pueden dar lugar a ingratitud. En este sentido, si se flexibiliza el concepto de «delito», resulta evidente que las expresiones «contra la persona, el honor o los bienes» no pueden interpretarse de forma estrictamente literal.

(1).- Tesis clásica. La doctrina mayoritaria —dice Díaz Alabart— considera que existe una presunta remisión del art. 648.1° CC al CP cuando alude a «algún delito contra la persona, honra o bienes del donante»[377], lo que exigiría buscar una correlación entre los términos empleados por el CC y los títulos del CP.

No obstante, esta tarea no siempre resulta sencilla, debido a la falta de correspondencia entre la expresión literal empleada por el CC y las rúbricas del CP. Actualmente, este último no incluye un título denominado literalmente «delitos contra las personas» y, en lugar de referirse a «delitos contra los bienes», utiliza la denominación «delitos contra el patrimonio y contra el orden socioeconómico» (arts. 234 a 304 CP vigente).

La doctrina clásica, no obstante, ha procurado establecer una correlación entre las expresiones del CC y las categorías del CP. En este sentido, Manresa trata de resolver dicha discordancia interpretando que los «delitos contra la persona» del donante incluyen no solo el homicidio o las lesiones, sino también la detención ilegal, el allanamiento de morada, las amenazas y las coacciones. En cuanto a los «delitos contra la honra», considera comprendidos tanto los delitos contra la honestidad como los delitos contra el

---

377 Díaz Alabart, S. (1986). «Comentarios...», cit. pp. 424-425.

honor tipificados por el CP. Y, finalmente, dentro de los «delitos contra los bienes», incluiría el robo, el hurto, la usurpación, la estafa, el incendio, los daños, entre otros; ya que, según concluye el autor, «la ley no ha querido, en nuestra opinión, excluir delito alguno que realmente revele ingratitud y ofenda al donante»[378].

Por su parte, Díez-Picazo también aborda esta falta de correspondencia terminológica señalando que los delitos contra la honestidad y contra el honor se encuadran, sin duda, dentro de los «delitos contra la honra» a los que aludía el art. 648 CC. Sin embargo, advierte que no todos los delitos que el Código Penal agrupa bajo las rúbricas de delitos contra la libertad y la seguridad pueden identificarse con claridad como delitos «contra la persona», aunque probablemente la mayoría sí lo sean. Del mismo modo, respecto a los delitos contra la propiedad, considera que ciertas figuras básicas —como el robo, el hurto o la estafa— encajan indiscutiblemente en lo que el art. 648.1° CC denomina «delitos contra los bienes», si bien reconoce que existen otros supuestos cuya inclusión resulta más dudosa[379].

(2).- Tesis moderna. De los Mozos ya advertía que la tesis clásica presenta serios inconvenientes, debido a la falta de correspondencia entre los términos empleados en el art. 648 CC y las rúbricas del CP[380].

Esta discrepancia ha llevado a numerosos autores a sostener que resulta indiferente la rúbrica o clasificación sistemática bajo la que aparezca el delito en el CP, siempre que el hecho haya sido cometido contra el donante o haya afectado a su honor o a sus bienes[381].

---

378 Manresa y Navarro, J.Mª. (1910). *Comentarios...* T. V, cit. p. 176.

379 Díez-Picazo, L. (1980). «Las causas...», cit. p. 220.

380 De los Mozos, J.L. (2000). *La donación...*, cit. p. 360.

381 Así, entre otros, Santos Briz, J. (1973). *Derecho civil,* T. IV. RDP, p. 152; Santamaría, J. (1958). *Comentarios al Código Civil, I.* RDPr. Madrid, p. 650; O ´Callaghan Muñoz, X. (2003). *Código Civil...*, cit. p. 670; Parra Lucán,

En este mismo sentido, Marín Castán, tras señalar que es requisito indispensable que la conducta del donatario esté tipificada penalmente como delito, entiende que debe atenderse más a la preposición «contra» que al sustantivo «delito». A partir de ello, concluye que deben excluirse los delitos imprudentes, ya que no constituyen infracciones dolosas cometidas «contra» el donante. Además, subraya que lo determinante no es la rúbrica bajo la cual se encuadre el delito en el CP, sino que el donante haya sido el sujeto pasivo, el ofendido o el perjudicado por el mismo. Así, el art. 648 CC, al mencionar la persona, el honor y los bienes del donante, busca ofrecer una protección integral frente a los delitos dolosos cometidos por el donatario en cualquiera de las esferas relevantes de su vida[382].

Por su parte, el TS ha precisado en numerosas resoluciones —en consonancia con la doctrina científica— que no es necesario que las expresiones empleadas por el art. 648.1° CC («la persona, el honor o los bienes del donante») coincidan de forma literal con los títulos específicos del CP[383].

M.A. (2016). «La donación», cit. p. 92 etc. Más ampliamente, con cita de doctrina, en Díaz Alabart, S. (1986). «Comentarios...», cit. p. 423.

382 Marín Castán, F. (2000). «Comentarios...», cit. p. 206. También se adhiere a esta solución la STS 19/11/1987 (TOL1.737.383) de la que fue ponente Santos Briz, al señalar que las expresiones «delito contra la persona, la honra o los bienes del donante» que emplea el art. 648.1° CC debe interpretarse «como hace gran parte de la doctrina científica, en el sentido de que no es preciso para que se produzca el efecto revocatorio que se trate de uno de los delitos catalogados en el CP contra las personas, la honestidad a la propiedad, sino que el precepto se refiere a todos aquellos por los cuales resulte ofendido el donante que revelen ingratitud» considerando que el delito de coacciones sobre el donante (en cuanto afecta a la libertad y seguridad de este) es encuadrable dentro de dicho art. 648.1° CC siendo, por tanto, causa de revocación de donación por ingratitud.

383 STS 27/02/1995 (Tol 1667004); STS 18/12/2012 (TOL3.706.385), y STS 20/07/2015 (Tol 5512942).

En efecto, según nuestro TS basta para revocar la donación que se haya cometido un delito que ofenda al donante —es decir, que se haya cometido «contra» él, como sostenía Marín Castán— y que revele una manifiesta ingratitud, aunque el delito no se halle tipificado bajo un título del CP que haga referencia expresa a la persona, el honor o los bienes.

Así, no es de extrañar que la STS de 19/11/1987 (TOL1.737.383) considerara causa de revocación por ingratitud la condena del donatario por un delito de coacciones ejercidas sobre el donante, y que afectó a su libertad y seguridad personal.

Igualmente, la STS de 19/02/2003 (TOL4.927.661) consideró supuesto de ingratitud el impago de la pensión compensatoria prevista en el art. 97 CC —aunque también podría haberse encuadrado en el art. 648.3° CC—, al tratarse de un perjuicio claro para el donante, pese a que el delito en cuestión esté tipificado en el art. 227 CP, dentro del Título XII («Delitos contra las relaciones familiares»)[384].

j.- Sujeto pasivo

En el CC, decía Díez-Picazo, para que surja la causa de ingratitud, el donatario debe ser quien cometa el delito y el donante personalmente la víctima[385].

Si bien, como vimos, el sujeto activo plantea numerosos problemas de interacción entre el derecho penal —sujeto a sus principios— y el derecho civil —que responde a otros distintos—, por contra, el sujeto pasivo del delito plantea en derecho común menos problemas porque, como dice la STS 27/02/1995 (TOL1.668.468), el art. 648.1° CC exige que el delito afecte directamente al donante,

---

384 Sentencia comentada por Sanz Viola, A.M. (2003). «Sentencia...», cit. pp. 763-780; y por Ataz López, J. (2009). *Jurisprudencia*.... T.II, cit. p. 1286.

385 Díez-Picazo, L. (1980). «Las causas...», cit. p. 220.

no siendo causa de revocación si se comete contra otra persona, aunque sea cónyuge o pariente del donante[386].

No obstante, en posición minoritaria, no faltan autores que, como Manresa y Díaz Alabart, intentan subsumir bajo este art. 648.1° CC determinados supuestos de conductas ilícitas dirigidas por el donatario contra terceros, pero que indirectamente afectan al donante[387] lo cual, reiteramos, *de lege lata* no parece admisible.

---

386 Así entre otros, O´Callaghan Muñoz, X. (2003). *Código...*, cit. p. 670 y Pérez de Ontiveros, C. (2017). «La revocación...», cit. pp. 603 y 605 considerando, esta última autora, que si bien *de lege lata* es innegable que el único sujeto pasivo del delito puede ser el donante, *de lege ferenda* debería ampliarse el sujeto pasivo y modificar el art. 648.1° CC, de modo que abarque los delitos cometidos por el donatario no solo frente al donante, sino también frente a sus hijos, cónyuge o pareja estable, al igual que lo hace el art. 531-15 CC Catalán.

387 Consideraba Manresa que, cuando la honra o los bienes del donante se vean afectados por delitos cometidos contra su cónyuge o sus hijos, los jueces deben valorar dicha conducta como causa de ingratitud que justifique la revocación de la donación (Manresa y Navarro, J.M. [1910]. *Comentarios...*, cit., pp. 177-178). Por su parte, Díaz Alabart sostiene que, si bien el sujeto pasivo de la conducta ingrata a que se refiere el art. 648.1° CC debe ser exclusivamente el donante —pues se trata de una norma de interpretación restrictiva—, ello no impide que ciertos comportamientos dirigidos formalmente contra terceros (como el cónyuge o los hijos del donante) puedan, en realidad, suponer una ofensa o perjuicio directo para el donante, y, por tanto, ser subsumidos en el precepto. A este respecto, propone dos supuestos ilustrativos: en primer lugar, existe daño a los bienes del donante cuando se perjudican bienes que este posee en comunidad —cualquiera que sea su régimen—, como ocurre con los bienes gananciales; en segundo lugar, se afecta el honor del donante cuando la conducta del donatario, aunque dirigida a otra persona, repercute directamente en la honra del donante, como sucedería, por ejemplo, en un caso de adulterio cometido por el donatario con el cónyuge del donante (Díaz Alabart, S. [1991]. «Comentarios...», cit. p. 1644; y [1986]. «Comentarios...», cit. pp. 431-433).

k.- Prueba de la ingratitud

Corresponde al donante la carga de probar (*onus probandi*) esta causa de ingratitud, como han defendido, entre muchos otros, en la doctrina Pérez de Ontiveros[388]; y en la jurisprudencia la STS 13/05/2000 (TOL 2615) que afirma:

> *«se trata de la aplicación de la carga de la prueba, esto es atenerse a lo dispuesto en el art. 1214 CC, por lo que la demandante como alegante de ingratitud por encontrarse los donatarios incursos en el n.° 1° del art. 648 del referido Código, hechos estos que corresponde probar a la parte actora, y que los mismos han de constituir delitos contra la persona, honra o propiedad del donante cometidos por el o los donatarios».*

En resumen, como señalan Méndez y Vilalta, corresponde al donante probar la realidad del supuesto que da lugar a la causa de ingratitud; y al donatario negar la causa de ingratitud o acreditar, en su caso, que los alimentos son indebidos —art. 648.3° CC— o que el delito por cuya comisión ejerce la acusación particular contra el donante lo fue contra él, contra su cónyuge o contra los hijos que estén bajo su autoridad —art. 648.2° CC—[389].

6.- El artículo 648.2° CC

Dispone el art. 648.2° CC que: «también podrá ser revocada la donación, a instancia del donante, por causa de ingratitud si el donatario imputare al donante alguno de los delitos que dan lugar a procedimientos de oficio o acusación pública, aunque lo pruebe; a menos que el delito se hubiese cometido contra el mismo donatario, su cónyuge o los hijos constituidos bajo su autoridad».

---

388 Pérez de Ontiveros, C. (2017). «La revocación...», cit. p. 602.

389 Méndez Tomás, R.M. y Vilalta Nicuesa, A.E. (1998). *Donación: Acciones...*, cit. p. 23.

Como nos recuerda la STS 13/05/2010 el art. 648.2° CC «recoge una de las antiguas causas de ingratitud admitidas por la doctrina anterior al CC francés que bajo la denominación «injurias atroces» consideró que eran causas de revocación de las donaciones aquellos hechos realizados por el donatario que tienden a destruir la reputación del donante»[390].

Como vimos, la justificación de esta causa de revocación se asienta en que —como señalaba García Goyena[391] en sus «Concordancias, motivos y comentarios del Código Civil español» y ha repetido la jurisprudencia[392]— «sobre delitos, cuya persecución debe instaurarse por el ministerio público, y puede serlo por acción popular, no está bien al donatario perseguir, sino más bien compadecer a su bienhechor»[393], salvo que el delito se cometiera contra el mismo, cónyuge o hijos menores porque, en estos casos, «el derecho de vindicarse a sí mismo, o a las personas, cuya defensa le está encomendada por la ley, es anterior y preferente a todo otro derecho».

A pesar de su aparente simplicidad, este apartado ha planteado a la doctrina científica y jurisprudencia numerosos problemas que trataremos de analizar:

---

390 STS 13/05/2010 (TOL1.854.885).

391 García Goyena, F. (1852). *Concordancias…*, cit. p. 311.

392 Entre muchas otras, STS 12/12/2023 (TOL 9807259), y STS 05/11/2019 (TOL7.571.512).

393 El argumento expuesto por García Goyena de que «no está bien al donatario perseguir, sino más bien compadecer a su bienhechor» ha sido criticado, con razón, por Rogel Vide por su escasa consistencia y porque está formulado «en clave moralizante, más que jurídica» (Rogel Vide, C. [2024]. *Revocabilidad…*, p. 80).

a.-Análisis de la expresión «*imputare*»

Con precedentes discutidos de derecho comparado e histórico[394], la doctrina moderna ha llegado a calificar el apartado 2 del art. 648 CC como «anómalo»[395] no solo porque la Ley de Enjuiciamiento Criminal (arts. 259 y 264) impone a todos, bajo sanción, el deber de poner inmediatamente en conocimiento de la autoridad —es decir, de denunciar— la perpetración de cualquier delito público que presenciare o de cualquier delito de los que se tuviere conocimiento, si este es de los que deben perseguirse de oficio[396]; sino también porque no puede hablarse de ingratitud cuando deriva de una conducta debida. Por eso, y por entrar en conflicto con normas imperativas de carácter procesal, diversos autores han propuesto, *de lege ferenda,* suprimir

---

394 Díez-Picazo llega a afirmar que este apartado «carece de claros precedentes en el derecho comparado y en la tradición histórica» (Díez-Picazo, L. [1980]. «Las causas...», cit. p. 221); pero Díaz Alabart demuestra, de modo convincente, que sí existen precedentes de derecho comparado (art. 1.488 CC portugués de 1867; art. 2.764 CC mejicano de 1870) y en nuestro derecho histórico tanto en el Proyecto de CC de 1851 como en Partidas 5,4,10 que afirman —estas últimas— que: «como quier que otro alguno pueda dezir contra la persona que face el donadío, non lo puede facer nin deue el ome que recibe algo del» (Díaz Alabart, S. [1986]. «Comentarios...», cit. pp. 434-435). También critica dicha afirmación de Díez-Picazo, entre otros, Cardós Elena, J.M. (2024). «La revocación…», cit. con amplia exposición de antecedentes históricos, así como normas de Derecho comparado, que contemplaban esta específica causa de revocación.

395 De la Válgoma Rodríguez-Monge, M. (1981). «Revocación...», cit. p. 393.

396 El fundamento práctico de la denuncia se halla en la necesidad racional que tiene el poder público de colaboración cívica, porque ningún instrumento es más eficaz para luchar contra el delito y velar por el cumplimiento de la Ley y el Derecho que los ojos y oídos de todos los ciudadanos (Cánovas Ortiz, A.L. [1985]. «El donatario y el deber de denunciar al donante». *Diario La Ley*, T. 2).

dicha causa de revocación[397]. Como tendré ocasión de exponer al final de esta obra me sumo, sin duda, a dicha propuesta.

En todo caso, mientras dicha modificación no tenga lugar, *de lege lata*, la doctrina se ha esforzado por interpretar el término «imputación» que emplea el art. 648.2° CC de modo que no prive al donatario del bien donado simplemente por ejercer un deber cívico y jurídico que le impone la Ley procesal penal.

Por otro lado, el art. 648.2° CC no se aplica cuando la imputación del delito al donante sea calumniosa (es decir, realizada por el donatario «con conocimiento de su falsedad o temerario desprecio hacia la verdad», art. 205 CP) porque, en tal caso, la donación será revocable en virtud del art. 648.1° CC y no del art. 648.2° CC al tratarse, la calumnia, de un delito cometido por el donatario contra el honor del donante[398].

Existen las siguientes teorías sobre el término «imputar»:

(1).- Imputar equivale a atribuir un delito al donante. Existe una tesis —actualmente abandonada— que considera que basta la simple atribución —aun extrajudicial— de un delito por el donatario al donante para incurrir en la causa del art. 648.2° CC. Así, llega a afirmar Manresa que: «el mero hecho de atribuir o imputar un delito al donante, aun sin mediar denuncia ni querella, parece bastante para que se revoque la donación»[399].

Como señala Cardós Elena, este planteamiento no resulta convincente, porque dicha atribución falsa y calumniosa ya constituye un delito contra el honor del donante suficiente por sí sola para revocar la donación en virtud del art. 648.1° CC. Por

---

397 Entre otros Rogel Vide, C. (2024). *Revocabilidad...*, cit. p. 80.

398 Así, Díaz Alabart, S. (1986). «Comentarios...», cit. p. 437.

399 Manresa y Navarro, J.Mª. (1910). *Comentarios....*T.V, cit. p. 176.

tanto, la tesis de Manresa haría redundante y reiterativa la causa prevista en el art. 648.2º CC[400].

(2).- Imputar equivale a denunciar un delito. Según otros autores, actualmente minoritarios, no basta la simple atribución de un delito por el donatario al donante, sino que es preciso denunciarlo (es decir, ponerlo en conocimiento de la autoridad competente)[401]. Aunque De Cossío muestra su extrañeza por la solución legal —por contradecir el art. 259 y 264 LECrim— y Cánovas entiende inaceptable la solución adoptada por el art. 648.2º CC —porque denunciar es un deber—, Mucius Scaevola la defiende considerando, de manera inadmisible, que el art. 648.2º CC introduce una nueva excepción al deber de denunciar comprendido en los arts. 259 y 264 LECrim que se añadiría a las excepciones contenidas en los art. 260 y 261 LECrim[402].

---

400 Cardós Elena, J.M. (2024). «La revocación de donaciones por la imputación de delitos al donante. Una propuesta interpretativa del art. 648.2.º CC». *Revista Aranzadi de derecho patrimonial*, nº 65, 2024. En el mismo sentido crítico, entre otros, Díez Picazo, L.: «Las causas…», cit., p . 222, y Marín Castán, F. (2000). «Comentarios...», cit. p. 207. Y, en la jurisprudencia menor, la SAP Barcelona de 30/01/2004 (TOL7.619.118).

401 Así, entre otros, han defendido esta postura De Cossío, A. (1975). *Instituciones de derecho civil,* T.I. Alianza editorial, Madrid, p. 346; Cánovas Ortiz, A.L. (1985). «El donatario...», cit. p. 1020 y ss.; Mucius Scaevola, Q. (1896). *Código...*, T. XI, p 681 y, recientemente Ataz López, J. (2009). *Jurisprudencia....* T.II, cit. p. 1287 que considera, a mi modo de ver de forma incorrecta, que esta teoría es la defendida por el «más cualificado sector doctrinal».

402 Mucius Scaevola, Q. (1896) *Código...* XI, cit. p. 681. Como decimos, la tesis es inaceptable porque vulnera el principio de legalidad procesal penal (art. 1 LECrim) y porque —como resalta Díaz Alabart— ninguna de las excepciones al deber general de denuncia que contienen los arts. 260 y 261 LECrim tiene relación con los donatarios, siendo excesivo «inventarse así sobre la marcha una excepción más» (Díaz Alabart, S. [1986]. «Comentarios...», cit. p. 439). Y es que, si el donatario presenció la perpetración del delito realizado por el donante, debe denunciarlo a las autoridades, siendo dicha obligación impuesta por la normativa

En todo caso, tanto la tesis de que basta la simple atribución como la tesis de que basta la simple denuncia tienen más valor histórico que jurídico, sobre todo a partir de la obra de Díez-Picazo[403]. De hecho, prácticamente ningún autor moderno —salvo Ataz López— ni sentencia reciente defiende tal posición, que choca frontalmente con la existencia del deber general de denunciar la perpetración de un delito.

(3).-Imputar equivale a querellarse y no a denunciar[404]. Tesis abrumadoramente mayoritaria en la doctrina actual[405] y en la jurisprudencia[406] considera que no basta, para entender cumpli-

---

procesal (arts. 259 y 264 LECr) de orden público y no existiendo motivo para eximir al donatario del deber general que ella encierra. En parecido sentido crítico con la teoría de que imputar equivale a denunciar un delito puede verse Cardós Elena, J.M. [2024]. «La revocación...», cit. quien añade —con razón— que la presentación de una denuncia no puede integrar la causa de revocación del art. 648.2.º CC por la sencilla razón de que denunciar no constituye técnicamente un acto de imputación, sino de puesta en conocimiento de las autoridades de la existencia de unos hechos que pudieran ser delictivos.

403 Díez-Picazo, L. (1980). «Las causas...», cit. p. 220.

404 Denuncia y querella se distinguen porque la primera es una mera declaración de conocimiento de un hecho, mientras que la querella es, además, una declaración de voluntad de ejercer la acción penal y constituirse en parte en el proceso. La denuncia es un deber; la querella, un derecho.

405 Entre muchos otros, exigen querella del donatario y no mera denuncia para que exista ingratitud Albiez Dohrmann, K.J. (2013). «Comentarios...», cit. pp. 4961-4962; De los Mozos, J.L. (2000). *La donación...*, cit. p. 374; Díaz Alabart, S. (1986). «Comentarios...», cit. p. 441; Díaz Alabart, S. (1991). «Comentarios...», cit. pp. 1644-1645; Díez-Picazo, L. (1980). «Las causas...», cit. pp. 220 y 222; O´Callaghan Muñoz, X. (2003). *Código Civil...*, cit. p. 670; Ossorio Serrano, J.M. (2020). «El contrato...», cit. pp. 304-305; Pérez de Ontiveros, C. (2017). «La revocación...», cit. p. 607; Saborido Sánchez, P. (2023). «Comentarios...», cit. p. 3206 y Zurilla Cariñana, M.A. (2013). «Comentarios...», cit. p. 934.

406 La STS 12/12/2023 (TOL9807259) considera suficiente, para entender cumplida la causa prevista en el art. 648.2º CC, que la donataria imputase

do el término «imputar» del art. 648.2° CC, la mera denuncia, sino que es preciso la querella criminal del donatario contra el donante por la que aquel se constituye como parte en el procedimiento criminal y ejercita la acción penal contra el donante.

En todo caso, dicha tesis entiende que no existirá «imputación» a los efectos de entender cumplido el requisito del art. 648.2º CC cuando el donatario a pesar de mostrar su voluntad de personarse en el proceso penal para ejercer la acusación contra el donante vea rechazada tal personación por los tribunales por no cumplir los requisitos legales para ello (STS de 13/05/2010, TOL 1854885)[407].

---

al donante «un delito, mediante la formulación de una querella (art. 277 LECr.), que no es una simple declaración de conocimiento de la comisión de un hecho delictivo, que se comunica ante una autoridad o funcionario, sino que implica una declaración de voluntad, presentada por escrito ante la autoridad jurisdiccional competente, mediante la cual se ejercita la acción penal con la adquisición de la condición de parte acusadora». Un interesante comentario sobre dicha sentencia en Pérez de Ontiveros, C. (2024). «Revocación...», cit. pp. 307-320. Nuestra jurisprudencia menor exige, asimismo, querella del donatario y no mera denuncia para que exista ingratitud, entre otras, en la SAP Sevilla de 30/06/2014 (TOL4.538.773); SAP Madrid de 24/04/2018 (TOL6.640.667); y SAP Granada de 06/10/2006 (TOL6.102.078).

407 STS de 13/05/2010 (TOL 1854885). Dicha sentencia resuelve un caso en el que una madre, autora del asesinato de su marido (padre de la donataria), solicita la revocación de la donación realizada a su hija al amparo del art. 648.2º CC, alegando como causa de ingratitud el hecho de que esta la hubiera acusado de dicho crimen. El TS interpreta dicho precepto en el sentido de que para apreciar la citada causa es necesario que el donatario se persone en el procedimiento y esté en disposición de ejercer la acción penal contra el donante a fin de conseguir su condena. Dicha premisa exigida por el TS no tuvo lugar en este supuesto porque la Audiencia Provincial había declarado, en su momento, la nulidad de la personación de la donataria como acusación particular en las diligencias penales seguidas contra su madre, permitiéndole continuar en el proceso como actora civil. Más ampliamente sobre la inexistencia de imputación cuando la personación del donatario en

No basta, pues, la voluntad del donatario de querellarse contra el donante; sino que es necesario que objetivamente se persone válidamente en el procedimiento como parte acusadora.

En todo caso, esta tesis que defiende que la expresión «imputar» equivale a querellarse es criticable —como ha puesto de relieve Cardós Elena— porque es excesivamente limitada[408]. En efecto, como señala este autor, imputar debiera significar no tanto querellarse sino perseguir penalmente al donante[409]. Este último concepto es más amplio que el de querellarse y se identifica con el ejercicio de la acusación contra el donante; y eso lo lleva a cabo el donatario que interpone una querella, pero también —y sin necesidad de interponer querella— el donatario que se persona como acusación en el proceso penal, y el donatario que formula escrito de calificación contra el donante, pues en los tres supuestos coadyuva a que el donante sea castigado penalmente[410].

También es criticable que sea necesario para que el donatario sea ingrato que solicite —como acusación particular— una pena superior a la propuesta por el Ministerio Fiscal, como ha sostenido en algunas ocasiones la jurisprudencia[411]. Tal exi-

el proceso penal sea anulada en Cardós Elena, J.M. (2024). «La revocación…», cit. con cita en n. 57 de jurisprudencia.

408 Cardós Elena, J.M. (2024). «La revocación…», cit.

409 En palabras de la STS de 13/05/2010 (TOL 1854885) «la expresión "imputare" debe interpretarse como el hecho de descubrir el delito o personarse en el procedimiento para que el donante sea castigado… En todos estos casos, el donatario está persiguiendo el delito cometido por el donante».

410 Cardós Elena, J.M. (2024). «La revocación…», cit.

411 La exigencia de dicha mayor pena, dice Cardós Elena (ibidem), fue una expresión desafortunada de la STS de 13/05/2010 (TOL 1854885), que introdujo ese requisito sin un análisis riguroso al exigir que el donatario solicite «más pena que la pedida por el Ministerio Fiscal». Reitera, no obstante, dicha desafortunada expresión la STS 12/12/2023 [TOL9807259] con cita literal de la sentencia de 2010.

gencia —como señala Cardós Elena— no está prevista en el art. 648.2.° CC, carece de justificación legal o procesal, y añade una complejidad innecesaria a la valoración de la existencia de ingratitud. Además, no resulta relevante para apreciar la conducta ingrata, ya que lo verdaderamente determinante es que el donatario haya ejercido una acción penal contra el donante[412].

En definitiva, me adhiero a la tesis de Cardós Elena que considera que el hecho de que el donatario ejercite la acusación particular contra el donante es suficiente para considerar que «imputa» un delito al donante a los efectos del art. 648.2° CC, con independencia de que interponga o no querella y con independencia de que la pena solicitada por la acusación particular sea mayor, igual o menor que la solicitada por el Ministerio Fiscal.

b.-Análisis de la expresión «delitos que dan lugar a procedimientos de oficio o acusación pública»

En cuanto a la naturaleza del delito atribuido por el donatario al donante, el mismo debe ser perseguible de oficio o, en palabras del art. 648.2° CC, debe tratarse de alguno de los delitos «que dan lugar a procedimientos de oficio o acusación pública».

Y es que, en la lógica del CC, la interposición de una querella por parte del donatario revela ingratitud cuando se trata de la imputación de un delito público al donante. En estos casos, la acción penal puede ser ejercitada de oficio por el Ministerio Fiscal, por lo que la querella del donatario no era necesaria, y su presentación se considera ofensiva e ingrata para con el donante.

En cambio, cuando se trata de delitos privados —actualmente, únicamente las injurias y calumnias contra particulares, art. 215 CP—, la querella resulta indispensable, ya que sin su presentación por el particular agraviado no puede incoarse proceso penal al-

---

412 Cardós Elena, J.M. (2024). «La revocación...», cit.

guno. En estos supuestos, por tanto, no habría ingratitud por el mero hecho de haber interpuesto la querella, porque o el donatario agraviado interpone querella o no puede procederse contra el culpable (donante). O, dicho en otras palabras, si el donante comete un delito público puede el donatario, sin ser ingrato, denunciar los hechos y esperar a que el Ministerio Fiscal —en defensa de la legalidad— acuse al donante y eventualmente consiga del juez o Tribunal enjuiciador una sentencia condenatoria sin necesidad de, también él, acusar. Por ello, añadir a la acusación del fiscal la acusación particular del donatario pidiendo más pena se considera ingrato en cuanto supone un encarnizamiento acusatorio. Por el contrario, en los delitos privados del donante contra el donatario la querella es un requisito de procedibilidad.

Ahora bien, si bien la expresión «perseguible de oficio» —o en terminología del art. 648.2° CC «delitos que dan lugar a procedimientos de oficio o acusación pública»— incluye indudablemente los delitos públicos[413] y excluye inequívocamente los privados, plantea alguna duda si incluye o excluye los delitos semipúblicos o semiprivados; es decir, aquellos perseguibles por la autoridad previa denuncia del agraviado o de su representante legal[414]. Esta cuestión ha sido abordada y resuelta por la STS de

---

413 En España son delitos públicos la mayoría de los incluidos en el CP y, por exclusión, todos aquellos que no tengan la consideración de delitos privados o semipúblicos. Entre dichos delitos públicos se encuentran, entre otros muchos, el delito de apropiación indebida e insolvencia punible porque sí son perseguibles de oficio (así STS de 12/12/2023, TOL9807259).

414 El CP contiene diversos delitos semipúblicos como el homicidio cometido con impudencia menos grave y sin emplear vehículo de motor o ciclomotor (art. 142.2 i.f. CP); el maltrato de obra sin lesión y las lesiones que no requieren tratamiento médico o quirúrgico (art 147.4 CP); las lesiones cometidas con impudencia menos grave (art. 152.2 i.f. CP); determinadas amenazas leves (art. 171.7 CP); determinadas coacciones leves (art. 172.3 CP); el delito de acoso o «*stalking*» (art. 172 ter ap. 4 CP); las injurias o vejaciones injustas de carácter leve

05/11/2019 y por la STS de 12/12/2023, en el sentido de que «no cabe la revocación por ingratitud al amparo del art. 648.2° CC, en el delito societario porque no era perseguible de oficio, ya que exigía denuncia del agraviado… por lo que no nos encontramos ante un delito perseguible de oficio»[415].

En resumen, la naturaleza del delito imputado por el donatario al donante debe ser, para provocar la revocación por ingratitud, necesariamente público, no siendo suficiente que sea privado ni semipúblico.

c.- Análisis de la expresión «aunque lo pruebe»

Como ha señalado Manresa resulta indiferente, a efectos de la revocación por ingratitud, que el delito imputado por el donatario al donante haya sido o no probado, pues la ingratitud no reside en la falsedad de la imputación, sino en la imputación misma[416]. Por ello, concurrirá causa de revocación si el donatario ejerce la acusación particular contra el donante incluso en los casos en que la imputación fuera verdadera, salvo que concurra alguna de las excepciones expresamente previstas en el art. 648.2° CC —esto es, cuando el delito haya sido cometido contra el propio donatario, su cónyuge o sus hijos sometidos a su autoridad[417].

---

cuando el ofendido fuera una de las personas a las que se refiere el art. 173.2 CP, y determinados delitos societarios (art. 296 CP).

415 STS 05/11/2019 (TOL 7571512), y STS 12/12/2023 (TOL9807259)

416 Manresa y Navarro, J.M. (1910). *Comentarios*....T.V, cit. p. 176. En el mismo sentido, entre muchos otros, Rogel Vide, C. (2024). *Revocabilidad*..., cit. p. 79 y Albiez Dohrmann, K.J. (2013). «Comentarios...», cit. p. 4963.

417 Por contra, en derecho italiano la presentación de una querella contra el donante no constituye ingratitud (injuria grave) cuando el resultado del proceso penal demuestra la veracidad de la acusación (Tribunal de Casación, 5-11-2001, n° 13632) (Ermini, M. [2009]. «Revocazione...», cit. p. 455).

Del mismo modo, resulta indiferente, a los efectos de la revocación de la donación, que el donante resulte finalmente absuelto, que la condena sea menor o que se archive el caso[418]. No obstante, como ya se ha señalado, esta «indiferencia» no es absoluta: si el donatario no logra probar la comisión del delito y se acredita que formuló la imputación con conocimiento de su falsedad o con temerario desprecio hacia la verdad, existirá un delito de calumnia contra el donante. Y en tal caso, la revocación de la donación procederá no en virtud del art. 648.2°, sino del art. 648.1° CC[419].

En consecuencia, el art. 648.2° CC quedaría limitado a dos supuestos: primero, cuando el donatario prueba la existencia del delito imputado, y dicho delito no se encuentra entre los expresamente excluidos por el propio precepto; y segundo, cuando el donante sea absuelto (por falta de prueba de cargo, aplicación del principio *in dubio pro reo*, etc.) o termine anormalmente el procedimiento penal (por sobreseimiento, prescripción, etc.), sin que pueda afirmarse que el donatario actuó con falsedad dolosa o temeraria. En ambos casos, la revocación de la donación podrá fundarse en el art. 648.2° CC, siempre que no concurra alguna de las causas exceptuadas en dicho apartado.

---

418 Albiez Dohrmann, K.J. (2013). «Comentarios...», cit. p. 4963.

419 Así, entre otros, Díaz Alabart, S. (1986). «Comentarios...», cit. p. 437; Pérez de Ontiveros, C. (2017). «La revocación...», cit. p. 607. Incluso según Rodríguez Martínez, M,.E. (2011). *Código*...II cit. p. 212 es el criterio de la «jurisprudencia menor», pero sin aportar dicha autora datos concretos. Sánchez-Calero cita, al menos, la SAP Barcelona 30/01/2004 (TOL7.619.118) que se inclina por esta solución (en Sánchez-Calero, B. [2017]. *La revocación...*, cit. pp. 137-138).

d.- Análisis de la expresión «a menos que el delito se hubiese cometido contra el mismo donatario, su cónyuge o los hijos constituidos bajo su autoridad»

Excepcionalmente, aunque el donatario ejercite la acusación particular contra su donante, no incurre en ingratitud cuando el delito se hubiese cometido por el donante contra el donatario, su cónyuge o los hijos constituidos bajo su autoridad.

El fundamento de ser de dicha excepción, como dice García Goyena, reside en que «el derecho (del donatario) de vindicarse a sí mismo, o a las personas, cuya defensa le está encomendada por la ley, es anterior y preferente a todo otro derecho»[420]. Es decir, se funda en la concepción vigente en el siglo XIX, según la cual el padre ostentaba la representación legal no solo de los hijos, sino también de su esposa. Sin embargo, esta premisa ya no es verdad, porque el marido ya no ostenta la representación de su cónyuge (art. 14 CE y 71 CC).

Analicemos las tres excepciones:

(1).-Cuando el delito se hubiese cometido contra el mismo donatario. En este supuesto, como destaca Díaz Alabart, no puede exigirse al donatario que renuncie a querellarse contra el donante por el solo hecho de haber recibido una donación del autor del delito. Y es que como señala esta autora: «no le estará bien al donatario perseguir al donante, pero... mucho peor le está al donante delinquir contra el donatario y esperar que éste, por haber recibido la donación, no pueda constituirse en perseguidor de su delito»[421].

---

420 Entre muchas otras, STS 12/12/2023 (TOL 9807259); STS 05/11/2019 (TOL7.571.512). Por su parte Cardós Elena, J.M. (2024). «La revocación...», cit. justifica que no se pueda hablar de ingratitud si el delito imputado fue cometido contra el donatario, su cónyuge o sus hijos menores, argumentando que priman el derecho a la defensa y a la tutela judicial efectiva.

421 Díaz Alabart, S. (1986). «Comentarios...», cit. p. 444.

En la misma línea se pronuncia la STS de 12/12/2023 (TOL9807259), al afirmar que no puede exigirse a los donatarios «que permanezcan impasibles cuando son víctimas o perjudicados por el delito cometido por el donante, o contra las otras personas vinculadas a las que se refiere el art. 648.2 CC». El Alto Tribunal añade que «el ordenamiento jurídico no les puede exigir una conducta de tal clase para no reputarlos ingratos, ni tampoco obligarles a sufrir pasivamente las consecuencias del delito para no incurrir en causa de revocación de la donación efectuada. El acto gratuito no puede imponer un deber ético de soportar hechos delictivos». En consecuencia, es plenamente legítimo que la donataria actúe en defensa de sus derechos, incluso mediante su constitución como parte acusadora en un proceso penal, cuando sea ella la víctima del delito cometido por el donante.

Una primera cuestión debatida en relación con esta excepción es si puede considerarse al donatario como perjudicado por el delito, aun cuando el sujeto pasivo formal del mismo sea una sociedad limitada de la que el donatario sea socio. La STS de 12/12/2023 (TOL 9807259) responde afirmativamente a esta cuestión, al considerar que, en el caso enjuiciado, la sociedad afectada estaba integrada exclusivamente por la donataria y el donante —su exmarido— en un 50% cada uno, lo que permitía apreciar una afectación directa a los intereses personales de la donataria[422]. Esta interpretación se apoya en la doctrina

---

[422] Véanse los comentarios a dicha sentencia de la profesora Pérez de Ontiveros, C. (2024). «Revocación de donación…» cit. pp. 307-320. En ellos, dicha autora analiza críticamente la interpretación del art. 648.2º CC, destacando la relevancia de esta sentencia al establecer jurisprudencia sobre la revocación de donaciones por ingratitud cuando media una imputación penal sin condena. Pérez de Ontiveros subraya la necesidad de una interpretación ponderada y finalista del precepto, que evite aplicaciones injustas y respete la defensa legítima del donatario —como acusación particular—, incluso cuando el sujeto pasivo del delito es una sociedad mercantil, si hay un interés

expuesta por la sentencia de la Sala 2ª del TS de 14/02/2023 (TOL9.416.374), que afirma: ««detrás de una persona jurídica hay personas físicas; y los intereses de una persona jurídica, al final, en último término, son intereses de personas físicas al servicio de las cuales está siempre el derecho. Hablar del interés de una persona jurídica supone siempre hablar del interés de personas físicas. No existe un interés abstracto de una persona jurídica al margen o desvinculado de toda persona física. En este caso, de dos personas físicas; y no solo una». De este modo, se concluye que el donatario puede ser considerado legítimamente como perjudicado a efectos del art. 648.2° CC, incluso cuando el delito haya afectado formalmente a una persona jurídica, siempre que exista una vinculación sustancial entre el donatario y la entidad[423].

La segunda cuestión debatida en relación con la aplicación de la excepción prevista en el segundo inciso del art. 648.2° CC es si dicha exclusión requiere, necesariamente, un pronunciamiento condenatorio del donante o si también resulta aplicable en los casos en que este haya sido absuelto. En este sentido, la STS de 12/12/2023 (TOL9807259) aclara que, aunque el donante haya sido absuelto en el proceso penal iniciado a raíz de la querella interpuesta por el donatario, ello no impide auto-

---

personal directo del donatario (aplicación de la doctrina del levantamiento del velo). Asimismo, aboga por una reforma legislativa que supere las imprecisiones actuales del art. 648. 2° CC y se adecúe a la realidad social y jurídica contemporánea.

423 Como señala Pérez de Ontiveros, C. (2024). «Revocación de donación…» cit. p. 320 «la consideración de que la afrenta existe aún cuanto el donatario sea una entidad mercantil en la que por razón del sustrato personal que se esconde tras ella, con el levantamiento del velo, se acredite un interés directo del donatario, es consecuencia de una interpretación teleológica de la norma atendiendo al sentido y finalidad que se persigue en su ordenación. Es el perjuicio directo a intereses contrastados del querellante lo que excluye que, aun concurriendo la imputación al donante, deba excluirse su admisión como excepción a la regla».

máticamente la aplicación de la excepción. La Sala señala que, si bien «el art. 648.2º CC no exige, expresamente, la condena del donante en el procedimiento criminal para que opere la exclusión de la ingratitud», tampoco cabe amparar jurídicamente una imputación manifiestamente infundada o temeraria. Por ello, en estos casos es necesario realizar un juicio prudente de ponderación de las circunstancias concretas del supuesto, a fin de determinar si la actuación del donatario constituye, o no, un acto de ingratitud. Y en el caso enjuiciado, el TS concluyó que no existió una imputación gratuita o falaz de hechos delictivos por parte de la donataria, lo que llevó a descartar la procedencia de la revocación de la donación por causa de ingratitud[424].

2.- Cuando el delito se hubiese cometido contra el cónyuge del donatario. Como se ha señalado, el fundamento histórico de esta excepción radica, según García Goyena, en que «el derecho (del donatario) de vindicarse a sí mismo, o a las personas cuya defensa le está encomendada por la ley, es anterior y preferente a todo otro derecho».

Esta justificación se basa, por tanto, en que, al promulgarse el CC en 1889, el donatario-varón ostentaba la representación legal no solo de sus hijos menores no emancipados, sino también de su esposa, por lo que era él quien debía accionar penalmente en nombre de ambos.

---

[424] En efecto, en el supuesto enjuiciado por dicha sentencia existieron indicios suficientes de racionalidad para incoar procedimiento abreviado y posteriormente abrir juicio oral: el Fiscal —que actúa bajo el principio de legalidad e imparcialidad— acusó al donante en el procedimiento penal por apropiación indebida y elevó a definitivas sus conclusiones; y el órgano de enjuiciamiento penal —la Audiencia Provincial— no proclamó la inexistencia de los hechos objeto de acusación, sino que absolvió al donante porque dicha Audiencia Provincial —con el rigor que exige el juicio penal— no adquirió la certeza, más allá de una duda razonable, sobre la culpabilidad del acusado.

Sin embargo, este marco legal ha sido profundamente modificado. En lo relativo a la mujer, dicha representación legal por parte del marido dejó de existir, al menos, desde la Ley de Reforma del CC de 2 de mayo de 1975, y de forma definitiva con la entrada en vigor de la CE de 1978. El principio de igualdad consagrado en la Constitución implica que el matrimonio no afecta a la capacidad jurídica ni procesal de los cónyuges. Esta evolución normativa se recoge expresamente en el art. 71 CC, en la redacción dada por la Ley 30/1981, de 7 de julio, que establece que ninguno de los cónyuges puede atribuirse la representación del otro sin que le hubiere sido conferida.

Por estas razones, la doctrina es unánime en sostener, *de lege ferenda*, la supresión del inciso relativo al cónyuge del donatario contenido en el art. 648.2º CC, al haber perdido toda justificación en el marco jurídico y social actual[425]. El donatario —sea hombre o mujer— ya no ostenta, por el solo hecho del matrimonio, la representación legal de su cónyuge, ni corresponde, por tanto, al donatario accionar penalmente en nombre de ambos, pues cada uno de los cónyuges dispone de plena capacidad procesal para ejercer por sí mismo las acciones que le correspondan.

(3).-Cuando el delito se hubiese cometido contra los hijos del donatario constituidos bajo su autoridad. El fundamento de este precepto es procesal porque el menor de edad no emancipado debe comparecer en juicio representado por sus representantes legales (normalmente ambos padres, art. 162 CC, o tutor) por lo que será el propio donatario quien habrá de accionar por ellos en el procedimiento penal.

---

425 Díez-Picazo, L. (1980). «Las causas...», cit. p. 222; Díaz Alabart, S. (1986). «Comentarios...» cit. pp. 445-446; Díaz Alabart, S. (1991). «Comentarios...», cit. pp. 1644-1645; Ossorio Serrano, J.M. (2020). «El contrato...», cit. p. 305; Marín Castán, F. (2000). «Comentarios...», cit. p. 208; Sánchez-Calero, B. (2007). *La revocación...*, cit. p. 139, y Zurilla Cariñana, M.A. (2013). «Comentarios...», cit. p. 935.

Ese fundamento procesal, y no el amor paterno, justifica la excepción[426], y explica que se limite tal excepción a los «hijos del donatario constituidos bajo su autoridad» y no a los que ya estén emancipados que son perfectamente capaces para comparecer en juicio (art. 247 CC).

Así pues, debe concluirse que, en los casos en que el delito se haya cometido contra los hijos del donatario, si estos son personas con discapacidad sobre las que el donatario ostente funciones representativas o son menores de edad, el padre o la madre podrá ejercer la acusación particular en su nombre frente al donante. En tal supuesto, no podrá considerarse ingrato al donatario por ejercer esa acción, dado que los hijos no podrían hacerlo por sí mismos. En cambio, cuando se trate de hijos mayores de edad, con plena capacidad procesal, serán ellos quienes deban ejercer la acusación particular, careciendo de justificación que lo haga el progenitor donatario en su lugar[427].

---

426 No faltan autores que, fundando la excepción en el amor paterno y no en las necesidades procesales derivadas del art. 7 LEC, critican lo limitado de la excepción y abogan por extender la excepción *de lege ferenda* también al hijo emancipado (véase, en este sentido, la doctrina citada por Díaz Alabart, S. [1986]. «Comentarios...», cit. p. 444), pero, en contra, cabe decir, con esta autora, que dicho artículo «no tiene nada que ver con el amor filial y sí bastante con el derecho procesal» (ibid.). En este sentido, señala Díez-Picazo que «probablemente... lo que justifica la excepción no son los lazos parentales o de afecto, sino el ámbito de la representación legal en virtud de la cual el donatario tenga que actuar. Solo así se explica la expresión hijos constituidos bajo su autoridad, que suscita el interrogante, ¿y sus demás hijos?» (Díez-Picazo, L. [1980]. «Las causas...», cit. p. 222).

427 Díaz Alabart, S. (1986). «Comentarios...», cit. p. 445.

7.- El artículo 648.3° CC

Analizados ya los antecedentes históricos de la revocación de la donación por ingratitud[428], dispone el ap. 3° del art. 648 CC que «también podrá ser revocada la donación, a instancia del donante, por causa de ingratitud si le niega indebidamente los alimentos»[429].

a.- La naturaleza jurídica de la obligación del donatario de alimentar al donante

La principal cuestión que plantea el art. 648.3° CC es averiguar a qué clase de alimentos se refiere; es decir, determinar si este apartado supone una remisión a la obligación general de prestar alimentos entre parientes —art. 142 y ss. CC—, o si, por el contrario, de la donación nace una obligación del donatario de alimentar al donante, en caso de necesidad futura de este.

---

428 Más ampliamente sobre los orígenes históricos de la causa concreta de ingratitud contenida en el art. 648.3° CC en De Fuenmayor Champín, A. (1942). «La deuda alimenticia del donatario». *RDP*, pp. 157 y ss., y Quiñonero Cervantes, E. (1990). *La protección del interés del donante (Estudio de los arts. 634 y 648-3° del Código Civil).* Univ. de Murcia, pp. 99 y ss.

429 La STS 29/11/1969 (TOL4.275.133) consideró que esta causa de revocación «presenta las características de una verdadera sanción penal de tipo económico» fundada en que «no puede consentirse que carezca de lo necesario quien se despoja de sus bienes por hacer un beneficio». No obstante, en realidad, como destaca Padial Albás esta revocación no encierra una sanción, porque el donatario puede liberarse de ella simplemente desprendiéndose de lo donado (Padial Albás, A.M. [1997]. *La obligación de alimentos entre parientes*, Bosch, Barcelona, p. 46). Tampoco se trata dicha obligación de alimentos del donatario de una obligación *propter rem* porque no nace en relación con el bien recibido, sino directamente de la donación misma, y porque la obligación de alimentos se extingue al morir el donatario (De Fuenmayor Champín, A. [1942]. «La deuda...», cit. pp. 183-184; Albiez Dohrmann, K.J. [2013]. «Comentarios...», cit. pp. 4968-69).

Se han defendido, en síntesis, dos posturas al respecto:

La postura minoritaria[430] considera que la obligación de alimentos del art. 648.3° CC no nace de la donación, sino del parentesco, ya que se trata, en realidad, de la genérica obligación de alimentos entre parientes (referidos en los arts. 142 y ss. del CC) y, como mucho y también, los auxilios fraternos necesarios para la vida que los hermanos pueden deberse (art. 143 i.f. CC) y los asumidos por pacto[431]. Por tanto, para los partidarios de esta tesis, si el donatario no es uno de los alimentantes recogidos en el art. 143 CC, no tendrá obligación de alimentar al donante necesitado salvo que lo asuma en virtud de pacto[432].

---

430 Esta teoría minoritaria ha sido defendida, entre otros, por Mucius Scaevola, Q. (1896). *Código* ...XI, cit. p. 682; De la Válgoma Rodríguez-Monge, M. (1981). «Revocación...», cit. p. 392; Quiñonero Cervantes, E. (1990). *La protección...*, cit. *passim*; Albiez Dohrmann, K.J. (2013). «Comentarios...», cit. p. 4966; Rogel Vide, C. (2024). *Revocabilidad* ...pp. 15, 34 y 81-82 *et passim*; Padial Albás, AM. (1997). *La obligación...*, cit. pp. 42 y 53; Martínez Rodríguez, N. (2002). *La obligación legal de alimentos entre parientes.* La Ley; y Piñar López, B. (1955). «La prestación alimenticia en nuestro Derecho civil». *RGLJ*, t. XXXI, julio-agosto, pp. 7-36, afirmando este último autor y notario que: «la única interpretación razonable del art. 648.3° CC es la que entiende que la denegación indebida de alimentos se produce tan solo cuando el donatario incumple la obligación alimenticia nacida al margen de la donación, y que solo entonces prospera la revocación de la liberalidad por causa de ingratitud» (p. 25).

431 Sobre el particular, Rogel Vide, C. (2023). *Auxilios fraternos debidos legalmente.* Reus, Madrid, y Rogel Vide, C. (2012). «*Crisis económica y solidaridad familiar. Los alimentos entre parientes*». *RGLJ*, n° 4, p. 581 ss.

432 Aunque consideraba Díaz Alabart que los autores que mantienen esta tesis «no lo hacen apoyándose en ningún argumento sólido» (Díaz Alabart, S. [1986]. «Comentarios...», cit. p. 448) no comparto tan autorizada opinión porque, aunque soy partidario —por los antecedentes históricos, de derecho comparado y sistemáticos que luego expondré— de la tesis mayoritaria, esta tesis minoritaria tiene a su favor, entre otros, dos importantes argumentos: primero, el

Frente a dicha postura minoritaria, la tesis mayoritaria considera que el donatario asume, por el simple hecho de aceptar la donación (es decir, *ex donatione*), el deber de alimentar al donante necesitado y que los alimentos a los que se refiere el 648.3° CC son los alimentos debidos por parentesco o por pacto, pero también los que nacen de la propia donación[433]. Por

---

silencio —en sede de revocación de donaciones— acerca de los alimentos por lo que, dice Rogel Vide, «si se quiere saber cuáles son y en qué consisten a dichos artículos (142 y ss. CC) había que estar, en buena lógica y en todo caso»(Rogel Vide, C. [2024]. *Revocabilidad...*, cit. pp. 83-84.); y segundo, porque la tesis mayoritaria hace perder a la donación su carácter de contrato unilateral y su causa liberal «al poder jugar un *do ut des*»(Rogel Vide, C. [2024]. *Revocabilidad...*, cit. p. 82.) ya que el donante se obliga a dar la cosa donada y el donatario a prestar alimentos si el donante se empobrece. Es decir, la tesis mayoritaria —salvo que se estime que no impone una obligación sino una condición al donatario— transforma la donación en un contrato bilateral —debatible si perfecto o imperfecto— porque de él surgen obligaciones para ambas partes: para el donante la obligación de entregar la cosa donada y para el donatario el deber —con consecuencias jurídicas— de alimentar al donante necesitado.

433 Esta tesis puede considerarse mayoritaria en la doctrina y ha sido defendida, con distintos matices, entre otros por Albaladejo García, M. y Díaz-Alabart, S. (2006). *La donación*, cit. p. 815; Berrocal Lanzarot, A.I. (2010). «La revocación...«, cit. p. 1889 con prolija enumeración de doctrina en pp. 1889-1890, n. 100; Costas Rodal, L. (2013). «Contrato...», cit. p. 2531; De Fuenmayor Champín, A. (1942). «La deuda...», cit. pp. 174 y ss.; Díaz Alabart, S. (1986). «Comentarios...», cit. pp. 446-453 y en Díaz Alabart, S. (1991). «Comentarios...», cit. p. 1645; Díez-Picazo, L. (1980). «Las causas...», cit. p. 223; Díez-Picazo, L. y Gullón, A. (2018). *Sistema...*, vol. II, T. 2, cit. p. 77; Doral García de Pazos, J.A. (1971). «Pactos en materia de alimentos». *ADC-II*, pp. 368-372; Manresa y Navarro, J.M. (1910). *Comentarios...* T.V, cit. p. 177; Carrión Olmos, S. (2023). «*La donación*», cit. p. 351; López Suarez, M.A. (2011). «Sentencia de 20 de mayo de 2011. Donación modal. Revocación de la donación por causa de ingratitud. Obligación de alimentos ». *CCJC* n° 87, pp. 1899-1910; Marín Castán, F. (2000). «Comentarios...», cit.

tanto, esta causa de revocación del art. 648.3° CC tendrá lugar no solo cuando el donatario incumpla la obligación legal que, por razones familiares o por pacto, tenga respecto del donante, sino también, aunque no fuera familiar del donante ni hubiera pacto de alimentos, cuando niegue alimentos al donante que llegue a una situación de peor fortuna y necesidad[434].

Dicha postura mayoritaria también ha sido aceptada por la jurisprudencia. Así, señala la STS. 28/07/1997 que los alimentos a que alude el art. 648.3° CC «no solo engloban los determinados en los arts. 142 y 143 de dicho cuerpo legal, sino también a los alimentos debidos *pro donationis*»[435].

Esta tesis mayoritaria, ha sido sistematizada por Díaz Alabart, quien resume las razones que la sustentan en los siguientes argumentos:

(1).- De derecho histórico. El derecho romano no reconoció la obligación alimenticia del donatario, pero el derecho canónico si conoció una obligación alimentaria extrafamiliar, basada en un deber moral de gratitud cuyas bases se sentaron por vez primera en un canon del IV Concilio de Toledo (año 633), llegando, a través del Decreto de Graciano, al *Corpus Iuris Canonici* (canon 1.455)[436].

---

p. 209; Ossorio Serrano, J.M. (2020). «El contrato...», cit. p. 305; O ´Callaghan Muñoz, X. (2003). *Código...*, cit. p. 670; y Zurilla Cariñana, M.A. (2013). «Comentarios...», cit. p. 935; y con matices, por considerar que este art. 648.3° CC no impone una obligación al donatario sino una carga, por Lacruz Berdejo, J.L. *et al*. (1986). *Elementos*...II-3, cit. p. 150 y De los Mozos, J.L. (2000). *La donación...*, cit. pp. 325 y 327.

434 Doral García de Pazos, J.A. (1971). «Pactos...», cit. p. 368.

435 STS. 28/07/1997 (TOL215193). Nuestra jurisprudencia menor recoge la doctrina expuesta por dicha sentencia del TS, entre muchas otras, en la SAP Guipúzcoa de 04/10/2006 (TOL1628135); SAP Alicante de 27/10/2009 (TOL1.843.214), SAP Alicante de 30/10/2012 (TOL2.728.210); SAP Las Palmas de 02/02/2017 (TOL6171906), y SAP Alicante de 21/06/2017 (TOL6.368.657).

436 De Fuenmayor Champín, A. (1942). «La deuda...», cit. pp. 158-159.

No obstante, son los glosadores quienes construyen la teoría del deber del donatario de alimentar a su donante necesitado en la glosa «*Voluerit*» (ad l. fin. C. *De rev. don.*, C. 8, 55[56],10), concediendo a dicho donante la facultad de revocar la donación por ingratitud[437]. Los postglosadores (Cino da Pistoia, el Abad Panormitano, Juan Francisco de Ripa, etc.) desarrollan esta forma de revocación y aunque en el siglo XVI, Donellus rechazó dicho deber de alimentos del donatario su tesis no prospera, y durante los siglos XVI a XVIII la doctrina consagra definitivamente dicho deber de alimentos.

(2).- De derecho comparado. Como expone detalladamente Díaz Alabart, diversos CC de la época de la codificación admiten dicho deber de alimentos del donatario al donante empobrecido, cuyo incumplimiento permitiría la revocación de la donación por ingratitud[438].

(3) Argumentos de carácter sistemático. Como señala De Fuenmayor, frente a la objeción de que resultaría aventurado admitir la existencia de un nuevo deber de prestar alimentos fuera del ámbito estrictamente familiar, puede invocarse el art. 153 CC[439]. Dicho precepto dispone que los arts. 142 a 152 CC —referidos a la obligación de alimentos entre parientes— son aplicables también a los demás

---

437 No obstante, objeta Díaz Alabart, existe otra glosa, «*In Condemnatione*» (ad D. *De reg. iur.*, D, 50, 17, 134 [173]) que niega dicho deber (Díaz Alabart, S. [1986]. «Comentarios...», cit. p. 451).

438 Díaz Alabart, S. (1986). «Comentarios...», cit. pp. 451-452 quien destaca, entre dichos códigos, el art. 955 CC francés; el art. 1081 CC italiano de 1865; y, por influencia de estos dos textos, diversos Códigos americanos como por ej. el art. 1.725. 3 CC holandés de 1838; el art. 321 CC chileno de 1855; el art. 1488 CC portugués de 1867; los arts. 1837, 1858.3, 1862 CC argentino de 1871; el art. 1.183 CC brasileño de 1916; el art. 965 CC de Panamá· de 1917; el art. 1.027 CC venezolano de 1870, y el art. 1460 CC venezolano de 1942; el art. 2371 CC mexicano de 1928 etc.

439 De Fuenmayor Champín, A. (1942). «La deuda...», cit. p. 174.

supuestos en que por el CC se tenga derecho a alimentos. Por tanto, esta remisión sistemática refuerza la posibilidad de que, fuera del marco puramente familiar, pueda configurarse válidamente una obligación de prestar alimentos, incluida la que pudiera derivarse de una donación en favor de persona distinta a las enumeradas en el art. 143 CC.

En cuanto a las consecuencias derivadas de la admisión de una u otra tesis, si se acoge la postura minoritaria, bastará con aplicar la teoría general de los alimentos entre parientes, construida sobre los artículos 142 a 153 CC, para resolver cuestiones relativas a la naturaleza y alcance de los alimentos debidos, su cuantía, la posible concurrencia de varios obligados, etc. Por el contrario, si se adopta la postura mayoritaria —esto es, que la obligación de prestar alimentos surge *ex donatione* y no del parentesco—, será necesario delimitar con precisión los presupuestos que permiten la revocación de la donación, así como el régimen jurídico aplicable. Ello implica determinar, por ejemplo, en qué medida afecta la existencia de otros posibles obligados a prestar alimentos y qué relevancia tiene el comportamiento previo del donante en situación de necesidad. A este respecto, De Fuenmayor advertía que únicamente existen en nuestro ordenamiento dos preceptos que podrían servir de fundamento para configurar ese régimen: el artículo 153 CC, que prevé la aplicación supletoria de las disposiciones sobre alimentos entre parientes «a los demás casos en que, por este Código, por testamento o por pacto se tenga derecho a alimentos»; y el artículo 648.3º CC, que contempla expresamente la posibilidad de revocar la donación si el donatario niega indebidamente alimentos al donante[440].

---

440 Ibidem p. 175.

b. Los presupuestos de la revocación por negar alimentos al donante

Los presupuestos que deben concurrir para que proceda la revocación de la donación por la causa prevista en el art. 648.3° CC son los siguientes: (1) una donación preexistente revocable; (2) la situación de necesidad del donante; (3) la inexistencia de una causa legítima que justifique la negativa del donatario; y (4) la capacidad económica del donatario para prestar los alimentos[441].

A continuación, analizamos cada uno de estos requisitos:

(1).- Donación preexistente revocable: Quedarían, por tanto, fuera del ámbito del art. 648.3° CC, las donaciones modales —porque el incumplimiento del modo es causa independiente de revocación[442]— y las donaciones remuneratorias en la parte que no exceda del valor del servicio prestado[443].

(2).- Situación de necesidad del donante. La pobreza del donante incide en la donación de dos formas: limitando el poder de disposición del donante que tiene que reservarse lo necesario para vivir en un estado correspondiente a sus circunstancias (art. 634 CC), e imponiendo al donatario el deber —que nace, según la tesis mayoritaria, de la aceptación de la donación— de alimentar al donante que «llegue a una situación de peor fortuna y de necesidad»[444].

---

441 Ibidem. pp. 177-178.

442 Albiez Dohrmann, K.J. (2013). «Comentarios...», cit. pp. 4966-4967.

443 De Fuenmayor Champín, A. (1942). «La deuda...», cit. p. 178; Albiez Dohrmann, K.J. (2013). «Comentarios...», cit. pp. 4966-4967 y Rabanete Martínez, I. (2020). «Las donaciones remuneratorias...», cit. p. 191, señalando esta última autora que la razón de dicha exclusión es que dicha donación remuneratoria solo podrá revocarse en lo que sea mera liberalidad, porque en la parte que se remunera el servicio prestado hay que aplicar las reglas de los contratos onerosos (art. 622 CC) que no permite la revocación y porque, al agradecer un servicio se cierra un círculo de favores.

444 Díez-Picazo, L. (1980). «Las causas...», cit. p. 223.

Ambos preceptos persiguen subsanar la pobreza del donante por vías diferentes: el art. 634 CC mediante la acción de reducción de donación, y el art. 648.3° CC mediante la acción de revocación por la negación de alimentos del donatario al donante[445]. En todo caso, en este último supuesto, la revocación no se produce propiamente por la pobreza del donante, sino por la ingratitud que conlleva la negativa del donatario a prestar alimentos al donante[446].

El art. 648.3° CC exige para poder apreciar dicha causa de revocación que el donante se halle en situación de necesidad (si el donante no los necesita la negativa del donatario no será «indebida»), y si bien un sector doctrinal y jurisprudencial considera que no es necesario que el donante haya dirigido una previa intimación dirigida al donatario para que le preste alimentos[447], otros autores y resoluciones entienden que hace falta un requeri-

---

445 Así, Espiau Espiau, S. (2021). *La revocabilidad...*, cit. p. 103. En términos básicos, dice Nieto Alonso, el art. 634 CC contiene una previsión anterior a la donación, desde la perspectiva de la obligación del donante de reservarse bienes, mientras que el art. 648-3° CC prevé una sanción para el donatario por negar indebidamente alimentos al donante (Nieto Alonso, A. [2011]. «Comentarios...», cit. p. 133).

446 La razón de dicho matiz es que —explica Barral Viñals— se parte de la idea de que negar alimentos al donante es como matarlo, lo cual constituye un supuesto de ingratitud (Barral Viñals, I. [2002]. «La revocació...», cit., p. 534). Y es que, señala Torrente, el donatario que no proporcione alimentos al donante es como si le matara. Lo mata, sigue diciendo el autor italiano, no tanto materialmente, sino moralmente, pues es insensible a los lazos de afecto y familiares, mientras que el donante ha sido generoso con él (Torrente, A. [1956]. «La donazione», cit. p. 565).

447 En la doctrina, por todos, Albiez Dohrmann, K.J. (2013). «Comentarios...», cit. p. 4967; y, en la jurisprudencia, señala la SAP Asturias de 31/03/2011 (TOL2.181.318) con base en la STS 29/11/1969 que no es necesario «que el donante haya dirigido una previa intimación dirigida a los donatarios para que le presten alimentos, bastando por lo tanto la iniciativa adoptada en este caso por sus hijos encaminada a privarle de la vivienda para tener por colmado el presupuesto exigido por aquel precepto (648.3° CC)».

miento o petición al donatario de forma judicial o extrajudicial[448]. En todo caso, actualmente , tras la LO 1/2025, de 2 de enero, de medidas en materia de eficiencia del Servicio Público de Justicia, lo que sí es necesario, antes de interponer la acción judicial de revocación, es haber acudido a algunos de los MASC que dicha norma prevé (arts. 264.4°, 399.3°-II y 403.2° LEC).

Finalmente, como destaca la doctrina, el donatario solo tiene obligación de alimentos «en el mismo caso de necesidad que autorizaría a reclamar alimentos legales a los familiares»[449], por lo que es especialmente relevante analizar cuando el donatario puede legítimamente negar alimentos al donante lo que abordamos a continuación.

---

448 Así exigen dicha petición previa al donatario en la doctrina Díaz Alabart, S. (1986). «Comentarios...», cit. p. 456 que afirma que el donante «tendría primero que hacer la petición de alimentos, por vía judicial, o por cualquier otra vía, siempre que quedara constancia de que se había realizado la petición»; Díez-Picazo que señala que dicho art. 648.3° CC no impone una obligación de espontánea prestación como se deduce del empleo del término «niega» (Díez-Picazo, L. [1980]. «Las causas...», cit. p. 223); y Pérez de Ontiveros, C. (2017). «La revocación...», cit. p. 611 quien señala que, en todo caso, la reclamación no tiene por qué ser judicial sino que basta que se acredite al momento de ejercicio de la facultad de revocación; y en la jurisprudencia puede verse, en este sentido, la STS de 18/12/2012 (TOL 3706385), y, en nuestras Audiencias Provinciales, la SAP Gipuzkoa de 04/10/2006 (TOL1.628.135); SAP Bizkaia de 18/03/2009 (TOL6.690.992); SAP La Coruña de 28/02/2012 (TOL2.475.349); SAP Granada de 05/12/2014 (TOL4.769.002); SAP Valencia de 16/03/2015 (TOL4.893.440); SAP Baleares de 02/11/2016 (TOL5.917.023); SAP Las Palmas de 02/02/2017 (TOL6.171.906); SAP Madrid de 10/10/2019 (TOL7.606.196); SAP Pontevedra de 22/06/2020 (TOL8.047.523); SAP Asturias de 22/03/2021 (TOL8.425.562); y SAP Asturias de 17/12/2021 (TOL8.874.259).

449 Lacruz Berdejo, J.L. et al. (1986). *Elementos*...II-3, cit. p.150. En idéntico sentido, Albaladejo García, M. y Díaz Alabart, S. (2006). *La donación*, cit. p. 815 y Costas Rodal, L. (2013). «Contrato...», cit. pp. 2531-2532.

(3).- Inexistencia de una causa legítima que justifique la negativa del donatario a prestar alimentos al donante: análisis de la expresión «negar indebidamente». El art. 648.3° del CC exige, como presupuesto para la revocación de la donación, que el donatario haya negado indebidamente los alimentos al donante. Esta expresión, como toda referencia a un incumplimiento con relevancia jurídica, implica la existencia de una conducta culpable, o en palabras del CC «indebido»[450], por parte del obligado. *A contrario sensu*, cabe deducir que hay supuestos en los que la negativa del donatario a prestar alimentos no será considerada ingrata, por estar justificada.

Manresa ya señalaba algunos de estos casos de «negativa justificada», como cuando el donante, en realidad, no se encuentra en situación de necesidad —y por tanto, no concurre el presupuesto objetivo de la prestación alimenticia—, o cuando existen otras personas legalmente obligadas a prestarle alimentos que están en condiciones de hacerlo, lo cual desplaza el deber del donatario[451].

---

450 Díez-Picazo, L. (1980). «Las causas...», cit. p. 223.

451 Manresa y Navarro, J.M. (1910). *Comentarios...*, p. 177; en el mismo sentido De Fuenmayor Champín, A. (1942). «La deuda...», cit. p. 180; Díaz Alabart, S. (1986). «Comentarios...», cit. p. 455, y Díaz Alabart, S. (1991). «Comentarios...», cit. p. 1645 invocando, esta última autora, dos razones para que, concurriendo el donatario con parientes del donante obligados por ley o pacto a prestar alimentos a este último, lo más razonable sea que primero deba prestarlos quien resulte obligado por ley (o pacto) y sólo cuando los parientes no puedan prestarle alimentos, se los pueda pedir el donante al donatario. Dichas dos razones son: primero, por la mayor fuerza del vínculo parental frente al creado por la donación, considerando la doctrina mayoritaria que el deber de alimentos surgido *ex donatione* es de carácter subsidiario. Y segundo, por una razón práctica: quien precisa alimentos los necesita con urgencia y la vía de reclamárselos al donatario es más lenta que la de pedirlos al que por ley o pacto, tiene esa obligación. Además, el art. 648.3° CC exige previo requerimiento del donante —lo que enlentece la reclamación—, y, por otro lado, si lo donado no es de gran valor es preferible acudir a la vía del art. 142 y ss. del CC que

Asimismo, el donatario podrá negarse válidamente a prestar alimentos en aquellos supuestos en los que dicha prestación solo pueda llevarse a cabo a costa de comprometer su propia subsistencia o la de aquellas personas con derecho de alimentos prioritario. En estos casos, la negativa no es indebida, ya que el deber implícito en el art. 648 CC es un deber de gratitud, no un deber de sacrificio desproporcionado[452]. Así lo ha recogido parte de la doctrina, que insiste en que esta obligación no puede exigirse en términos que anulen la razonabilidad o el equilibrio entre las partes.

Por último, también se ha considerado legítima la negativa del donatario cuando el donante no ha recurrido previamente a los mecanismos de protección social previstos por el sistema público de asistencia[453]. En estos casos, no resulta razonable que el incumplimiento del deber alimenticio se valore como indebido si el donante no ha querido utilizar los recursos asistenciales que le permitirían vivir dignamente[454]. Tanto los alimentos amplios definidos en el art. 142 CC como los más restrictivos del art. 143 *in fine* CC deben considerarse en relación con el acceso efectivo a dichas prestaciones públicas.

Mayores dificultades surgen en los casos en que la situación de necesidad del donante es imputable únicamente a su propia conducta, como puede ocurrir cuando ha sido negligente en buscar empleo o formarse para reinsertarse en el mercado laboral, ha

---

fija como tope las posibilidades económicas del alimentante y las necesidades del alimentista —arts. 146 y 147 CC— antes que acudir a la vía del 648.3º CC que limita el deber de alimentos del donatario al valor de lo donado. Más ampliamente sobre la subsidiariedad del deber del donatario de prestar alimentos en Sánchez Calero, B. (2007). *La revocación...*, cit. p. 145 y ss.

452 Díez-Picazo, L. (1980). «Las causas...», cit. p. 223; en idéntico sentido, Pérez de Ontiveros, C. (2017). «La revocación...», cit. p. 611.

453 Albiez Dohrmann, K.J. (2013). «Comentarios...», cit. p. 4967.

454 Sobre el particular, Rogel Vide, C. (2023). *Auxilios fraternos...*, cit., y Rogel Vide, C. (2012). «Crisis económica y solidaridad familiar. Los alimentos entre parientes». *RGLJ*, nº 4, pp. 581 ss.

dilapidado su patrimonio o ha adoptado decisiones económicas claramente irresponsables. En tales supuestos, cabe preguntarse si el donatario puede negarse a prestarle alimentos sin incurrir en ingratitud. Al respecto existen dos posturas doctrinales

La doctrina mayoritaria responde afirmativamente a esta cuestión, aplicando por analogía lo dispuesto en los art. 143 in fine y 152.5 CC. Según esta interpretación, el donatario podrá legítimamente rehusar el cumplimiento de la obligación alimenticia cuando el estado de necesidad del donante sea consecuencia directa de su propia culpa o negligencia. En estos casos, no procederá la revocación de la donación por causa de ingratitud, ya que ello permitiría al donante —movido por arrepentimiento u oportunidad— provocar su propio empobrecimiento con el único fin de deshacer un contrato válido y perfecto. Y es que, como advierte Albiez, aceptar la revocación en estos supuestos conduciría al absurdo de imponer al donatario una obligación alimenticia aún más gravosa que la que legalmente corresponde a los obligados por ley[455]. Esta postura ha sido también respaldada por la SAP de Alicante de 30/10/2012, que admite la negativa del donatario a prestar alimentos cuando el donante ha contribuido de forma relevante a generar su propia situación de necesidad[456].

---

455 Albiez Dohrmann, K.J. (2013). «Comentarios...», cit. p. 4967. Defienden también esta tesis, entre muchos otros, Díaz Alabart, S. (1991). «Comentarios...», cit. p. 1645 y Pérez de Ontiveros, C. (2017). «La revocación...», cit. p. 611.

456 La SAP de Alicante de 30/10/2012 (TOL2.728.210) analiza el supuesto de un padre que en 1991 donó a tres de sus siete hijos una vivienda por terceras partes, solicitando 15 años más tarde la revocación de las dos partes indivisas donadas a dos de ellos porque estos le habrían negado indebidamente alimentos cuando el donante lo precisó tras divorciarse y carecer de vivienda. El Juzgado de Primera instancia y la Audiencia Provincial desestimaron la demanda, entre otras razones, porque en este caso, afirma la Audiencia, el donante «se colocó voluntariamente en esa situación de dificultad» no solo porque, en el marco de dicho procedimiento de divorcio, dicho donante tuvo que abandonar el

No obstante, existe una posición doctrinal minoritaria, representada por De Fuenmayor, que rechaza esta solución. En su opinión, la culpa del donante en la generación de su necesidad no debería permitir al donatario para excusarse de la obligación prevista en el art. 648.3° CC. Argumenta que, si bien los alimentantes legales pueden ampararse en dicha causa para excusarse de prestar alimentos (conforme a los arts. 143 *in fine* y 152.5 CC), no debe trasladarse automáticamente este régimen al supuesto de la donación, pues ello dejaría al donante en la indigencia sin amparo alguno. Desde esta perspectiva, la especial naturaleza de la donación y el deber moral de gratitud que de ella se deriva justificarían mantener la obligación de prestar alimentos incluso en casos de empobrecimiento culposo del donante[457].

(4).- Capacidad económica del donatario para prestar los alimentos. El donatario no está obligado a prestar alimentos al donante —sin que dicha negativa sea causa de ingratitud— cuando no pueda satisfacerlos sin desatender sus propias necesidades y las de su familia (arg. analógico, art. 152.2 CC)[458].

domicilio conyugal en virtud de una orden de alejamiento dictada por el Juzgado de Instrucción, sino también porque el donante es propietario y conduce un vehículo BMW todo terreno de alta gama.

457 De Fuenmayor Champín, A. (1942). «La deuda...», cit. pp. 181-182.

458 Así se manifiestan en la doctrina, entre muchos otros, Albiez Dohrmann, K.J. (2013). «Comentarios...», cit. p. 4967; Díez-Picazo, L. (1980). «Las causas...», cit. p. 223; Pérez de Ontiveros, C. (2017). «La revocación...», cit. p. 611.

c.- Límite cuantitativo de la obligación del donatario alimentante

La obligación de alimentos nacida, según la doctrina mayoritaria, «ex donatione» poco tiene en común, por su naturaleza, con la tradicional obligación de alimentos entre parientes[459].

Así, mientras que en la obligación alimenticia entre parientes regulada en los arts. 142 a 153 CC la cuantía de los alimentos será proporcionada al caudal o medios del alimentante y a las necesidades del alimentista (arts. 146 y 147 CC), no sucede lo mismo en el particular deber de alimentos que tiene el donatario regulado en este art. 648.3° CC.

En efecto, al tratarse —según la interpretación mayoritaria— de una obligación nacida exclusivamente del hecho de haber recibido una donación, el límite objetivo de dicha obligación se encuentra en el valor de lo donado[460]. Es decir, el donatario está obligado a socorrer al donante solo en la medida en que lo permita el valor de lo que recibió gratuitamente, sin que pueda exigírsele una prestación superior.

Esta doctrina ha sido acogida de forma reiterada por la jurisprudencia menor, que sostiene que la obligación alimenticia

---

459 Díaz Alabart, S. (1986). «Comentarios...», cit. p. 454, y Díaz Alabart, S. (1991). «Comentarios...», cit. p.1645.

460 Así Costas Rodal, L. (2013). «Contrato...», cit. p. 2532; De Fuenmayor Champín, A. (1942). «La deuda...», cit. p. 183; Díez-Picazo, L. (1980). «Las causas...», cit. p. 223; De la Válgoma Rodríguez-Monge, M. (1981). «Revocación...», cit. p. 393; Lacruz Berdejo, J.L. *et al.* (1986). *Elementos*...II-3, cit. p. 150; Berrocal Lanzarot, A.I. (2010). «La revocación...», cit. p. 1890; Pérez de Ontiveros, C. (2017). «La revocación...», cit. p. 611; Rogel Vide, C. (2024). *Revocabilidad...*, cit. p. 82 y Zurilla Cariñana, M.A. (2013). «Comentarios...», cit. p. 935. En todo caso, no faltan autores partidarios de la postura minoritaria sobre la naturaleza de dicho deber de alimentos que se remiten también, para determinar la cuantía de los alimentos, al art. 146 CC. (así, p. ej. Albiez Dohrmann, K.J. [2013]. «Comentarios...», cit. p. 4968).

surgida *ex donatione*, conforme al art. 648.3º CC, no debe asimilarse plenamente a la obligación tradicional entre parientes. En consecuencia, su límite no lo determinan las necesidades del donante ni la capacidad económica actual del donatario, sino el valor de la donación efectuada, que actúa como tope objetivo de la prestación alimenticia exigible[461].

En todo caso, la deuda de alimentos se limita al valor de lo donado solo cuando el donatario no fuera, al tiempo, un pariente del donante obligado por los arts. 142-153 CC a prestarle alimentos o cuando no exista entre donante y donatario contrato de alimentos. En cambio, si el donatario ostenta la condición de pariente obligado legalmente (por ejemplo, hijo, cónyuge, etc.), se aplicará el régimen general, conforme al cual la cuantía de los alimentos debe determinarse en función de las posibilidades económicas del alimentante y las necesidades del alimentista (arts. 146 y 147 CC), sin quedar limitada al valor de la donación. Del mismo modo, si entre donante y donatario existe un contrato de alimentos, se estará a lo pactado por las partes. En ambos supuestos —ya sea por vínculo de parentesco con obligación legal o por pacto expreso—, el incumplimiento por parte del donatario de su deber alimenticio podrá constituir un acto de ingratitud y, en consecuencia, una causa de revocación de la donación conforme al art. 648.3º CC[462].

d.- Concurrencia de varios donatarios

Cuando el donante, encontrándose en estado de necesidad, ha realizado varias donaciones a distintos donatarios, surge la cuestión de cuál debe ser el orden de preferencia para reclamar

---

461 Así, entre otras, SAP Alicante de 27/10/2009 (TOL1.843.214), SAP Alicante de 30/10/2012 (TOL2.728.210) y SAP Alicante de 21/06/2017 (TOL6.368.657).

462 Pérez de Ontiveros, C. (2017). «La revocación...«, cit. pp. 611-612.

alimentos a dichos donatarios en virtud del art. 648.3° CC. A este respecto, Díaz Alabart identifica tres posibles soluciones[463]:

1.- Priorizar al donatario más reciente. Esta es la solución adoptada por el § 528.2 del BGB alemán, que establece que, en caso de empobrecimiento del donante, el donatario más antiguo solo está obligado a prestar alimentos en la medida en que el donatario más reciente no pueda hacerlo. Bajo esta lógica, el orden de prelación recae en quien recibió la donación más cercana en el tiempo.

2.- Responsabilidad solidaria de todos los donatarios. Esta postura considera que todos los donatarios deben responder en igual medida, sin atender a la fecha ni al valor de las respectivas donaciones, lo cual simplifica la exigencia de la prestación alimenticia, aunque puede resultar injusta en términos de proporcionalidad.

3.- Reparto proporcional según el valor de lo donado. Esta es la solución que la doctrina mayoritaria en nuestro ordenamiento considera más adecuada. De acuerdo con esta tesis, cada donatario debe contribuir en proporción al valor de la donación que ha recibido. Esta opción se fundamenta en la analogía con lo dispuesto en el art. 145 CC, que regula la contribución proporcional entre parientes obligados a prestar alimentos. Además, evita el efecto distorsionador de la primera opción, que implicaría considerar que la gratitud del donatario más antiguo se diluye por el mero hecho de haberse producido nuevas donaciones a otras personas[464].

---

463 Díaz Alabart, S. (1986). «Comentarios...», cit. pp. 454-455.

464 Defienden esta tesis, entre otros, Costas Rodal, L. (2013). «Contrato...», cit. p. 2532; De Fuenmayor Champín, A. (1942). «La deuda...», cit. p. 186; Díaz Alabart, S. (1986). «Comentarios...», cit. pp. 454-455; Díaz Alabart, S. (1991). «Comentarios...», cit. p. 1645; Albaladejo García, M. y Díaz Alabart, S. (2006). *La donación*, cit. p. 817; Pérez de Ontiveros, C. (2017). «La revocación...», cit. p. 612; Quiñonero Cervantes, E. (1990).

En conclusión, el reparto proporcional se presenta como la solución más coherente con el principio de equidad y con la naturaleza *ex donatione* de la obligación alimenticia del art. 648.3º CC, en la medida en que vincula el deber de gratitud con la magnitud del beneficio recibido.

e.- Concurrencia del donatario y otros alimentantes obligados *ex lege* o *ex pacto*

Cuando el donante se halla en situación de necesidad y concurren varios posibles obligados a prestarle alimentos —algunos vinculados *ex lege* (arts. 142 a 153 CC) o *ex pacto*, y otros obligados únicamente *ex donatione* conforme al art. 648.3º CC—, se plantea el problema de determinar el orden de prelación entre ellos.

Este dilema no presenta dificultades para la doctrina minoritaria, que niega la existencia de un deber autónomo de alimentos nacido de la donación y entiende que el donatario solo estará obligado cuando, además, sea pariente del donante en los términos de los art. 142 y ss. del CC[465]. En cambio, la cuestión sí genera debate dentro de la doctrina mayoritaria, que reconoce la existencia de un deber alimenticio específico nacido *ex donatione*, incluso cuando el donatario no sea pariente. Ante esta situación, se han propuesto diversas soluciones cuando el donante precise alimentos y concurran a satisfacerlos el donatario no pariente con un pariente no donatario:

En primer lugar, en lo que puede considerarse posición mayoritaria pero no unánime, entender que primero deba prestarlos quien resulte obligado por ley (o pacto) invocando Díaz

La protección..., cit. p. 131; Sánchez-Calero, B. (2007). *La revocación...*, cit. p. 149; Albiez Dohrmann, K.J. (2013). «Comentarios...», cit. p. 4968 y Berrocal Lanzarot, A.I. (2010). «La revocación...», cit. p. 1890.

465 En este sentido, *vide* Padial Albás, A.M. (1997). *La obligación...*, cit. p. 45.

Alabart en favor de esta solución los siguientes argumentos: (1) la mayor fuerza del vínculo parental frente al creado por la simple donación; (2) el carácter subsidiario de la obligación alimenticia *ex donatione*, que no está pensada para desplazar a los obligados principales[466]; (3) y una razón práctica: el que precisa alimentos los necesita urgentemente y la vía de reclamárselos al donatario es indirecta y más lenta que la de pedirlos al que por ley o pacto, tiene esa obligación[467].

En segundo lugar, entender que, si el valor de la donación fue muy elevado en relación con el patrimonio del donante —es decir, si supuso un verdadero empobrecimiento del donante en beneficio del donatario—, este último debería responder prioritariamente frente a los obligados legales[468]. Esta tesis acentúa el principio de equidad: quien ha sido beneficiado de forma significativa con el patrimonio del donante debe asumir la responsabilidad de atender sus necesidades antes que otros parientes que no han recibido tal ventaja.

Y, en tercer lugar, entender que el donatario no pariente del donante debe responder prioritariamente por los alimentos, precisamente porque fue el beneficiario directo del empobre-

---

466 Naturaleza subsidiaria defendida por la doctrina mayoritaria *vide* p.ej. Díaz Alabart, S. (1991). «Comentarios...», cit. p. 1645.; Costas Rodal, L. (2013). «Contrato...», cit. p. 2532 etc.

467 Defienden esta solución, entre otros, Díaz Alabart, S. (1991). «Comentarios...», cit. p. 1645 y Díaz Alabart, S. (1986). «Comentarios...», cit. p. 455 y ss.; Berrocal Lanzarot, A.I. (2010). «La revocación...», cit. p. 1891; Costas Rodal, L. (2013). «Contrato...», cit. p. 2532 y Zurilla Cariñana, M.A. (2013). «Comentarios...», cit. p. 935.

468 Sánchez-Calero, B. (2007). *La revocación...*, cit. p. 148 considerando esta autora que, en esta materia, esencialmente subordinada a circunstancias de hecho y donde debe atribuirse al juez un amplio margen de apreciación, podría tenerse en cuenta las circunstancias y ver p.ej. si los parientes del donante están en una situación más o menos dificultosa, si la donación es más o menos considerable etc.

cimiento voluntario de este último[469]. Según esta visión, al haber recibido gratuitamente parte del patrimonio del donante, recae sobre él una responsabilidad moral y jurídica inmediata, por lo que debe prestar alimentos antes que los parientes —no donatarios— obligados por ley o los obligados por pacto.

Esta cuestión, aún no resuelta de forma unánime ni por la doctrina ni por la jurisprudencia, pone de relieve las tensiones entre el principio de solidaridad familiar, la autonomía de la voluntad y la equidad que subyace al régimen de revocación de donaciones por denegación de alimentos.

8.- Ejercicio de la acción de revocación de la donación por ingratitud: análisis de los artículos 652 y 653 CC

La revocación no se produce —a diferencia de la reversión prevista en el art. 641 CC— *ipso iure* o automáticamente, sino que exige el ejercicio de la acción prevista en el art. 646 CC para la superveniencia o supervivencia; en el art. 647 CC para el incumplimiento del modo y en los arts. 652 y 653 CC para los supuestos de ingratitud[470].

---

469 Díez-Picazo, L. y Gullón, A. (1992). *Sistema*...II, cit. p. 347 que indican: «no señala el CC si esta obligación alimenticia del donatario es subsidiaria de la obligación alimenticia legal entre parientes. Parece que hay que considerar a la primera como una especie de recursos propios del donante, que tiene su fuente en un empobrecimiento anterior de su patrimonio hecho voluntariamente, por lo que deberá ser objeto de la obligación alimenticia legal lo que falle para cubrir sus necesidades».

470 Véase más ampliamente sobre dicho carácter no automático —*ipso iure*— de la revocación Díaz Alabart, S. (1986). «Comentarios...», cit., pp. 351-356 con cita de numerosa doctrina y jurisprudencia. Albaladejo sostiene, no obstante, que las partes pueden configurar, al celebrarse el contrato de donación, el carácter automático de la revocación (Albaladejo García, M. y Díaz Alabart, S. [2006]. *La donación*, cit. pp. 842-843).

No obstante, como señala Marín Castán, existe consenso doctrinal en admitir que la revocación de una donación puede producirse mediante una reclamación extrajudicial o previa al proceso judicial, siempre que concurran las causas legales de revocación previstas en el CC —o las pactadas expresamente por las partes—[471] y siempre que el donatario acepte y pueda devolver el bien donado[472]. Por el contrario, si el donatario se niega a restituir voluntariamente lo recibido, o si ha perdido la posibilidad de devolver el bien (por ejemplo, por haberlo enajenado o destruido), será necesario que el donante —y, en determinados casos, sus herederos— ejerciten la correspondiente acción revocatoria ante los tribunales. En definitiva, la revocación de la donación constituye una causa de ineficacia sobrevenida que extingue los efectos de la atribución patrimonial realizada en favor

---

471 Díaz Alabart y Albaladejo admiten expresamente la posibilidad de que las partes pacten la revocación por circunstancias no previstas en la ley al amparo del principio de autonomía de la voluntad del art. 1255 CC (en Albaladejo García, M. y Díaz Alabart, S. [2006]. *La donación*, cit. pp. 637-638 y 840).

472 Marín Castán, F. (2000). «Comentarios...», cit. p. 191. Como nos recuerda Albiez —con argumentos elaborados con relación a los supuestos del art. 644 CC, pero extensibles a las demás causas de revocación— no existe razón para negar que se pueda ejercitar extrajudicialmente la acción de revocación de la donación por lo que, siendo un derecho potestativo del donante, corresponde a él decidir si revoca o no la donación (en Albiez Dohrmann, K.J. [2013]. «Comentarios...», cit. pp. 4918; 4926-4927 y 4983). Por tanto, el donante puede dirigirse al donatario para comunicarle la revocación siempre que concurra cualquiera de las causas de los arts. 644, 647 o 648 CC siendo necesaria la acción judicial solo si el donatario no esté conforme con la revocación extrajudicial instada por el donante (en el mismo sentido Díaz Alabart, S. [2006]. *La donación*, cit. pp. 638-639). También la jurisprudencia admite implícitamente la revocación extrajudicial en las SSTS 29/11/1969 (TOL4.275.133), 27/12/1994 (Tol 1666459).y 21/10/2011 (Tol 2260940).

del donatario, ya sea por la vía de un acuerdo voluntario entre las partes, o mediante resolución judicial firme que la declare[473].

Además, tras la entrada en vigor de la Ley Orgánica 1/2025, de 2 de enero, de medidas en materia de eficiencia del Servicio Público de Justicia, resulta obligatorio, con carácter previo a la interposición de la demanda judicial de revocación, acudir a alguno de los MASC previstos por dicha norma. Así lo exigen, entre otros, los artículos 264.4º, 399.3-II y 403.2 LEC. No cabe duda, por tanto, de que la revocación también puede alcanzarse de manera eficaz en el contexto de esta fase previa de negociación o mediación, sin necesidad de acudir directamente al proceso judicial, si bien plantea dudas la eficacia de dicha actividad negociadora previa con relación a terceros adquirentes del bien donado[474].

Centrándonos, ahora, en la acción judicial de revocación de la donación por ingratitud —acción de carácter meramente personal en la medida en que su estimación dará lugar a una obligación de restitución a cargo del donatario— su régimen jurídico se contiene en los arts. 652 y 653 CC que pasamos a analizar:

a.- Análisis del art. 652 CC

Dispone el art. 652 CC que: «la acción concedida al donante por causa de ingratitud no podrá renunciarse anticipadamente. Esta acción prescribe en el término de un año, contado desde

---

473 Albiez Dohrmann, K.J. (2013). «Comentarios...», cit. p. 4971.

474 Como señala Rodríguez Martínez, el acuerdo entre donante y donatario por el que dan por revocada la donación, aparte de ser infrecuente, surtirá efectos entre donante y donatario, pero es dudosa su relevancia frente a los terceros adquirentes de derechos sobre la cosa donada, especialmente porque puede haber sido realizado con abuso de derecho (art. 7.2 CC) (Rodríguez Martínez, M.E. [2011]. «Comentarios...», cit. p. 215) o incluso encubrir un fraude para los acreedores del donatario.

que el donante tuvo conocimiento del hecho y posibilidad de ejercitar la acción». Desglosemos este precepto:

(1) «La acción concedida al donante por causa de ingratitud no podrá renunciarse anticipadamente». Este inciso primero del art. 652 CC prohíbe la renuncia anticipada al ejercicio de la acción de revocación por causa de ingratitud. Dicha prohibición se refiere exclusivamente a la renuncia realizada antes de que se produzca el acto de ingratitud por parte del donatario o antes de que el donante tenga conocimiento de su comisión[475]. Esta renuncia anticipada —que puede formularse en el mismo acto de la donación o en un momento posterior, pero anterior al hecho ingrato— carece de validez jurídica.

Sin embargo, el precepto no prohíbe la renuncia posterior a la comisión del acto ingrato. Esta puede adoptar una forma expresa, mediante una declaración del donante en la que perdona claramente el comportamiento del donatario, lo cual, como señala Torrente, equivale a una rehabilitación del indigno y permite conservar los efectos de la donación[476]. Asimismo, la renuncia puede ser tácita, ya que la ley no exige ninguna forma solemne para su validez[477]. Bastará, en este sentido, con que el comportamiento del donante posterior al acto ingrato resulte inequívocamente incompatible (*facta concludentia*) con la intención de revocar la donación[478]. Y es que, resultaría inútil prohibir renunciar a la acción de revocación una vez nacida, porque bastaría, para conseguir idéntico resultado, que el donante volviera a donar después de haber tenido conocimiento del acto ingrato, y esa nueva donación no sería atacable por esa ingratitud anterior a ella

---

475 Díaz Alabart, S. (1991). «Comentarios...», cit. p. 1648; Sánchez Calero, B. (2007), *La revocación...*, cit. pp. 151-152 y la doctrina que cita en n. 144.

476 Torrente, A. (1956). «La donazione», cit. p. 584.

477 Ibidem pp. 584-585.

478 Sánchez Calero, B. (2007). *La revocación...*, cit. p. 152.

(2).- «Esta acción prescribe en el término de un año...». Dicho plazo de un año — por más que la letra del art. 652 CC diga «prescribe»—, es, según la doctrina mayoritaria, de caducidad, lo que aporta seguridad jurídica ya que evita que el donante pueda pueda jugar con el tiempo interrumpiendo el plazo para alargar el ejercicio de la acción de revocación[479].

Por otro lado, la brevedad del plazo para ejercitar la acción de revocación —un año— se justifica por un sector minoritario en el pretendido carácter penal que según dicho sector tiene esa acción[480]. Por el contrario, según otros autores la justificación de dicho plazo exiguo se funda en la idea de que, ante una ofensa, solo se reacciona de manera debida cuando se reacciona inmediatamente[481], por lo que si el donante agraviado no reacciona rápidamente se presume

---

479 Consideran que el plazo es de caducidad, entre otros, Díaz Alabart, S. (1991). «Comentarios...», cit. p. 1648; Díez-Picazo, L. y Gullón, A. (2018). *Sistema...*, vol. II, T. 2, cit. p. 78; Parra Lucán, M.A. (2016). «La donación», cit. p. 93; Saborido Sánchez, P. (2023). «Comentarios...», cit. p. 3207; Zurilla Cariñana, M.A. (2013). «Comentarios...», cit. p. 938; Sánchez Calero, B. (2007). *La revocación...*, cit. p. 152 y la doctrina allí citada en n. 150; y Albiez Dohrmann, K.J. (2013). «Comentarios...», cit. p. 4986. También considera que es un plazo de caducidad, en nuestra jurisprudencia menor, la SAP Madrid de 24/09/2020 (TOL 8248924), y en nuestro derecho foral el art. 531-15 CC catalán. Por contra, considera que es un plazo de prescripción Marín Castán, F. (2000). «Comentarios...». cit. p. 218.

480 Manresa y Navarro, J.M. (1910). *Comentarios...* T.V, cit. p. 182.

481 Por todos, véase Méndez Tomás, R.M. y Vilalta Nicuesa, A.E. (1998). *Donación: Acciones...*, cit. p. 23.

que no lo hizo porque ha perdonado al donatario ingrato[482]; o —en otros términos— porque «el que calla otorga»[483].

(3).- «*...contado desde que el donante tuvo conocimiento del hecho y posibilidad de ejercitar la acción*». El inciso segundo *in fine* del art. 652 CC establece que el plazo de caducidad para el ejercicio de la acción de revocación debe computarse atendiendo a un doble condicionamiento: (i) el momento en que el donante tuvo conocimiento del hecho ingrato, y (ii) el momento en que pudo ejercitar la acción[484].

Respecto al primer requisito —el conocimiento del hecho ingrato por parte del donante—, la doctrina entiende, con acierto, que no basta una mera sospecha, conjetura o duda acerca de la existencia del hecho o de la responsabilidad del donatario. Como señala Torrente, se requiere certeza, es decir, un conocimiento suficiente, fundado y objetivo del acto ingrato[485].

Más compleja resulta la delimitación del segundo requisito: la posibilidad de ejercitar la acción. La doctrina considera suficiente que el donante conozca el hecho delictivo cometido por el donatario en su contra, sin que sea necesario —como ha señalado el

---

482 Véase la doctrina cit. por Sánchez Calero, B. (2007). *La revocación...*, cit. p. 152, n. 147, 148 y 149. «Se supone que el donante ofendido —decía Manresa— ha de apresurarse a demostrar su voluntad de recobrar los bienes que dio al ingrato, y que, si deja transcurrir un año desde que tuvo conocimiento del hecho y posibilidad de ejercitar la acción, es que ha olvidado la ofensa o ha querido perdonarla» (en Manresa y Navarro, J.M. [1910]. *Comentarios...* T.V, cit. p. 182).

483 Albiez Dohrmann, K.J. (2013). «Comentarios...», cit. p. 4985.

484 Como señala Marín Castán dicho doble requisito (conocimiento del hecho más posibilidad de ejercitar la acción) parece estar pensando en la causa del art. 648.1° CC, porque un delito intentado contra la vida del donante puede haber dejado a este en un estado de real imposibilidad de ejercitar la acción pese a haber tenido cabal conocimiento del hecho (Marín Castán, F. [2000]. «Comentarios...», cit. p. 218).

485 Torrente, A. (1956). «La donazione», cit. p. 571; en el mismo sentido Sánchez Calero, B. (2007). *La revocación...*, cit. p. 153.

TS— que dicho hecho haya sido declarado previamente mediante sentencia penal condenatoria ni que exista un procedimiento penal en curso[486]. Cabe señalar que esta posición mayoritaria ya había sido defendida por Torrente en la doctrina italiana, subrayando, de este modo, el carácter autónomo de la acción civil de revocación por ingratitud frente al proceso penal[487].

Si el donatario incurre en delito continuado, la STS 19/02/2003[488] rechazó — en un caso de impago durante tres años de la pensión compensatoria judicialmente establecida a favor de la donante— que la acción de revocación hubiera prescrito por haber transcurrido el plazo de un año desde el primer impago. La sentencia razonó que «es indudable la persistencia en la comisión del delito, y, por tanto, la formación o integración progresiva del hecho a conocer por la donante y la

---

486 Entre muchos otros, Pérez de Ontiveros, C. (2017). «La revocación...», cit. p. 616. Así señala la STS 18/01/2023 (TOL9.391.162) que «para la causa de revocación por ingratitud prevista en el art. 648.1° CC.... es discutido si el plazo (del art. 652 CC) comienza con el dictado de la sentencia condenatoria o, puesto que la jurisprudencia no exige la existencia de previa sentencia penal condenatoria para apreciar la causa de ingratitud, desde que el donante tenga conocimiento del hecho de carácter penalmente sancionable». En contra, y en posición minoritaria, la STS 23/10/1983 (RJ 5338) parece exigir sentencia penal condenatoria (*vide* más ampliamente Sánchez Calero, B. [2007]. *La revocación*..., cit. pp. 153 y 154 y Albiez Dohrmann, K.J. (2013). «Comentarios...», cit. p. 4988).

487 Así, en derecho italiano, señala este autor que dicha sentencia previa condenatoria no será requerida cuando el donatario admita el hecho ingrato o cuando, de cualquier manera, el hecho sea claro e indiscutible (p.ej. si el hecho injurioso haya sido cometido en presencia del donante) (Torrente, A. [1956]. «La donazione», cit. p. 571).

488 STS 19/02/2003 (TOL4.927.661), comentada por Ataz López, J. (2009). *Jurisprudencia*.... T.II, cit. p. 1288 y recogida por la STS 18/01/2023 (TOL9.391.162) y, en nuestra jurisprudencia menor, por la SAP Navarra de 22/09/2005 (TOL773.706).

subsistencia de la posibilidad de ejercitar la acción durante todo ese período» en el que el donatario no abonó dicha pensión.

b.-Análisis del art. 653 CC

Dispone el art. 653 CC que: «No se transmitirá esta acción a los herederos del donante, si éste, pudiendo, no la hubiese ejercitado. Tampoco se podrá ejercitar contra el heredero del donatario, a no ser que, a la muerte de éste, se hallase interpuesta la demanda». Desglosemos dicho precepto:

(1).- «*No se transmitirá esta acción a los herederos del donante, si éste, pudiendo, no la hubiese ejercitado*». La acción de revocación por ingratitud presenta un carácter eminentemente personal, según reconoció la máxima jurídica «*actionem... ita personalem esse volumus, ut vindicationis tantum habeat effectum...nec tribuatur heredi*»; la Partida 5,4,10; nuestra antigua jurisprudencia y nuestra doctrina moderna[489]. En congruencia con dicho carácter personal dispone este inciso primero del art. 653 que no se transmitirá a los herederos del donante si este pudiendo no la hubiera ejercitado.

Dicha transmisibilidad limitada de la acción que correspondía al donante a sus herederos —la literalidad del art. 653 no declara intransmisible la acción, pero tampoco admite que se transmita sin más[490]— solo plantea problemas cuando aquel fallece después del hecho ingrato —cuya existencia conoce—, pero antes del año de caducidad de la acción que le concede el art. 652 CC, sin renunciar expresamente a su derecho y sin interponer la demanda.

---

489 En la jurisprudencia puede consultarse la STS 16/12/1867 (TOL5.093.407) cit. por STS 29/11/1969 (TOL4.275.133); y en la doctrina entre muchos otros, Díaz Alabart, S. (1991). «Comentarios...», cit. p. 1649; Castán Tobeñas, J. (1988). *Derecho Civil*, IV, cit. p. 253, Díez-Picazo, L. y Gullón, A. (1992). *Sistema*...II, p. 347; Sánchez Calero, B. (2007). *La revocación*..., cit. p. 155 y doctrina cit. en n. 159.

490 Díaz Alabart, S. (1991). «Comentarios...», cit. p. 1649.

Y, en tales casos, este precepto ordena la intransmisibilidad si el donante pudo interponer dicha acción y no lo hizo[491].

La razón de dicho precepto es obvia y la destaca Manresa al decir: «el donante es el llamado a apreciar los hechos del donatario; si él pudo, y llevando al extremo su generosidad, no quiso que la donación fuese revocada, sus herederos no pueden ser más rigurosos que él, ni, movidos tal vez por el interés, deben intentar un castigo que su causante abandonó»[492]. Es decir, la ley presume que la no interposición de la demanda por el donante —conociendo el hecho ingrato y pudiendo, por tanto, revocar la donación— se debió a que este no quiso ejercitar la acción y quiso, por contra, perdonar al donatario[493]. Y si el donante no quiso revocar la donación y quiso perdonar al ingrato, los herederos de aquel no pueden, lógicamente, intentar un castigo que su causante abandonó.

---

491 La imposibilidad de ejercicio por el donante a que alude el art. 653 CC ("si este pudiendo no la hubiera ejercitado") pudo ser de hecho o de derecho y se apreciará, en atención a las circunstancias del caso, por el juez. Así, afirma Lacruz Berdejo, J.L. *et al.* (1986). *Elementos...* II-3°, cit. p. 151 que basta cualquier dificultad razonable de cualquier clase para autorizar la transmisión a los herederos. Y en nuestra jurisprudencia la STS 29/11/1969 (TOL4.275.133) considera que «no pudo» interponer la acción una donante que, habiendo declarado extrajudicialmente su voluntad de revocar muere cuando preparaba la acción judicial revocatoria.

492 Manresa y Navarro, J.M. (1910). *Comentarios...*, cit. p. 183.

493 Como destaca Díaz Alabart «se presume que (el donante) no quiso si, pudiendo, no la ejercitó» (en Díaz Alabart, S. [1991]. «Comentarios...», cit. p. 1649). Obviamente, es necesario, para que opere dicha presunción, que el donante conozca la existencia de la conducta ingrata por lo que si este fallece sin conocer el hecho ingrato el término del año empezará a contarse desde que los herederos lo conozcan, pudiendo dichos herederos ejercitar la acción porque no cabe presumir perdón si el donante desconocía el hecho ingrato (así, De Fuenmayor Champín, A. [1941]. *La revocación...*, cit. p. 168, y Manresa y Navarro, J.M. [1910]. *Comentarios...* T.V, cit. p. 184).

Corresponde, por tanto, al heredero probar que el donante, aunque quería revocar la donación, no llegó a ejercitar, pudiendo hacerlo, la acción de revocación[494].

A la vista del carácter eminentemente personal de la acción de revocación por ingratitud, esta no puede ejercitarse por los acreedores del donante por subrogación (es una acción «inherente a su persona», en el sentido del art. 1111 CC)[495] ni —según Díaz Alabart— por el tutor (actualmente la referencia sería al curador con facultades de representación tras la reforma del CC por Ley 8/2021, de 2 de junio) del donante con discapacidad salvo que, antes de acordarse dichas medidas de apoyo, este hubiese manifestado su propósito de revocar[496].

Esta última exclusión ha sido, no obstante, acertadamente rebatida por Sánchez Calero, quien, atendiendo a la doctrina del TC—que permite al representante legal de la persona con disca-

---

494 Albiez Dohrmann, K.J. (2013). «Comentarios...», cit. p. 4990; Pérez de Ontiveros, C. (2017). «La revocación...», cit. p. 615. En cuanto a dicha *onus probandi,* Ataz concluye que el TS, antes del CC y aplicando el Fuero Real, defendía la transmisibilidad *mortis causa* de la acción con una excepción, pero tras la promulgación del CC defiende su intransmisibilidad con una excepción (Ataz López, J. [2009]. *Jurisprudencia....* T.II, cit. p. 1280). La diferencia entre ambas interpretaciones radica en la *onus probandi* porque, antes, había que probar que el donante no quiso revocar, y ahora que el donante quiso revocar y no pudo. En el mismo sentido ,STS 25/04/2007 (Tol 1069806).

495 Por todos, Díaz Alabart, S. (1986). «Comentarios...», cit. p. 474 y Zurilla Cariñana, M.A. (2013). «Comentarios...», cit. p. 938.

496 Más ampliamente Díaz Alabart, S. (1986). «Comentarios...», cit. p. 474 y Díaz Alabart, S. (1991). «Comentarios...», cit. p. 1649. Tanto Díaz Alabart como Sánchez Calero por la fecha en la que redactaron sus trabajos hacían referencia al incapacitado; pero, desaparecida la incapacitación por Ley 8/2021, de 2 de junio, dichas referencia deben entenderse realizadas, si queremos adaptar sus trabajos a la terminología actual, a la persona con discapacidad.

pacidad ejercitar acciones personalísimas del representado[497]—, sostiene que debe admitirse el ejercicio de la acción de revocación por ingratitud por dicho representante. Lo contrario, afirma, vulneraría el principio de igualdad consagrado en el art. 14 CE, pues mientras una persona sin discapacidad puede proteger sus propios intereses mediante el ejercicio de la acción, la persona con discapacidad quedaría impedida de hacerlo, negándosele así la tutela judicial efectiva de sus intereses legítimos. Dicho donante con discapacidad, a pesar de haber sufrido una grave ofensa, no podría —si aceptáramos la tesis de Díaz Alabart— recuperar el bien con el consiguiente perjuicio patrimonial y moral. Por el contrario, el donatario ingrato obtendría, además, pese a su conducta ingrata, un correlativo beneficio porque conservaría el bien donado y no tendría que preocuparse en el futuro por la gratitud que debe al donante puesto que sabe que, a la vista de su discapacidad, no podrá revocar la donación[498].

En todo caso, termina diciendo Sánchez Calero, para que el representante legal, nunca el voluntario, pueda ejercer acciones personalísimas de la persona con discapacidad se requiere no solo que esta no tenga capacidad para actuar por sí misma, sino también que la actuación del representante legal busque el mayor interés de la persona con discapacidad no siendo posible

---

497 En concreto, la STC 311/2000, de 18 de diciembre, permitió a una madre, tutora de su hija incapacitada, ejercitar, en representación legal de su hija, una acción personalísima de esta como era la acción de separación.

498 Sánchez Calero, B. (2007). *La revocación…*, cit. pp. 166-171. También Albiez considera injusto que el donatario pueda ser ingrato a sabiendas de que no va a perder el bien donado (porque el donante no está capacitado para revocar la donación) añadiendo que en el supuesto de la ingratitud por negación de alimentos, el representante legal, precisamente en defensa de los derechos del donante incapacitado, debería estar legitimado para revocar la donación, porque solo de esta manera puede garantizarse los alimentos que necesite (en Albiez Dohrmann, K.J. [2013]. «Comentarios...», cit. p. 4989).

alcanzarlo de otro modo; que se obtenga previa autorización judicial (actual art. 287.7 CC), y que la ley no impida la actuación del representante legal para el supuesto concreto[499].

Actualmente, la postura de Sánchez Calero me parece reforzada por el nuevo art. 287.1 CC que, tras la reforma del CC por Ley 8/2021, de 2 de junio, expresamente reconoce que el curador que ejerza funciones de representación de la persona que precisa el apoyo pueda realizar, con autorización judicial, actos de trascendencia personal cuando la persona afectada no pueda hacerlo por sí misma.

(2).- «Tampoco se podrá ejercitar contra el heredero del donatario, a no ser que, a la muerte de este, se hallase interpuesta la demanda». En cuanto a este art. 653.II CC la imposibilidad de ejercitar la acción de revocación contra el heredero del donatario, a no ser que, a la muerte de éste, se hallase interpuesta la demanda ha sido fuertemente criticada[500].

---

499 Sánchez Calero, B. (2007). *La revocación...*, cit. pp. 171-172.

500 Así, señala Díaz Alabart «que la solución del art. 653.II CC «es absurda». Es incomprensible que, aun constando que el donante deseaba revocar la donación o tenía firme propósito de hacerlo, se le impida ejercitar la acción si el donatario fallece antes de que haya sido demandado, aunque aún estuviera vigente el plazo legal para la revocación. A juicio de Díaz Alabart, resulta ilógico que un hecho puramente accidental como la muerte del donatario —sin que se haya extinguido el plazo legal— impida la revocación, más aún cuando esta se fundamenta en un acto de ingratitud ya consumado. Rechaza la justificación tradicional que sostiene que la revocación no procede porque la tacha de ingratitud no alcanza a los herederos del donatario. Aun admitiendo que la nota de ingratitud no se transmite, ello no impide —según Díaz Alabart— que el donante pueda recuperar, dentro del plazo legal, los bienes donados de manos de los herederos del ingrato, en tanto que estos los poseen «claudicantemente», es decir, con la misma vulnerabilidad jurídica con la que los tenía su causante. Desde esta óptica, el argumento tradicional resulta infundado: lo que está viciado no es el título del heredero del donatario, sino la propia adquisición gratuita originada por un acto de ingratitud. Por tanto,

No obstante, Manresa justifica dicho precepto en el hecho de que la conducta ingrata es personalísima del donatario borrando la muerte todas las ofensas[501] lo que no deja de translucir una cierta concepción de la acción de revocación por ingratitud como una sanción penal y, por tanto, solo exigible al donatario culpable[502].

En todo caso, la excepcionalidad de la intransmisibilidad que establece el art. 653.II CC exige que dicho precepto sea objeto de una interpretación restrictiva. En este sentido, si el donante ha interpuesto la demanda de revocación dentro del plazo legal y mientras el donatario aún vivía, no existe razón que impida que pueda continuar la acción frente a los herederos del donatario y recobrar de ellos lo que no pudo recuperar en vida de este. De este modo, los herederos del donatario adquieren el bien donado tan claudicantemente como lo poseía el donatario desde que incurrió en ingratitud. La transmisión hereditaria no purga el vicio de origen ni transforma en legítima una adquisición afectada por el incumplimiento del deber de gratitud[503].

---

la intransmisibilidad de la acción que establece el artículo 653.II CC debe interpretarse de forma restrictiva y excepcional, y no extenderse por analogía a otros supuestos. A lo sumo —concluye Díaz Alabart— dicha norma tendría sentido únicamente si constara que el donante no deseaba ejercer la acción revocatoria, o si no se pudiera acreditar que tenía voluntad de hacerlo, dándole así un sentido similar al que la jurisprudencia da al caso de transmisión activa de la acción. (Díaz Alabart, S. [1986]. «Comentarios...», cit. p. 476). Se adhiere a dicha critica Sánchez Calero, B. (2007). *La revocación*..., cit. pp. 159-160.

501 Manresa y Navarro, J.M. (1910). *Comentarios*... T.V, cit. p. 183.

502 Marín Castán, F. (2000). «Comentarios...», cit. p. 220.

503 Díaz Alabart, S. (1986). «Comentarios...», cit. p. 476 y Zurilla Cariñana, M.A. (2013). «Comentarios...», cit. pp. 938-939. En contra, Marín Castán, F. (2000). «Comentarios...», cit. p. 220 quien mantiene que la responsabilidad por ingratitud se extingue, como la responsabilidad penal, por la muerte del donatario.

9.- Procedimiento judicial

1.- Competencia objetiva y territorial. La competencia objetiva para conocer de esta acción corresponde al orden civil de la Jurisdicción y en concreto, en primera instancia, a la Sección Civil —o Única— de los Tribunales de Instancia (antiguos Juzgados de Primera Instancia) puesto que la revocación de donaciones es un asunto de derecho civil que no se halla atribuido por ley a otros órganos judiciales (art 45 LEC y 84 y 85 LOPJ).

En cuanto a la competencia territorial, habrá que estar a las reglas generales de la LEC, por lo que —en principio— dicha competencia corresponderá al tribunal del domicilio del donatario demandado (art. 50 LEC). Dada la naturaleza personal, y no real, de la acción de revocación, ya argumentada *supra*, no considero aplicable el fuero legal imperativo *forum rei sitae* previsto en la regla primera del art. 52.1 LEC, y ello, aunque el bien donado sea un inmueble. Las razones de la no aplicabilidad de dicho foro legal especial son las mismas que las que ya expuse *supra* al analizar el procedimiento de revocación de la donación por incumplimiento del modo.

2.- Requisitos previos a la interposición de la demanda de revocación. Desde la reforma de la LEC llevada a cabo por la LO 1/2025, de 2 de enero, de medidas en materia de eficiencia del Servicio Público de Justicia, es requisito de procedibilidad para interponer una demanda de revocación por ingratitud (o por cualquiera de las demás causas legales) que el donante acredite haber intentado previamente una actividad negociadora antes de acudir a la vía judicial. Esta obligación implica que, antes de interponer la demanda, el donante debe haber recurrido a algún MASC en vía no jurisdiccional de los previstos en el art. 2 LO 1/2025, o, en su defecto, deberá presentar una declaración responsable en la que manifieste la imposibilidad de llevar a cabo dicha actividad negociadora previa, ya sea por desconocer el domicilio del donatario demandado o el medio por el cual puede ser requerido (arts. 264, 399.3-II y 403.2 LEC).

3.- Procedimiento. Al no estar comprendida la acción de revocación en los arts. 250 y 251 LEC, debe estarse a la cuantía del bien donado para determinar el procedimiento verbal u ordinario que debe seguirse[504]. Por tanto, si el valor del bien donado excede de 15.000 euros se tramitará la demanda por los trámites del juicio ordinario (art. 249.2 LEC);y, si no excede de dicha cuantía, por los trámites del juicio verbal (art. 250.2 LEC).

10.- Efectos de la revocación por ingratitud: análisis de los arts. 649-651 CC

Si el donante interpone una acción de revocación de la donación por ingratitud y el juez estima la demanda, el donatario debe restituir al donante los bienes donados. Esta revocación tiene efectos retroactivos, aunque el Código Civil matiza el alcance de dicha retroactividad en los arts. 649 a 651, en relación con determinados actos de disposición o gravamen realizados sobre el bien donado después de la donación, pero antes de la interposición de la acción revocatoria.

Se trata, por tanto, de una retroactividad de alcance limitado[505] y de una acción meramente personal, que no afecta a terceros que, de buena fe, hayan adquirido el bien del donatario o tengan constituidos derechos reales, como hipotecas, sobre dicho bien. Por el contrario, estos terceros sí podrán verse afectados si la adquisición o gravamen se produce con posterioridad a la anotación de la demanda de revocación en el Registro de la Propiedad —porque, en ese caso, adquirieron conociendo

---

504 Albiez Dohrmann, K.J. (2013). «Comentarios...», cit. p. 4944.

505 Albiez Dohrmann, K.J. (2013). «Comentarios...», cit. pp. 4971-4973, autor que destaca que no se trata de una retroactividad plena que remonte sus efectos al momento de la perfección de la donación, sino de una retroactividad de alcance limitado que únicamente remonta sus efectos al momento de la interposición de la demanda de revocación.

dicha demanda—, o si conocían previamente la intención del donante de revocar la donación[506].

Dicha materia se regula, como hemos dicho, en los arts. 649-651 CC y siguiendo la estructura clásica adoptada por Mucius Scaevola[507] distinguiremos, al comentar estos preceptos relativos a los efectos de la acción revocatoria de la donación por ingratitud, tres grupos:

a.- Efectos con relación a los bienes donados

(1).- Art. 649.I. CC: «revocada la donación por causa de ingratitud, quedarán, sin embargo, subsistentes las enajenaciones e hipotecas anteriores a la anotación de la demanda de revocación en el Registro de la Propiedad. Las posteriores serán nulas». En consecuencia, si la sentencia estima la revocación de la donación por ingratitud, el bien donado debe ser restituido al donante, siempre que el donatario aún lo conserve en su poder. El problema se plantea cuando, en el período comprendido entre la donación y su eventual revocación, el donatario ha realizado actos de disposición o gravamen sobre el bien.

En previsión de dicha hipótesis, el art. 649.I CC reconoce la validez de los actos de enajenación —ya sean a título oneroso o gratuito[508]—

---

506 Destacan dicho carácter personal, entre muchos otros, Díez-Picazo, L. y Gullón, A. (1992). *Sistema*...II, cit. p. 347.

507 Mucius Scaevola, Q. (1896). *Código*... XI, cit. p. 682.

508 En cuanto al término «enajenaciones» que emplea el art. 649 CC la doctrina mayoritaria considera que abarca las enajenaciones voluntarias a título oneroso o gratuito por aplicación del principio «ubi lex non distinguit, nec nos distinguere debemus» (por todos, *vide* Albiez Dohrmann, K.J. [2013]. «Comentarios...», cit. p. 4975). No obstante, en posición minoritaria, considera Díaz Alabart que deben excluirse las enajenaciones gratuitas porque estas no merecen —en nuestro derecho— una defensa o inatacabilidad tan tenaz como las enajenaciones onerosas y por aplicación analógica de las reglas de la rescisión —figura

y de gravamen[509] realizados por el donatario, siempre que se hayan efectuado antes de que él o el tercero adquirente conocieran la pretensión revocatoria del donante. Este conocimiento se presume *iuris et de iure* desde el momento en que se anota en el Registro de la Propiedad la demanda de revocación del inmueble donado[510]. No obstante, también puede acreditarse que dicho conocimiento existía con anterioridad a dicho asiento registral[511].

---

próxima a la revocación— la cual permite que el donante puede dirigirse también contra el donatario del donatario, art. 1297.1 CC (Díaz Alabart, S. [2006]. *La donación*, cit. pp. 668-671). Véase más ampliamente lo ya expuesto al analizar el art. 645 CC. Se adhiere a dicha posición minoritaria Rodríguez Martínez, M.E. (2011). «Comentarios...», cit. p. 219 que considera que no merece protección el donatario del donatario, En todo caso, lo que sí parece claro es que el término «enajenación» no comprendería los actos dispositivos no voluntarios sino forzosos ordenados por un tercero como p.ej. una expropiación forzosa del bien donado (Canals Prat, A. [2011]. «Artículo 649», cit. p. 217).

509 El precepto se extiende no solo a las hipotecas, aunque el art. 649 CC mencione solo ese tipo de gravamen, sino a todo gravamen o limitación sobre el bien donado de carácter voluntario otorgado por el donatario (Díaz Alabart, S. [1991]. «Comentarios...», cit. p. 1646; Canals Prat, A. [2011]. «Artículo 649», cit. p. 217; Rodríguez Martínez, M.E. [2011]. «Comentarios...», cit. p. 219 y Zurilla Cariñana, M.A. [2013]. «Comentarios...», cit. p. 936).

510 Se considera fecha de la anotación preventiva el de su asiento de presentación (art. 24 LH).

511 Como señala Albiez dejan de ser eficaces las enajenaciones posteriores a la revocación cuando el tercer adquirente tenga conocimiento de la revocación; conocimiento que tendrá objetivamente desde que se anote preventivamente la demanda de revocación de la donación en el Registro, pero que también puede ser anterior a dicho asiento registral porque logre acreditarse que dicho tercero conocía la revocación extrajudicial o la interposición de la demanda. Es, pues, el conocimiento de la revocación extrajudicial o de la demanda judicial, aún no anotada, el que deja sin eficacia jurídica la enajenación posterior (Albiez Dohrmann, K.J. [2013]. «Comentarios...», cit. pp. 4975-4976; en el mismo sentido Díaz Alabart, S. [1986] «Comentarios...»,

Evidentemente, la solución prevista en el art. 649 CC solo resulta aplicable cuando la donación recae sobre inmuebles inscritos en el Registro de la Propiedad. La doctrina ha señalado que, en el caso de bienes muebles o inmuebles no inscritos, donde no cabe anotación preventiva de la demanda, la eficacia jurídica de los actos de disposición o gravamen realizados por el donatario puede quedar destruida si se prueba que el tercero adquirente conocía —por cualquier medio— la existencia de la revocación, ya sea judicial o extrajudicial, instada por el donante[512].

Desde el punto de vista procesal, para que la enajenación realizada por el donatario resulte ineficaz frente al donante, es necesario que el *accipiens* haya tenido conocimiento de la revocación antes de haber adquirido del donatario el bien donado. Por tanto, la demanda dirigida contra este adquirente siempre debe ser posterior a la demanda de revocación salvo que sea traído al procedimiento donde se discuta la revocación de la donación en cuyo caso habrá que acumular la acción de revocación y la acción de ineficacia de la enajenación. En todo caso, la acción de revocación de la donación y la acción de ineficacia de la enajenación son acciones distintas, aunque la segunda está condicionada por el éxito de la primera y aunque quepa acumular ambas acciones[513].

---

cit. p. 336; Pérez de Ontiveros, C. [2017]. «La revocación...», cit. p. 618; Zurilla Cariñana, M.A. [2013]. «Comentarios...», cit. p. 936).

512 Pérez de Ontiveros, C. (2017). «La revocación...», cit. p. 618. Considera, por su parte, Canals Prat que los inmuebles no inmatriculados y los muebles quedan fuera del ámbito del art. 649 CC y la oponibilidad de la acción revocatoria frente a terceros adquirentes o la protección de estos queda sujeto al régimen general del CC, en el que el *accipiens* queda afectado por todas las acciones revocatorios del tradens (principio «*nemo dat quod non habet*» y «*resoluto iuris dantis resolvitur ius concessum*») sin perjuicio del especial régimen protector que contiene el art. 464 CC para los bienes muebles (Canals Prat, A. [2011]. «Artículo 649», cit. p. 218).

513 Albiez Dohrmann, K.J. (2013). «Comentarios...», cit. p. 4977.

(2).- Art. 649.II. CC: «Las posteriores serán nulas». El art. 649-II CC utiliza de forma técnicamente imprecisa el término «nulas». En rigor jurídico, no se trata de una nulidad *stricto sensu.* Las enajenaciones o gravámenes a los que se refiere —esto es, aquellos realizados con posterioridad a la anotación de la demanda de revocación y fuera del supuesto contemplado en el art. 649-I CC— no son actos radicalmente nulos, sino que dicho apartado del art. 649 CC debe interpretarse en el sentido de que los efectos de la revocación alcanzan al bien donado, aunque ya no esté en manos del donatario, sino de un adquirente posterior o, siguiendo en manos del donatario, un tercero haya adquirido sobre él un derecho real en cosa ajena[514]. Dicho de otro modo, lo que el art. 649-II CC expresa es que la revocación despliega efectos frente a terceros cuando el bien donado ya no se encuentra en poder del donatario, sino que ha sido transmitido a un adquirente posterior, o cuando un tercero ha constituido sobre él un derecho real en cosa ajena (como una hipoteca, usufructo, etc.), siempre que dichas situaciones jurídicas hayan nacido con posterioridad a la anotación de la demanda de revocación en el Registro de la Propiedad, o cuando se acredite que el tercero conocía la pretensión revocatoria del donante.

(3).- Art. 650 CC: «En el caso a que se refiere el primer párrafo del artículo anterior, tendrá derecho el donante para exigir del donatario el valor de los bienes enajenados que no pueda reclamar de los terceros, o la cantidad en que hubiesen sido hipotecados. Se atenderá al tiempo de la donación para regular el valor de dichos bienes».

---

514 Díaz Alabart, S. (1991). «Comentarios...», cit. p. 1646. En parecido sentido, insisten en la impropiedad del término «nulas», entre otros, Canals Prat, A. (2011). «Artículo 649», cit. p. 217 y Albiez señalando este último que «las enajenaciones posteriores a la revocación no son propiamente nulas, como dice el art. 649-II CC, sino que quedan sin eficacia jurídica. La ineficacia sobrevenida de la donación por revocación arrastra a las enajenaciones posteriores, pero no en cualquier caso, puesto que debe tenerse en cuenta la protección del tercer adquirente» (Albiez Dohrmann, K.J. [2013]. «Comentarios...», cit. p. 4975).

Cuando, como consecuencia de la eficacia de las enajenaciones o hipotecas válidamente realizadas por el donatario, la restitución del bien donado resulta imposible, el art. 650 CC reconoce al donante el derecho a exigir del donatario —en virtud del carácter personal de la acción de revocación— el valor del bien que no pueda recuperarse de un tercero, o bien la suma equivalente al gravamen constituido. A tal efecto, el valor del bien se determinará atendiendo al momento de la donación (art. 650-II CC)[515].

En consecuencia, cuando el donante no pueda recuperar el bien donado o no pueda hacerlo libre de cargas impuestas por el donatario tras la donación —porque el bien fue adquirido por un tercero o gravado a su favor, y dichos actos subsistan a pesar de la revocación—, el donante revocante podrá reclamar del donatario el valor del bien, del gravamen constituido, o el importe necesario para liberar el bien de dicho gravamen[516].

La doctrina ha debatido el criterio legal según el cual debe atenderse al valor del bien en el momento de la donación (art. 650.II CC), especialmente por su aparente contradicción con lo

---

515 Consideran, con razón, Díez-Picazo y Gullón que el donante podrá reclamar del donatario no solo, como indica el art. 650 CC, «la cantidad en que (los bienes donados) hubiesen sido hipotecados» sino también el menor valor que los bienes tengan como consecuencia de la imposición sobre ellos de cargas que el donante ha de soportar (Díez-Picazo, L. y Gullón, A. [1992]. *Sistema*...II, cit. p. 347).

516 Díaz Alabart, S. (1991). «Comentarios...», cit. p. 1646. Así, tratándose de un acto de gravamen constituido por el donatario sobre el bien donado antes de que este conociera o antes de que se anotara la revocación en el Registro, el donante podrá liberar el gravamen pagando, siempre que el acreedor hipotecario lo acepte, la deuda —art. 645.II CC— y pudiendo reclamar el importe de aquella al donatario por haberse subrogado aquel en la posición del acreedor hipotecario al amparo del art. 1158 CC (Mucius Scaevola, Q. [1896]. *Código*... XI, cit. p. 683; en parecido sentido, Díez-Picazo, L. y Gullón, A. [2018]. *Sistema*..., vol. II, T. 2, cit. p. 75, y Albiez Dohrmann, K.J. [2013]. «Comentarios...», cit. p. 4978).

dispuesto en el artículo 1045 CC, que refiere al valor de los bienes en el momento de su valoración. La posición mayoritaria —como ya se expuso al analizar el art. 645 CC— sostiene que, pese a la literalidad del precepto, la obligación del donatario constituye una verdadera deuda de valor, porque resultaría injusto que el donante recibiese el mismo valor que cuando donó y el donatario se enriqueciera en los supuestos en los que el valor del bien donado se hubiera incrementado Esta interpretación mayoritaria implica que el donatario debe entregar al donante el equivalente económico actual del valor que tenía el bien al momento de la donación[517], de modo que las consecuencias patrimoniales de la revocación (pérdida o ganancia) dependerán tanto de la evolución del valor del bien como de la variación en el poder adquisitivo de la moneda[518].

b.- Efectos con relación a los frutos producidos por los bienes donados

El art. 651 CC establece como *dies a quo* para la devolución de frutos el momento de la interposición de la demanda de revocación. La razón de esta elección es que, a partir de ese instante, se entiende interrumpida civilmente la posesión (art. 1945 CC), por lo que, desde entonces, cesa la razón de que el poseedor

---

517 Así, entre otros, Díaz Alabart, S. (2006). *La donación,* cit. pp. 687-690; Marín Castán, F. (2000). «Comentarios...», cit. p. 190; Díez-Picazo, L. y Gullón, A. (2018). *Sistema...*, vol. II, T. 2, cit. p. 75, n 10; Rodríguez Martínez, M.E. (2011). «Comentarios...», cit. pp. 195 y 220 y Zurilla Cariñana, M.A. (2013). «Comentarios...», cit. p. 936. No obstante, otros autores señalan, en posición minoritaria, que, aunque concebir la restitución del valor como una deuda de valor sería *de lege ferenda* una solución más justa ello exigiría una reforma del texto del art. 650.II CC por lo que dichos autores minoritarios defienden, *de lege lata,* el criterio nominalista debiendo estarse al valor de lo donado al momento de donar (defienden dicho criterio nominalista, entre otros, Pérez de Ontiveros, C. [2017]. «La revocación...», cit. pp. 618-619; y Albiez Dohrmann, K.J. [2013]. «Comentarios...», cit. pp. 4973-4974).

518 Rodríguez Martínez, M.E. (2011). «Comentarios...», cit., p. 195.

(en este caso, el donatario) haga suyos los frutos generados por el bien donado[519]. Este efecto interruptivo también se produce con la presentación de una demanda de conciliación, según lo previsto en los arts. 1947 CC y 143.I de la LJV[520].

En los supuestos de revocación extrajudicial, Albiez Dohrmann señala que la liquidación de los frutos tendría lugar, conforme al art. 651 CC, a partir de la declaración del donante de querer revocar la donación. Sin embargo, desde un punto de vista lógico y de equidad, parecería más adecuado computar el momento de la liquidación a partir del conocimiento efectivo que el donatario tenga de dicha revocación[521].

En todo caso, la obligación impuesta por el art. 651.I CC se limita a la devolución de los frutos efectivamente percibidos por el donatario desde la interposición de la demanda (o desde el momento en que se produzca la interrupción de la posesión), y no incluye aquellos frutos que el bien hubiera podido producir y el donatario no hubiera recogido o hecho suyos[522].

---

519 Como señala Mucius Scaevola, el art. 651 CC es «extremadamente justo» porque su primer párrafo no es sino aplicación de la regla contenida en el art. 451 CC relativa a que el poseedor de buena fe hace suyos los frutos percibidos mientras no sea interrumpido legalmente en la posesión y esta interrupción tiene lugar por la interposición de la demanda (Mucius Scaevola, Q. [1896]. *Código...*,vol. XI, cit. p. 684).

520 Zurilla Cariñana, M.A. (2013). «Comentarios...», cit. p. 937.

521 Albiez Dohrmann, K.J. (2013). «Comentarios...», cit. p. 4979.

522 Pérez de Ontiveros, C. (2017). «La revocación...», cit. p. 619; Díaz Alabart, S. (1991). «Comentarios...», cit., p. 1647. No obstante, Lacruz muestra sus dudas (en *Elementos...* II.3, p. 152).

c.- Efectos con relación a las mejoras introducidas por el donatario y con relación a los deterioros sufridos por el bien donado.

El CC no regula expresamente, en sus arts. 645, 647, 649 ni en su art. 650, el régimen aplicable a los deterioros o mejoras que pueda haber experimentado la cosa donada cuando deba ser restituida tras la revocación. Ante este vacío normativo, la doctrina mayoritaria considera procedente aplicar analógicamente las disposiciones previstas para los efectos derivados de la recuperación de la posesión por quien resulta vencedor frente al anterior poseedor[523].

Así, en relación con las mejoras realizadas por el donatario en el bien donado, señalaba Mucius Scaevola que, si bien el CC no contempla expresamente este supuesto, debe acudirse a una interpretación integradora basada tanto en el Derecho romano como en el propio régimen del Código en materia de posesión y restitución.

En concreto, el autor recuerda que el Derecho romano admitía la restitución de las mejoras introducidas en la cosa donada (Digesto 39,6,14 ya analizado), y que el CC, al regular la percepción de frutos, remite a los principios aplicables a la posesión de buena fe (art. 651 CC en relación con el art. 451 CC). Por tanto, no hay razón para no aplicar analógicamente los preceptos que regulan las consecuencias jurídicas de las mejoras efectuadas por el poseedor en la cosa poseída, distinguiendo entre mejoras necesarias, útiles y suntuarias (arts. 451 a 455 CC).

Conforme a esta doctrina, el donatario que deba restituir el bien tras la revocación de la donación tendría derecho a ser reembolsado por los gastos necesarios y por el valor de las mejoras útiles, gozando como poseedor de buena fe del *ius retentionis* como garantía de dicho derecho (art. 453 CC). En cuanto a las mejoras suntuarias (de mero lujo), el art. 454 CC permite al donatario

---

523 Díaz Alabart, S. (1991). «Comentarios...», cit. p. 1646. Vide *amplius* Díaz Alabart, S. (1986). «Comentarios...», cit. pp. 340 y ss.

retirarlas, siempre que ello no deteriora el bien donado y si el donante, y si el donante —sucesor en la posesión— no prefiere abonar el importe de lo gastado[524]. Esta solución, avalada por la doctrina, permite equilibrar los intereses en juego: protege el derecho del donante a recuperar el bien revocado, pero también el del donatario que, de buena fe, invirtió en su mejora.

En cuanto a los deterioros sufridos por el bien donado, Albiez Dohrmann sostiene que el CC exige implícitamente en sus arts. 645.I y 647.II que se restituya el bien en el mismo estado en que le fue entregado. Por ello, el donatario —como consecuencia directa de su obligación de restitución tras la revocación— debe asumir los deterioros o menoscabos que el bien donado haya sufrido, debiendo —en su caso— repararlo o, en su defecto, indemnizar al donante abonando el valor correspondiente al deterioro. Se trata de una exigencia coherente con la naturaleza obligacional de la acción de revocación, que persigue restituir la situación al estado anterior a la donación en la medida de lo posible[525].

Por último, cabría añadir que los efectos de la revocación de donaciones por ingratitud son idénticos a los que se tienen lugar en el caso de revocación por supervivencia o superveniencia de hijos, regulados en el art. 645 CC, aunque éste emplee distintas palabras[526]. Dicha identidad se observa, asimismo, en

---

524 Mucius Scaevola, Q. (1896). *Código...* XI, cit. p. 685. En el mismo sentido, entre muchos otros, Zurilla Cariñana, M.A. (2013). «Comentarios...», cit. p. 936 que señala que dichas mejoras deberán ser indemnizadas conforme a las reglas de la posesión de buena fe.

525 Albiez Dohrmann, K.J. (2013). «Comentarios...», cit. p. 4981. En contra, Zurilla Cariñana, M.A. (2013). «Comentarios...», cit. pp. 936-937 señala que «en cuanto a los perjuicios ocasionados mientras el donatario es dueño la eventualidad de la revocación no parece razón suficiente para que sean indemnizados», siendo aplicables a estas cuestiones los arts. 453 y 457 CC.

526 Sánchez Calero, B. (2007). *La revocación...*, cit. pp. 173; insiste en dicha identidad de efectos también Díaz Alabart, S. (1991). «Comentarios...»,

el régimen establecido para los frutos en el art. 651.1 CC, por lo que, para evitar reiteraciones, nos remitimos al análisis que realizamos *supra* respecto al art. 645 CC.

---

cit. pp. 1645-1646; Zurilla Cariñana, M.A. (2013). «Comentarios...», cit. p. 929 y Manresa y Navarro, J.M. (1910). *Comentarios...*, cit. p. 179 que señala que el Código equipara los efectos de la revocación de donaciones por superveniencia de hijos y por ingratitud del donatario. En contra, considera Rodríguez Martínez que, aunque existe gran coincidencia en el alcance de la revocación por las diferentes causas legales, no hay identidad (Rodríguez Martínez, M.E. [2011]. «Comentarios...», cit. p. 192).

III.- Ineficacia sobrevenida de la donación por reversión

La ineficacia sobrevenida del contrato de donación en el Código Civil español comprende, como se ha expuesto previamente, dos supuestos diferenciados: por un lado, la revocabilidad, entendida como la retractación unilateral permitida por la ley; y por otro, la reversión de la donación. Tras haber analizado en las páginas anteriores el régimen jurídico de la revocabilidad en el derecho común español, corresponde ahora abordar el estudio de la segunda forma de ineficacia sobrevenida: la donación sujeta a reversión.

A.- APROXIMACIÓN A LA INEFICACIA SOBREVENIDA DE LA DONACIÓN POR REVERSIÓN

La donación, como todo negocio jurídico, puede estar sujeta, si así lo acuerdan las partes, a alguno de los elementos accidentales —condición, término o modo— que la teoría general del negocio jurídico reconoce.

La ineficacia sobrevenida de la donación modal fue objeto de estudio dentro de las causas de revocación de donaciones y, concretamente, al analizar el art. 647 CC, por lo que aquí procede abordar la ineficacia sobrevenida de la donación por reversión de lo donado que puede establecerse en el contrato de donación no solo por si ocurre cierto suceso —y, en ese caso, dicha donación estaría sujeta a condición resolutoria al hacerse depender la ineficacia de la donación, y consiguiente reversión de lo donado, de un hecho futuro e incierto—, sino también para cuando llegue cierto tiempo —y, en ese caso, dicha donación estaría sujeta a plazo (término) al hacerse depender la reversión de un hecho futuro y cierto—.[527].

En ambos casos —ya sea por condición resolutoria o por término—, si el evento pactado se cumple, el negocio jurídico pierde sobrevenidamente su eficacia, y el bien donado revierte al donante o a un tercero designado. Se trata, por tanto, de una causa de ineficacia sobrevenida del negocio como también lo es, aunque por motivos distintos, la revocación[528].

De este modo, la reversión de lo donado por cumplimiento de una condición resolutoria o de un término, y la revocación de la donación, a pesar de las diferencias que las separan —que se abordarán más adelante—, comparten un mismo lugar dentro del sistema de ineficacias del negocio jurídico a título gratuito.

Ambos casos constituyen supuestos de ineficacia *stricto sensu*, es decir, situaciones en las que el negocio jurídico pierde eficacia con posterioridad a su válida formación, y no de invalidez negocial. Y es que la invalidez —ya sea en forma de nulidad o de anulabilidad— se refiere a una ineficacia estructural, derivada de la existencia de vicios o defectos presentes en la fase de formación del negocio jurídico (falta de consentimiento, objeto ilícito, incapacidad, etc.); por el contrario, tanto la resolución (por cumplimiento de una condición o término) como la revocación (por causas legales) suponen una forma de ineficacia sobrevenida. Es decir, la donación fue originariamente válida y eficaz, pero posteriormente cesa en

---

527 Albaladejo García, M. (1991). «Comentarios...», cit. p. 1626; y Albaladejo García, M. (1986). «Comentarios...», cit. p 277.

528 No obstante, en contra, señalaba Díez-Picazo, L. (1993). *Fundamentos....* vol. I, 4ª ed. cit. pp. 431-432 que, en el negocio condicional, no hay realmente ineficacia porque si la condición fijada por las partes se produce o se frustra (según sea resolutoria o suspensiva) y, a partir de ese momento, el contrato deja de desplegar efectos ello ocurre precisamente como un efecto del contrato dado que tal hipótesis se encontraba contemplada en él.

sus efectos jurídicos por la realización de un evento futuro, ya sea previsto contractualmente (en el caso de condición o término), o establecido legalmente (en el caso de revocación).

No obstante, la resolución de la donación por cumplimiento de la condición o término resolutorio y consiguiente reversión de lo donado (art. 641 CC) y la revocación de donaciones mantienen sustanciales diferencias[529]:

En primer lugar, la resolución tiene como finalidad principal la protección de intereses patrimoniales de las partes, mientras que la revocación obedece a la salvaguarda de un interés moral o familiar[530], como ocurre, por ejemplo, en los casos de ingratitud o superveniencia de hijos.

En segundo lugar, la resolución —en el ámbito del negocio jurídico gratuito— se produce por la concurrencia de causas pactadas libremente por las partes en el contrato de donación (por ejemplo, la previsión de un evento futuro e incierto o cierto que implique la reversión del bien). En cambio, la revocación se basa en causas legales tasadas, establecidas de manera expresa en los arts. artículos 644, 647 y 648 CC[531].

Además, la reversión automática prevista en el art. 641 CC opera de pleno derecho. Como señala Albaladejo, en estos casos no es que el beneficiario —ya sea el donante u otro tercero designado— adquiera un mero derecho a solicitar la transmisión del bien donado, sino que adquiere este *ipso facto* desde la realización del

529 Dichas sustanciales diferencias entre ambas formas de ineficacia sobrevenida de la donación determinan que, a mi entender, sea incorrecto denominar a la reversión (como hacen distintos autores como p.ej. Iglesias Santos, J. [2010]. *Derecho romano,* Sello editorial, Barcelona, p. 466; Murillo Villar, A. [2007]. *La revocación...*, cit. p. 84) como revocación convencional.

530 Sánchez-Calero, B. (2007). *La revocación...,* cit. p. 34.

531 Castán Tobeñas, J. (1988). *Derecho civil...* T 4. p. 247 y la doctrina citada por Sánchez-Calero, B. (2007). *La revocación...*, cit. p. 30, n 22.

hecho reversional, y lo que procede es simplemente la entrega del bien, puesto que ya es suyo, no para que lo adquiera, sino porque ya lo ha adquirido automáticamente[532]. Por el contrario —sigue diciendo este autor— en los supuestos de revocación regulados en los arts. 644, 647 y 648 CC, la donación no se revoca automáticamente con la simple verificación del hecho que habilita la revocación (ingratitud, incumplimiento del modo, superveniencia de hijos, etc.); es decir, la causas contenidas en los estos tres últimos preceptos del CC no juegan como condiciones[533]. De este modo en los supuestos de revocación, el donante debe ejercitar expresamente la acción ante los tribunales si el donatario no accede voluntariamente a la devolución del bien[534]. Solo una vez que la sentencia firme estime la demanda, se produce la revocación judicial de la donación, con los consiguientes efectos restitutivos del bien o, en su caso, de su valor, sin perjuicio de los derechos de terceros adquirentes, ya sea a título oneroso o gratuito[535].

---

532 Albaladejo García, M. (1991). «Comentarios...», cit. pp. 1627.

533 Precisan Díez-Picazo y Gullón que la causas contenidas en los arts. 644, 647 y 648 CC por las cuales es legítimo la revocación: «son hechos sucesivos a la perfección del negocio y a su misma eficacia» por lo que «no juegan como condiciones resolutorias, pues el donatario nunca tiene, por el mero hecho de la donación, un dominio sometido a tal condición, ni su concurrencia origina automáticamente la ineficacia del negocio, sino la facultad de privarle de efectos» (Díez-Picazo, L. y Gullón, A. [2018]. *Sistema...*, vol. II, T. 2, cit. pp. 74-75).

534 Como afirma la STS 21/10/2011 (Tol 2269940) la revocación no tiene lugar por la sola declaración de voluntad del donante, cuando «el donatario no se muestra conforme con la revocación».

535 Por otro lado, se pregunta Albaladejo si las partes —donante y donatario— pueden, de común acuerdo, establecer como automáticas las revocaciones que la ley regula en los arts. 644, 647 y 648 CC, respondiendo afirmativamente porque (1) la ley no es adversa a la revocación y la deja, además, en manos del donante (2) ningún artículo del CC lo prohíbe y (3) no hay texto legal que, aun dictado para otro fin, dé base para excluir dicho pacto de revocación automática (en Albaladejo García, M. [2006]. *La donación*, cit. pp. 842-843).

B.- EL ART. 641 CC

Cuando donante y donatario acuerdan que, aquel, pueda recuperar el bien donado de producirse determinados eventos mutuamente acordados (normalmente premoriencia del donatario) nos hallamos ante la donación con cláusula de reversión a favor del donante regulada en el art. 641-I in principio del CC. Dicha donación reversional, en una primera aproximación, ha sido definida por nuestra jurisprudencia como aquel negocio jurídico *inter vivos* a título gratuito y sujeto a condición o término resolutorio, en el que expresamente se pacta el derecho de volver a adquirir lo donado, lo que tiene lugar cuando el plazo finalice o llegue a cumplirse la condición[536]. En todo caso, en estos casos, el fundamento de la ineficacia sobrevenida de la donación ya no es la ley —como sí lo era en los casos analizados en los arts. 644, 647 y 648 CC—, sino el contrato de donación y, en concreto, las determinaciones accesorias de la voluntad que, en forma de condición o término, introducen las partes en dicho contrato[537].

1.- Evolución histórica

a. Derecho romano. El origen histórico de la reversión se halla en el derecho romano, donde se permitió —en el periodo clásico— la posibilidad de convenir la restitución de la cosa al donante o a un tercero, mediante *stipulatio* o *pactum fiduciae,*

---

536 Así, STS 13/07/1989 (TOL1.732.153), y STS 11/01/2008 (TOL1.285.327); y en la jurisprudencia menor SAP Murcia de 22/10/2004 (TOL7.893.746); SAP Almería de 15/11/2007 (TOL7.560.169); SAP Les Illes Balears de 11/01/2008 (TOL1.285.327) y SAP Les Illes Balears de 23/09/2009 (TOL1.651.286).SAP Madrid de 07/03/2013 (TOL3.711.005).

537 Regula, por tanto, el art. 641 CC un derecho de reversión convencional o voluntario distinto del contenido en el art. 812 CC que establece una reversión que opera por ministerio de ley a favor de los ascendientes respecto de los bienes donados por ellos a sus hijos muertos sin posteridad.

con efectos meramente obligatorios y más adelante, en derecho justinianeo, la reversión real acordada por simple pacto[538].

La evolución de la donación reversional en el Derecho romano puede apreciarse con claridad a través del análisis de un rescripto emitido en el año 286 d.C., en el que se plantea una donación con pacto reversional sobre un fundo provincial. Este rescripto se conserva tanto en Fragmenta Vaticana 283 como, ya en época de Justiniano, en el Corpus Iuris Civilis, concretamente en el Codex 8,54(55),2, que incorpora interpolaciones respecto del texto original[539].

En efecto, en la concepción clásica del derecho romano, la propiedad se entendía como un derecho perpetuo, lo que impedía jurídicamente la validez de transmisiones temporalmente limitadas. En coherencia con esta concepción, el Fr. Vat. 283 recoge la siguiente respuesta de los emperadores Diocleciano y Maximiano:

> «Diocleciano y Maximiano a Aurelio Carrenoni: Si donaste predios estipendiarios señalando que volvieran a ti tras la muerte del donatario, es nula la donación (*donatio inrita est*), porque la propiedad no podría transferirse a tiempo»[540].

Esta respuesta se basa en la imposibilidad, en ese momento, de transferir el dominio con limitación temporal, por ser la propiedad considerada esencialmente perpetua. Sin embargo, con el paso del tiempo, especialmente bajo la influencia del pensamiento jurídico del derecho justinianeo, se produce un cambio conceptual: la propiedad deja de concebirse como un derecho perpetuo, lo que permite su constitución limitada en el tiempo (*ad tempus*). Esta evolución se refleja en el texto interpolado del

---

538 Iglesias Santos, J. (2010). *Derecho romano,* cit. p. 466.

539 Murillo Villar, A. (2007). *La revocación...*, cit. pp. 84 y 85.

540 Fr. Vat. 283.«Diocletianus et Maximianus Aurelio Carrenoni. Si praediorum stipendiariorum proprietatem dono dedisti ita, ut post mortem eius qui accepit ad te rediret, donatio inrita est, cum ad tempus proprietas transferri nequiverit...».

Codex 8,54(55),2, donde se modifica tanto el destinatario —que ya no es Aurelio Carrenoni sino Aurelio Zenoni[541]— como la solución jurídica, ahora radicalmente distinta[542]:

> «Diocleciano y Maximiano a Aurelio Zenoni: Si donaste predios, señalando que volvieran a ti tras la muerte del donatario, es válida la donación (*donatio valet*), porque también puede hacerse esta por tiempo cierto o incierto, debiéndose conservar la condición que se impuso»[543].

De este modo, mientras en el rescripto original los emperadores afirmaban que la propiedad no podía transmitirse sujeta a término resolutorio, en el texto interpolado Justiniano les hace decir — casi tres siglos después— lo contrario, consagrando la validez de la donación reversional[544].

Atendiendo a este cambio, Bonfante destaca como el carácter perpetuo de la propiedad primitiva acabó cediendo con Justiniano,

---

541 Como destaca Murillo sería absurdo pensar que la cancillería imperial hubiese dado en el mismo día a dos personas distintas, con nombre casi igual, y a propósito del mismo tema, soluciones absolutamente contrarias (Murillo Villar, A. [2007]. *La revocación...*, cit. p. 84, n. 212). Sobre las posibles razones de dichas interpolaciones vide *amplius* Murillo Villar, A. (2007). *La revocación…*, cit. pp. 84 y 85.

542 Murillo Villar, A. (2007). *La revocación…*, cit. p. 84.

543 C.8,54(55),2: «Impp. Diocletianus et Maximianus AA. Aurelio Zenoni: si praediorum proprietatem dono dedisti ita, ut post mortem eius qui accepit ad te rediret, donatio valet, cum etiam ad tempus certum vel incertum ea fieri potest, lege scilicet quae ei imposita est conservanda. (a 286)».

544 Murillo Villar, A. (2007). *La revocación…*, cit. p. 85. A favor de la admisibilidad del derecho de reversión a favor del donante en derecho romano puede verse también la constitución de Diocleciano y Maximiano del año 293 contenida en C.8,53(54),9: «Impp. Diocletianus et Maximianus. Legem, quam rebus tuis donando dixisti, sive stipulatione tibi prospexisti, ex stipulatu, sive non, incerto iudicio (id est praescriptis verbis) apud praesidem provincias debes agere, ut hanc impleri provideat (a. 293)».

que ya admite la reversión de la donación por acuerdo entre donante y donatario y la libre constitución de la propiedad *ad tempus*[545].

b.- Recepción de la reversión convencional en derecho histórico patrio. Si bien numerosos textos de nuestro derecho histórico hacen referencia a la revocación (así, Fuero Juzgo 5,2,5; Fuero Real 3,12,9, etc.) es difícil encontrar normativa a propósito de la reversión convencional[546] salvo la contenida en Partidas 5.4.7 en referencia a la donación con cláusula de reversión a día cierto[547]. No obstante, es indudable que se admitía dicha reversión[548].

Habrá que esperar hasta el siglo de la codificación para una formulación clara de dicho derecho de reversión que admitió dos versiones: la versión restringida que admite el art. 951 del CC francés de 1804 y que limita la reversión solo a favor al donante y solo a los supuestos de premoriencia del donatario y sus descendientes[549]; y la versión amplia que acoge —en nuestra patria— el art. 959 del Proyecto de CC de 1851 que dispone que «podrá establecerse válidamente la reversión a favor de solo el donador

---

545 Bonfante, P. (1976). *Diritto romano,* Giuffrè, Milano, p. 203.

546 Murillo Villar, A. (2007). *La revocación…*, cit. p. 86.

547 Partidas 5,4,7. «Fasta dia cierto, o a tiempo señalado, puede ser fecha la donación» señalando que tal donación sujeta a dicho término resolutorio «valdría fasta aquel dia, o aquel tiempo que señalasse el que la fizo. E de aquel dia en adelante ganarían la possession, e el señorío della, sus herederos del que oviesse fecha la donación, o el otro a quien nombrase para averla».

548 Así lo reconoce, en pleno siglo XIX, García Goyena que, al analizar el art. 959 del Proyecto de CC de 1851 —similar al art. 641 del CC actual—, señalaba, con cita del C.8,54,9, que «por derecho romano y patrio podía pactarse la reversión sin las trabas» (García Goyena, F. [1852]. *Concordancias*...T. II, p. 303).

549 Art. 951 CC francés «El donante podrá estipular un derecho de reversión de los bienes donados en los supuestos de premoriencia del donatario únicamente o de premoriencia del donatario y sus descendientes. Este derecho tan solo podrá estipularse en beneficio del donante».

para cualquier caso y circunstancias; pero no a favor de otras personas, sino en los mismos casos y con iguales limitaciones que determina este Código para la sustitución testamentaria».

En sus comentarios a dicho artículo 959, García Goyena señala, con relación al supuesto de la donación reversional en favor de «solo el donador», que dicha cláusula suele hacerse para el caso de que este sobreviva al donatario y a sus descendientes añadiendo que «no puede haber una estipulación más justa y digna de una acogida favorable. Es una de las condiciones de la donación, y una condición razonable, puesto que el donador no se había despojado de lo suyo, sino por el cariño que profesaba al donatario y a sus descendientes»[550].

Y con relación al supuesto de la donación reversional en favor de otra persona, destaca que García Goyena que «será, pues, válida la donación a pesar de la nulidad de la reversión o sustitución... De todos modos, el donatario o sus herederos no están obligados a restituir los frutos percibidos antes de llegar este caso de reversión, porque los percibieron de buena fe y no faltaron a las condiciones del contrato»[551].

Finalmente, nuestro CC acoge la solución adoptada por el Proyecto de 1851 limitándose a añadir un segundo párrafo al decir en su vigente art. 641 CC:

> «Podrá establecerse válidamente la reversión en favor de sólo el donador para cualquier caso y circunstancias, pero no en favor de otras personas sino en los mismos casos y con iguales limitaciones que determina este Código para las sustituciones testamentarias.
> La reversión estipulada por el donante a favor de tercero contra lo dispuesto en el párrafo anterior es nula; pero no producirá la nulidad de la donación».

550 García Goyena, F. [1852]. *Concordancias*... T. II, cit. p. 303.

551 Ibidem, p. 303.

El art. 641 CC, en una primera aproximación, concede al donante la facultad de incorporar al contrato de donación una cláusula de reversión, mediante la cual, si se produce el evento reversional previsto, el objeto donado retornará al patrimonio del donante o pasará al de un tercero.

El evento reversional suele consistir en el fallecimiento del donatario, configurado como un término incierto (*dies certus an, incertus quando*), pero también puede fundarse en un término cierto (*dies certus an, certus quando*), como la llegada de una fecha determinada del calendario; o bien en una condición, ya sea *incertus an, certus quando* (por ejemplo, el día en que el donante cumpla 60 años), o *incertus an, incertus quando* (por ejemplo, si el donatario contrae matrimonio)[552].

Dicha cláusula de reversión puede ser propia —si el bien donado vuelve al patrimonio del donante, de quien originalmente salió—, o impropia —si el bien revierte a favor de un tercero designado—. Ambas modalidades están comprendidas en el ámbito del artículo 641 CC.

En todo caso, dicha cláusula de reversión es manifestación del principio de autonomía de la voluntad de las partes contratantes —aunque obviamente nazca, normalmente, a iniciativa del donante— y en eso, y en que no limita quien puede ser donante y quien donatario, se distingue del derecho de reversión contenido en el art. 812 CC que es una reversión impuesta por la ley[553].

---

552 Expresamente admite la reversión a plazo nuestra doctrina (v. Albaladejo García, M. [1986]. «Comentarios...», cit. p. 277 y, allí, más citas) y la jurisprudencia (STS 11/01/2008, TOL1.285.327).

553 Costas Rodal, L. (2013). «Contrato...», cit. p. 2559; Albiez Dohrmann, K.J. (2013). «Comentarios...», cit. p. 4882; Albaladejo García, M. (1991). «Comentarios...», cit. p. 1625.

2.- Cuestiones comunes a la cláusula de reversión propia e impropia

Tanto la donación reversional propia, en la que el bien revierte al donante, como la donación reversional impropia, en la que el bien pasa a un tercero —configurándose esta última, en realidad, como una forma de sustitución del donatario[554]— plantean una serie de cuestiones comunes relativas a la interpretación de la cláusula de reversión, forma del pacto de reversión, diferencias con figuras afines e inscripción registral de dicha cláusula de reversión, que abordaremos en este apartado.

a- Interpretación de la cláusula de reversión

Es un lugar común en la doctrina afirmar que el pacto de reversión debe ser objeto de una interpretación restrictiva, dado que el contrato de donación persigue, por naturaleza, la transmisión definitiva del dominio y no una cesión sujeta a una futura reversión del bien donado y a una ineficacia sobrevenida de la donación[555].

No obstante, Albaladejo matiza esta tesis y, sin contradecirla, introduce importantes precisiones hermenéuticas. En primer lugar, señala que la cláusula de reversión, al formar parte del contenido contractual de la donación, debe interpretarse conforme a los criterios generales de interpretación de los contratos. Así, conforme al art. 1285CC, debe atenderse al conjunto del contrato (canon de la totalidad), de manera que cualquier elemento dudoso se resuelva a la luz del sentido global del negocio jurídico.

---

554 Así, entre otras, STS 15/07/2009 (TOL1.577.949), resolución comentada por Barral Viñals, I. (2010). «Comentario de la sentencia de 15 de julio de 2009: Donación con cláusula reversional a favor de terceros: configuración y límites. Efectos de la aceptación, de la donación por el primer donatario. Eficacia adquisitiva en el momento de la reversión. Aceptación del segundo donatario». *CCJC*, Nº 82, pp. 565-577.

555 Por todos, Costas Rodal, L. (2013). «Contrato...», cit. p. 2556; Albaladejo García, M. (1991). «Comentarios...», cit. pp. 1625-1626.

Y, en segundo lugar, dice dicho autor, en virtud del art. 1281 CC, debe buscarse el espíritu que verdaderamente haya querido reflejarse en la cláusula, acudiendo a una interpretación que reduzca su contenido a lo seguro y sin extenderlo a casos dudosos por lo que, en caso de duda, debe prevalecer el espíritu general de la donación en abstracto de transmitir de forma plena y sin restricciones el dominio del bien donado[556].

Por tanto, la interpretación de la cláusula de reversión debe conjugar dos exigencias: aceptar su naturaleza excepcional dentro del esquema general de la donación, y no ignorar que, como cláusula pactada y consentida, forma parte del contrato y debe interpretarse con arreglo a los principios generales de la voluntad contractual.

b.- Forma del pacto de reversión

Aunque normalmente la cláusula de reversión se contendrá en el primigenio contrato de donación y hay doctrina autorizada que así lo exige[557], en realidad, por aplicación de las reglas generales de los contratos, no parece haber inconveniente en que las partes contratantes —donante y donatario— la incorporen después de mutuo acuerdo modificando, así, el contrato original[558].

---

556 Albaladejo García, M. (1991). «Comentarios...», cit. p. 1626.

557 Por ejemplo, Albaladejo, M. (1991). «Comentarios…», cit. pp. 1625-1626 señala que el pacto, y cláusula, de reversión debe ser simultánea a la donación, ya que, si es posterior, no es que modifique la donación anterior, sino que nacería una nueva, con las dificultades que podrían darse para la correcta constitución (Albaladejo García, M. y Díaz Alabart, S. [2006]. *La donación*, cit. pp. 522-523). En parecido sentido, aunque no sin vacilaciones, Albiez Dohrmann, K.J. (2013). «Comentarios...», cit. p. 4886.

558 Parece admitir dicha incorporación posterior la STS 14/05/1987 (TOL1.736.700) cuando niega validez en el ámbito de la donación de inmuebles al pacto de reversión verbal o en documento privado previo o simultáneo a la donación, ni los posteriores al contrato

En todo caso, ya se incorpore el pacto de reversión al celebrar el contrato la donación —como ocurre habitualmente—, ya se introduzca posteriormente por acuerdo entre las partes, dicho pacto queda sujeto a los mismos requisitos formales que la donación misma, cuando se trata de bienes inmuebles. En este sentido, el art. 633 CC exige que la donación de bienes inmuebles se otorgue en escritura pública como forma *ad solemnitatem.* Por tanto, no son válidos los pactos de reversión otorgados verbalmente ni los documentos privados, cuando la donación recae sobre inmuebles[559].

Si el contrato de donación cumple con los requisitos de forma establecidos en el art. 633 CC, pero el pacto de reversión no los cumple, la doctrina mayoritaria considera que la nulidad del pacto reversional, por falta de forma solemne, puede arrastrar consigo la nulidad total de la donación. Ello se debe a que no es razonable presumir —aunque esta presunción admite prueba en contrario— que el donante hubiera querido la donación sin la reversión[560]. Sin embargo, existen autores y algunas sentencias

---

lucrativo convenidos en forma privada, por lo que *a contrario sensu* serán válidos si se convienen en escritura pública.

559 Resalta dicha exigencia de forma Ataz López, J. (2009). *Jurisprudencia....* T.II, cit. p. 1270. Así, señala la STS 14/05/1987 (TOL1.736.700) que «ni son admisibles en el ámbito de la donación de bienes inmuebles los pactos de reversión verbales o en documento privado previos o simultáneos a la donación, ni los posteriores al contrato lucrativo convenidos en dicha forma privada». Añade, no obstante, Albiez que, aunque esta exigencia de unidad de acto en la forma rige para toda donación de inmuebles, sin embargo, cuando se trata de bienes muebles, la cláusula de reversión no necesariamente tiene que estar sujeta a la misma forma que predica el art. 632 CC por lo que no habría inconveniente en que la donación se hiciera verbalmente y la cláusula de reversión por escrito, y, a la inversa, que la donación se hiciera por escrito y la reversión verbalmente (Albiez Dohrmann, K.J. [2013]. «Comentarios...», cit. p. 4886).

560 Así, entre otros, Albaladejo García, M. (1989). «La nulidad de la donación con cláusula de reversión a favor del donante, si ésta no guarda

del TS que sostienen una tesis distinta: la de la nulidad parcial del pacto de reversión, admitiendo la validez de la donación pese a la ineficacia del pacto de reversión por defecto formal[561].

En todo caso, cuando se trata de una reversión impropia, si se incumplen los límites de las sustituciones fideicomisarias (art. 781 CC), es nula la reversión estipulada, sin que ello acarree la nulidad de la donación, por establecerlo así expresamente el art. 641.II CC[562].

c.- Diferencias con figuras afines

La doctrina ha intentado distinguir la donación reversional de otras figuras afines con las que presenta similitudes: en el caso de las donaciones modales lo ha conseguido, pero en el caso de las donaciones condicionales no.

(1).- La donación reversional se distingue de la revocación de la donación modal, regulada en el art. 647 CC, fundamentalmente por el carácter automático de los efectos de aquella[563]. En efecto,

---

la debida forma solemne». *Homenaje al profesor Juan Roca Juan*. Univ. de Murcia, pp. 1-12, y Costas Rodal, L. (2013). «Contrato...», cit. pp. 2555-2556. En el mismo sentido, la STS 31/01/1955 (TOL4.381.770) indica que no pueden valorarse el contrato de donación (en dicho caso encubierto por otro aparente de compraventa) y el otro contrato encubierto posterior, que contenía una cláusula reversional a favor del donante «separadamente sin mutilar al intencionalidad de que son reflejo» por constituir ambos contratos «una unidad contractual indivisible» (en el caso enjuiciado, además, aunque la donación constaba en escritura pública, el pacto reversional de la donación de inmueble constaba en documento privado lo que el TS considera una infracción del art. 633 CC «que impide dar validez y eficacia a la donación»).

561 Así, Durán Rivacoba, R. (1995). *Donación...*, cit. pp. 78 y ss. y STS 14/05/1987 (TOL1.736.700).

562 Costas Rodal, L. (2013). «Contrato...», cit. p. 2556).

563 Así, STS 11/03/1988 (Tol 1732872) y STS 13/07/1989 (TOL1.732.153). Más ampliamente Ataz López, J. (2009). *Jurisprudencia...*. T.II, cit. p. 1269.

mientras que en la reversión el bien retorna de forma automática al patrimonio del donante (o del tercero beneficiario) cuando se produce el evento reversional, en el caso del incumplimiento del modo no se produce automáticamente la ineficacia del negocio, sino que se concede al donante un derecho a solicitar la revocación, que deberá ejercitar —si así lo desea— activamente.

Esta diferencia responde a la naturaleza jurídica de cada figura. La reversión se concibe como una donación sujeta a condición resolutoria o a término, por lo que, una vez cumplido el hecho previsto (por ejemplo, el fallecimiento del donatario), la transmisión se resuelve *ipso iure*[564]. Como señala Albaladejo, no es que el beneficiario (ya sea el donante o un tercero) quede facultado para solicitar la restitución, sino que adquiere automáticamente la propiedad del bien, y solo resta su entrega material, pues jurídicamente ya es suyo[565].

En contraste, en la donación modal si se incumple el modo —y precisamente porque la donación modal no es una donación bajo condición— se reconoce al donante un derecho de revocar, si así lo desea, la donación en virtud del art. 647 CC, pero no es automáticamente ineficaz la atribución, sino que exige el ejercicio de la correspondiente acción judicial conforme al artículo 647 CC[566].

---

564 Para el TS (S.11/03/1988, Tol 1732872): «las donaciones con cláusula de reversión necesariamente hay que incluirlas en la modalidad de donaciones condicionales, en su verdadera acepción técnica, pues tal pacto supone el recobro por el donante de lo que regaló (para cualquier caso y circunstancias), o el paso de lo donado desde el donatario a terceras personas (con el límite de las sustituciones fideicomisarias)».

565 Albaladejo García, M. (1991). «Comentarios...», cit. p. 1627. Señala, así, este autor que cuando sucede el evento reversional «no es que el beneficiario —donante o tercero— resulte facultado para hacer que le sea transmitida la cosa donada, sino que adquiere esta *ipso facto* en virtud de la realización del hecho reversional, y ha de serle entregada porque ya es suya, no para que la adquiera».

566 Albiez Dohrmann, K.J. (2013). «Comentarios...», cit. p. 4884.

No obstante, en la práctica no siempre resulta sencillo distinguir entre una cláusula de reversión y un modo. Será necesario atender cuidadosamente al tenor literal del contrato y a la intención de las partes para calificar correctamente la figura[567]. Y en casos de duda interpretativa, puede aplicarse por analogía el principio recogido en el art. 797 CC, conforme al cual debe presumirse, en caso de ambigüedad, que se trata de una donación modal, y no sujeta a condición resolutoria.

Como lógica consecuencia del carácter automático de los efectos de la reversión, dice Mariño Pardo, la acción del donante para solicitar la recuperación del bien donado con cláusula de reversión no quedaría sujeta a plazo de caducidad o prescripción, por lo que no cabe reproducir, en esta sede, la discusión que vimos que existe en la donación modal sobre el plazo para ejercitar la acción de revocación y sobre la naturaleza —prescripción o caducidad— de la misma[568].

(2).- La donación con cláusula de reversión es sustancialmente distinta de la donación con reserva de la facultad de disponer

---

567 En la práctica judicial no siempre será fácil diferenciar una donación condicional —la donación reversional no es sino una donación bajo condición o término— o una donación modal, pero habrá condición si la voluntad del donante fue que se cumpla la condición antes de exigir la atribución; y modo si la voluntad del donante fue que se exija la atribución antes de que se cumpla la carga. Y es que, a diferencia de la condición, el modo obliga, pero no suspende (y, por tanto, puede cumplirse después de la adquisición); mientras que la condición suspensiva suspende, pero no obliga (*«condicio suspendit sed non cogit»*) y debe cumplirse antes de la atribución. Sobre supuestos dudosos de donación modal del art. 647 CC o donación reversional del art. 641 CC examinados por la jurisprudencia *vide* más ampliamente, con examen de sentencias, Parra Lucán, M.A. (2016). «La donación», cit. pp. 96-97 y Ataz López, J. (2009). *Jurisprudencia...*. T.II, cit. pp. 1268-1269.

568 Mariño Pardo, F. (2015). «La donación con cláusula de reversión», consultado en https://www.iurisprudente.com/2015/11/la-donacion-con-clausula-de-reversion.html

(regulada en el art. 639 CC), porque, en esta, el donante puede enajenar el bien donado, pero no recuperarlo.

(3).- Más complicado resulta diferenciar la donación reversional de la donación sujeta a condición resolutoria, hasta el punto de que tanto la jurisprudencia como la doctrina mayoritaria tienden a identificarlas, asimilando la cláusula de reversión a una verdadera condición resolutoria[569]. En esta línea, se considera que el evento reversional funciona como una condición bajo la cual se perfecciona la donación, de manera que, al producirse dicho evento, la donación queda automáticamente resuelta[570].

No obstante, esta equiparación ha sido criticada por parte de la doctrina, especialmente por Ataz López, quien advierte de dos importantes objeciones a esta configuración: en primer lugar, señala que dicha identificación se construye únicamente desde la perspectiva del donatario, para quien —salvo que el evento reversional sea su propio fallecimiento— efectivamente puede parecer que la donación está sujeta a una condición resolutoria. Sin embargo, esta interpretación deja «en la más absoluta oscuridad» la posición jurídica del tercero beneficiado por la reversión, sin clarificar si el donatario puede o no disponer del bien

---

569 Así, en la jurisprudencia, STS 11/12/1987 (TOL1.738.370), STS 13/07/1989 (TOL1.732.153) y STS 11/03/1988 (Tol 1732872) señalando esta última que: «Las donaciones con cláusula de reversión necesariamente hay que incluirlas en la modalidad de donaciones condicionales, en su verdadera acepción técnica, pues tal pacto supone el recobro por el donante de lo que regaló (para cualquier caso y circunstancias), o el paso de lo donado desde el donatario a terceras personas (con el límite de las sustituciones fideicomisarias)». En la doctrina, entre muchos, otros equiparan donación reversional y donación bajo condición resolutoria Manresa y Navarro, J.M. (1910). *Comentarios*...T. V, cit. p. 146; Albaladejo García, M. (1986). «Comentarios...», cit. p. 281; Zurilla Cariñana, M.A. (2013). «Comentarios...», cit. p. 924; Ataz López, J. (2009). *Jurisprudencia*.... T.II, cit. p. 1269.

570 Albaladejo García, M. (1991). «Comentarios...», cit. p. 1627.

donado, ni si debe reservarlo total o parcialmente en previsión del cumplimiento del evento reversional. Y, en segundo lugar, destaca que el evento reversional no tiene por qué revestir siempre la naturaleza de condición (hecho futuro e incierto), sino que también puede consistir en un término o plazo (hecho futuro y cierto), lo que desborda los límites conceptuales de la condición resolutoria. Además, en los casos de reversión impropia, la figura puede incluso encubrir una verdadera sustitución, ya sea vulgar, pupilar, ejemplar o fideicomisaria, lo que introduce elementos propios del derecho sucesorio más que del contractual[571].

Por tanto, aunque la asimilación entre reversión y condición resolutoria es funcionalmente útil y común en la práctica, no agota ni explica adecuadamente toda la complejidad jurídica

---

571 Ataz López, J. (2009). *Jurisprudencia....* T.II, cit. p. 1269. En todo caso, la Ley 8/2021 ha suprimido la institución de la sustitución ejemplar regulada en el anterior art. 776 CC. También, Albiez impugna dicha equiparación entre donación reversional y donación condicional considerando que la cláusula de reversión, aunque participa de las principales características de la cláusula de condición resolutoria y aunque, en ambos casos, el efecto sea la restitución automática, no puede identificarse con ella porque tiene sustantividad propia. Y ello porque, en primer lugar, en la donación reversional lo más característico es la devolución del bien —que vuelva el bien donado al donante o a terceros— no la resolución de la donación (que puede incluso no existir como sucede en la reversión impropia en que no se resuelve propiamente la donación, sino que el bien pasa a manos del tercero designado), mientras que en la condición o término lo más característico es la resolución de la donación; en segundo lugar, porque equiparar la cláusula de reversión a la condición resolutoria, nos llevaría a aplicar el art. 1123.I CC, por lo que debería restituirse no solo el bien sino también los frutos de la cosa donada; y en tercer lugar cuando la reversión es impropia concurren una serie de singularidades entre las que destaca la aceptación del tercero, que no es idéntica a la aceptación que se requiere en la donación (vid. art. 626) (Albiez Dohrmann, K.J. [2013]. «Comentarios...», cit. pp. 4883-4884).

que puede encerrar una cláusula de reversión, especialmente en los casos en que interviene un tercero o se pactan plazos ciertos.

d.-. La inscripción registral de la cláusula de reversión

Cuando la donación reversional recae sobre bienes inmuebles, tiene acceso al Registro de la Propiedad como cualquier otra donación, por tratarse de un acto traslativo del dominio[572]. En consecuencia, al practicarse la inscripción de la donación, debe hacerse constar expresamente la cláusula de reversión, por constituir una limitación del dominio. Esta exigencia responde al principio de especialidad registral, recogido en el art. 51.6 RH[573], y al artículo 9.c) LH, que dispone que la inscripción debe reflejar, entre otras menciones, las condiciones suspensivas o resolutorias que afecten al derecho inscrito. Y, no olvidemos que, para nuestra jurisprudencia, la cláusula de reversión es una condición resolutoria.

La eventual circunstancia de que la reversión impropia designe como beneficiarios a terceros no intervinientes en el contrato de donación original no impide su acceso registral. La doctrina hipotecarista admite la inscripción de derechos reales a favor de

572 Soto Bisquert, A. (1967). «La donación con cláusula de reversión en el Código Civil». *RCDI,* p. 413.

573 Dicho precepto ordena que la inscripción contenga «expresión circunstanciada de todo lo que, según el título, determine el mismo derecho o límite las facultades del adquirente, copiándose literalmente las condiciones suspensivas resolutorias, o de otro orden» establecidas en el título que se pretende inscribir. A pesar del término «literalmente», Chico y Ortiz mantuvo — frente a Roca Sastre— que ello no significa que deba copiarse al pie de la letra la condición, sino que debe sintetizarse y extraerse la esencia de la condición para que esta pueda ser conocida del tercero en su condición suspensiva o resolutoria (Chico y Ortiz, J.Mª. [2000] *Estudios sobre derecho hipotecario.* T. I. Marcial Pons, Madrid-Barcelona, p. 373).

personas que no han sido parte directa en el acto o contrato[574]. Tampoco impide la inscripción el hecho de que dichos beneficiarios sean, en ocasiones, sujetos futuros e indeterminados, ya que la misma doctrina reconoce supuestos en los que titularidades indeterminadas pueden acceder válidamente al Registro[575].

La aceptación del reversionario debe formalizarse en escritura pública, y se reflejará mediante el correspondiente asiento de inscripción en el Registro de la Propiedad[576]. Cuando se cumpla el evento reversional —esto es, cuando se verifique la condición resolutoria—, se hará constar en dicho Registro, si lo donado es un inmueble, dicha circunstancia mediante una nueva inscripción a favor del reversionario (art. 23 LH[577]).

Aunque la adquisición por parte del reversionario es automática desde el cumplimiento del evento, la modificación registral requiere acreditar dicho cumplimiento, con el fin de consolidar la titularidad a su favor. Este mecanismo fue detalladamente explicado por la RDGRN de 12/06/1999[578], la cual establece una distinción fundamental entre dos fases:

Primera fase, mientras la condición está pendiente, el Registro refleja dos titularidades contrapuestas: una actual (del donatario) y una expectante (del reversionario). En esa fase, será necesario, para inscribir actos dispositivos sobre el bien libre de la condición impuesta, que actúen conjuntamente ambos titulares.

---

574 Soto Bisquert, A. (1967). «La donación...», cit. p. 413; Roca Sastre, R.Mª. (1948). *Derecho hipotecario,* T.III. Bosch, Barcelona, p. 390.

575 Soto Bisquert, A. (1967). «La donación…», cit. p. 413.

576 Ibidem.

577 Y demás normas concordantes, vid. arts. 56, 175.6º, 177, 180, 238 y 239 RH.

578 RDGRN 12/06/1999 (TOL132.678). Reiteran su doctrina la RDGRN 12/05/2010 (TOL1.891.883); 28/11/2017 (TOL6.449.560); 25/04/2019 (TOL7.211.167); y la RDGSJFP de 11/07/2022 (TOL9148779).

Segunda fase, agotado el plazo fijado para que la condición se cumpla, sin que conste en el Registro su cumplimiento o incumplimiento, es necesario eliminar la indeterminación del titular a cuyo favor se consolidó el dominio (se habrá consolidado a favor del donatario si no se cumplió la condición o del reversionario si se cumplió). En tal caso, y aunque la atribución sea automática, no podrá inscribirse la posterior transmisión del dominio otorgada solo por uno de ellos mientras no se acredite que el desenvolvimiento de la condición se realizó a su favor y se elimine la indeterminación del titular.

3.- La reversión de la donación a favor del donante

Como dijimos, la cláusula reversional regulada en el art. 641 CC puede ser propia —si el bien donado vuelve a aquel de quien salió, es decir, al donante—, o impropia —si el bien donado pasa del donatario a terceros—. Comenzaremos el análisis por la reversión a favor del donante, regulada expresamente en el inciso primero del precepto, donde se establece que: «podrá establecerse válidamente la reversión en favor de sólo el donador para cualquier caso y circunstancias».

Como primera aproximación, puede afirmarse que en la donación con cláusula de reversión propia el donante transfiere el dominio de un bien al donatario, pero se reserva contractualmente la posibilidad de recuperar ese bien si se cumple el evento reversional pactado. Se trata, como ha señalado parte de la doctrina, de una donación «boomerang», en la que el bien, tras «rebotar» temporalmente en el patrimonio del donatario, regresa al acervo del donante si se cumple la condición o el término acordado[579].

---

579 Pérez Gurrea, R. (2013). «La donación con cláusula de reversión. Su régimen jurídico, naturaleza y efectos». *RCDI* 736, p 1182; Nieto Alonso, A. (2011). «Comentarios...», cit. p. 172.

Pero esta donación con cláusula de reversión propia, a pesar de su sencillez aparente, plantea los siguientes problemas:

a. Análisis de la expresión «para cualquier caso y circunstancias»

Uno de los principales problemas interpretativos que plantea el art. 641 CC es el sentido que debe atribuirse a la expresión «para cualquier caso y circunstancias», referida a la posibilidad de establecer una cláusula de reversión a favor del donante. Aunque la fórmula parece, en principio, clara y amplia, ha generado debate doctrinal y jurisprudencial, especialmente en relación con la validez de las llamadas cláusulas *si voluerit*, esto es, aquellas que subordinan la reversión a la mera voluntad del donante, configurando así una reversión *ad libitum* o *ad nutum*. Para resolver dicho problema la doctrina ha desarrollado dos tesis:

(1) Tesis contraria a la reversión *ad libitum*. Una parte de la doctrina y la jurisprudencia rechaza la validez de la reversión subordinada al puro arbitrio del donante, por considerar que vulnera el principio de irrevocabilidad de la donación y el art. 1256 CC, que prohíbe que la validez y el cumplimiento de los contratos queden al arbitrio de una sola de las partes.

En este sentido, la RDGSJFP de 29/10/2020 se pronunció en contra de la validez de una cláusula reversional fundada en la mera voluntad del donante, por considerarla incompatible con los principios generales del Derecho contractual y del Derecho sucesorio[580]. Afirmó que admitir tal posibilidad equivaldría a reconocer la existencia de una donación *inter vivos* unilateralmente revocable, algo que el sistema jurídico español no contempla *de iure condito*.

En parecido sentido, la RDGRN de 16/04/2019 negó la validez de una cláusula de reversión «para cualquier caso y circunstancia, que (el donante) no deberá justificar», entendiendo que,

---

580 RDGSJFP de 29/10/2020 (TOL8214255).

en realidad, no se había producido una verdadera transmisión del dominio, y solo se había transmitido una titularidad formal reteniendo el donante la titularidad material de lo donado[581]. Además, se ha advertido que este tipo de cláusulas, en la práctica, pueden encubrir simulaciones contractuales con fines defraudatorios, especialmente en el ámbito fiscal[582].

En la doctrina, autores como Sirvent se han mostrado contrario a la cláusula «*si voluerit*», sosteniendo que el donante debe concretar los supuestos objetivos en los que operará la reversión, de modo que una cláusula que se limitara a establecer la reversión, pero sin concretar el supuesto de hecho que originará tal reversión, debe

---

581 RDGRN 16/04/2019 (TOL 7179873). Dicha resolución consideró que la donación de la nuda propiedad con reserva del usufructo vitalicio sucesivo en favor del donante, e igualmente con «reversión en favor del donante para cualquier caso y circunstancia, que no deberán justificar», y con prohibición al donatario de disponer inter vivos en vida del donante, es equiparable a la donación *mortis causa*, y, por tanto, debe otorgarse en forma testamentaria, no siendo inscribible si, como ocurría en el caso debatido, adopta la forma de escritura de donación. Considera dicha resolución que existe una verdadera donación *mortis causa* cuando el donante sigue, mientras viva, teniéndose por propietario de lo donado; y eso es lo que, a su juicio, ocurría en el caso debatido, en el que, dice, no cabe sostener que haya existido una verdadera transmisión del dominio del bien donado, porque, añade, esa propiedad teóricamente donada tiene un alcance meramente formal y queda, por completo, desnaturalizada por la reversión a favor del donante y el resto de cláusulas que la acompañan y dan la verdadera dimensión del negocio jurídico celebrado.

582 Así lo entendió, por ejemplo, la STSJ de País Vasco, de 03/06/2015 (TOL 5420335) que considera simulación contractual para defraudar a hacienda que, el mismo día de la constitución de la sociedad, el donante realice una donación a favor de las dos hijas pequeñas del matrimonio excluyendo expresamente a la mayor de edad, reservándose el derecho de disponer de la casi totalidad de lo donado y pactando la reversión a favor del donante «para cualquier caso y circunstancia que no deberá justificar».

tenerse por no puesta, por ser incompatible con el principio de irrevocabilidad de la donación, del cual la reversión es una excepción[583].

Finalmente, en la misma línea, Cossío se muestra igualmente contrario a la reversión *ad libitum* porque, señala, si la facultad de reversión que el donante se reserva fuera ilimitada, y bastase en cualquier momento el arbitrio del donante para privar al donatario del bien donado, no habrá auténtica transmisión del dominio[584] porque este donatario carecería de una facultad dominical esencial.

(2) Tesis favorable a la reversión *ad libitum.* Frente a esta postura, otros autores sostienen la validez de la cláusula *si voluerit* apoyándose en la literalidad del art. 641 CC, que permite pactar la reversión «para cualquier caso y circunstancias», sin restricciones[585].

Albaladejo defiende esta tesis afirmando que, al ser el donante el acreedor de la reversión, no le resulta aplicable la prohibición de las condiciones puramente potestativas *ex parte debitoris* contenida en el art. 1115 CC[586]. Este planteamiento encuentra, además, respaldo jurisprudencial en la STS de 31/01/1955, que declaró válida una cláusula por la que el donante se reservaba el derecho de reversión «si por circunstancias especiales así lo estimara oportuno»[587]. Y

---

583 Sirvent García, J. (2000). *La donación...*, cit. pp. 30 y 38.

584 Cossío y Corral, A. de. (1975). *Instituciones....*T.I, cit. pp. 344-345.

585 Principios «in claris non fit interpretatio»; «ubi verba non sunt ambigua, non est locus interpretationibus», y «ubi lex non distinguit, nec nos distinguere debemus».

586 Albaladejo García, M. (1986). «Comentarios...», cit. p. 280. También a favor puede verse Albiez Dohrmann, K.J. (2013) «Comentarios...», cit. p. 4882 quien considera que la autonomía de voluntad del donante para que el bien donado retorne a él es absoluta; y Pérez Gurrea, R. (2013). «La donación...», cit. p 1183 que admite, en el plano teórico, la reversión propia *ad libitum,* aunque, desde un punto de vista práctico, y por razones de seguridad jurídica, considera conveniente que en la propia donación reversional se especifique con claridad el término o condición a que se supedita la reversión.

587 STS 31/01/1955 (TOL4381770).

en nuestro derecho foral admite dicha cláusula «*si voluerit*» el art. 531.19 i.f. del CC de Cataluña («La reversión que depende de la simple voluntad de los donantes se entiende que es condicional»).

b.- Transmisibilidad mortis causa de la acción y derecho de reversión

Para el ejercicio de la acción de reversión está, obviamente, legitimado activamente el donante, pero ¿si este fallece antes de que se cumpla el evento reversional se extingue la reversión, o dicha facultad de reversión se transmite a sus herederos? Con Albaladejo entiendo que debe distinguirse según la cláusula esté sujeta a término o a condición:

Así, si se trata de reversión sujeta a término («*certus an*» como p. ej. la reversión de la donación cuando fallezca el donatario) el derecho de reversión es transmisible *mortis causa* en favor de los herederos del donante, aunque ello no se especificara, si el donante premuere al plazo por aplicación del art. 799 CC[588].

Por el contrario, cuando la cláusula de reversión está sujeta a condición —es decir, a un hecho futuro e incierto (*incertus an*), como en el caso de la reversión de la donación si el donatario muere sin hijos (*si sine liberis decesserit*)—, la solución dependerá de lo que hayan expresamente pactado las partes en el contrato de donación[589]. En este tipo de supuestos, a falta de una voluntad

---

588 Así, Albaladejo García, M. y Díaz Alabart, S. (2006). *La donación*, cit. p. 527; Albaladejo García, M. (1986). «Comentarios...», cit. p. 279 y la doctrina citada en n. 10; Nieto Alonso, A. (2011). «Comentarios...», cit. pp. 172-173; Zurilla Cariñana, M.A. (2013). «Comentarios...», cit. p. 924 y Pérez Gurrea, R. (2013). «La donación...», cit. pp. 1183. Sin embargo, para Pons, la reversión es siempre un derecho personalísimo y, por ende, intransmisible *mortis causa* (Pons Pérez, A. [1957]. «La reversión de donaciones en el Código Civil». *RDP*, p. 1183).

589 Así Albaladejo García, M. (1986). «Comentarios...», cit. p. 279; y los allí citados; en el mismo sentido Zurilla Cariñana, M.A. (2013). «Co-

expresa a favor de la transmisibilidad *mortis causa* del derecho de reversión, la doctrina ha planteado dos posiciones enfrentadas:

1.- Primera tesis (extinción del derecho de reversión con la muerte del donante): Conforme a esta posición, si el donante fallece antes de que se cumpla la condición reversional (*pendente conditione*), el derecho de reversión se extingue, y se purifica el derecho del donatario quien queda liberado de la carga. Según esta interpretación, el derecho de reversión tendría un carácter *intuitu personae*, de forma que, a falta de previsión expresa, no se transmite a los herederos del donante, y lo donado no revierte[590].

2.- Segunda tesis (transmisibilidad del derecho de reversión a los herederos del donante): En sentido opuesto, otra parte de la doctrina considera que, salvo que se haya excluido expresamente, los herederos del donante deben ocupar su lugar y, en consecuencia, lo donado revierte a ellos si se

---

mentarios...», cit. p. 924; Pérez Gurrea, R. (2013). «La donación…», cit. p. 1183; Lacruz Berdejo, J.L. (1958). «Donaciones con cláusula de reversión». *Estudios de derecho civil.* Bosch, pp. 242-243; Sirvent García, J. (2000). *La donación...*, cit. p. 100.

590 Sostienen esta tesis, entre otros, Albiez Dohrmann, K.J. (2013). «Comentarios...», cit. p. 4888; Nieto Alonso, A. (2011). «Comentarios…», cit. p. 173; Saborido Sánchez, P. (2023). «Comentarios...», cit. p. 3190; Pérez Gurrea, R. (2013). «La donación…», cit. p. 1183; Pons Pérez, A. (1957). «La reversión…», cit. pp. 1183 y ss.; Costas Rodal, L. (2013). «Contrato...», cit. p. 2559; Albaladejo García, M. (1986). «Comentarios...», cit. p. 279 y en Albaladejo, García, M. (2006). *La donación,* cit. p. 528 argumentando, este, que: en primer lugar, la reversión es de interpretación restrictiva por lo que, si no consta asi, no debe entenderse querida también a favor de los herederos del donante; y, en segundo lugar, que el sentido que inspira los arts. 639 y 759 CC permiten considerar que el espíritu del legislador es contrario a que el heredero del donante premuerto sea llamado a la reversión.

cumple el evento reversional sujeto a condición[591]. Esta es la postura defendida por Soto Bisquert, quien argumenta que, como regla general, el derecho de reversión —aunque esté sujeto a condición— debe considerarse transmisible con ese mismo carácter condicional a los herederos, ya que se trata de un derecho adquirido por acto *inter vivos* que forma parte del patrimonio del causante[592].

En todo caso, de admitirse la transmisibilidad del derecho de reversión a los herederos del donante, solo serán reversionarios —en caso de fallecimiento del donante— los herederos de este que viviesen al cumplirse el evento reversional[593]. Recibiendo la reversión, los herederos del donante serán terceros sometidos a los límites de la reversión a favor de estos[594].

4.- La reversión a favor de terceros o impropia

La cláusula reversional, como vimos, puede ser propia —si el bien donado revierte al donante— o impropia —si el bien donado pasa del donatario a terceros—. Analizada la reversión

591 Sostienen esta tesis, entre otros, Manresa y Navarro, J.Mª. (1910). *Comentarios...*, cit. pp. 145-146; Soto Bisquert, A. (1967). «La donación.», cit. p. 403; Sirvent García, J. (2000). *La donación...*, cit. p. 100.

592 Soto Bisquert, A. (1967). «La donación.», cit. p. 403.

593 Albaladejo García, M. (1986). «Comentarios...», cit. pp. 278-279 con base en el art. 759 CC y la RDGRN de 08/02/1895. También sostienen dicha postura Manresa y Navarro, J.M. (1910). *Comentarios...* T.V, cit. pp. 147-148, con cita de idéntica resolución; Santamaría, J. (1958). *Comentarios...*, cit. p. 647 y Soto Bisquert, A. (1967). «La donación...», cit. p. 405 señalando, este último autor con cita de la resolución de dicho Centro Directivo (y conforme a la concepción de tal autor sobre el carácter personalísimo y, por tanto, intransmisible *mortis causa* del derecho del reversionario), que solo serán reversionarios los herederos que existan al tiempo de cumplirse la restitución en su favor.

594 Albaladejo García, M. (1986). «Comentarios...», cit. p. 279.

propia en las líneas precedentes, corresponde ahora examinar la reversión impropia, cuya regulación se encuentra en la parte final del art. 641-I CC que dispone que podrá establecerse válidamente la reversión en favor de otras personas (que no sean el donante) solo «en los mismos casos y con iguales limitaciones que determina este Código para las sustituciones testamentarias».

a.- Naturaleza jurídica de la reversión impropia

Si bien en la reversión propia se produce una verdadera reversión que tendrá lugar de forma automática cuando se cumpla el evento reversional, en la reversión impropia se produce, según la doctrina mayoritaria, una sustitución —el donatario es sustituido por un tercero porque así lo quiso el donante cuando se cumple el evento reversional— previa aceptación de la atribución por el tercero designado como reversionario[595].

No obstante, ha sido discutida doctrinalmente la verdadera naturaleza jurídica de la reversión impropia porque, dice Albiez, existiendo en el fondo dos atribuciones (una primera al donatario y otra después al reversionario) esta estructura presenta más dificultades que la reversión a favor solo del donante[596].

---

595 Así, STS 15/07/2009 (TOL1.577.949) y en la doctrina, entre muchos otros, Albiez Dohrmann, K.J. (2013). «Comentarios...», cit. pp. 4882-4883; Nieto Alonso, A. (2011). «Comentarios...», cit. pp. 173-174 y Zurilla Cariñana, M.A. (2013). «Comentarios...», cit. pp. 923-924. Vide *amplius* Sirvent García, J. (2000). *La donación...*, cit. pp. 48 y ss.

596 Destaca dicha discusión doctrinal Albiez Dohrmann, K.J. (2013). «Comentarios...», cit. pp. 4889-4890 quien señala que, al menos, cuando el evento reversional no depende de la muerte del donatario o donante, y mientras no tenga lugar el evento reversional, el donatario originario debe ser tratado como lo que es, como verdadero propietario. Producido el evento reversional, tiene lugar una segunda atribución, pero que es consecuencia de la primera siendo discutible que exista «una sola donación —la realizada a favor del donatario originario— o dos

Lacruz resume las distintas tesis doctrinales formuladas sobre la naturaleza jurídica de la donación reversional impropia, destacando las siguientes[597]:

(1).- Es un contrato a favor de tercero, celebrado entre donante y donatario, regido por el art. 1257.2 CC, contrato que en el campo de las donaciones —dicen sus defensores— tiene su réplica en el modo.

La doctrina rechaza esta teoría porque, decía Soto Bisquert, el contrato a favor de tercero se regula en el CC pensando en el contrato oneroso en el que existe una correspondencia entre la prestación que la contraparte realiza en favor del obligado y la que éste debe realizar en favor del tercero[598]. Por contra, en la donación reversional, no existe tal correspondencia: el primer donatario no está obligado a restituir los bienes al reversionario como contraprestación de la donación que recibe, sino como consecuencia lógica de haber concluido su derecho al cumplirse la condición o término; el derecho del reversionario no nace en virtud de ningún modo impuesto al primer donatario, sino que deriva directamente del donante, que es quien lo crea al llamarle al bien donado[599]. Para el primer donatario, la reversión no es una carga, sino una disminución de su derecho, una —en palabras de Soto Bisquert y Vallet de Goytisolo— «*minus*

---

donaciones —la segunda sería una nueva donación, la cual requerirá para su perfección la aceptación del reversionario—. En virtud de la cláusula de reversión se produce una atribución que es automática, por voluntad del donante, y, por tanto, no derivativa». Más ampliamente *vide* Sirvent García, J. (2000). *La donación...*, cit. pp. 111 y ss.

597 Lacruz Berdejo, J.L. (1958). «Donaciones...», cit. p. 244.

598 Soto Bisquert, A. (1967). «La donación...», cit. p. 367. También se han opuesto a esta teoría con distintos argumentos Vallet de Goytisolo, J.B. (1950). «La donación "*mortis causa*"... », cit. p. 781; Nart Fernández, I. (1952). «Donación y reversión a personas futuras». *ADC* II, p. 600.

599 Soto Bisquert, A. (1967). «La donación...», cit. p. 367; Vallet de Goytisolo, J.B. (1950). «La donación "mortis causa"... », cit. pp. 781-782.

adquisitio»[600]. Además, admitir esta tesis, con aplicación del art. 1.257 CC, obligaría al reversionario a comunicar su aceptación al primer donatario, lo cual no guarda coherencia con los fines —teóricos y prácticos— de la reversión de donaciones[601].

(2).- Es un contrato de legado (o de institución de heredero). Si la reversión debe tener lugar —como suele ocurrir en la práctica— a la muerte del donatario, puede construirse como un contrato de legado (o de institución de heredero) celebrado por el donatario-causante, con el donador como co-contratante; contrato que se añade al de donación, pero que puede distinguirse de éste.

Esta tesis ha sido también criticada por la doctrina. Así, Soto Bisquert rechaza esta tesis porque, dice, el art. 641 CC no autoriza, frente a la prohibición general de pactos sucesorios contenida en el art. 1.271 CC, la creación de un contrato de institución de heredero o de nombramiento de legatario. Además, admitir esta tesis obligaría a configurar al reversionario como sucesor del primer donatario frente a la intención evidente de las partes, y con todas las consecuencias que de ello se derivaría respecto de capacidad para suceder, etc.[602].

(3).- Es una donación doble, a término final a favor del primer donatario, y bajo término suspensivo a favor del reversionario[603]. Dicha construcción es acertada, en principio porque, indudablemente, puede realizarse una donación a término final en favor de una persona y bajo término suspensivo en favor de otra, pero esto —dice Soto Bisquert— no es una donación reversional ni

---

600 Soto Bisquert, A. (1967). «La donación...», cit. p. 368; Vallet de Goytisolo, J.B. (1950). «La donación "mortis causa"... », cit. pp. 781-782.

601 Soto Bisquert, A. (1967). «La donación...», cit. p. 368.

602 Ibidem. Se adhiere a dicha crítica Pérez Gurrea, R. (2013). «La donación.», cit. p. 1180.

603 En este sentido, De los Mozos, J.L. (2000). *La donación...*, cit. p. 310 y ss. llega a calificar a la donación con reversión a favor de «*otras personas*» como una especie de «*doble donación*» en sentido sucesivo.

cumple los fines de esta porque, configurada como donación ordinaria, no podría hacerse en favor de *nondum conceptus* al tiempo de su perfección[604]. Y es que, como veremos, una de las funciones relevantes que cumple la donación reversional es permitir la donación actual a personas no existentes al tiempo de otorgarse.

(4).- Es una donación corriente, con un llamamiento posterior que (i) Mientras vive el donante es una donación a término inicial. (ii) Fallecido éste, tiene naturaleza idéntica a una sustitución fideicomisaria. Esta tesis fue mantenida por Lacruz Berdejo porque, decía, la donación reversional, siempre sujeta a término inicial, tiene doble naturaleza: acto *inter vivos* hasta que fallece el donante y *mortis causa* en adelante, siendo esto lo que estaría más conforme con la voluntad de las partes.

No obstante, dicha tesis ha sido criticada por Soto Bisquert porque considera que la muerte del donante no debería variar la naturaleza de la donación transformándola de acto *inter vivos* en *mortis causa*[605].

(5) Es una donación bajo sustitución fideicomisaria Criticaba Lacruz Berdejo esta teoría porque no siempre el llamamiento reversional adopta la forma de una sustitución fideicomisaria, pero ha sido defendida —decía Soto Bisquert—por «muchos y brillantes defensores»[606] entre los que se encuentran Pons Pérez y Vallet de Goytisolo[607].

---

604 Soto Bisquert, A. (1967). «La donación...», cit. p. 368. En idéntico sentido, Pérez Gurrea, R. (2013). «La donación.», cit. p. 1180.

605 Soto Bisquert, A. (1967). «La donación...», cit. p. 369.

606 Ibidem p. 369.

607 Pons Pérez, A. (1957). «La reversión...», cit. p. 1187 y Vallet de Goytisolo, J.B. (1950). «La donación "mortis causa"... », cit. p. 782. Considera Vallet que la reversión impropia no es sino un fideicomiso contractual apoyado sobre una donación siendo la segunda disposición una donación *mortis causa* superpuesta a la primera donación, sea ésta *inter vivos* o *mortis causa*; con la consecuencia de que, por un lado, el donante podrá revocar esa segunda donación mientras

No obstante, según la doctrina mayoritaria, la donación reversional impropia vinculada a la muerte del donatario produce una atribución que ha sido calificada por la doctrina, en particular por Albiez Dohrmann, como *post mortem* o *mortis causa* singular[608]. En efecto, en estos supuestos, el derecho del tercero reversionario nace solo tras el fallecimiento del donatario, lo que aproxima notablemente esta figura a las disposiciones testamentarias. Dicha atribución *post mortem o mortis causa singular* es válida, en virtud de los arts. 641 y 781 CC, siempre que los llamamientos sucesivos no pasen del segundo grado o se hagan a favor de las personas que vivan al tiempo de fallecer el testador[609].

Cuando el donante estipula la reversión a favor de un tercero, pero se excede de estos límites legales, tal designación será nula, conforme a las reglas que rigen las sustituciones testamentarias[610]. No obstante, esta nulidad será parcial, es decir, no afectará a la validez global de la donación. Así lo establece el propio artículo 641.II CC, que prevé que el exceso en los llamamientos reversionales no arrastrará la nulidad del contrato de donación, sino únicamente la ineficacia del nombramiento del tercero que supere el límite legal.

Finalmente, la donación reversional a favor de terceros no tiene necesariamente que revestir la forma de la sustitución fideicomisaria, sino que puede adoptar también la forma de la otra sustitución vulgar o pupilar[611].

---

el reversionario no haya adquirido sus derechos y, por otro lado, si el reversionario premuere sin haber entrado en la sustitución, nada podrá transmitir a sus herederos, caducando la disposición hecha a su favor, que perderá toda virtualidad (últ. o.c. pp. 783-784).

608 Albiez Dohrmann, K.J. (2013). «Comentarios...», cit. p. 4890.

609 Dicho límite, nos recuerda Ossorio, pretende evitar que por vía de donación puedan quedar indefinidamente vinculados unos bienes (Ossorio Serrano, JM. [2020]. «El contrato...», cit. p. 272).

610 Albiez Dohrmann, K.J. (2013). «Comentarios...», cit. p. 4890.

611 Sirvent García, J. (2000). *La donación...*, cit. p. 66 con apoyo en numerosos autores y Vallet de Goytisolo, J.B. (1978). *Estudios...*, cit. p.

b.- Momento de perfección de la donación reversional

La donación reversional es un contrato que, como tal, requiere aceptación del primer donatario. Lo discutible, y que analizaremos a continuación, es —decía Soto Bisquert— si es necesario para su perfección la aceptación del reversionario ulterior[612]. En nuestro derecho histórico la Partida 5,4,7, ya transcrita, establece que, cuando la donación se sujeta a término resolutorio «*certus an certus quando*», el bien donado se transmite automáticamente, *ipso iure*, al reversionario llegado el día fijado («de aquel día en adelante ganarían la possession, e el señorío della, sus herederos del que oviesse fecha la donación, o el otro a quien nombrase para averla») por lo que no existía mera obligación del primer donatario de entregar lo donado al reversionario, sino verdadera donación en favor de tercero y transmisión automática en su favor[613]. Por ello, era evidente que no se precisaba para la perfección de la donación reversional la aceptación del reversionario ulterior, sino que bastaba con la aceptación del primer donatario.

Esta —decía Soto Bisquert— fue la situación jurídica existente al tiempo de la promulgación del CC en 1889, y el artículo 641 CC no vino a alterarla. Según este autor, la cláusula de reversión no es más que un elemento del total negocio de donación[614]. En consecuencia, basta con la aceptación del primer donatario para que la donación quede válidamente perfeccionada. Al aceptar la donación, el donatario acepta también las limitaciones que le im-

---

417. Recordemos que la Ley 8/2021 suprimió la institución de la sustitución ejemplar regulada en el anterior art. 776 CC.

612 Soto Bisquert, A. (1967). «La donación...», cit. p. 389.

613 Ibidem p. 389.

614 Así, Soto Bisquert, A. (1967). «La donación...», cit. pp. 389-390; Vallet de Goytisolo, J.B. (1952). «Donación, condición y conversión jurídica material». *ADC* 4, pp. 1274-1275; Díez Pastor, J.L. (1952). «La donación al no concebido». *AAMN*, T. VI, p. 153; Pons Pérez, A. (1957). «La reversión de donaciones en el Código Civil». *RDP*, pp. 1201 y ss.

pone la cláusula reversional, por lo que no se requiere aceptación separada del reversionario para la validez de la donación reversional. Exigir, para la perfección, la aceptación de los posteriores reversionarios equivaldría, añade Soto Bisquert, a desconocer el carácter unitario con que nace el negocio y a imposibilitar la donación con cláusula de reversión en favor de personas futuras[615].

En consecuencia, la aceptación del primer donatario es suficiente para perfeccionar la donación entre donante y donatario, sin que sea necesaria, para esa perfección, la aceptación del beneficiario de la cláusula de reversión impropia. Este tercero reversionario, aunque no intervenga en la perfección del contrato, conserva —en todo caso— su facultad de repudiar la atribución cuando se produzca el evento reversional. Esta tesis ha sido expresamente acogida por la STS 15-7-2009 (TOL1577949), que afirma:

> «se plantea así la problemática de determinar si los efectos jurídicos del cumplimiento de lo previsto para que se produzcan los efectos devolutivos producen automáticamente la adquisición de lo donado, o bien se requiere la aceptación del tercero beneficiado. Si se acepta la tesis predominante en la doctrina, deberá concluirse que el beneficiario adquirirá automáticamente el objeto donado, aunque le queda siempre la posibilidad de rechazarlo».

Esto significa que, una vez cumplido el evento reversional, el reversionario adquiere automáticamente el derecho sobre el bien donado, sin necesidad de aceptación, aunque sí con la posibilidad de repudiarlo, al modo que sucede con los legados (art. 881 CC).

En el supuesto de que el primer donatario no llegue a aceptar la donación, o bien premuera al donante sin haberla aceptado, se plantea la cuestión de si entra en juego automáticamente la

---

615 Así, Soto Bisquert, A. (1967). «La donación...», cit. pp. 389-390; Vallet de Goytisolo, J.B. (1952). «Donación, condición y conversión jurídica material». *ADC* 4, pp. 1274-1275; Díez Pastor, J.L. (1952). «La donación al no concebido». *AAMN*, T. VI, p. 153; Pons Pérez, A. (1957). «La reversión de donaciones en el Código Civil». *RDP*, pp. 1201 y ss.

sustitución vulgar a favor del reversionario. A favor, Nart sostiene que, en tales casos, se activa una sustitución vulgar en beneficio del reversionario, entendiendo que la sustitución fideicomisaria —a la que se remite el art. 641 *in fine* del CC— lleva implícita la vulgar. Según esta tesis, el reversionario podría aceptar la donación incluso tras la muerte del donante, en sustitución del primer donatario que no aceptó, siempre que se cumplan los requisitos generales de validez y capacidad[616].

Sin embargo, esta posición no es pacífica. Soto Bisquert se opone a la aplicación automática de la sustitución vulgar en estos casos, argumentando que debe estarse, en primer lugar, a la voluntad expresada por el donante en el contrato de donación. Para este autor, si el donante no ha previsto expresamente la sustitución, no puede presumirse su intención de que el reversionario ocupe el lugar del primer donatario en caso de falta de aceptación o premoriencia. En consecuencia, según Soto Bisquert, la validez de la atribución dependerá de una interpretación del concreto contrato de donación reversional y no puede resolverse de forma automática[617].

---

616 Nart, I. (1952). «Donación...», cit. p. 603.

617 Soto Bisquert, A. (1967). «La donación...», cit. pp. 411-412. Así, a juicio de dicho autor, mientras vive el donante, si el primer donatario no acepta la donación la aceptación del reversionario no puede tener el efecto de hacer entrar a este último en la posesión inmediata de lo donado, «porque el donante no le ha hecho la donación directamente a él ni quiere ni solicita su aceptación para antes de cumplirse el evento. Pero si el donante fallece sin haber revocado la segunda donación, la aceptación ya realizada e incluso la aceptación que se realice después del fallecimiento por el segundo donatario servirá para que adquiera los bienes donados, por aplicación de la sustitución vulgar, atendiendo a que uno de los supuestos en que juega la sustitución vulgar, aun a pesar de no establecerlo el CC, es la invalidez de la institución —aquí de la primera donación—, invalidez que se ha producido por falta de aceptación en vida del donante. Defender la nulidad absoluta del negocio por falta de aceptación en vida del donante del primer donatario equivaldría a

c. Designación del reversionario

Normalmente, el donante designará nominalmente el reversionario que deba entrar en la propiedad del bien donado una vez cumplido el evento reversional, pero el TS (STS 27/12/1945, TOL4.458.573) ha admitido, bajo ciertas circunstancias, que sea el primer donatario el que designe al reversionario. Así, en el supuesto enjuiciado por dicha sentencia el donante había establecido la reversión de lo donado a favor de J.G., hijo extramatrimonial de la donataria (J.), pero permitiendo a los primeros donatarios (R. y J. que eran parientes del donante) sustituir al reversionario por otra persona de la familia del donante, si el reversionario «a juicio de los donatarios» no fuese de su agrado, o por su comportamiento no fuere merecedor de tal gracia[618].

d. Revocabilidad de la cláusula reversional

(1). Tesis mayoritaria favorable. La posición mayoritaria admite, con base en el art. 1257.II CC, que el donante pueda revocar la cláusula reversional, salvo que el reversionario haya aceptado la

---

dejar en manos de éste —dilatando la aceptación— el cumplimiento de la finalidad querida por el donante. Y siempre resulta clara la voluntad del donante, que, a pesar de retrasarse la aceptación o darse incluso la repudiación del primer donatario, mantiene la donación sin revocarla».

618 Así recoge dicha sentencia que «Manuel Gómez donó a sus parientes Ramón Lodos y Josefa Gómez, por partes iguales, 51 fincas, disponiendo, además, el donante, que «si falleciendo él ocurriese el fallecimiento de los donatarios sin hijos ni descendientes de su matrimonio, los bienes donados pasarían a José Gómez Martínez, hijo natural de la donataria Josefa pero si José Gómez no fuese de su agrado, o por su comportamiento no fuere merecedor de tal gracia, a juicio de los donatarios, podrían estos sustituirle en el derecho que le queda reservado por otra persona de la familia del donante». *Vide* más ampliamente sobre dicha sentencia Nieto Alonso, A. (2011). «Comentarios...», cit. p. 174, y Pérez Gurrea, R. (2013). «La donación...», cit. p. 1184.

donación en cuyo caso se habrá extinguido tal facultad[619]. Vallet de Goytisolo, por contra, matiza esta tesis y basándose en argumentos históricos[620], defiende la revocación por el donante durante la pendencia de la donación reversional, aunque el reversionario haya aceptado la donación durante dicha fase, ya que dicha aceptación por el tercero en tal momento «no es solicitada por el donante —ni es dable presumir que la quiera— para antes del vencimiento del término fijado o del cumplimiento del evento previsto»[621].

En la jurisprudencia, apoyan dicha facultad de revocar la cláusula de reversión por el donante, la STS de 27/12/1945 que admitió la revocación de la cláusula reversional por el donante a través de su testamento[622], y la RDGRN de 25/02/1992 (BOE, 4 de Mayo de 1992) que considera revocable la liberalidad mientras el reversionario no hubiese manifestado su voluntad de aceptar[623].

---

619 Albaladejo García, M. (2006). *La donación,* cit. p. 536; Zurilla Cariñana, M.A. (2013). «Comentarios...», cit. p. 925, etc.

620 Así indica este autor que: «Históricamente comprobamos entre los autores de derecho común, así como en nuestros clásicos con referencia al derecho real, que la opinión más aceptada consideró que las donaciones de ulterior grado eran generalmente revocables antes del vencimiento del término o del cumplimiento del evento de que dependían. Pero exclusivamente por el donante, no así por sus herederos» (Vallet de Goytisolo, J.B. [1952]. «Donación, condición...», cit. p. 1278).

621 Vallet de Goytisolo, J.B. (1952). «Donación, condición...», cit. pp. 1282-1283.

622 Dicha STS 27/12/1945 (TOL4.458.573) permitió revocar la donación con cláusula de reversión mediante testamento ológrafo, en caso de ingratitud del sobrino reversionario, disponiendo en dicho testamento que la reversión sea a favor de otro sobrino.

623 RDGRN de 25/02/1992 («BOE» núm. 107, de 04/05/1992, pp. 15001 a 15003, BOE-A-1992-9527). Dicha resolución señala que «Las cargas o reversiones impuestas por el donante, pero aún no aceptadas por el tercero favorecido, son ya límites de las facultades del adquirente que han de expresarse en la inscripción, aunque se trata de límites o cargas que sólo serán efectivos si antes de que los revoque el donante son aceptados por el tercero favorecido»

Para los partidarios de esta tesis mayoritaria esta facultad del donante de revocar la cláusula reversional no es transmisible *mortis causa* a sus herederos no solo porque dicha facultad de reversión es personalísima del donante, y, por tanto, intransmisible *mortis causa*, sino también —dice Albaladejo— porque, a diferencia de la donación normal, la reversión no tiene que aceptarse en vida del donante y porque la ley, de algún modo, contempla la reversión «como disposición con efectos como las de las *mortis causa*»[624].

(2).- Tesis minoritaria contraria. La doctrina minoritaria niega la facultad del donante de revocar la cláusula reversional, desde que la donación quede perfecta, y, por tanto, irrevocable, por la aceptación del primer donatario, aunque no haya sido aún aceptada por el reversionario[625]. Dicha tesis ha recibido un importante respaldo, dice Albiez, con la STS 15/07/2009 (Tol 1577949) según la cual la perfección de la donación no precisa aceptación del reversionario y sí solo del primer donatario[626].

e.- Transmisión de sus derechos por el reversionario

Soto Bisquert sostiene que el derecho de los reversionarios, entendido como el derecho a aceptar o repudiar la atribución derivada de la cláusula de reversión, tiene carácter personalísimo, en la medida en que se atribuye a personas individualmente determinadas por el donante en el contrato de donación[627]. Por

---

624 Albaladejo García, M. (2006). *La donación,* cit. p. 536 y la doctrina citada en n. 31; Zurilla Cariñana, M.A. (2013). «Comentarios...», cit. p. 925. Una posición matizada puede verse en Soto Bisquert, A. (1967). «La donación...», cit., pp. 402-403.

625 Díez Pastor, J.L. (1952). «La donación al no concebido». *AAMN,* T. VI., pp. 155 y ss. *Vide* una crítica a dicha teoría en Vallet de Goytisolo, J.B. (1952). «Donación, condición...», cit. p 1283.

626 Albiez Dohrmann, K.J. (2013). «Comentarios...», cit. p. 4893.

627 Soto Bisquert, A. (1967). «La donación...», cit. p. 381.

ello, dicho derecho es, en principio, intransmisible, tanto *inter vivos* como *mortis causa*, al amparo de lo dispuesto en los arts. 1112 y 1257 del CC, los cuales, si bien proclaman como regla general la transmisibilidad de los derechos, excluyen expresamente aquellos que por su propia naturaleza no sean transmisibles[628]. El donante, afirmaba este notario, llama a su liberalidad a personas concretas y solo a ellas, de modo que el poder jurídico creado a su favor no puede ser objeto de disposición por el reversionario, ni siquiera en los casos en que tal poder ya pueda ejercitarse[629]. Se trataría, pues, de un derecho que nace intransferible, por estar íntimamente ligado a la persona del beneficiario designado, sin que quepa su sustitución ni cesión a terceros, salvo que el propio donante lo hubiese previsto expresamente.

f.- «en los mismos casos y con iguales limitaciones que determina este Código para las sustituciones testamentarias»

La alusión contenida en el inciso final del art. 641.I CC a las «limitaciones que determina este Código para las sustituciones testamentarias» ha sido interpretada, de forma mayoritaria en la doctrina, como una remisión específica a los límites establecidos para las sustituciones fideicomisarias, concretamente en el art. 781 CC. La aplicación de estos límites pone de manifiesto el interés del legislador por restringir el número de reversionarios, evitando no solo que, a través de la donación, puedan quedar indefinidamente

---

628 Ibidem, p. 381.

629 Ibidem, p. 381. En todo caso, la solución propuesta por este notario podría criticarse porque, como vimos, el TS (S 27/12/1945, TOL4.458.573) permite bajo determinadas circunstancias que la designación del reversionario quede a juicio del primer donatario.

vinculados unos bienes[630], sino también que se realicen en vida actos que el ordenamiento prohíbe llevar a cabo *mortis causa*[631].

De acuerdo con el art. 781 CC, aplicable por remisión del art. 641 del mismo cuerpo legal, si los llamamientos se hacen a favor de personas ya existentes en el momento de la donación (ya nacidas o, por aplicación del artículo 29 CC, *nasciturus*), no se impone límite alguno. Por el contrario, si los llamamientos se dirigen a personas aún no concebidas (*concepturus*) [632], solo se admiten dos llamamientos sucesivos, además del primer donatario, si bien estas personas deberán vivir al producirse el evento reversional[633]. Si se exceden estos límites, la cláusula de reversión será nula, aunque dicha nulidad no afectará a la validez de la donación en su conjunto (art. 641.II CC).

La posibilidad de designar como reversionario a un *concepturus* constituye, además, un argumento más —como veremos— en favor de la innecesariedad de que la reversión sea aceptada por el reversionario durante la vida del donante, porque es evidente que el «*nondum conceptus*» carece de existencia y personalidad jurídica, no puede aceptar la donación y no cuenta con representante legal que actúe en su nombre[634].

---

630 Ossorio Serrano, J.M. (2020). «El contrato...», cit. p. 272.

631 Costas Rodal, L. (2013). «Contrato...», cit. p. 2556.

632 La posibilidad de designar como reversionario a un *concepturus* es indudable, ya que el art. 641.1 *in fine* del CC permite establecer válidamente la reversión en favor de personas distintas del donante, «en los mismos casos y con iguales limitaciones que determina este Código para las sustituciones testamentarias». Estas sustituciones son las fideicomisarias, y el art. 781 CC admite que el fideicomisario —figura equivalente al reversionario— pueda ser una persona aún no concebida en el momento de la muerte del causante, lo que, trasladado al ámbito de la donación, equivale al momento en que se otorga la donación.

633 Costas Rodal, L. (2013). «Contrato...», cit. p. 2557.

634 Zurilla Cariñana, M.A. (2013). «Comentarios...», cit. p. 925.

5. Efectos de la reversión durante la fase de pendencia.

Se denomina fase de pendencia al período que media desde que el primer donatario recibió la cosa y el cumplimiento del evento reversional. El donatario gravado con cláusula de reversión, al aceptar la donación, adquiere el bien bajo la condición o término impuesto por el donante, conservando durante esta fase las facultades dominicales propias de su titularidad, aunque bajo la amenaza de perderlas si llega a cumplirse el evento reversional. Se trata, por tanto, de una titularidad claudicante, en la medida en que puede extinguirse si se produce dicho evento[635].

Existe discusión doctrinal acerca de si el donatario tiene o no un deber de conservación del bien donado[636]. No obstante, dada la plena titularidad de la que goza durante esta fase, parece razonable entender que puede disponer del bien, aunque no podrá hacerlo como si estuviera libre del gravamen reversional sin el

---

635 Así, entre muchos otros, Nieto Alonso, A. (2011). «Comentarios...», cit. p. 176; Costas Rodal, L. (2013). «Contrato...», cit. p. 2558; Zurilla Cariñana, M.A. (2013). «Comentarios...», cit. p. 925, y Pérez Gurrea, R. (2013). «La donación…», cit. p. 1184.

636 Un sector doctrinal considera que el donatario tiene la obligación de conservar la cosa donada (así, entre otros, Albaladejo García, M. [1991]. «Comentarios...», cit. p. 1627; Nieto Alonso, A. [2011]. «Comentarios...», cit. p. 176; Costas Rodal, L. (2013). «Contrato...», cit. p. 2557; Zurilla Cariñana, M.A. [2013]. «Comentarios...», cit. p. 925). Las razones de la existencia de dicha obligación es que dichos autores consideran aplicables analógicamente en esta fase de pendencia las reglas sobre las sustituciones fideicomisaria que impone dicho deber de conservar al fiduciario (o incluso por aplicación analógica de las reglas del usufructo [cfr. art. 480 CC]). Por el contrario, otros autores niegan que quepa aplicar, en este aspecto, las reglas de la sustitución fideicomisario al ser la donación reversional un acto *inter vivos* (así, en contra, Sirvent García, J. [2000]. *La donación...*, cit. pp. 70-71) ni las reglas del usufructo porque el donatario es dueño pleno, aunque claudicante y no mero usufructuario.

consentimiento del eventual reversionario[637]. En consecuencia, el donatario sujeto a cláusula de reversión puede disponer del bien donado; pero siempre subsistiendo el riesgo de reversión[638]. Así lo ha reconocido la DGRN, que, en relación con bienes inmuebles inscritos, señala que durante esta fase de pendencia el Registro de la Propiedad refleja dos titularidades diferenciadas y contrapuestas: una actual, correspondiente al donatario, y otra expectante, en favor del reversionario[639]. En esta situación, para inscribir actos dispositivos libres de la condición impuesta, se requiere consentimiento de donatario y reversionario. Por tanto, si ambos actúan conjuntamente, podrá inscribirse el acto dispositivo sin que subsista la carga de reversión. En cambio, si el donatario actúa sin consentimiento del reversionario, el acto podrá inscribirse, pero manteniéndose la condición o término resolutorio ya inscrito.

En cuanto a bienes muebles, pueden formularse consideraciones similares: la producción del evento reversional resolverá el acto de disposición realizado por el donatario, salvo que el adquirente esté amparado por el art. 464 CC.

---

637 Albaladejo García, M. (1991). «Comentarios...», cit. p. 1627.

638 Nieto Alonso, A. (2011). «Comentarios...», cit. p. 176; defiende también dicho poder dispositivo del primer donatario durante esta fase de pendencia y, salvo que hubiera alguna cláusula que limitara esa libre disponibilidad, Albiez Dohrmann, K.J. (2013). «Comentarios...», cit. p. 4894 n. 42 porque pensar que el donatario no puede disponer del bien donado durante la pendencia del evento reversional, igualaría esta figura a la donación con cláusula de prohibición de disponer. No obstante, este autor considera (ibid.) que si la reversión impropia adopta la forma de sustitución fideicomisaria (fideicomiso contractual), el donatario debe conservar la cosa donada siendo su posición jurídica, en este caso, parecida a la del fiduciario (art. 781 CC) y el usufructuario (art. 480 CC).

639 Entre otras, RDGRN 12/06/1999 (TOL132.678); 12/05/2010 (TOL1.891.883); 28/11/2017 (TOL6.449.560); 25/04/2019 (TOL7.211.167); y RDGSJFP de 11/07/2022 (TOL9148779).

6. Efectos de la reversión cumplido el evento reversional

A. Estado jurídico en que la cosa donada debe pasar al reversionario

Cumplido el evento reversional —ya sea condición o plazo—, el efecto de la reversión será el retorno automático del bien donado al donante (en caso de reversión propia), o su atribución también automática al tercero reversionario (en caso de reversión impropia)[640]. En caso de reversión impropia, los sucesivos donatarios adquieren del donante originario, no del donatario anterior[641]. Por tanto, la reversión opera automáticamente una vez verificado el evento reversional, a diferencia de lo que sucede con la revocación de la donación, que carece de tal automatismo.

No se trata, por tanto, de que el beneficiario —donante o tercero— tenga la facultad de reclamar la cosa, sino que la adquiere *ipso facto* por el mero cumplimiento del evento reversional, y ha de serle entregada porque ya es suya, no para que la adquiera. Todo ello, claro está, sin perjuicio, como ha señalado la STS de 15/07/2009, de que el reversionario, que ha adquirido automáticamente el bien donado al cumplirse el evento reversional, pueda siempre rechazarlo[642].

Ahora bien, ¿qué ocurre si el donatario ha gravado o enajenado el bien? Si se trata de un inmueble, el tercer adquirente no podrá invocar la protección del artículo 34 LH frente al reversionario, siempre que la cláusula de reversión constara inscrita —como debió constar, art. 51.6 RH— en el Registro de la Propiedad. *A fortiori*, de acuerdo con el art. 37 LH, las acciones resolutorias que deban su origen a causas que consten explíci-

---

640 Albiez Dohrmann, K.J. (2013). «Comentarios...», cit. p. 4895; Zurilla Cariñana, M.A. (2013). «Comentarios...», cit. p. 925.

641 Albiez Dohrmann, K.J. (2013). «Comentarios...», cit. p. 4895; Zurilla Cariñana, M.A. (2013). «Comentarios...», cit. p. 925.

642 STS de 15/07/2009 (TOL1577949) comentada por Barral Viñals, I. (2010). «Comentario de la sentencia...», cit. pp. 565-577.

tamente en el Registro se darán contra tercero. Todos ello evita la aparición de un tercero hipotecario protegido.

En el caso de bienes muebles, cualquier acto dispositivo unilateral del donatario se borra y extingue retroactivamente, salvo que en el adquirente de buena fe concurran las condiciones del art. 464 CC.

Si el donatario dispuso del bien donado y por cualquier razón —como la ausencia de constancia registral de la cláusula en el caso de inmuebles, o la concurrencia de buena fe y requisitos del art. 464 CC en el caso de muebles— el tercero adquirente gozara de una posición inatacable, el reversionario no podrá recuperar el bien, pero tendrá derecho a reclamar una indemnización al donatario que dispuso del mismo, o en su caso, a sus herederos por la pérdida jurídica de la cosa donada[643].

B. Estado material en que la cosa donada debe pasar al reversionario.

La reversión, una vez producido el evento, no implica una retroactividad absoluta sino relativa. Así, pertenecerán al primer donatario definitivamente —y no tendrá que devolver— los frutos percibidos durante la fase de pendencia, y este también puede reclamar el reembolso de los gastos y mejoras realizados, en tanto que, durante ese período, fue titular pleno —aunque claudicante— del bien. No nos encontramos, por tanto, ante un supuesto de liquidación del estado posesorio[644].

Sin embargo, existe una línea jurisprudencial del TS, desarrollada en el marco de reversiones de bienes a entidades locales bajo normativa ya derogada, que rechaza el derecho del

---

643 Albaladejo García, M. (1991). «Comentarios...», cit. p. 1627; Costas Rodal, L. (2013). «Contrato...», cit. p. 2558.

644 Albiez Dohrmann, K.J. (2013). «Comentarios...», cit. pp. 4894 y 4895.

donatario a percibir compensación alguna por las mejoras[645]. En este sentido, la STS de 27/01/2011 (TOL2036124) sostuvo que «el donatario a quien se le aplica la reversión debe devolver lo donado, sin tener derecho a exigir una liquidación posesoria ni, mucho menos, una aplicación del artículo 361 del CC»[646].

---

645 Así, STS 18/06/1990 (TOL1730360); 27/02/1993 (TOL1662746) y 27/01/2011 (Tol 2036124) resoluciones criticadas por Albiez porque la doctrina que contiene enriquece injustamente al cedente (Albiez Dohrmann, K.J. (2013). «Comentarios...», cit. p. 4896). En todo caso, las reversiones analizadas por dichas sentencias tenían un régimen jurídico especial porque el derogado art. 97.2 del Reglamento de Bienes de las entidades locales de 27/05/1955 (aplicado por las sentencias enumeradas por ser el régimen vigente al tiempo de realizarse la donación) disponía que «transcurridos uno u otro plazo sin que se hubieren cumplido las citadas condiciones, los bienes revertirán automáticamente de pleno derecho al Patrimonio de la Entidad cedente con sus pertenencias y accesiones». Actualmente el vigente art. 111 del RD 1372/1986, de 13 de junio, que aprueba el Reglamento de Bienes de las Entidades Locales ha modificado las exigencias porque se limita disponer que si el bien cedido no se destina al uso acordado se considerará resuelta la cesión y revertirá aquél a la Corporación local «con todas sus pertenencias y accesiones» eliminando las anteriores expresiones «automáticamente de pleno derecho».

646 En el mismo sentido, Parra Lucán, M.A. (2016). «La donación», cit. p. 97 y Zurilla Cariñana, M.A. (2013). «Comentarios...», cit. p. 925. Merece la pena reproducir parcialmente dicha STS 27/01/2011 que afirma: «hemos de reiterar la gratuidad de la donación y la gratuidad de la reversión: el donatario si no cumple, porque no quiere o porque no puede, lo que condiciona la donación y se da el evento reversional no puede exigir al donante (o al tercero a quien se debe la reversión) lo que haya hecho que puede ser de un alcance económico inalcanzable. El decir, el donatario a quien se le aplica la reversión, debe devolver lo donado, sin tener derecho a exigir una liquidación posesoria ni, mucho menos, una aplicación del art. 361 CC. En todo caso, la aplicación lo será del principio superficies solo cedit que proclama el art. 353 CC con carácter general, a favor del donante».

Otros autores, por su parte, justifican la exclusión de la indemnización por mejoras en los artículos 1122 y 1123 del CC, que remiten a las reglas aplicables al usufructo[647].

[647] *Vide* art. 487 CC que niega al usufructuario derecho a ser indemnizado de las mejoras que realice, aunque le permite retirarlas, si fuere posible hacerlo sin detrimento de los bienes.

III. Ineficacia sobrevenida de la donación inter vivos en el derecho foral español

En España, la revocación de las donaciones *inter vivos*[648] y la donación reversional se regulan no solo por el Código Civil,

---

648 No se abordan en esta obra las donaciones *mortis causa,* dado que carecen de naturaleza contractual. En efecto, en derecho común, aunque una tesis minoritaria defendió la vigencia de las donaciones *mortis causa,* la tesis mayoritaria ha sostenido que dichas donaciones fueron suprimidas como figura jurídica autónoma, y refundidas en el legado, por el art. 620 CC (más ampliamente sobre dicha discusión, con exposición del estado de la cuestión, en Gómez Ligüerre, C. y Nanclares Valle, J. (2016). «Capítulo 31. Donaciones…, cit.», *Tratado de Derecho de Sucesiones* cit.). Pero en España, junto al CC español, coexisten ordenamientos civiles territoriales en los que la donación *mortis causa* sobrevivió a la asimilación de la figura con las disposiciones de última voluntad que impuso el art. 620 CC para el derecho común. Así sucede en Cataluña, Aragón, Baleares, Galicia, País Vasco y Navarra. Específicamente el CCCat dedica a la donación *mortis causa* sus arts. 432-1 a 432-5, pero su ubicación sistemática en el libro cuarto —relativo a las sucesiones— y su sujeción a principios propios —principalmente revocación *ad nutum* por el donante, art. 432-5 letra a CCCat— hace que su análisis exceda de los límites de esta obra centrada en las donaciones inter vivos. Igual revocabilidad *ad nutum* de las donaciones *mortis causa* establece la ley 169 del FNN. Por lo demás, como señalan Gómez y Nanclares, en el resto de ordenamientos forales civiles (Aragón, Baleares, Galicia, País Vasco), la donación por causa de muerte es, en realidad, un pacto sucesorio (ibidem), y, por ello, su estudio también queda fuera del ámbito de esta obra. En resumen, las donaciones *mortis causa* no son contratos sino testamentos encubiertos con la apariencia de una donación (Cano Martínez de Velasco, J.I. [2001]. «La donación mortis causa…», en *La Prohibición de los Contratos Sucesorios* cit.) y esta obra se centra, exclusivamente, en el contrato de donación.

sino también por los derechos forales catalán y navarro, los cuales presentan notables diferencias respecto al derecho común.

III.1.- CATALUÑA

El CC catalán regula tanto la revocación de la donación *inter vivos* como la donación reversional.

A.- La revocación de donaciones en el CC de Cataluña

El principio general recogido en el art. 531-8 CCCat. es la irrevocabilidad de la donación desde que el donante tiene conocimiento de la aceptación por parte del donatario[649] o, en el caso de donación verbal de bienes muebles, desde la entrega del bien si se realiza en el momento de la expresión verbal de la donación (art. 531-8 CCCat)[650].

---

649 Nos recuerda dicho principio general de irrevocabilidad y dicha excepción de revocación, entre otras, la STSJ de Cataluña 10/05/2018 (TOL6.812.821) al afirmar que en derecho civil catalán «una vez realizada la donación cumpliendo los requisitos legales y aceptada por el donatario, el acto deviene irrevocable (art. 531-8.1 CCCat).... Con todo, la legislación catalana siguiendo la tradición jurídica romana, contempla como excepción a la regla general de la irrevocabilidad ciertas causas recogidas en el art. 531-15.1 CCCat por las cuales el donante puede revocar la donación efectuada mediante el ejercicio de la oportuna acción judicial». En el mismo sentido, entre otras, SAP Girona de 05/07/2018 (TOL6.686.299); SAP de Barcelona, de 29/09/2023 (TOL9.768.996), y SAP Barcelona, de 08/05/2024 (TOL10.123.246).

650 Mas ampliamente sobre el momento de irrevocabilidad de la donación en derecho foral catalán en Espiau Espiau, S. (2021). *La revocabilidad...*, cit. pp. 44. El art, 531-8.2 CCCat contiene además un supuesto en que la donación es irrevocable y no admite causa alguna de revocación: las donaciones motivadas por colectas públicas o benéficas a partir del

No obstante, este principio general admite cuatro excepciones, de interpretación estricta, recogidas en el artículo 531-15.1 CCCat, que permiten al donante ejercer un derecho potestativo de revocación de la donación ya perfeccionada (esto es, aceptada por el donatario y conocida dicha aceptación por el donante). Estas causas son: la superveniencia o supervivencia de hijos del donante; el incumplimiento por el donatario de las cargas impuestas por el donante; la ingratitud del donatario, y la pobreza del donante.

Como podemos observar, las causas previstas en el artículo 531-15.1 CCCat coinciden, en su mayoría, con las recogidas en el CC español[651]. Sin embargo, la pobreza del donante —prevista en el art. 531-15.1.e CCCat— no se contempla en el CC español como causa de revocación, sino como un presupuesto negativo que, de concurrir, impide el otorgamiento de la donación o la hace ineficaz (argumento del art. 634 CC)[652].

Analicemos brevemente cada una de las causas de revocación, destacando principalmente sus diferencias con el derecho común

1.- La superveniencia y supervivencia de hijos en derecho foral catalán

La superveniencia y supervivencia de hijos como causa de revocación de la donación tiene una larga evolución histórica en el derecho civil catalán[653]. Aunque el art. 531-15.1 CCCat regula

---

momento en que el donante manifiesta públicamente su voluntad de dar.

651 Como señala la SAP de Barcelona, de 29/09/2023 (TOL9.768.996) las causas de revocación se contemplan en el art. 531-15.1 (CCCat) y «vienen a coincidir básicamente con las establecidas en los art. 644, 647 y 648 del CC» aunque en el CCCat también es causa de revocación la pobreza del donante.

652 Espiau Espiau, S. (2021). *La revocabilidad...*, cit. p. 66.

653 Véase Espiau Espiau, S. (2021). *La revocabilidad...*, cit. pp. 70-74 sobre la evolución histórica de dichas figuras entendidas, en un principio, como causa de rescisión vinculada a la protección de la legítima. En

dichas causas en dos letras distintas —la superveniencia de hijos en la letra a) y la supervivencia de hijos en la letra b)—, y por más que se trate de supuestos diferentes, la circunstancia de que ambas se prediquen de «hijos» del donante desconocidos por este al donar permite, dice Espiau, su tratamiento unitario en una misma causa de revocación: la existencia de hijos del donante de la cual éste no tenía conocimiento al otorgar la donación[654].

a. En cuanto a la superveniencia de hijos del donante, el CCCat admite dicha causa de revocación incluso si el donante tenía ya hijos con anterioridad lo que contrasta con la regulación del CC que exige, en su art. 644, que el donante no tuviera hijos ni descendientes al donar. Por tanto, la dicción del art. 531-15.1 CCCat muestra que el legislador catalán quiso abarcar de forma amplia estos supuestos no exigiendo que el donante careciera de hijos al tiempo de la donación: basta con que después de donar tenga un hijo adicional para que proceda la revocación. También destaca que el CCCat, al unificar los plazos de las causas de revocación, se aleja del CC porque aquel fija un plazo, que expresamente califica de caducidad, de un año contado desde el momento en que se produce el hecho que la motiva (531-15.3) frente al excesivo plazo de cinco años que fija el art. 646-I CC.

Por lo demás y en lo relativo a esta causa, entiende a doctrina que: (1) el término «hijos» que emplea el art. 531-15 CCCat debe interpretarse de forma estricta de modo que el nacimiento

---

síntesis, podríamos señalar que la evolución normativa en Cataluña revela un tránsito desde una regulación influenciada por el derecho común (más restrictiva y con condicionantes) hacia una regulación autónoma catalana más amplia y garantista respecto de los hijos sobrevenidos. El art. 531-15 CCCat, como culminación de esa evolución, incorpora novedades (eliminación del requisito de no tener hijos previos, unificación de causas y plazos más breves), situando al derecho catalán a la vanguardia en España en cuanto a la tutela legal del donante ante cambios sobrevenidos en su esfera familiar.

654 Ibidem p. 69.

de descendientes que no sean hijos —p.ej. nietos— no es causa de revocación[655]; (2) si el hijo estaba concebido al realizarse la donación (*nasciturus*) y el donante conocía dicho hecho al donar no procede la revocación porque, en ese caso, falta el fundamento de esta causa revocatoria: la voluntad presunta de que el donante no habría donado de haber conocido la existencia del nuevo hijo[656]; (3) si el nuevo hijo fallece antes de que transcurra el plazo de un año para ejercer la acción revocatoria, y esta no ha sido aun interpuesta, se extingue dicha acción porque, dice Vaquer Aloy, «se desvanece el fundamento teleológico de la revocación» [657]; (4) Aunque se pruebe posteriormente, en virtud de una acción de impugnación de la filiación, que el hijo que motivó la revocación no era del donante no por ello revive la donación revocada porque la revocación es definitiva[658]; (5) si se trata de una donación por razón de matrimonio, la causa de revocación por superveniencia tendrá lugar únicamente si si se trata de hijos comunes (art. 231-14 CCCat).

b. En cuanto a la supervivencia de hijos del donante, el precepto vigente, dice Vaquer Aloy, se aparta del anteproyecto de 2003, que exigía el dato objetivo de la declaración de fallecimiento, y se aproxima al artículo 644.2 CC, también basado en la creencia subjetiva sobre la muerte y que no exige dicha declaración[659]. No es preciso, por no exigirlo así el precepto, que la supervivencia

---

655 Así, entre otros, consideran que el término «hijos» debe entenderse estrictamente y no puede extenderse a descendientes de ulterior grado entre otros Vaquer Aloy, A. (2012). *La donación,* cit. p. 177 y Espiau Espiau, S. (2021). *La revocabilidad...,* cit. p 76.

656 Vaquer Aloy, A. (2012). *La donación,* cit. pp. 176-177 y Espiau Espiau, S. (2021). *La revocabilidad...,* cit. p. 79.

657 Vaquer Aloy, A. (2012). *La donación,* cit. p. 177, y Espiau Espiau, S. (2021). *La revocabilidad...,* cit. p. 81.

658 Vaquer Aloy, A. (2012). *La donación,* cit. p. 177.

659 Vaquer Aloy, A. (2012). *La donación,* cit. p.178. En el mismo sentido, Espiau Espiau, S. (2021). *La revocabilidad...,* cit. p. 82.

se refiera al único hijo o a todos los hijos del donante; basta con que este hubiera creído que uno de ellos había muerto.

Como conclusión cabria indicar que la regulación catalana de la revocación de donaciones por superveniencia y supervivencia de hijos representa una síntesis avanzada de tradición y modernidad en el derecho de familia y patrimonial. Por un lado, recoge una idea presente desde antiguo: la existencia de hijos del donante de la cual éste no tenía conocimiento al donar le faculta para revocar la donación. Por otro lado, el CCCat. moderniza y amplía esta causa con relación a la regulación prevista en el CC español, eliminando restricciones previas (como la exigencia de carencia absoluta de hijos) y reduciendo el plazo de ejercicio de la acción que expresamente califica como caducidad lo que aporta seguridad jurídica.

Es cierto que se trata de una causa anacrónica y obsoleta que, *de lege ferenda,* debería suprimirse por las razones que hemos expuesto y seguiremos desarrollando a lo largo de esta obra. Sin embargo, mientras dicha reforma no se lleve a cabo, la legislación catalana representa la forma más idónea de regulación de esta institución.

2.- El incumplimiento de las cargas impuestas por el donante al donatario en derecho foral catalán

En Cataluña el «*incompliment de les càrregues imposades pels donants als donataris*» (art. 531-15.1.c, CCCat.) es causa de revocación de la donación modal, que es aquella en la que el donante impone al donatario «*gravámenes, cargas o modos, a favor de los propios donantes o de terceras personas*» (art. 531-18.1 CCCat).

Esta causa de revocación, no mencionada en los proyectos anteriores a la Compilación de 1960, ni, de hecho, en el propio texto compilado[660], no presenta diferencias conceptuales respecto a la prevista en el art. 647 CC español, aunque frente a esta

660 Espiau Espiau, S. (2021). *La revocabilidad...*, cit. p. 89.

presenta la mejora técnica de denominarla incumplimiento de «cargas» (y no, como hace impropiamente el CC español, «condiciones»), y la mejora adjetiva de fijar su plazo de ejercicio (un año contado desde el momento en que se produce el hecho que la motiva), la naturaleza de la acción (de caducidad); la nulidad de la renuncia anticipada a la revocación y la transmisibilidad *mortis causa* de la acción a los herederos del donante y donatario (art. 531-15. ap. 3 y 4 CCCat.). Sobre todos esos asuntos adjetivos el CC español guarda silencio y ha tenido que ser la doctrina y jurisprudencia la que ha llenado por analogía —y a veces con soluciones contradictorias— dichos vacíos normativos, proporcionando obviamente mayor seguridad jurídica la solución expresa a dichos problemas que realiza el CCCat.

Por lo demás —aunque no lo diga expresamente el art. 531-15 CCCat.— la doctrina entiende que el incumplimiento del modo debe ser imputable al donatario[661]; que ante el incumplimiento del modo, en vez de revocar la donación, el donante puede dirigirse al juez solicitando su cumplimiento, pues el art. 531-18.1 CCCat califica el modo de obligación[662]; que la legitimación activa corresponde solo al donante y, en su caso, sus herederos pero no al beneficiario del modo[663], y que, en caso de incumplimiento parcial o irregular del modo, aunque quepa plantearse la posibilidad de una revocación parcial, será posible la revocación completa de la donación porque el CCCat no prevé excepciones o limitaciones a la revocación de la donación modal por incumplimiento —ni siquiera parcial— de las cargas impuestas[664].

---

661 Espiau Espiau, S. (2021). *La revocabilidad...* pp. 91-92; con cita en n. 67 de diversos autores en el mismo sentido.

662 Monserrat Valero, A. (2020). *Curso...*, cit. pp. 164-165.

663 Espiau Espiau, S. (2021). *La revocabilidad...*, cit. pp. 92.

664 Ibidem pp. 92 y 93.

3.- Ingratitud del donatario en derecho foral catalán

De acuerdo con el art. 531-15 letra d CCCat es causa de revocación la ingratitud del donatario, definiendo dicha ingratitud, en posición más flexible que la del CC común y en un intento —dice Pérez de Ontiveros— de solventar algunos problemas que genera el art. 648 CC[665], como aquellos «actos penalmente condenables que el donatario haga contra la persona o bienes del donante, de los hijos, del cónyuge o del otro miembro de la pareja estable, así como, en general, los que representan una conducta con relación a las mismas personas no aceptada socialmente».

Aunque el concepto de ingratitud del CCCat. parece limitado, en realidad es muy amplio, porque abarca tanto actos contra la persona como contra los bienes del donante; porque no exige —según un sector doctrinal— condena penal, sino simplemente que la conducta sea penalmente condenable o socialmente inaceptable[666]; y porque la ofensa no se limita al donante, sino que puede dirigirse también contra los siguientes familiares más cercanos que el CCCat. enumera en lista cerrada: hijos, cónyuge o pareja de hecho[667].

Comparando el concepto de ingratitud del legislador catalán con el que aparece contenido en el CC español, podemos señalar las siguientes conclusiones:

---

665 Pérez de Ontiveros, C. (2017). «La revocación...», cit. p. 594.

666 A favor de que no es necesario condena se han mostrado, entre otros, Vaquer Aloy, A. (2012) *La donación*, cit. p. 160; pero, en contra, señala Espiau Espiau, S. (2021). *La revocabilidad...*, cit. p. 98 que, aunque literalmente la expresión «condenables» no exigiría que se haya iniciado procedimiento penal, ni que exista condena o sentencia que declare su existencia, el inicio del cómputo del plazo de ejercicio de la acción revocatoria a partir de la firmeza de la sentencia que declara el delito (art. 531-15.3 CCCat.) desvirtúa esta posible conclusión, propiciando la contraria: el «acto penalmente condenable» debe haber sido declarado en sentencia firme.

667 Vaquer Aloy, A. (2012). *La donación*, cit. pp. 160-161.

a. Comparación del CCCat con el art. 648.1° CC. El Derecho catalán sustituye la problemática expresión «delito» del art. 648.1° CC por las más amplias —aunque sin duda más inseguras jurídicamente— de «actos penalmente condenables» y en general, de cualquier «conducta... no aceptada socialmente»[668], ampliando el sujeto pasivo de dicha causa del «donante» a que alude el CC al donante, hijos, cónyuge o pareja *more uxorio*[669].

Aclara la jurisprudencia catalana no solo que la ingratitud debe valorarse objetivamente y solo justifica la revocación si la conducta del donatario es intencional[670] y grave[671]; sino también que los actos ingratos posteriores a la muerte del donante no pueden fundar la revocación[672]. En todo caso, dice Espiau, la contraposición y distinción que realiza el CC catalán entre «actos penalmente condenables» y cualquier «conducta... no aceptada socialmente» plantea dudas porque es difícil hallar «actos penalmente condenables» que estén «aceptados socialmente» por lo que, a juicio de dicho autor, realmente los primeros son actos «no aceptados socialmente» cualificados o agravados por

---

668 Reconoce la jurisprudencia catalana que la cláusula «conducta... no aceptada socialmente», en realidad supone «una cláusula abierta que permite a los órganos jurisdiccionales formular una interpretación del supuesto más acorde con la realidad social a los efectos de integrar la norma de aplicación» (SAP de Barcelona de 16/06/2022 [TOL9.166.779]; en parecido sentido, SAP de Barcelona de 29/09/2023, FD. Cuarto, [TOL9.768.996]).

669 Vaquer Aloy, A. (2012). *La donación*, cit. pp. 161-162.

670 SAP Barcelona de 16/06/2022 (TOL9.166.779).

671 SAP Barcelona de 16/10/2018 (TOL6.853.028); SAP Barcelona 16/11/2020 (TOL8.259.158); SAP Barcelona, de 16/06/2022 (TOL9.166.779); SAP Barcelona 27/10/2022 (TOL9.310.011).

672 SAP Barcelona, de 08/05/2024 (TOL10.123.246).

su tipificación penal y la subsiguiente susceptibilidad de su condena asimismo en el ámbito penal[673].

b. Comparación del CCCat con el art. 648.2° CC. El Derecho catalán no contempla como causa de ingratitud ningún supuesto similar al contenido en el art. 648. 2° CC (imputación por el donatario al donante de alguno de los delitos que dan lugar a procedimiento de oficio, aunque lo pruebe) lo cual, sin duda, es un avance por los problemas de compatibilidad que presenta dicho apartado del CC español con principios procesales esenciales y con el derecho a la tutela judicial efectiva, ya que impide al donatario querellarse, en ciertos casos, contra el donante, aunque acredite la veracidad de los hechos.

c. Comparación del CCCat con el art. 648.3° CC[674]. Aunque a primera vista pareciera que el CCCat. no contiene una previsión similar al art. 648.3° CC (negar el donatario indebidamente los alimentos al donante) en realidad la negativa del donante de sustentar al donante pobre debería poderse revocar en Cataluña, al ser una conducta socialmente inaceptable, por causa de ingratitud del art. 531-15 letra d del CCCat (como sucede en el CC español ex art. 648.3° CC) y no por la causa de pobreza del donante del art. 531-15 letra e del CCCat que posteriormente analizaremos[675].

Finalmente, en el derecho catalán, el donante puede perdonar la ingratitud del donatario si conoce el hecho que la motiva, lo que equivale a una renuncia expresa al derecho potestativo

---

673 Espiau Espiau, S. (2021). La *revocabilidad...*, cit. pp. 97.

674 Interesante aplicación de la revocación por ingratitud (aunque para desestimar su concurrencia) puede verse en SAP Barcelona de 09/09/2010 (ECLI:ES:APB:2010:6123) que no considera acreditada la ingratitud porque no se demostró que la donataria hubiese negado alimentos o abandonado a su madre/donante.

675 Vaquer Aloy, A. (2012). *La donación...*, cit. p. 171.

a revocar (art. 531-15.3 CCCat, *a contrario*); pudiendo ser dicho perdón —en derecho catalán y en el CC español— no solo expreso sino también tácito[676].

Por lo demás, la acción revocatoria por ingratitud caduca al año contado desde que el donante conozca el hecho ingrato o, si el hecho ingrato constituye un delito, desde la firmeza de la sentencia que la declara; siendo nula la renuncia anticipada a la revocación (art. 531-15.3 CCCat.).

Y, finalmente, no puede intentarse la acción contra los herederos del donatario y solo pueden ejercerla los herederos del donante si este no lo pudo hacer (art. 531-15.3 y 4 CCCat.). La razón de esta legitimación activa limitada de los herederos del donante no puede ser otro, como ha precisado la jurisprudencia catalana, que «poner en valor la apreciación subjetiva del donante respecto de la concurrencia de las causas de ingratitud contempladas en la ley, como afrentas realizadas al donante y la renuncia tácita a su ejercicio que los sucesores deben respetar, cuando, consciente de su existencia, no pone en marcha los mecanismos jurídicos necesarios para hacerla vale»[677].

4. La pobreza del donante en derecho foral catalán

Es causa de revocación en derecho civil catalán la pobreza del donante «sin perjuicio del derecho de alimentos que proceda», definiendo pobreza como «la falta de medios económicos de los donantes para su congrua sustentación» (art. 531-15.e CCCat.).

---

676 Tendrá lugar el perdón tácito cuando el donante realiza la donación pese a conocer los actos reprobables del donatario (Vaquer Aloy, A. [2012]. *La donación…*, cit. p. 162).

677 Así STSJ de Cataluña de 10/05/2018 (TOL6.812.821) y SAP Barcelona de 08/05/2024 (TOL10.123.246).

En relación con esta causa general de revocación —de reciente incorporación al CCCat.[678] y no contemplada expresamente en el CC español[679]—, pueden hacerse tres consideraciones:

A. La expresión «sin perjuicio del derecho de alimentos que proceda» no impone un deber de alimentos del donatario hacia el donante[680]. Este precepto no establece —a diferencia del art. 648.3° CC español— un deber específico del donatario de prestar alimentos al donante por lo que el «derecho de alimentos que proceda» a que alude el art. 531-15.e del CCCat. es el que el donante puede ejercer frente a sus parientes, enumerados en el art. 237-2 CCCat., y no frente al donatario (salvo obviamente que en este concurra la condición de pariente del donante obligado en virtud de este último artículo)[681].

En todo caso, conviene señalar: primero, que, ante la pobreza del donante, si el donatario no estuviera obligado a prestar alimentos (por no ser uno de los familiares del donante fijados en el art. 237-2 CCCat.), se debe pedir antes la revocación de la donación que los alimentos[682];

---

678 Espiau Espiau, S. (2021). *La revocabilidad...*, cit. pp. 106 y 107 quien añade que el reconocimiento de la pobreza del donante como causa de revocación representa una novedad, respecto a la legislación catalana anterior, que limitaba su aplicación a las donaciones entre cónyuges fuera de capítulos.

679 Espiau Espiau, S. (2021). *La revocabilidad...*, cit. p. 107. No obstante, en el CC español puede llegarse, en la práctica, a consecuencias similares de forma indirecta a través de los artículos 634 y 648.3° CC.

680 Vaquer Aloy, A. (2012). *La donación*, cit. p. 171.

681 Así, entre otros, Vaquer Aloy, A. (2012). *La donación*, cit. p. 171; Espiau Espiau, S. (2021). *La revocabilidad...*, cit. pp. 109-110; Monserrat Valero, A. (2020). *Curso...* cit. p. 154.

682 Como señala Monserrat Valero, A. (2020). *Curso...*, cit. pp. 154-155 la literalidad del art. 531-15 letra e del CCCat permite al donante revocar la donación por pobreza y, además, pedir alimentos. Esto sólo tiene

y segundo, que, aunque falta en el CCCat. dicho deber expreso del donatario de alimentar al donante la negativa del donatario a alimentar al donante necesitado debería, en su caso, dar lugar a la revocación por causa de ingratitud del art. 531-15.d del CCCat (como se articula, por otro lado, en el art. 648.3° CC español) y no por la causa del art. 531-15.e del CCCat (pobreza del donante)[683].

B. La expresión «*congrua sustentación*» implica que dicha causa de revocación no exige pobreza extrema, sino que debe valorarse el nivel de vida del donante anterior a la donación y sus necesidades actuales[684]. Dicha «*congrua sustentación*», alude al mantenimiento y subsistencia del donante en congruencia o coherencia con el *status* que le corresponde y que venía ostentando antes de la donación, pero sin exigir una pobreza absoluta sino pobreza relativa[685].

---

sentido si los bienes que recupera el donante, al revocar la donación, no bastan para la congrua sustentación del donante porque, si son suficientes, ya no existirá la situación de necesidad presupuesto de su derecho de alimentos. El debate está en qué debe hacer primero el donante: revocar la donación o pedir alimentos entendiendo dicho autor que si el donatario es, al tiempo, pariente alimentante del donante puede evitar la revocación prestando alimentos; pero si los alimentantes son otros familiares, estos pueden exigir al donante que primero revoque y, solo si lo obtenido es insuficiente para su congrua sustentación, reclame alimentos, pues es más equitativo que el donatario quede privado de un bien que adquirió gratuitamente que imponer a los parientes la carga de prestar alimentos.

683 Vaquer Aloy, A. (2012). *La donación*, cit. p. 171.

684 Ibidem p. 171.

685 Espiau Espiau, S. (2021). *La revocabilidad...*, cit. pp. 108-109. Frente a dicha tesis, la SAP de Barcelona de 25/07/2019 (TOL7.487.232) considera que «la revocación por causa de pobreza sobrevenida sí exige falta de medios económicos para subvertir a las necesidades propias de sustento, lo que se traduce en una situación de pobreza absoluta (no de una mera insuficiencia de medios económicos)». Según dicha

C. Solo ostenta legitimación activa para revocar la donación el donante, y no los parientes alimentantes, si bien en cuanto a las prestaciones asistenciales públicas, el art. 237-11 CCCat. legitima a las entidades públicas o privadas para reclamar los alimentos prestados y, también, para subrogarse en los derechos que el alimentado tenga contra la persona obligada a prestarlos; considerando Vaquer Aloy que esta legitimación se extiende a la revocación de la donación[686].

En conclusión, cabría decir que la finalidad del art. 531-15 letra e del CCCat. es triple: primero, señalar que el donante, en caso de hallarse en situación de pobreza relativa puede, para remediarla, o bien revocar la donación, o bien reclamar alimentos a sus parientes indicados en art. 237-2 CCCat.; segundo, imponer al donante —en caso de que concurra dicha situación de pobreza— que, en primer lugar, revoque la donación y solo en caso de que lo obtenido resulte insuficiente para su congrua sustentación, pueda reclamar alimentos a sus parientes; y, tercero, aclarar que la revocación de la donación no impide el ejercicio del derecho de alimentos, si los bienes reingresados en el patrimonio del donante no son suficientes para atender a su congrua sustentación[687].

---

sentencia, para valorar la concurrencia de una situación de pobreza como causa de revocación de la donación, puede tomarse como referencia la doctrina jurisprudencial que permite suspender la obligación de prestar alimentos cuando la fortuna del alimentante se ha reducido hasta el punto de no poder atender dicha obligación sin desatender sus propias necesidades y las de su familia, porque, en tales supuestos, señala el TS, se está ante una situación de pobreza absoluta. Por el contrario, no puede utilizarse como criterio para determinar dicha pobreza los niveles de renta establecidos en otras normas —como el art. 3 LAJG— ya que estos se fijan para el acceso a prestaciones concretas y no requieren una situación de pobreza absoluta que sí requiere la revocación de una donación por pobreza sobrevenida.

686 Vaquer Aloy, A. (2012). *La donación*, cit. p. 172.

687 Espiau Espiau, S. (2021). *La revocabilidad...*, cit. p. 112.

B.- La donación reversional en el CC de Cataluña

Tanto en el CC español como en el CCCat. la cláusula de reversión opera como una condición o término resolutorio: su cumplimiento resuelve la donación y reintegra al donante —u otro beneficiario designado— la propiedad de la cosa donada. Pero mientras el CC español, con su lacónico y excesivamente escueto art. 641 CC, confía en las normas generales y en la interpretación jurisprudencial la concreción del régimen jurídico de la donación reversional, el CCCat. aporta reglas explícitas sobre numerosas cuestiones que en derecho común se han resuelto, a veces de forma no uniforme, por doctrina y jurisprudencia. Sin duda, por tanto, la seguridad jurídica que aporta el CCCat. es superior a la que aporta el CC español.

En primer lugar, en cuanto al régimen aplicable, el art. 531-19.6 CCCat. distingue entre reversiones a favor del donante, de su cónyuge o pareja o de sus herederos y reversiones a favor de terceros. A las primeras se aplican, en lo no establecido por el art. 531-19.6 CCCat., el art. 431-27 CCCat., sobre el pacto reversional en los heredamientos, y a las segundas, las normas de las sustituciones fideicomisarias.

Frente al CC que limita el reversionario de la reversión propia únicamente al «donador» (art. 641-I CC) el CCCat amplia dicho ámbito subjetivo, extendiéndolo al donante, su cónyuge, pareja estable o sus herederos (art. 531-19.1 CCCat.). Y, dando solución al problema debatido en derecho común sobre si cabe la donación reversional *ad nutum*, el CCCat responde afirmativamente al señalar que «la reversión que depende de la simple voluntad de los donantes se entiende que es condicional»[688]. Además, dicho

---

[688] Es decir, en derecho civil catalán si el pacto establece que el donante podrá revocar la donación libremente, dicha cláusula no se considera nula (en derecho común es discutida dicha invalidez), sino que la ley la considera una condición resolutoria potestativa, esto es, subordinada a la manifestación futura de voluntad del donante de ejercitar la reversión. Esta interpretación aporta seguridad jurídica, ya que permite admitir la cláusula a voluntad del donante, tratándola como

art. 531-19.1 CCCat representa, con relación al CC español, una mejora no solo gramatical —al designar correctamente al donante como tal y no como «donador»— sino también técnica, ya que aclara un aspecto que, aunque indiscutido, no estaba expresamente recogido en el CC español: que el evento reversional puede estar sujeto no solo a condición, sino también a término resolutorio.

En cuanto a la designación del reversionario y frente al silencio del CC español —silencio resuelto, como vimos, por el TS[689]—, el CCCat aporta seguridad jurídica resolviendo, en sede normativa, dicho problema al señalar que en la reversión a favor de terceros los donantes pueden facultar a los donatarios o a las personas que indiquen para que designen al beneficiario[690]. En caso de duda sobre el alcance de la cláusula de reversión, se entiende hecha solo a favor del donante —no a favor de terceros— y establecida para el caso de que el donatario premuera al donante sin hijos (art. 531-19.2 del CCCat. incisos segundo y tercero) [691].

Frente al silencio del CC español sobre la revocabilidad de la cláusula reversional —silencio que ha dado lugar a una solución

---

una condición válida y no como una simple reserva arbitraria. Sobre dicha revocación *ad nutum* en derecho catalán *vide* más ampliamente SAP de Barcelona de 25/11/2014 (TOL4.699.424).

689 Dicho silencio del CC español, como vimos, fue resuelto por la doctrina del TS (STS 27/12/1945, TOL4.458.573) en el sentido de admitir, que, aunque normalmente el donante designará nominalmente el reversionario bajo ciertas circunstancias, es admisible que sea el primer donatario el que designe al reversionario.

690 Cuando la reversión se ordena a favor del donante o de sus allegados, no tiene sentido —dice Montserrat— que el donante faculte al donatario a designar el beneficiario (Monserrat Valero, A. [2020]. *Curso...*, cit. p. 169).

691 Dicha cláusula de reversión en caso de premoriencia del donatario sin dejar hijos tiene como finalidad evitar que el bien donado salga del ámbito de la familia consanguínea, ya que, de no establecerse dicha cláusula, el bien podría pasar al cónyuge del donatario fallecido. (Monserrat Valero, A. [2020]. *Curso...*, cit. p. 167).

vacilante por parte de la doctrina[692]—, el CCCat aporta seguridad jurídica resolviendo, en sede normativa, dicho problema al distinguir los siguientes dos supuestos:

Primero, el donante puede revocar o modificar, en cualquier momento, la reversión establecida a favor de este, de su cónyuge, pareja estable o de sus herederos, dejándola sin efecto o designando a un nuevo adquirente de los bienes dados. Excepto en caso de determinación expresa, una vez muertos los donantes sin haber ordenado la reversión o habiéndose cumplido la condición o el plazo establecidos, los bienes dados quedan libres del gravamen resolutorio (art. 531-19.3 del CCCat).

Segundo, el donante puede revocar o modificar la reversión ordenada a favor de terceras personas mientras no se cumpla la condición o plazo establecidos, si bien por excepción —en caso de reversión condicionada al nacimiento efectivo de los hijos beneficiarios que deben nacer del primer donatario— el donante pierde dicha facultad de revocar o modificar la reversión una vez que conoce la aceptación de la donación por parte del donatario gravado (art. 531-19.4 CCCat). Esta última excepción pretende dar estabilidad a la expectativa de esos futuros hijos[693].

---

692 Como vimos, el silencio del CC español en esta materia ha dado lugar a una tesis mayoritaria favorable y que, al amparo del art 1257.II CC, permite que el donante pueda revocar la cláusula reversional, salvo que el reversionario haya aceptado la donación. Pero también existe una tesis minoritaria que niega la facultad del donante de revocar la cláusula reversional, desde que la donación quede perfecta, y, por tanto, irrevocable, por la aceptación del primer donatario, aunque no haya sido aun aceptada por el reversionario.

693 En efecto, la excepción prevista en el art. 531-19.4 CCCat. contempla una situación específica: la donación reversional en la que se designa como beneficiarios a los hijos —concebidos o no, pero en todo caso aún no nacidos— del primer donatario. En este supuesto, dado que dichos hijos aún no existen, se introduce una limitación a la regla general del derecho catalán que permite al donante revocar o modificar la rever-

Asimismo, frente al silencio del CC respecto a la situación jurídica y material en la que el reversionario debe recibir el bien donado una vez cumplida la condición o el término reversional —silencio que, en el derecho común, ha debido resolverse mediante la aplicación de las normas registrales y sustantivas generales—, el CCCat concreta expresamente dicha situación. En efecto, establece dicho derecho catalán que el bien donado, «una vez producida la reversión, queda libre de las cargas o gravámenes impuestos por los donatarios o por los titulares sucesivos, los cuales responden del importe perdido por su negligencia y de los daños y perjuicios causados de mala fe» (art. 531.19.5 del CCCat)[694]. Obviamente, tanto en el CC español como en el catalán, la liberación de la carga impuesta por el donatario queda condicionada, tratándose de bienes inmuebles, a que en el *accipiens* no concurran los requisitos del tercero hipotecario del art. 34 LH, pero dicho tercero de buena fe no podrá, lógicamente, aparecer si se inscribe la condición o termino resolutorio en el Registro[695].

---

sión a favor de terceros mientras no se haya cumplido la condición. Así, se establece que, en este caso particular, dicha facultad desaparece una vez que el donatario (potencial padre o madre) acepta la donación. Esta excepción tiene por finalidad otorgar estabilidad a la expectativa de los futuros hijos y se justifica también en la idea de que el donatario pudo haber tomado la decisión de tener descendencia precisamente en atención a la designación de su futuro hijo como beneficiario del bien donado.

694 En caso de negligencia, el donatario debe responder por el «importe perdido», lo que implica indemnizar la disminución del valor del bien si el deterioro es parcial, o el valor total del bien si el deterioro es completo. Dicho valor debe determinarse en el momento en que se produce la reversión. Si el deterioro ha sido causado de mala fe, el donatario responderá, además, por los daños y perjuicios adicionales que haya podido ocasionar (Monserrat Valero, A. [2020]. *Curso...*, cit. p. 170).

695 Como señala Monserrat en derecho catalán «el donatario puede enajenar o gravar el bien donado, pero, al producirse el evento reversional, se resolverán la propiedad del comprador y las cargas (531-19.5), salvo que surja la figura del tercer adquirente de buena fe» (Monserrat Valero, A. [2020]. *Curso...*, cit. p. 169.)

En cuanto a los frutos del bien donado, y frente al silencio del CC español, el art. 431-27.1 CCCat —aplicable a reversiones a favor del donante y asimilados— señala que retornan los bienes al reversionario «sin obligación de restituir los frutos percibidos». Esto significa que el donatario (o quien los poseyó hasta la reversión) no debe devolver los frutos obtenidos antes del cumplimiento del evento reversional; dichos frutos se los queda el donatario como poseedor de buena fe hasta entonces.

Finalmente, en el CCCat., toda reversión —ya sea a favor del donante y sus allegados, o de terceros— puede prever la designación de un primer beneficiario y, una vez cumplido el evento reversional, que el bien donado revierta en un segundo beneficiario, y así sucesivamente. No obstante, al igual que el CC español, el derecho catalán prohíbe las vinculaciones perpetuas. Por lo tanto, en Cataluña el número de beneficiarios sucesivos queda limitado por las normas aplicables a las sustituciones fideicomisarias (art. 531-19.6, *in fine*, y art. 431-27.4 del CCCat)[696].

Como conclusión sobre la donación reversional en derecho civil catalán podemos destacar que el CCCat es más preciso y garantista que el CC español desde el punto de vista técnico y jurídico. Mientras el CC español se limita a un tratamiento escueto del pacto reversional, dejando numerosos aspectos a la interpretación doctrinal y jurisprudencial, el CCCat establece un régimen detallado que proporciona mayor seguridad jurídica. En el ámbito del derecho común, cuestiones como la reversión *ad nutum*, la designación del reversionario, la revocabilidad de la cláusula reversional, la protección del reversionario frente a terceros o el régimen de los frutos y mejoras del bien donado carecen de una regulación clara, lo que ha generado soluciones doctrinales y jurisprudenciales dispares. Frente a ello, el CCCat resuelve estas

---

696 Monserrat Valero, A. (2020). *Curso...*, cit. p. 169.

materias mediante disposiciones expresas que otorgan certeza y estabilidad jurídica tanto a donantes como a reversionarios.

Destaca también la corrección terminológica y técnica del derecho catalán, que evita ambigüedades conceptuales y delimita con claridad el alcance subjetivo del pacto reversional. Este modelo normativo evita la inseguridad inherente a la aplicación supletoria de normas generales o a la dependencia de la interpretación jurisprudencial, como ocurre en el derecho común. Asimismo, se protege de manera más eficaz la expectativa de derechos de los beneficiarios, especialmente en los casos de reversión a favor de terceros o de hijos futuros del donatario.

En conjunto, la normativa catalana representa un avance significativo en la sistematización y regulación de la reversión en las donaciones, sirviendo de ejemplo de modernización legislativa frente a la parquedad y ambigüedad del régimen previsto en el CC español.

III.2.- NAVARRA

Navarra cuenta con un régimen específico en materia de donaciones *inter vivos* dentro de su Compilación Foral. De acuerdo con la ley 162 de dicha Compilación, «una vez perfeccionadas, las donaciones *inter vivos* podrán ser revocadas por las causas expresamente establecidas por el donante o por el incumplimiento de cargas impuestas al donatario», admitiendo en la ley 163, asimismo, la revocación por ingratitud.

Sin embargo, dicha Compilación no contempla, a diferencia del CC común, la revocación de la donación por supervivencia o superveniencia de hijos del donante como causa legal de revocación[697]. Esta omisión ha sido valorada positivamente por la

---

697 Como destaca Castán si bien antes de la Compilación, existían dudas sobre la procedencia de la revocación por superveniencia de hijos,

doctrina, al considerarse dicha causa anacrónica o, en palabras de D'Ors, un «residuo inexplicable del régimen romano de las donaciones hechas a los propios libertos»[698].

Analicemos las causas de revocación de las donaciones en Navarra contenidas en las leyes 162 y 163 de la Compilación:

1.- Revocación por las causas expresamente establecidas por el donante

Comienza afirmando la ley 162 del FNN que «una vez perfeccionadas, las donaciones *inter vivos* podrán ser revocadas por las causas expresamente establecidas por el donante». Como señala-

---

debido a la libertad de que goza el padre en Navarra para disponer de sus bienes, la STS de 10/11/1884 (TOL5.080.336) rechazó dicha revocación, basándose en que el derecho romano solo la admitía en el caso específico de donaciones realizadas a libertos del donante. Tras la Compilación de 1973, no cabe duda sobre la improcedencia de esta causa de revocación, dado el silencio del nuevo texto legal al respecto, especialmente si se contrasta con la remisión expresa al art. 648 CC —relativa a la revocación por causa de ingratitud— que contenía la ley 162 en su redacción anterior a 2019 (Castán Tobeñas, J. [1988]. *Derecho civil...* T IV, cit. p. 275, n 1 y 2). En la jurisprudencia foral la SAP Navarra, de 27/07/2004 (TOL498.698) señala expresamente que «...las donaciones navarras no son revocables por supervivencia o sobreveniencia de hijos».

698 D'Ors, A. «Ley 162», *Comentarios...*, T. 37, Vol. 1, cit. pp. 40-50. También Mezquita del Cacho respalda la exclusión de la superveniencia o supervivencia de hijos como causa de revocación, pero más que por las justificaciones realizadas por D'Ors sobre su exclusiva existencia en la relación patronos-libertos, «por el hecho de que ningún hijo tiene "per se" en Navarra un derecho a heredar de sus padres ni siquiera una legítima materialmente consistente y no meramente simbólica» (Mezquita del Cacho, J.L. [2020] «Ley 163...», *Comentarios al Fuero Nuevo...* cit.). En parecido sentido parece inclinarse la SAP Navarra de 27/07/2004 (TOL498.698).

ba Mezquita del Cacho, esta causa de revocación de la donación perfecta implica que el donante puede establecer expresamente, sin más restricciones que las señaladas en la ley 7, las causas de revocación que considere convenientes, lo que implica admitir una revocabilidad *ad libitum*. Esta posibilidad es congruente con el principio «paramiento fuero vienze» (ley 7), el cual «alcanza no solo a la autonomía de la voluntad consensuada o multilateral, sino también a la unilateral»[699]. Por tanto, los únicos límites a esta libertad del donante son los que establece dicha ley 7: «que sea contraria a la moral o al orden público, vaya en perjuicio de tercero o se oponga a un precepto prohibitivo de esta Compilación con sanción de nulidad»[700]. De todos estos límites, añade este autor, únicamente el de la prohibición legal expresa tiene una definición precisa, porque los relativos a la moral y al orden público deberán ser determinados, en cada caso concreto, por el juez[701].

---

699 Mezquita del Cacho, J.L. (2020). «Ley 162...», *Comentarios al Fuero Nuevo...* cit.

700 Señala Mezquita del Cacho (ibidem) que el límite que impone el perjuicio a terceros al principio de libertad dispositiva reconocido en la ley 7 del FNN plantea si es admisible establecer como causa de revocación o autoreversión de la donación el embargo del bien donado por deudas, presentes o futuras, del donatario. En contra de dicha cláusula cabria invocar la impertinencia de que la voluntad de una persona afecte la embargabilidad de bienes de otra, interfiriendo así en el principio de responsabilidad patrimonial universal del deudor, materia reservada a la legislación estatal (art. 149.1.8ª CE), pero Mezquita se muestra favorable a dicha cláusula porque, negar dicha posibilidad, conduciría a una paradoja: el FNN, que proclama en su ley 148 una libertad dispositiva más amplia que la del CC, admitiría en este punto una restricción mayor, ya que el art. 641 CC permite establecer válidamente la reversión en favor de sólo el donante «para cualquier caso y circunstancia».

701 Ibidem

2. Revocación por incumplimiento de cargas impuestas al donatario

El FNN recoge en la ley 162, al igual que hace el CC español en su art. 647, el incumplimiento de cargas impuestas al donatario como causa de revocación de la donación modal. Este supuesto tiene fundamento, en ambas normativas, en la idea de que la donación modal, aunque gratuita, conlleva un gravamen que el donatario debe respetar; su falta de cumplimiento frustra la voluntad del donante y justifica resolver el acto[702].

Ahora bien, el FNN introduce una particularidad porque si el donatario no hubiere cumplido, al morir el donante, las cargas que este le impuso al donar, «se entenderá remitidas» las mismas si el beneficiario de la carga era el donante y se considerará como legado si el beneficiario de la carga era un tercero (ley 162 inciso segundo) [703]. Ello permite deducir que, en Navarra, la acción de revocación por cargas tiene carácter personalísimo en lo que atañe

702 En este sentido, la jurisprudencia foral «residencia» el éxito de la acción de revocación por incumplimiento de la carga prevista en la ley 162 FNN en el art. 1124 CC español (SAP de Navarra, de 27/11/1998 [TOL9.314.831]).

703 No obstante, Mezquita del Cacho criticaba el texto de la ley 162 por su ambigüedad y deficiencias. En particular, cuestionaba que la expresión «se entenderán remitidas» —de naturaleza claramente interpretativa— pudiera producir un efecto extintivo automático (*ipso iure*), sin prever la excepción de que el propio donante hubiera configurado la carga de un modo distinto, lo que sería más coherente con el principio, omnipresente en el sistema navarro, de libertad dispositiva del donante. Y criticaba igualmente que la ley 162 no distinguiera si el donante había muerto sin entablar la acción, o habiéndola interpuesto ya; aspectos, dice, chocantes y que inducen a pensar «si la excepción de la diferente disposición del donante no debe considerarse implícita, dada la jerarquía normativa de dicho principio de libertad; y si la distinción entre muerte sobrevenida con o sin interposición previa de la acción revocatoria, no deberá también considerarse operante por la extensión analógica que la ley 5 promueve» (Mezquita del Cacho, J.L. [2020] «Ley 162», *Comentarios al Fuero Nuevo...* cit.).

al donante: si este muere sin haber exigido su cumplimiento, sus herederos no pueden ya revocar[704]. En cambio, si la carga beneficiaba a un tercero (por ejemplo, una pensión alimenticia a un familiar), el derecho de ese tercero se mantiene como legado exigible al donatario, pero sin permitir revocar la donación entera[705]. Esta solución, propia del FNN, busca un equilibrio entre el respeto a la voluntad del donante y la seguridad jurídica del donatario y de terceros: se evita que tras la muerte del donante sus herederos rescindan la donación por cargas no satisfechas al causante (ya irrelevantes porque el donante ya no está vivo para beneficiarse), aunque sí se protege al tercero beneficiario de la carga[706].

3. Revocación por ingratitud en derecho civil de Navarra

El texto original de la ley 162-II del FNN, en redacción dada por la Ley 1/1973, establecía que «también podrán ser revocadas las donaciones por las causas establecidas en el artículo 648 del Código Civil». Esta remisión al CC español en materia de

---

704 Como dice D'Ors en derecho navarro la acción de revocación por incumplimiento del modo no es transmisible al heredero del donante, pues se presume que, si el donante falleció sin haberla ejercitado, la carga modal, impuesta por él y a su favor, ha sido remitida por él (D'Ors, A. «Ley 162...», cit.)

705 La indicación de la ley 162 de que las cargas establecidas a favor de terceros «*se considerarán como legados*» si el donante fallece sin que se hubieran cumplido, comporta que dichos terceros están legitimados para accionar contra el donatario en caso de que éste incumpla la carga una vez fallecido el donante (Mezquita del Cacho, J.L. (2020). «Ley 162», *Comentarios al Fuero Nuevo...* cit.)

706 Sobre diferencias entre donación condicional y modal (el modo obliga, pero no suspende, mientras que la condición suspende, pero no obliga) puede verse STSJ de Navarra 29/09/1998 (Roj: STSJ NA 1280/1998–ECLI:ES:TSJNA:1998:1280). Y sobre diferencias entre donación modal y donación pura con reserva de administración puede verse STSJ de Navarra 04/03/2002 (Roj: STSJ NA 294/2002–ECLI:ES:TSJNA:2002:294).

revocación por ingratitud estuvo vigente hasta que la Ley Foral 21/2019, de 4 de abril modificó, entre otras, las leyes 162 y 163 del FNN, suprimiendo el apartado segundo de la ley 162 y estableciendo una nueva regulación específica sobre la revocación por ingratitud en Navarra en la ley 163[707].

Actualmente, tras dicha reforma, la ley navarra enumera dos supuestos amplios de ingratitud que permiten revocar una donación:

1.- Actos gravemente ofensivos contra el donante o su familia. Podrán ser revocadas las donaciones por causa de ingratitud «si el donatario comete cualquier delito, causa un daño o realiza voluntariamente una conducta socialmente reprobable contra la persona o los bienes del donante, o contra personas integrantes de su grupo o comunidad familiar, o contra los bienes de estos» (ley 163.1 del FNN). Se observa que la nueva redacción de la ley 163 amplía el ámbito respecto al derecho común contenido en el CC español: incluye ofensas contra la familia del donante (no solo contra el donante mismo) y en general cualquier comportamiento voluntario que la sociedad considere intolerable en gratitud, aunque no esté formalmente tipificado o condenado penalmente.

No obstante, dicha ampliación también ha sido objeto de críticas, ya que, como se observa, la revocación por ingratitud en Navarra tiene un alcance casi ilimitado. Tal como señala y cuestiona Rogel Vide, el derecho potestativo del donante a revocar puede ejercerse en caso de comisión de cualquier delito, tenga o no que ver con el donante; en caso de causarse cualquier tipo de daño, sin mayor especificación; e incluso ante una mera conducta socialmente reprobable, ya sea contra la persona, grupo o comunidad familiar del donante, o contra sus bienes, siendo difícil

[707] El preámbulo de la Ley Foral 21/2019, de 4 de abril, de modificación y actualización del FNN justifica dicha modificación afirmando: «en la idea de suprimir las diversas remisiones estáticas que el FNN realizaba al CC, es objeto de regulación de forma completa la… ingratitud (ley 163)…».

comprender —sigue señalando dicho autor— «cómo es posible una conducta socialmente reprobable contra meros bienes»[708].

2.- Denegación de alimentos al donante. Podrán ser revocadas las donaciones por causa de ingratitud «si el donatario niega indebidamente alimentos al donante» (ley 163.2 del FNN). Este supuesto tradicional se mantiene: cuando el donante cae en necesidad de alimentos y el donatario (que, por parentesco u otra razón, esté obligado legalmente a prestarlos, o aun sin obligación legal, por deber derivado del beneficio recibido) rehúsa injustificadamente socorrerle, procede la revocación por ingratitud.

La novedad en el texto navarro es que aclara que la ingratitud por esta causa opera «aun en el supuesto de que existan otras personas obligadas a prestarlos o pueda recibir prestaciones públicas». Es decir, aunque el donante tenga otros familiares obligados en primer grado o pueda acceder a ayudas sociales, la negativa del donatario a ayudarle sigue considerándose ingrata. Con ello se refuerza la idea de que el donatario tiene un deber especial de gratitud *ex donatione* hacia el donante, independiente de que existan otros medios: su negativa injusta es causa *per se* de revocación.

Cabe señalar que la Ley Foral 21/2019, al dar nueva redacción a las leyes 162 y 163 del FNN, ya no hace constar como causa de revocación por ingratitud la imputación por el donatario de delitos al donante, seguramente por considerarla innecesaria: un falso testimonio calumnioso podría entrar en la categoría general de conducta *«socialmente reprobable»*, y si la acusación es verdadera no debería haber —y no hay actualmente en dicha Compilación— ingratitud.

Finalmente, la acción de revocación caduca al año desde que el donante conozca o pueda razonablemente conocer el hecho que la fundamente (ley 163). Este plazo de caducidad coincide con la previsión del CC (art. 648 CC y ss.), asegurando que la reacción sea pronta para dar seguridad a las donaciones.

---

708 Rogel Vide, C. (2024). *Revocabilidad...*, cit. pp. 40-41.

En conclusión, el derecho foral navarro y el derecho común convergen en entender la revocación de donaciones como una institución excepcional y sometida a causas tasadas —lo cual proporciona seguridad a las donaciones—, y divergen en cuáles deben ser las causas de revocación y cómo se configuran. Navarra se alinea más con una tradición foral de favorecer la estabilidad de los actos *inter vivos*, limitando las causas a incumplimiento de deberes del donatario (cargas o gratitud), sin permitir reconsideraciones por cambios personales del donante (superveniencia o supervivencia hijos). El CC español incluye, por el contrario, también esa protección a la posteridad y a la voluntad presunta del donante.

IV. Ineficacia sobrevenida de la donación en el derecho comparado

En la época de la codificación, la revocación por ingratitud fue regulada, con múltiples matices, por las decenas de códigos que dicho siglo XIX vio nacer en los diversos países de nuestro entorno. Conviene llevar a cabo un análisis comparativo de la revocación de donaciones en distintos sistemas jurídicos europeos que han influido en el Derecho español, así como en algunos códigos latinoamericanos que han recibido la influencia de aquellos.

IV.1. DERECHO CIVIL COMPARADO EUROPEO

El análisis del derecho comparado en distintos países europeos permite mejorar la comprensión de la regulación de la revocación de donaciones, al ofrecer distintas perspectivas sobre principios comunes y soluciones normativas alternativas. Este enfoque comparativo permite identificar tendencias legislativas, evaluar la coherencia interna de cada sistema jurídico, plantear posibles mejoras y finalmente —al observar cómo distintos ordenamientos abordan problemas similares— fomenta una reflexión crítica especialmente valiosa en un contexto europeo, donde cada vez son mayores los esfuerzos por armonizar los criterios legales. En suma, el estudio del derecho comparado no solo enriquece el debate académico, sino que también proporciona una base sólida para impulsar reformas más eficaces y adaptadas a las necesidades sociales.

En esta obra analizaremos los ordenamientos europeos que más influencia han ejercido tanto en la doctrina como en la legislación española: Francia, Italia y Alemania.

A.- Francia

El principio general en Francia, al igual que en otros ordenamientos continentales, es la irrevocabilidad de la donación una vez perfeccionada. Sin embargo, el Code civil francés prevé tres causas taxativas de revocación en su artículo 953: ingratitud del donatario, incumplimiento de cargas o condiciones y «survenance d'enfants» (superveniencia de hijos del donante).

1.- Ingratitud del donatario

Conforme al artículo 955 Code Civil, el donatario incurre en ingratitud en tres supuestos: 1° Cuando el donatario atentó contra la vida del donante; 2° Cuando sea declarado culpable de malos tratos, delitos o injurias graves contra el donante; 3° Cuando le niegue alimentos[709].

Como señala Rogel Vide, el Code resulta más restrictivo que nuestro CC en cuanto a las causas que justifican la revocación por ingratitud. Estas causas, en el sistema francés, van más allá de una mera ingratitud entendida como omisión, ya que exigen, en cambio, conductas activas, rudas y particularmente graves por parte del donatario contra el donante. Se trata de comportamientos —sigue diciendo Rogel Vide— que incluso pueden constituir delito y que revelan no solo falta de gratitud, sino una verdadera animadversión, resentimiento o incluso odio hacia el donante[710].

Los tribunales franceses han interpretado rigurosamente estas categorías de revocación por ingratitud exigiendo la *Cour de Cassation* que los hechos invocados encajen específicamente en alguno de esos supuestos legales para proceder a la revocación.

---

[709] Copian el art. 955 del Code francés el art. 604 del cantón suizo de Vaud; 1163 de Cerdeña; 879 Napolitano y 1547 de Luisiana; el art. 1725 holandés y 948 de Austria (Rogel Vide, C. [2024]. *Revocabilidad...*, cit. p. 29).

[710] Rogel Vide, C. (2024). *Revocabilidad...*, cit. p. 36.

De este modo, por ejemplo, la sentencia de la Corte de Casación francesa, Sala Civil Primera, dictada el 30 de enero de 2019 (recurso de casación: 18-10091) confirmó que solo los actos dirigidos directamente contra el propio donante constituyen ingratitud, rechazando extender la causa a ofensas contra terceros[711].

El Code exige acción del donante para que pueda revocarse la donación por ingratitud que «no se producirá nunca de pleno derecho» (art. 956 Code); somete la acción de revocación por ingratitud al plazo de un año, y, debido a su carácter personalísimo, dispone que la demanda de revocación por ingratitud no podrá ejercitarse por el donante contra los herederos del donatario, ni por los herederos del donante contra el donatario, salvo que, en este último caso, la acción haya sido iniciada por el donante, o que este falleciese en el plazo de un año tras el delito (art. 957 Code).

2.- Incumplimiento de cargas

El art. 953 Code señala como causa de revocación de la donación *inter vivos* el «incumplimiento de las condiciones en las que se hizo» (*«d'inexécution des conditions sous lesquelles elle aura été faite»*)[712]. Por otro lado, dispone el art. 954 Code que, en caso de revocación por incumplimiento de las condiciones, los bienes volverán a manos del donante, libres de toda carga e hipoteca

---

711 Puede consultarse esa sentencia en https://www.dalloz-actualite.fr/sites/dalloz-actualite.fr/files/resources/2019/02/18-10.091.pdf. En el caso enjuiciado, los delitos cometidos por el hijo fueron en perjuicio de las empresas del grupo familiar, no directamente contra los padres, por lo que no constituyen ingratitud según el art. 955 Code. Un comentario sobre dicha sentencia puede verse en https://www.dalloz-actualite.fr/flash/precisions-sur-l-action-en-revocation-d-une-donation-pour-ingratitude

712 Es de la copia literal del término «condiciones» que emplea este precepto del que proviene la inexactitud terminológica heredada por el art. 647 CC español que emplea idéntico término que el Código francés cuando debiera haber empleado el término «carga» o «modo».

constituida por el donatario; y el donante tendrá, contra los terceros poseedores de los bienes inmuebles donados, todos los derechos que tendría contra el propio donatario.

En cuanto a esta causa de revocación, la jurisprudencia gala exige un incumplimiento grave o esencial de la carga para conceder la revocación[713]; que la carga haya sido la causa decisiva de la donación, y que el incumplimiento no sea imputable al donante.

3.- Superveniencia de hijos del donante:

Modificado ligeramente el originario texto del art. 960 Code por Ley de 2006[714], ahora se dispone que el donante que no tenía hijos ni descendientes vivos en el momento de la donación, puede revocar la donación —si así lo prevé el acto de donación— por la superveniencia de hijos del donante, incluso después de su fallecimiento, o por su adopción por él (arts. 953 y 960 Code). La reforma de 2006 exige que esta causa se haga constar en el momento de la donación (frente a la originaria versión del Code que no exigía dicha constancia, sino que la configuraba con carácter automático o de pleno derecho[715]) y elimina obsoletas referencias al carácter legítimo o natural de la filiación.

---

713 Sentencia de Corte de Casación de 16/01/2019 (recurso. 18-10.603). Un resumen en https://www.dalloz.fr/lien?famille=revues&dochype=RECUEIL%2FJURIS%2F2019%2F0235

714 Ley nº 2006-728 de 23 de junio de 2006 en vigor desde el 1 de enero de 2007.

715 El originario art. 960 Code decía que todas las donaciones entre vivos... quedarán revocadas de pleno derecho por la superveniencia ... (« *Toutes donations entre vifs.... demeureront révoquées de plein droit par la survenance...* »). Pero, como indicaba Sánchez Calero, B. (2007). *La revocación...*, cit. p. 70 dicha revocación automática —o de pleno derecho, según la expresión utilizada en el Code francés en su redacción anterior a la Ley n.º 2006-728, de 23 de junio— no era la solución más adecuada en los casos de superveniencia o supervivencia de hijos porque no dejaba

Esta revocación puede tener lugar, aunque el hijo del donante estuviera concebido en el momento de la donación (961 Code); puede renunciarse por el donante en cualquier momento (art. 965 Code), y la acción de revocación —que solo puede interponer el donante— prescribe a los cinco años del nacimiento o adopción del último hijo (art. 966 Code).

B. Italia

Dispone el CC italiano que la donación —que no sea remuneratoria o *propter nuptias*— puede revocarse por dos causas: «*per ingratitudine o per sopravvenienza di figli*» (arts. 800 y 805 CC italiano). No se trata dicha revocación —como nos recuerda Torrente y hemos defendido en esta obra— de un caso de invalidez del contrato, ya que la donación es válida al momento de su perfección y no concurre en ella vicio alguno, sino de una ineficacia sobrevenida, es decir, posterior a la celebración del contrato[716]. Y como sigue recordándonos dicho autor la revocación en Italia —con argumentos, añadimos, extensibles a España— protege un interés no patrimonial primario (moral o familiar), con un efecto patrimonial secundario; se basa en hechos posteriores a la donación, y se configura como el ejercicio de un derecho potestativo limitado que sólo se puede ejercer si se cumplen las condiciones previstas por la ley[717].

En cuanto a las causas de revocación que contiene el art. 800 CC italiano ya referido, podemos observar que, a diferencia de Francia y España, Italia no contempla expresamente la revoca-

---

margen a la autonomía de la voluntad: si el donante deseaba mantener la donación, su única opción era volver a otorgarla, ya que, al haberse producido la revocación automáticamente desde el nacimiento del hijo, la donación perdió efecto desde ese mismo instante.

716 Torrente, A. (1956). «La donazione», cit. p. 554.

717 Torrente, A. (1956). «La donazione», cit. pp. 557-558.

ción por incumplimiento de cargas como causa autónoma en los artículos dedicados a la donación, si bien el ordenamiento italiano prevé la resolución por incumplimiento del «*onere*» (carga o modo) en la donación modal a través de las reglas generales de contratos y de disposiciones específicas. Y en este sentido, el art. 793 CC italiano regula la donación modal, imponiendo al donatario la obligación de cumplir la carga dentro de los límites del valor de lo donado, pudiendo pedir el donante y cualquier interesado su cumplimiento. La resolución por incumplimiento de la carga, si está prevista en el acto de donación, puede ser solicitada por el donante o por sus herederos[718].

Analicemos, a continuación, las causas de revocación expresamente contenidas en el art. 800 del CC italiano: la «*ingratitudine*» y la «*sopravvenienza di figli*».

1.- Ingratitud del donatario

El art. 801 CC italiano considera ingrato al donatario que: (1) incurra en las causas de indignidad para suceder previstas en los tres primeros apartados del art. 463 CC italiano (2) injurie gravemente al donante (no a sus familiares), o dañe dolosa y gravemente sus bienes, (3) deniegue indebidamente alimentos al donante cuando el donatario esté obligado a prestárselos por ser un pariente de los señalados en los artículos 433 y 436 CC italiano (es decir, cónyuge, descendientes, ascendientes, yernos y nueras, suegros y hermanos).

---

[718] Art. 793 Codice: «La donación puede estar sujeta a una carga. El donatario está obligado a cumplir con la carga dentro de los límites del valor de lo donado. Para exigir el cumplimiento de la carga puede actuar, además del donante, cualquier interesado, incluso durante la vida del propio donante. La resolución por incumplimiento de la carga, si está prevista en el acto de donación, puede ser solicitada por el donante o por sus herederos».

Examinemos sucintamente las causas de ingratitud:

A.- Incurrir el donatario en determinadas causas de indignidad. El art. 463 CC italiano recoge, entre dichas causas, matar o intentar matar dolosamente al donante, o su cónyuge, descendientes o ascendientes; calumniar al donante a su cónyuge, descendiente o ascendiente, si el delito imputado conlleva penas graves; y prestar falso testimonio penal que perjudique al donante, a su cónyuge, descendiente o ascendiente en causas penales graves. Y entiende Torrente que, mientras que el homicidio doloso o intento de homicidio doloso puede acreditarse en sede penal o, en ausencia de condena, en sede civil y exigen que no concurra causa de exclusión de la antijuridicidad (legítima defensa, estado de necesidad) o de la culpabilidad[719], por el contrario, la calumnia grave y el falso testimonio en juicio penal debe estar probada mediante sentencia penal firme[720].

B. Injuria grave al donante o daño doloso a sus bienes. A diferencia de los casos anteriores, la injuria grave solo tiene relevancia si va dirigida contra el donante. Dado que se trata de un hecho de menor gravedad, no se ha considerado necesario, dice Torrente, extender su aplicación a los familiares del donante, por lo que el sujeto pasivo de la injuria puede serlo únicamente el donante[721].

El elemento objetivo consiste en una injuria grave dirigida al donante, entendida como una ofensa a su honor o dignidad, no cualquier falta de respeto leve. En todo caso, no es necesaria una conducta continua: un solo hecho puede bastar, si alcanza un grado suficiente de gravedad[722].

Dicha gravedad de la injuria no puede fijarse *a priori* y de modo abstracto, porque depende del contexto social, del tiempo y del

---

719 Torrente, A. (1956). «La donazione», cit. p. 560.

720 Ibidem pp. 560-561.

721 Ibidem p. 561.

722 Ibidem p. 562.

entorno del caso concreto[723]. Por ello, ha tenido que ser la jurisprudencia la que ha concretado, en atención a las circunstancias del caso concreto enjuiciado, cuando hiere el donatario de manera significativa la dignidad del donante. Así la Corte de Casación Civil italiana recientemente ha considerado ingratos, entre otros, los siguientes supuestos: (1) la infidelidad de la donataria que mantenía una convivencia prolongada con el donante porque aquella, días después de recibir en donación un inmueble, abandonó a este para irse a vivir al inmueble donado con su nuevo compañero (Sentencia Cass. civ., Sez. II, ordinanza 16/12/2024, n. 32682) (2) Si bien el mero adulterio no basta por sí solo para justificar la revocación por ingratitud, la Corte introduce matizaciones cuando las circunstancias del caso denotan la gravedad de la ofensa al honor de la esposa y revelan la actitud de desprecio y falta de respeto del marido hacia la dignidad de su mujer. Y, así, la Corte aprecia ingratitud en un caso en el que el marido —donatario— había cometido adulterio con la esposa del hermano de su mujer/donante, y dicha relación adúltera se había desarrollado en el seno de la empresa familiar en la que ambos cónyuges trabajaban , circunstancia que intensificaba la humillación y el daño personal sufrido por la donante (Auto de la Corte de Casación Civil italiana, Secc. 3, de 20/06/2022, n. 19816)[724].

Finalmente, aunque sujeto pasivo de la injuria solo puede serlo el donante, consideraba Torrente que también puede considerarse injuria la ofensa a la memoria del donante fallecido (art. 597-III CP italiano), ya que la conciencia social estima que es moralmente más grave ofender a los muertos que a los vivos[725].

---

723 Ibidem p. 562.

724 Vide Ramponi, M. (2022). «Adulterio e revoca di donazione per ingratitudine», Euroconference Legal, edición del 13/09/2022, en la que comenta el auto de la Corte de Casación Civil italiana , Secc. 3, de 20/06/2022, n. 19816

725 Torrente, A. (1956). «La donazione», cit. p. 563.

C.- Negar indebidamente alimentos al donante. El CC italiano no sanciona con la revocación cualquier violación del deber de alimentos, sino que solo se considera lo suficientemente grave como para justificar la revocación la violación del deber alimentario fundado en los vínculos familiares previstos por la ley (art. 801 CC italiano en relación con los artículos 433, 435 y 436 del CC italiano). La razón de esta restricción, dice Torrente, es evidente: solo cuando existen entre donante y donatario esos vínculos familiares que justifican legalmente la obligación de alimentos, la conducta del donatario que ignora esos lazos se vuelve particularmente reprochable[726]. En tales casos, puede afirmarse —decía Torrente— que quien no da alimentos, es como si matara al donante: no físicamente, sino moralmente, porque muestra indiferencia hacia el afecto y el lazo familiar, pese a haber recibido una generosidad[727].

En todo caso, para que surja esta causa de revocación se exige no solo que el donatario sea uno de los parientes obligados por ley a prestar alimentos, sino, además, que el donante esté en estado de necesidad (art. 438-I CC italiano); que el donatario tenga capacidad económica, y que no existan otros obligados anteriores con medios suficientes[728].

Finalmente, en cuanto al plazo para el ejercicio de la acción de revocación por ingratitud dispone el art. 802 CC italiano que la acción de revocación por ingratitud deberá ejercitarse por el donante o sus herederos, contra el donatario o sus herederos, en el plazo de un año a partir del día en que el donante haya tenido conocimiento del hecho que permite la revocación. Si el donatario fue culpable del homicidio voluntario del donante o le impidió voluntariamente revocar la donación, el plazo para

---

726 Torrente, A. (1956). «La donazione», cit. p. 564.

727 Torrente, A. (1956). «La donazione», cit. pp. 564-565.

728 Ibidem. p. 565.

interponer la acción será de un año a partir del día en que los herederos tuvieron conocimiento de la causa de revocación.

2.- Superveniencia o supervivencia de hijos o descendientes del donante

Dispone el art. 803 CC italiano que las donaciones efectuadas por una persona que no tuviera o ignorara que tenía hijos o descendientes en el momento de la donación podrán ser revocadas por la superveniencia o existencia de un hijo o descendiente del donante. También podrán revocarse por el reconocimiento de un hijo, salvo que se pruebe que —en el momento de la donación— el donante conocía la existencia del hijo. La revocación también puede solicitarse si el hijo del donante ya estaba concebido en el momento de la donación[729].

Por tanto, la superveniencia se admite como causa de revocación en derecho italiano si se cumplen dos requisitos esenciales: en primer lugar, un presupuesto negativo consistente en que el donante no tuviera, al donar, hijos o descendientes vivos, o ignorara su existencia, siendo suficiente un solo hijo vivo para impedir la revocación[730]. Y, en segundo lugar, un presupuesto positivo consistente en nacimiento de un hijo o descendiente, o bien el descubrimiento posterior de su existencia[731].

---

729 El Tribunal Constitucional italiano en sentencia 22 junio-3 julio 2000 núm. 250 (en Gazzetta Ufficiale - 1ª serie supplemento - de 05/07/2000 n.º 28) declaró la inconstitucionalidad de la redacción original del art. 803, párrafo primero, del CC, en la parte en que disponía que —en caso de nacimiento de un hijo natural— la donación sólo podrá ser revocada si el reconocimiento del hijo se ha producido dentro de los dos años siguientes a la donación. Como consecuencia de dicha sentencia, el Decreto Legislativo de 28/12/2013, n. 154 adecuó la primitiva redacción del CC a las exigencias constitucionales.

730 Torrente, A. (1956). «La donazione», cit. p. 572.

731 Ibidem p. 573.

A los efectos de la procedencia de la acción de revocación por superveniencia de hijos o descendientes se establece un plazo más largo que el fijado para la revocación por ingratitud porque dicha acción de revocación deberá ejercitarse dentro de los cinco años siguientes al nacimiento del último hijo o descendiente o al conocimiento de la existencia del hijo o descendiente, o del reconocimiento del hijo[732]. El donante no puede iniciar ni continuar la acción después de la muerte del hijo o del descendiente (art. 804 CC italiano)[733].

Finalmente, no es válida la renuncia previa a la revocación, tanto por ingratitud como por superveniencia o supervivencia de hijos (art. 806 CC italiano)[734], pero considera la doctrina *a contrario* que sí es válida la renuncia posterior a que tengan lugar los hechos que permiten la revocación por una u otra causa[735]. Esta solución también corresponde a la lógica del sistema porque si el poder de revocación fuera irrenunciable el donante no tendría un derecho potestativo a revocar, sino que dicha revocación se produciría automáticamente con la superveniencia de hijos o descendientes, y operaría de pleno derecho, como

---

732 De la formulación de la norma y de la exigencia de certeza en la que se inspira, se deduce que el plazo es de caducidad, no de prescripción (Torrente, A. [1956]. «La donazione», cit. p. 577).

733 Señala Torrente (últ. obra citada p. 577 con cita de numerosa doctrina) que, dado que la ley vincula el inicio del plazo de caducidad al nacimiento del último hijo, la acción, aunque se haya extinguido por transcurso del quinquenio desde el nacimiento de un hijo, revive con el nacimiento de otro hijo.

734 El antiguo CC italiano de 1865 (art. 1084) solo contemplaba expresamente la invalidez de la renuncia a la acción revocatoria por supervivencia de los hijos y no la de ingratitud, pero no había dudas en la doctrina sobre la extensión de la norma también a este último caso: el CC actual, en todo caso, ha colmado la laguna

735 Torrente, A. (1956). «La donazione», cit. pp. 582-583.

sucedía en derecho francés antes de la reforma de 2006 con la revocación por superveniencia de hijos.

En síntesis, el Derecho italiano mantiene una postura conservadora: protege la estabilidad de la donación (regla de irrevocabilidad), pero permite revocarla ante conductas del donatario que hieren gravemente la confianza del donante (ingratitud) o ante cambios familiares fundamentales (superveniencia o supervivencia de hijos o descendientes). Esta filosofía ha influido en la doctrina española contemporánea, que a menudo cita jurisprudencia italiana en materia de ingratitud del donatario (por ejemplo, sobre si ciertos menosprecios constituyen injuria grave) dado el paralelismo conceptual. No obstante, a diferencia del CC español de 1889 (más cercano al francés de 1804), la codificación italiana no contempla la revocación por incumplimiento de cargas en la sección de donaciones, confiando esa situación a la resolución contractual general; ello marca una diferencia que subraya la influencia primordial del modelo francés en el caso español.

C. Alemania

El derecho civil alemán, codificado en el Bürgerliches Gesetzbuch (BGB), se aparta, en parte, de la tradición romanista napoleónica. El BGB establece la irrevocabilidad como regla, pero reconoce dos supuestos principales para dejar sin efecto una donación ya perfeccionada: (1) la ingratitud grave del donatario (*grober Undank*) y (2) la indigencia sobrevenida del donante que le impide atender su propio sustento. Y finalmente, se regula los efectos del incumplimiento del modo en los términos que veremos.

Analicemos brevemente dichas causas de revocación:

1.- Ingratitud grave del donatario

El §530 BGB dispone que la donación puede ser revocada si el donatario es culpable de ingratitud grave al causar un perjuicio grave al donante o a un pariente cercano del donante. La figura del *grober Undank* equivale a la ingratitud cualificada: exige un comportamiento doloso o altamente reprochable del donatario contra el donante.

La acción de revocación se extingue si el donante perdona al donatario; si transcurre un año desde que el donante conoce el hecho ingrato sin haber interpuesto la demanda de revocación; o finalmente, si el donante renuncia a su derecho a revocar después de conocer el hecho ingrato (§532 y § 533).

2.- Indigencia del donante (necesidad de alimentos)

El derecho alemán, a diferencia del francés o español, prevé un mecanismo específico de restitución del objeto donado en caso de necesidad del donante. El §528 BGB establece que: «si el donante, tras el cumplimiento de la condición, no estuviera en condiciones de mantenerse razonablemente y de hacer frente a la obligación de alimentos que le impone la ley con relación con sus parientes, su cónyuge, su pareja de hecho o su anterior cónyuge o pareja de hecho, podrá reclamar al donatario la restitución de la donación conforme a las disposiciones relativas a la restitución del enriquecimiento injusto. El donatario puede evitar la restitución pagando la cantidad necesaria para la manutención... Si hubiera más de un donatario, el donatario más antiguo será responsable únicamente en la medida en que el donatario más reciente no esté obligado».

Esta figura no es exactamente una «revocación» en sentido estricto, sino una acción de retorno basada en principios de equidad: el donatario debe devolver lo donado (o su valor) para que el donante pueda subsistir, salvo que prefiera abonar al donante la suma necesaria para su sustento. En todo caso, no existirá dicho derecho de restitución por indigencia del donante: (1) si este causó su situación de necesidad con dolo o negligencia grave, (2) si al momento en que se produjo dicha situación habían transcurrido diez años desde que se entregó el objeto donado (§529 BGB) (3) si el donatario, teniendo en cuenta sus demás obligaciones, no puede devolver la donación sin que ello ponga en peligro su manutención conforme a su posición social o el cumplimiento de las obligaciones legales de alimentos que le correspondan (§529 BGB).

3.- Incumplimiento del modo

De acuerdo con el §527 BGB si se incumple el modo, el donante puede exigir la restitución de lo donado, de acuerdo con los presupuestos de las disposiciones sobre restitución por enriquecimiento injustificado para el derecho de resolución en los contratos bilaterales, en la medida en que lo donado hubiera debido destinarse al cumplimiento del modo. La pretensión está excluida si un tercero está legitimado para exigir el cumplimiento del modo.

Tampoco existe en este supuesto para el BGB una revocación *stricto sensu*, sino un derecho a resolver las obligaciones por incumplimiento de una de las partes, similar a la prevista en el art. 1124 CC español, estando sujeta dicha acción al plazo general de tres años de prescripción de acciones fijado en el §195 BGB.

En resumen, Alemania ofrece un régimen más limitado en causas de revocación de las donaciones que el modelo latino: no prevé la revocación por superveniencia de hijos (lo cual refleja que el BGB prioriza la seguridad de las liberalidades frente a cambios familiares), pero, sin embargo, incorpora la relevante figura de la restitución del objeto donado en caso de necesidad del donante, ausente en el Derecho español vigente.

IV. 2. DERECHO COMPARADO DE HISPANOAMÉRICA

Las codificaciones civiles de Hispanoamérica, influidas por códigos europeos decimonónicos (principalmente el español de 1889, y el francés de 1804), regulan la revocación de donaciones de manera similar en términos generales, aunque con matices locales.

Procederemos a analizar tres modelos representativos —Argentina, México y Colombia— que ilustran las principales orientaciones doctrinales y normativas presentes en los ordenamientos jurídicos hispanoamericanos. En todos estos ordenamientos se advierte la recepción del principio de irrevocabilidad de la donación, salvo en los casos expresamente previstos, con la presencia de manera unánime de la ingratitud del donatario y la supervenencia de hijos como causas de revocación, si bien esta última requiere —en Argentina y Colombia— que haya sido expresamente pactada en el contrato de donación. También contemplan dichos ordenamientos la revocación por incumplimiento de cargas, aunque a veces bajo terminología de resolución o rescisión.

Por tanto, exponer el derecho comparado de países hispanoamericanos como Argentina, México y Colombia es fundamental para profundizar en la comprensión de la regulación de la revocación de donaciones. Estos ordenamientos, influidos por el Code francés y por el CC español, presentan desarrollos propios que permiten identificar similitudes y divergencias relevantes. El análisis comparado ayuda a evaluar críticamente la normativa nacional y enriquece el debate doctrinal y legislativo sobre esta materia.

A.- Argentina

El Código Civil y Comercial de la Nación (CCCN) de Argentina, vigente desde el 1 de agosto de 2015, unificó y actualizó la normativa civil[736]. En materia de donaciones, el CCCN mantiene causas de revocación similares a las históricas, pero con innovaciones notables. El art. 1569 CCCN dispone que «la donación

---

[736] Aprobado por Ley 26.994 de 8 de octubre de 2014. Puede consultarse en http://www.bibliotecadigital.gob.ar/items/show/2812. Este nuevo código unificó y reemplazó al CC de 1869 (aprobado, en su dia, por la ley 340 y redactado por Dalmacio Vélez Sarsfield) y, con algunas excepciones, al Código de Comercio de 1862 (aprobado en su dia por las leyes 15 y 2.637).

aceptada solo puede ser revocada por inejecución de los cargos, por ingratitud del donatario, y, en caso de habérselo estipulado expresamente, por supernacencia de hijos del donante». Es decir, reconoce tres causas, pero la de nacimiento de hijos no opera automáticamente, sino únicamente si fue pactada en la donación.

1.-Ingratitud del donatario:

Regulada en el art. 1571 CCCN, comprende actos graves contra el donante. La norma argentina detalla que «las donaciones pueden ser revocadas por ingratitud del donatario en los siguientes casos: a) si el donatario atenta contra la vida o la persona del donante, su cónyuge o conviviente, sus ascendientes o descendientes; b) si injuria gravemente a las mismas personas o las afecta en su honor c) si las priva injustamente de bienes que integran su patrimonio; d) si rehúsa alimentos al donante. En todos los supuestos enunciados, basta la prueba de que al donatario le es imputable el hecho lesivo, sin necesidad de condena penal».

Analicemos brevemente dichas causas de ingratitud:

A.- Atentado contra la vida o persona del donante y ciertos familiares de este. El art. 1571 letra a del CCCN de 2014, fija como posibles sujetos pasivos de dicho atentado no solo al donante, como establecía el art. 1858-1° del CC argentino de 1869, sino también a su cónyuge o conviviente, sus ascendientes y descendientes[737]. Actualmente, como señala Compagnucci, el supuesto de hecho

---

[737] Esta modificación ha recibido una valoración favorable por parte de la doctrina argentina. Como señala Otero la modificación es acertada y responde a criterios de justicia que, ya se aplicaban mediante una interpretación extensiva y analógica tanto por la doctrina como por la jurisprudencia. En todo caso al ampliar expresamente el nuevo CCCN los sujetos afectados en la norma, la disposición gana en precisión y claridad, lo que facilita su aplicación por parte del juez en cada caso concreto (Daniel Otero, E. [2014]. «Art. 1571». *Código Civil*

de esta causa de revocación tiene un alcance amplio, ya que cualquier acto doloso del donatario dirigido a provocar la muerte de alguna de las personas referidas permitirá revocar la donación[738]. Por el contrario, al presuponer esta causa una conducta dolosa, no incurre en causa de ingratitud el donatario que causara un daño o incluso la muerte por imprudencia a dichas personas.

Como señala el art. 1571 *in fine* CCCN, para que proceda esta causa de revocación, o cualquiera otra, no es necesaria condena penal previa del donatario, sino que «basta la prueba de que al donatario le es imputable el hecho lesivo»; que exista una intención clara de matar[739]. Basta, por tanto, la prueba que acredite la imputación civil al donatario de dicha conducta[740].

Finalmente, si el donatario consuma el homicidio de alguna de las personas protegidas por el art. 1571 letra a del CCCN (y a pesar de que art. 1573 CCCN prohíbe a los herederos interponer la demanda de revocación) la doctrina considera razonable que dichos herederos —como continuadores de la persona del causante— puedan interponer dicha demanda[741]. Y ello por un argumento *a minore ad maius*, ya que, si está castigado con ingratitud lo menos —el delito intentado— debe estarlo también lo más —el delito consumado—.

---

y Comercial de la Nación comentado, T. IV, Dir. Rivera, J. C. y Medina, G., Coord. Esper, M., Thomson Reuters–La Ley, p. 772).

738 Compagnucci de Caso, R.H. (2023). «Revocación de donaciones» en La Ley Martes 14 de noviembre de 2023. TR LALEY AR/DOC/2802/2023, Año LXXXVII nº 214 Tomo La Ley 2023-F, p. 4.

739 Compagnucci de Caso, R.H. (2023). «Revocación...», cit. p. 4. A ello se refería, asimismo, expresamente el art. 1859 del CC argentino de 1869, al señalar que «el donatario puede ser considerado que ha atentado contra la vida del donante, aunque no haya sido condenado por el hecho, y aunque sus actos no presenten los caracteres de la tentativa, según el derecho criminal. Basta que por estos actos haya manifestado de una manera indudable la intención de dar muerte al donante...».

740 Daniel Otero, E. (2014). «Art. 1571», cit. p. 774.

741 Compagnucci de Caso, R.H. (2023). «Revocación...», cit. p. 4 y n. 36.

B.- Injurias graves y afectación al honor del donante y ciertos familiares de este. Se trata de una causa de revocación eminentemente casuística[742] en la que el juzgador debe valorar —en atención a la realidad social del tiempo en que ha de aplicar la norma, la repercusión social del acto, la relación entre donatario y donante y los efectos en la persona del damnificado[743]— si la injuria es o no grave. Así, destaca la doctrina argentina que los «simples errores de conducta, actitudes defensivas o livianos deslices» no alcanzan la gravedad que exige esta causa de revocación[744]. En cambio, la jurisprudencia argentina sí ha considerado injurias graves actos como denunciar el donatario a su madre (donante) imputándola un delito inexistente[745], o abandonar a un donante anciano, sin recursos económicos y enfermo[746]. Estos

---

742 Señala la Cámara Nacional de Apelaciones en lo Civil de Argentina, sala G, 2/7/2003 que: «la ingratitud, como causal de revocación, constituye una cuestión de hecho librada a la apreciación judicial, tratándose de un concepto flexible que depende de las circunstancias, debiéndose considerar en la apreciación el grado de perversidad que supone la afrenta cometida y excluir la conducta que proviene de una grave provocación previa» (citado por Daniel Otero, E. [2014]. «Art. 1571», cit. p. 774).

743 Así señala la jurisprudencia argentina que «cuando el donatario es un extraño las injurias deben ser medidas por una vara. Cuando se enjuicia la conducta del hijo respecto del padre donante, hay que usar otra más rigurosa. Para acreditar la injuria, en cambio, es menester penetrar mucho más profundo en la subjetividad de los interesados, referirse a sus circunstancias personales y conforme a ellas decidir si la conducta enjuiciada reviste o no carácter de injurias» (Cámara de Apelaciones en lo Civil y Comercial de Junín de 25/9/1998, citado por Daniel Otero, E. [2014]. «Art. 1571», cit. p. 774).

744 Compagnucci de Caso, R.H. (2023). «Revocación…», cit. p. 4

745 Cámara de Apelaciones de General Pico, La Pampa (Argentina), publicado en la revista "La Ley Patagonia", 2012-II-78, y citado por Compagnucci de Caso, R.H. (2023). «Revocación…», cit. p.4 n. 41.

746 Sentencia de la Sala I de la Cámara Civil y Comercial de Azul (Argentina), de 13/09/2011, citado por Compagnucci de Caso, R.H (2023) «Revocación…», cit. p.4 n. 41. Un comentario a dicha sen-

actos justifican la revocación de la donación por ingratitud, por el daño grave y deliberado que causan al donante o a alguno de sus familiares protegidos por la letra b del art. 1571 CCCN.

C.- Privación injustificada de bienes. Situación ya prevista en el antiguo art. 1860 del CC argentino de 1869, esta conducta se considera por algunos autores un tipo de injuria grave[747]. Entiende, en todo caso, Compagnucci que esta causa no se agota con la destrucción o deterioro de un bien del donante, cónyuge ascendiente o descendiente, sino que se extiende a todos los casos de estafas, defraudaciones, hurtos, robos, usurpación, etc. que afecten a bienes de dichos sujetos pasivos[748]. En todo caso, sigue señalando este autor, para evaluar si concurre esta causa de revocación, debe atenderse a la intención del donatario, la gravedad del daño y las circunstancias concretas del perjuicio causado[749].

D.- Rehusar alimentos al donante. El art. 1559 CCCN dispone que en las donaciones no onerosas el donatario debe prestar alimentos al donante que no tenga medios de subsistencia, aunque puede liberarse de esa obligación restituyendo las cosas donadas o su valor si las enajenó. Pues bien, el incumplimiento de dicho deber de alimentos nacido *ex donatione* es causa de ingratitud y de revocación de la donación (art. 1571 letra d CCCN) señalando el art. 1572 CCCN que dicha revocación solo puede tener lugar cuando el donante no puede obtenerlos de las personas obligadas por las relaciones de familia.

En atención a dichos preceptos, la jurisprudencia exige tres requisitos para que proceda la revocación de la donación por

---

tencia puede verse en Gagliardo, Mariano (2012) «La ingratitud en una donación», en *Revista de Derecho de Familia y de las Personas*, nº 3, abril de 2012, pp. 181-184.

747 *Vide*, en este sentido, la doctrina citada por Compagnucci de Caso, R.H. (2023). «Revocación...», cit. p. 4, n. 42.

748 Compagnucci de Caso, R.H. (2023). «Revocación...», cit. p. 4.

749 Ibidem p. 4.

falta de pago de alimentos: a) constitución en mora, b) inexistencia de parientes para proveérselos (lo que confirma su carácter subsidiario), y c) la negativa a prestarlos por parte de dichos beneficiarios[750]. Además, es necesario que el donante pruebe su necesidad económica y haya requerido formalmente al donatario su auxilio, ya sea extrajudicial o judicialmente[751].

La acción de revocación por ingratitud tiene carácter personalísimo. Por ello, la legitimación activa corresponde solo al donante —no a sus herederos— y la pasiva al donatario —y no a sus herederos—; si bien, si cualquiera de ellos fallece cuando ya está interpuesta la demanda, se permite la sucesión procesal de sus respectivos herederos (art. 1573-I CCCN). La acción se extingue si el donante, con conocimiento de causa, perdona al donatario o no la promueve dentro del plazo de caducidad de un año de haber sabido del hecho tipificador de la ingratitud (art. 1573-II CCCN).

2.- Incumplimiento de cargas ("cargo" en terminología del CCCN).

El modo o cargo es un elemento accidental del negocio jurídico, y se define en el arts. 354 CCCN como «*una obligación accesoria impuesta al adquirente de un derecho*». Pues bien, de acuerdo con el art. 1570 CCCN de Argentina, en caso de que el donatario incumpla dichos cargos, la donación puede ser revocada, si bien la revocación no perjudica a los terceros en cuyo beneficio se establecen los cargos. Los terceros a quienes el donatario transmite bienes gravados con cargos solo deben restituirlos al donante, al revocarse la donación, si son de mala fe; pero pueden impedir los efectos de la revocación ofreciendo ejecutar las obligaciones impuestas al donatario si las prestaciones que constituyen los cargos no deben ser ejecutadas precisa y personalmente por aquel. El donatario

---

750 Cámara de Apelaciones en lo Civil y Comercial de San Isidro (Argentina), sala I, 19/5/2000 citado por Daniel Otero, E. (2014). «Art. 1572», cit. p.776.

751 Compagnucci de Caso, R.H. (2023). «Revocación...», cit. p. 5.

que enajena los bienes donados, o imposibilita su devolución por su culpa, debe resarcir al donante el valor de las cosas donadas, al tiempo de promoverse la acción de revocación, con sus intereses.

3.- Supernacencia de hijos del donante:

El art. 1868 del derogado CC argentino de 1869, redactado por Vélez Sársfield, ya establecía que: «las donaciones no pueden ser revocadas por supernacencia de hijos al donante después de la donación, si expresamente no estuviere estipulada esta condición». Vélez, en la nota a dicho artículo, dice: «si las donaciones pudieren revocarse por nacerle hijos al donante, sería más regular decir que el que tenga hijos no puede hacer donaciones, pues el que ha hecho una donación y la revoca por haberle nacido hijos, puede, sin embargo, dar a otro la misma cosa o cosa de mayor importancia»[752]. Esto resulta coincidente con lo previsto en el art. 1569 del vigente CCCN de 2014, que sigue recogiendo dicha idea al afirmar que la donación aceptada puede ser revocada por supernacencia de hijos del donante únicamente si así se estipuló expresamente.

Por tanto, dice Compagnucci, en Argentina el sistema vigente es el siguiente: a) Si no se establece nada al respecto, el nacimiento de hijos o descendientes no permite revocar la donación; b) Si se ha acordado expresamente —ya que no se admite la interpretación de actos concluyentes ni la manifestación tácita de voluntad—, entonces puede invocarse válidamente dicha causa para revocar la donación[753].

---

752 El CC argentino de 1869 (Código Vélez Sarsfield) puede consultarse, junto con las notas de su redactor, en https://www.ecofield.net/Legales/General/codigo_civil/ley340_ccivil.pdf

753 Compagnucci de Caso, R.H. (2023). «Revocación...», cit. p. 5.

En conclusión, Argentina mantiene la tríada clásica de causas, pero la de supernacencia de hijos exige pacto expreso frente al sistema español que la configura como causa de revocación, aunque no conste en el contrato de donación. En todo caso, como veremos y hemos visto en esta obra, diversos autores españoles han planteado la necesidad de eliminar esta última causa de revocación o, en su defecto, exigir —como hace Argentina— pacto expreso para que tenga eficacia.

4.- Donación reversional

Dentro de la misma sección que dedica el CCCN a la revocación de donaciones se regula la donación reversional señalando el art. 1566 CCCN, en términos muchos más restrictivos que los contenidos en el CC español, que «en la donación se puede convenir la reversión de las cosas donadas, sujetando el contrato a la condición resolutoria de que el donatario, o el donatario, su cónyuge y sus descendientes, o el donatario sin hijos, fallezcan antes que el donante. Esta cláusula debe ser expresa y solo puede estipularse en favor del donante. Si se la incluye en favor de él y de sus herederos o de terceros, únicamente vale respecto de aquel. Si la reversión se ha pactado para el caso de muerte del donatario sin hijos, la existencia de estos en el momento del deceso de su padre extingue el derecho del donante, que no renace, aunque este les sobreviva».

La doctrina argentina señala, en cuanto a la naturaleza de esta institución, que tanto la reversión como la revocación constituyen causas de ineficacia funcional del contrato, produciendo efectos *ex tunc*; sin embargo, a diferencia de la revocación —que solo puede operar a instancia de la parte interesada (el donante o, en ciertos casos, sus herederos)—, la reversión se configura como una condición resolutoria que opera *ipso iure*[754].

---

[754] Daniel Otero, E. (2014). «Art. 1566», cit. p. 763.

B.- México

El Código Civil Federal de México de 1928 (que rige «en toda la República en asuntos del orden federal», art. 1 CCFM) regula en sus arts. 2359 a 2383 CCFM la revocación y reducción de las donaciones. Dicho Código establece como causas taxativas de revocación de las donaciones[755] las tres causas clásicas: superveniencia de hijos del donante, ingratitud del donatario e incumplimiento del modo.

1.- Superveniencia de hijos:

El Código mexicano contempla esta causa de forma similar al modelo napoleónico-español. Así, el art. 2359 CCFM dispone que las donaciones hechas por una persona que, al tiempo de otorgarlas, no tenía hijos, pueden ser revocadas por el donante cuando le hayan sobrevenido hijos. Añade dicho precepto que si transcurren cinco años desde que se hizo la donación y el donante no ha tenido hijos o, habiéndolos tenido, no ha revocado la donación, esta se volverá irrevocable. Lo mismo sucede si el donante muere dentro de ese plazo de cinco años sin haber revocado la donación. Finalmente, si dentro del mencionado plazo naciere un hijo póstumo del donante, la donación se tendrá por revocada en su totalidad.

En todo caso, el CCFM no permite revocar la donación por superveniencia de hijos: cuando sea de escasa cuantía (inferior a 200 pesos); cuando sea antenupcial; cuando sea entre consortes; y cuando sea puramente remuneratoria (art. 2361 CCFM).

---

755 Taxatividad establecida en el art. 2338 CCFM. «Las donaciones solo pueden tener lugar entre vivos y no pueden revocarse sino en los casos declarados en la ley».

2.- Ingratitud del donatario

De acuerdo con el art. 2370 CCFM «la donación puede ser revocada por ingratitud: I. Si el donatario comete algún delito contra la persona, la honra o los bienes del donante o de los ascendientes, descendientes o cónyuge de este; II. Si el donatario rehúsa socorrer, según el valor de la donación, al donante que ha venido a pobreza».

Cabe, por tanto, distinguir:

I.- Delito cometido por el donatario contra el donante y ciertos familiares de este. En cuanto al término «delito» empleado por esta causa de ingratitud señala tanto la doctrina como la jurisprudencia mexicana que para ejercer la acción de revocación por ingratitud en virtud de esta causa no es imprescindible la preexistencia de sentencia penal condenatoria, sino que la naturaleza delictiva (de «delito civil» habla la Tesis de Jurisprudencia 104/2009) de la conducta ingrata del donatario puede ser calificada por el juez civil; por ello basta con que el donante demuestre, en juicio civil, que el donatario cometió un acto ilícito o conducta reprochable en su contra, o contra sus familiares, cónyuge o bienes[756].

II. Si el donatario rehúsa socorrer, según el valor de la donación, al donante que ha venido a pobreza. México engloba la figura alemana de «indigencia del donante» dentro de la ingratitud (art. 2370-II CCFM), asimilándola a un acto ingrato. Esta previsión es clarificadora: si el donante

[756] En la jurisprudencia mexicana dicha postura es visible en la tesis de jurisprudencia 165034 (Tesis de Jurisprudencia 104/2009, con número de registro digital 165034 del Semanario Judicial de la Federación. Consultado en https://sjf2.scjn.gob.mx/detalle/tesis/165034). En la doctrina, con cita de jurisprudencia, puede verse Ruiz Cabello, D. (2015).«Art 2370». *Código Civil Federal comentado.* Libro Cuarto. De las obligaciones. Coord. González Alcántara, J.L. Universidad Nacional Autónoma de México. Instituto de Investigaciones Jurídicas México, p. 346.

queda necesitado y el donatario no lo auxilia, pudiendo hacerlo, se considera ingratitud suficiente para revocar.

La acción de revocación por causa de ingratitud no puede renunciarse anticipadamente, y prescribe dentro de un año, contado desde que tuvo conocimiento del hecho el donador (art. 2372 CCFM); y en atención a su carácter personalísimo no podrá ejercitarse contra los herederos del donatario, salvo que la demanda ya se hubiese interpuesto en vida de este; ni podrá ejercitarse por los herederos del donante si este, pudiendo, no la hubiese interpuesto.

En todo caso, el CCFM no permite revocar la donación por ingratitud: cuando sea de escasa cuantía (inferior a 200 pesos); cuando sea antenupcial; cuando sea entre consortes; y cuando sea puramente remuneratoria (art. 2371 CCF que remite al art. 2361 CCFM).

3.- Incumplimiento de cargas

Aunque el Código mexicano no enumera esta causa en el art. 2370 CCFM junto con las demás causas de revocación, en la donación onerosa —si el donatario no cumple con las cargas que se le impusieron[757]— puede el donante demandar la resolución del contrato de donación en virtud del principio general contenido en el art. 1949 CCFM, casi idéntico al art. 1124 CC español[758].

---

757 El art. 2334 CCFM admite y regula las donaciones onerosas.

758 Así, señalaba Fernández Cueto y Barros, F. (1975). «El contrato de donación», *Revista de Derecho Notarial Mexicano*, núm. 59, México, p. 86 que si bien a la donación pura no puede aplicársele el art. 1149 CCFM (que regula, en redacción casi idéntica al art. 1124 CC español, la facultad resolutoria implícita de las obligaciones reciprocas en caso de incumplimiento), por contra sí puede aplicarse dicho precepto a las donaciones onerosas cuando el donatario, obligado por la carga, no cumple lo que le incumbe.

C.- Colombia (y la tradición del Código de Bello)

Colombia sigue la tradición iniciada por el Código Civil de Chile de 1855 (redactado por Andrés Bello)[759], que fue modelo para numerosos países hispanoamericanos[760]. En esta tradición, se reconoce la revocación por ingratitud y la rescisión por incumplimiento de carga, pero la superveniencia de hijos solo permitía resolver la donación cuando «esta condición resolutoria se haya expresado en escritura pública de donación» (art. 1424 del Código de Bello). El énfasis es, por tanto, ligeramente diferente: se protege al donante frente a conductas indignas del donatario y frente al incumplimiento de condiciones, pero el nacimiento de hijos no se consideró motivo de revocación, salvo pacto expreso que así lo contemplara.

Veamos las causas en el CC colombiano (que reproduce prácticamente al Código de Bello en esta materia):

1.- Ingratitud del donatario

El art. 1485 del CC colombiano, copiando casi literalmente el art. 1428 del Código de Bello, establece que «la donación entre vivos puede revocarse por ingratitud», definiendo acto de ingratitud como «cualquier hecho ofensivo del donatario que lo hiciere indigno de heredar al donante». Esta definición vincula la ingratitud con las causas de indignidad sucesoria (art. 1025 CC col.), lo cual abarca los supuestos clásicos como son, entre otros:

---

759 Dicho CC chileno fue obra del jurista venezolano Andrés Bello, y se promulgó el 14 de diciembre de 1855, entrando en vigor el 1 de enero de 1857.

760 El Código de Bello influyó notablemente en la codificación civil de Hispanoamérica llegando a ser copiado, casi íntegramente, por Colombia, Ecuador, El Salvador, Honduras, Nicaragua, y Panamá. *Vide* ampliamente sobre dicha influencia en AA.VV [2005]. *Sesquicentenario del Código Civil de Andrés Bello: pasado, presente y futuro de la codificación.* Santiago de Chile. LexisNexis.

matar al donante; condena firme por atentar gravemente contra la vida, honor o bienes del donante o su cónyuge, ascendientes o descendientes; no auxiliar al donante demente o necesitado si el donatario es familiar suyo hasta el sexto grado; abandonar sin justa causa al donante, estando obligado por ley a alimentarle; condena firme por delitos de violencia intrafamiliar cuando el sujeto pasivo de la conducta sea el donante, y abandonar sin justa causa al donante discapacitado, pudiendo asistirla.

Con un plazo de prescripción notablemente más amplio que el de 1 año del CC francés y español, dispone el art. 1487 CC col., copiando el art. 1430 del Código de Bello, que la acción de revocación de la donación prescribe a los cuatro años desde que el donante tuvo conocimiento del hecho ofensivo. Dicha acción de revocación de la donación se extingue por muerte del donante, salvo que la demanda se hubiera interpuesto en vida de este, o que el hecho ofensivo haya producido la muerte del donante o ejecutándose después de ella en cuyos casos la acción revocatoria se transmitirá a los herederos.

Cuando el donante estuviere imposibilitado para interponer la demanda de revocación por ingratitud, podrán ejercerla a su nombre mientras viva, y dentro del plazo cuatrienal ya indicado, su guardador, y cualquiera de sus descendientes o ascendientes o su cónyuge (art. 1488 CC col. que copia el art. 1431 del Código de Bello).

2.- Incumplimiento de cargas o modo

El Código de Bello contemplaba en su art. 1426 que, si el donatario no cumplía las obligaciones impuestas en la donación, el donante podía pedir la resolución. Heredando dicha tradición, el art. 1483 CC Col. reproduce literalmente dicho precepto al declarar que «si el donatario estuviere en mora de cumplir lo que en la donación se le ha impuesto, tendrá derecho el donante o para que se obligue al donatario a cumplirlo, o para que se rescinda la donación. En este segundo caso será considerado el donatario como poseedor de mala fe para la restitución de las cosas donadas y los frutos, siempre que sin causa grave hubiere dejado de cumplir la obligación impuesta. Se abonará al donatario lo que haya invertido hasta entonces en desempeño de su obligación, y de que se aprovechare el donante».

Dicha acción rescisoria prescribe a los cuatro años desde el día en que el donatario incurra en mora de cumplir la obligación impuesta (art. 1484 CC col. que copia el art. 1427 del Código de Bello).

3.- Nacimiento de hijos:

El Código de Bello solo recogía la superveniencia de hijos como causa de revocación cuando dicha condición resolutoria se hubiera incorporado en la escritura de donación (art. 1424 del Código de Bello). Dicha solución del CC chileno de 1855 probablemente se debió a considerar dicha acción redundante con la acción de reducción de donaciones realizadas por el causante en vida que perjudican la legítima. Y Colombia recogiendo dicha tradición dispondrá en el artículo 1481 CC col., que «la donación entre vivos no es resoluble porque después de ella le haya nacido al donante uno o más hijos legítimos, a menos que esta condición resolutoria se haya expresado en escritura pública de la donación», regulando por su parte la acción de restitución de lo excesivamente donado en su art. 1245 CC col.

En conclusión, el Derecho colombiano (y la tradición del Código de Bello) ofrece un esquema más sencillo: revocación por ingratitud (con plazo amplio y definición ligada a indignidad) y rescisión por incumplimiento del modo, sin prever como causa de revocación la superveniencia de hijos salvo que esta última causa se incorpore a la escritura de donación.

IV. 3. CONCLUSIONES SOBRE EL DERECHO COMPARADO

El estudio comparativo de la revocación de donaciones evidencia tanto una raíz común en muchos ordenamientos de tradición civil (derivada del derecho romano y el Code Napoleón) como interesantes divergencias. La regla general de irrevocabilidad de la donación se encuentra en todos los sistemas analizados; las excepciones responden a la necesidad de proteger ciertos valores: la familia del donante (nacimiento de hijos), la voluntad del donante reflejada en las cargas que impuso, o la persona misma del donante frente a conductas abusivas del donatario (ingratitud).

En particular, destacan las siguientes observaciones comparativas y de influencia en el Derecho español:

1.- Los ordenamientos de inspiración napoleónica (Francia, España, México) comparten las tres causas clásicas: ingratitud, incumplimiento de condiciones y nacimiento de hijos. España recibió directamente este esquema del Code Napoleón de 1804, y lo mantiene casi intacto en sus arts. 644-648 CC. La jurisprudencia española a menudo ha mirado a Francia para interpretar, por ejemplo, qué constituye injuria grave o cómo opera la revocación por hijos.

2.- El derecho italiano, si bien perteneciente a la familia romano-germánica, presenta dos causas legales (ingratitud e hijos), pero no la de cargas de forma explícita. Sin embargo, por vías de resolución contractual se logra efecto similar. La doctrina italiana ha influido en España en matices de la causa de ingratitud (p. ej., discutiendo si ciertas conductas morales –como la infidelidad entre cónyuges– pueden constituir ingratitud, a raíz de fallos italianos recientes).

3.- El derecho alemán aporta una visión distinta con la inclusión de la revocación por necesidad del donante. Aunque España no la contempla, en la práctica los tribunales españoles a veces califican la negativa de auxilio como ingratitud (art. 648.3º CC), logrando un efecto próximo. Alemania no admite como causa de revocación la superveniencia de hijos, lo que refuerza la posición de quienes la consideran prescindible en el mundo moderno —de hecho, países como Argentina o los Códigos que adoptaron la tradición Bello la hicieron optativa—. Esto muestra que la influencia francesa en España fue más fuerte en 1889 que la alemana.

4.- En Hispanoamérica, los Códigos Civiles muestran soluciones diversas: unos conservaron la causa de revocación por superveniencia de hijos que opera aun sin necesidad de pacto expreso (México); pero Colombia, los países herederos de la tradición del Código Bello y recientemente Argentina, con su nuevo CCCN, aportan una solución que debería explorarse *de lege ferenda* en derecho español: hacer voluntaria la cláusula de revocación por superveniencia de hijos exigiendo, para que opere, que conste expresamente estipulada en el contrato de donación. Esto último, por un lado, dota al donante y donatario de mayor libertad contractual y, por otro lado, concilia la protección al futuro hijo con la seguridad de la donación si el donante así lo desea.

En conclusión, el régimen comparado de la revocación de donaciones confirma la presencia de ciertos principios comunes (irrevocabilidad salvo causa, taxatividad de causas de revocación, necesidad de acción judicial, etc.) y a la vez revela las soluciones singulares de cada país conforme a sus necesidades. El derecho español, claramente influido por el francés, se alinea con el grupo mayoritario de sistemas que reconocen la ingratitud, el incumplimiento de cargas y la superveniencia y supervivencia de hijos como motivos legítimos para revocar una donación. Las diferencias con otros sistemas permiten enriquecer el análisis crítico: por ejemplo, sopesar si la figura de ingratitud debe aplicarse restrictivamente (como hace Francia, exigiendo tipos concretos) o más ampliamente (como en Italia), o si convendría prever la rescisión por situación de necesidad del donante (como Alemania) en futuras reformas. Para la enseñanza y comprensión del régimen español, resulta invaluable confrontarlo con estos ordenamientos extranjero, pues se aprecia cómo cada causa de revocación tiene sus fundamentos: unos más patrimoniales (nacimiento de hijos, protección de legítimas), otros contractuales (incumplimiento del modo) y otros ético-personales (ingratitud). En definitiva, el estudio comparado confirma la vigencia de la máxima de que la donación es un acto generoso, pero no ciego, donde la ley de casi todos los países brinda al donante caminos para reaccionar ante circunstancias excepcionales que frustran gravemente la liberalidad otorgada.

V. Ineficacia sobrevenida de la donación en el DCFR europeo y en la Propuesta de CC formulada por la APDC

En el presente apartado, no se abordará el análisis del derecho vigente, ya sea en su vertiente de Derecho civil español (común o foral), ni en lo que respecta a ordenamientos jurídicos extranjeros. El objeto de estudio se circunscribe, exclusivamente, a determinadas propuestas doctrinales y académicas que han sido formuladas con vistas a una eventual reforma del Derecho civil, tanto en el ámbito europeo como en el contexto del ordenamiento español.

De manera particular, se tomarán como referentes principales, por un lado, el Draft Common Frame of Reference (DCFR por sus siglas en inglés), elaborado en el marco del *Study Group on a European Civil Code* y de la *Acquis Group*, el cual pretende ofrecer un marco común para la armonización del Derecho privado europeo; y, por otro lado, la Propuesta de Código Civil formulada por la Asociación de Profesores de Derecho Civil en España, que constituye un intento sistemático de renovación integral del Derecho civil español. Ambas iniciativas se analizarán no como normas vigentes, sino como expresiones paradigmáticas del pensamiento jurídico contemporáneo en materia de codificación civil y como bases para una reflexión crítica sobre posibles líneas de evolución normativa futura.

V.1. EL PROYECTO DE MARCO COMÚN DE REFERENCIA (DCFR)

El DCFR —cuya primera versión se publicó en 2007 y una segunda, revisada, en 2009— busca establecer un cuerpo uniforme de principios, definiciones y reglas modelo en el ámbito del Derecho privado europeo con el objetivo de facilitar la armonización legislativa y mejorar la coherencia normativa entre los Estados miembros, y representa un esfuerzo doctrinal para formular un derecho civil común, que, aunque sin fuerza normativa directa, puede influir en futuras legislaciones nacionales.

Dicho DCFR dedica a la donación el Libro IV Título H (arts. IV.H.–1:101 a 4:203) definiendo el contrato de donación de bienes como aquel en virtud del cual una parte, el donante, se compromete a transmitir la propiedad de determinados bienes a título gratuito a otra parte, el donatario, con el fin de beneficiar a este (IV.H.–1:101 (2) DCFR). En todo caso, se trata de un contrato unilateral[761], del que solo nace una obligación para el donante, limitándose la regulación del DCFR a los bienes muebles (art. IV. H -1:103.2 DCFR)[762].

---

761 Así lo señala Vaquer Aloy, A. (2010). «La configuración de la donación en el proyecto de Marco Común de Referencia». *ADC*, T. LXIII, 2010, fasc. III, p. 1325. En dicho artículo dicho autor afirma que «la donación se presenta como un contrato y, más en concreto, en el Art. IV.H.–1:101 DCFR, como un contrato unilateral, del que solo nace una obligación para el donante». No obstante, véanse las dudas que plantea el autor en las páginas 1326 a 1328 respecto de dicho carácter unilateral, ya que el DCFR también menciona obligaciones a cargo del donatario, como la toma de posesión y la aceptación de la transmisión de la propiedad. Para un tratamiento más amplio sobre la naturaleza contractual de la donación, puede consultarse Vaquer Aloy, A. (2012). «Donación. Capítulo I. Ámbito y disposiciones generales». *Derecho europeo de los contratos: Libros II y IV del Marco Común de Referencia*, T. II, Atelier, pp. 1804–1805.

762 Mas ampliamente Vaquer Aloy, A. (2010): «La configuración…», cit. pp. 1324 y 1333; Vaquer Aloy, A. (2012). *Derecho europeo…* T. II, cit. pp. 1801-1803.

En la regulación de dicho contrato de donación se parte, como destaca Vaquer Aloy, de su irrevocabilidad —todo contrato ya perfeccionado es, por regla general, irrevocable— salvo los supuestos excepcionales que prevé y que se justificarían por el carácter gratuito de la donación[763]. En todo caso, se trata de causas de revocación tasadas que no operan de forma automática, sino que, al conferir al donante un derecho potestativo, quedan sometidas a su voluntad[764]. En este sentido, señala el art. IV.H.–4:102 DCFR que «el derecho de revocación del donante deberá ejercitarse previa notificación al donatario». Tal notificación, según el art. I.-1:109 (2) DCFR, puede realizarse por cualquier medio bastando la notificación verbal y tratándose de una declaración de voluntad recepticia por lo que solo se perfecciona, dice Vaquer Aloy, cuando el donatario la recibe o puede tener acceso a ella[765].

Finalmente, aunque el DCFR parte del principio de que la revocación es, por regla general, total, admite la posibilidad de una revocación parcial lo que contrasta con el derecho español, que no contempla expresamente dicha opción. En todo caso, para que la revocación parcial sea admisible conforme al DCFR, se exige que resulte razonable conservar la donación únicamente respecto de una parte del bien donado (art. IV.H.–4:102 [2] DCFR)[766].

---

763 Vaquer Aloy, A. (2012). *La donación en España y en Europa*. Ed. Reus. Madrid, p. 129; y Vaquer Aloy, A. (2012). «Donación. Capítulo 4. Revocación por el donante». *Derecho europeo de los contratos: Libros II y IV del Marco Común de Referencia*. T. II. Atelier, cit. p. 1859. En este sentido, el título del art. 4:101 DCFR es revelador: «Irrevocabilidad y sus excepciones».

764 Vaquer Aloy, A.(2012): *La donación...*, cit. p.130.

765 Vaquer Aloy, A. [2012]. «Donación. Capítulo 4...», cit. p. 1864.

766 Pese a que en derecho español no se prevé expresamente la revocación parcial Vaquer Aloy se muestra favorable a su admisión del mismo modo que cabe la reducción de las donaciones inoficiosas (art. 656 CC y art. 451-22.3 CCCat) (Vaquer Aloy, A. [2012]. *La donación...*, cit. p.143 y Vaquer Aloy, A. [2012]. «Donación. Capítulo 4...», cit. p. 1865).

En relación con las causas de revocación de las donaciones, el DCFR distingue, en su artículo IV.H–4:101, entre causas contractuales y causas legales de revocación.

1.- Las causas contractuales de revocación son aquellas que «resultan de los términos del contrato» de donación (art. IV.H–4:101, letra a, DCFR). Como señala Vaquer Aloy, este derecho contractual de revocación plantea diversos problemas. El primero consiste en determinar si la facultad de revocación que las partes pueden introducir en el contrato de donación es absolutamente libre o si, por el contrario, debe estar fundada en una causa determinada. Dicho autor considera que, aunque la escueta redacción de la norma permite concluir que el donante podría ejercer esta facultad sin necesidad de alegar motivo alguno (*ad nutum*), ello resultaría excesivo y violentaría en demasía aquellos ordenamientos jurídicos que siguen apegados a la regla «*donner et retenir ne vaut*»[767].

El segundo problema radica en deslindar adecuadamente el derecho de revocación frente a una condición resolutoria[768]; pero, como ya se ha reiterado en esta obra, la diferencia esencial es que la condición resolutoria opera automáticamente al producirse el hecho condicionante, mientras que la revocación requiere una manifestación de voluntad expresa por parte del donante.

Finalmente, debe señalarse que el derecho de revocar no requiere un pacto expreso para su validez; basta con que se desprenda de manera implícita del contenido del contrato. Sin embargo, dado el carácter excepcional que la revocación de la donación presenta en el DCFR, dicha facultad de revocar, aunque implícitamente contemplada, debe manifestarse de forma

---

767 Vaquer Aloy, A. (2012): *La donación...*, cit. pp.132 y 133; Vaquer Aloy, A. (2012). «Donación. Capítulo 4…», cit. p.1860.

768 Vaquer Aloy, A. (2012): *La donación...*, cit. p. 133; Vaquer Aloy, A. [2012]. «Donación. Capítulo 4…», cit. pp.1860-1861.

suficientemente clara como para no dejar lugar a dudas respecto de la voluntad de las partes de introducirla[769].

2.- Las causas legales de revocación (art. IV.H.–4:101 letra a DCFR) son, en el DCFR, tres: ingratitud del donatario (art. IV.H.–4:201 DCFR), pobreza sobrevenida del donante (art. IV.H.–4:202 DCFR), y cambio de circunstancias (art. IV.H.–4:203 DCFR). Cada una de dichas causas está sujeta a interpretación restrictiva porque la propiedad se presume libre de cargas, condiciones y limitaciones. Admitir revocaciones no claramente previstas o fundamentadas supondría una excepción a esa presunción, afectando la estabilidad del derecho adquirido por el donatario y la seguridad del tráfico jurídico.

Como vemos, el DCFR no reconoce como causa legal de revocación la supervivencia y superveniencia de hijos, aunque los contratantes podrían incluirla como causa contractual e incluso cabe incluirla en el derecho residual a revocar que luego analizaremos. En cuanto a la donación modal, el DCFR no la concibe como una verdadera donación, sino como un contrato bilateral, en el que la carga impuesta al donatario constituye una auténtica obligación; y, en coherencia con esta concepción, el incumplimiento de la carga no se configura como una causa de revocación, sino como un supuesto de incumplimiento contractual que da lugar a la resolución del contrato por incumplimiento (art. IV.H.–3:401 DCFR)[770].

Analicemos las distintas causas de revocación legal de la donación previstas en el DCFR:

---

769 Vaquer Aloy, A.(2012). *La donación...*, cit. pp.133-134; Vaquer Aloy, A. (2012). «Donación. Capítulo 4...», cit. p.1861.

770 Vaquer Aloy, A.(2012). *La donación...*, cit. pp. 41 y 135-136; Vaquer Aloy, A. (2012). «Donación. Capítulo 4...», cit. p. 1861.

2.1. Ingratitud del donatario *(art. IV.H.–4:201 DCFR).*

La ingratitud viene determinada en el DCFR por la comisión por el donatario de un agravio grave al donante[771]. Se aprecia, pues, que frente a la enumeración detallada de las causas de ingratitud que realiza el art. 648 CC español, la definición del DCFR es más flexible y amplia de modo que, como destaca Vaquer, si bien todos los supuestos del CC tendrían cabida en la fórmula más flexible del DCFR, podría no suceder lo mismo a la inversa[772]. Como consecuencia de dicha definición más flexible, el DCFR otorga al juez un amplio margen de discrecionalidad para valorar la gravedad de la ofensa[773]. Además, no exige que el agravio grave esté tipificado como delito ni que el donatario haya sido condenado penalmente por su comisión.

Aunque la literalidad del art. IV.H–4:201(1) DCFR parece restringir el sujeto pasivo del agravio al propio donante, los comentarios oficiales admiten que el acto también podría dirigirse contra los parientes más próximos de este[774]. En cualquier caso, el agravio grave cometido por el donatario debe ser doloso; no basta con la mera imprudencia. El donatario puede haber actuado como autor o partícipe, pero, en todo caso, su conducta debe resultar ofensiva para el donante. Así, no se considerará

---

771 Art. IV.H.–4:201 (1) DCFR: «El contrato de donación de bienes podrá revocarse si el donatario ha cometido un acto serio de ingratitud consistente en la comisión de un agravio grave al donante».

772 Vaquer Aloy, A. (2012) *La donación...*, cit. p. 159.

773 Vaquer Aloy, A.(2012) *La donación...*, cit. p. 156; Vaquer Aloy, A. (2012). «Donación. Capítulo 4...», cit. p. 1870.

774 Vaquer Aloy, A. (2012). *La donación...*, cit. p. 156; Vaquer Aloy, A. (2012). «Donación. Capítulo 4...», cit. p. 1871. En ambas obras con cita de los comentarios al DCFR, *Full Edition.*

que incurre en ingratitud el donatario que, a petición del donante, le presta ayuda para morir[775].

El derecho potestativo del donante para revocar en los supuestos de ingratitud del donatario se extingue si el donante, conociendo los hechos ingratos, perdona al donatario (art. IV.H.–4:201: [2] DCFR). Dicho perdón otorgado por el donante es un acto espontáneo que no exige forma específica, pero debe manifestarse de alguna manera y alcanza únicamente a la causa concreta que lo motivó y que era conocida por el donante. En todo caso, si el donatario incurre en nuevo acto de ingratitud, el donante conserva la facultad de revocar la donación con base en ese nuevo agravio, independientemente del perdón concedido anteriormente[776].

La legitimación activa para revocar la donación por ingratitud corresponde al donante, pero «si el donante fallece antes del vencimiento del plazo de caducidad de la acción, se suspenderá el transcurso del plazo hasta que la persona con derecho a revocar tenga conocimiento o cabe razonablemente esperar que tenga conocimiento de los hechos pertinentes». Ello implica, dice Vaquer, que —en la regulación del DCFR— la legitimación activa se transmite *mortis causa*, con lo que la legitimación para revocar no es, frente a lo que establece nuestro CC, personalísima[777].

---

775 Vaquer Aloy, A.(2012). *La donación...*, cit. p. 156; Vaquer Aloy, A. (2012). «Donación. Capítulo 4...», cit. p. 1871. En ambas obras con cita de los comentarios al DCFR, Full Edition.

776 Vaquer Aloy, A. (2012). *La donación...*, cit. pp. 161-162; Vaquer Aloy, A. (2012). «Donación. Capítulo 4...», cit. p. 1871.

777 Vaquer Aloy, A.(2012). *La donación...*, cit. p. 163; Vaquer Aloy, A. (2012). «Donación. Capítulo 4...», cit. p. 1871. Como señala este autor, la acción de revocación por ingratitud, según el CC español, tiene carácter personal no transmitiéndose a los herederos del donante si éste, pudiendo haberla ejercitado, no lo hubiere hecho (art. 653 CC), lo que revela una diferencia notable respecto al régimen previsto en el DCFR.

Finalmente, cabe destacar que, aunque por regla general el plazo señalado en el DCFR para el ejercicio del derecho a la revocación no es fijo (el art. IV.H.-4:104 DCFR alude al «plazo razonable»), en el caso específico de la revocación por ingratitud el art. 4:201 DCFR fija dicho «plazo razonable» en, al menos, un año.

2.2. Pobreza sobrevenida del donante *(art. IV.H.–4:202 DCFR).*

El art. IV.H. –4:202 DCFR recoge como causa de revocación legal el empobrecimiento del donante. Como vimos, el CC no contempla expresamente esta causa de revocación, aunque por la vía del art. 634 CC o directamente por la causa de ingratitud del art. 648.3° CC puede alcanzarse, dice Vaquer Aloy, un resultado similar en derecho español[778].

Este derecho de revocación concurre «si el donante no puede mantenerse con su propio patrimonio o sus propios ingresos» (art. IV.H.–4:202 [1] DCFR) considerándose que el donante no puede mantenerse si: (a) tiene derecho a reclamar manutención de un tercero que pudiera proporcionársela; o (b) tiene derecho a ayuda social (art. IV.H.–4:202 [2] DCFR). Por tanto, el donante empobrecido no podrá solicitar ayudas asistenciales públicas sin que previamente haya revocado las donaciones que realizó porque quien primero debe contribuir a paliar su pobreza sobrevenida es el donatario («*donee pays first*»)[779] y, precisamente por ello, este derecho es irrenunciable (art. IV.H.–4:202 [6] DCFR).

Esta causa de revocación también se aplicará cuando la capacidad del donante de cumplir las obligaciones de alimentos establecidas por Ley o resolución judicial o la existencia de dichas

---

778 Vaquer Aloy, A.(2012). *La donación...*, cit. pp.168-170; Vaquer Aloy, A. (2012). «Donación. Capítulo 4...», cit. p. 1876.

779 Vaquer Aloy, A.(2012). *La donación...*, cit. p. 166; Vaquer Aloy, A. (2012). «Donación. Capítulo 4...», cit. p. 1875.

obligaciones dependa de la revocación eficaz de una donación (art. IV.H.–4:202 [5] DCFR).

2.3. Cambio de circunstancias: el derecho residual a revocar *(art. IV.H.–4:203 DCFR).*

Dispone el art. IV.H.–4:203 DCFR que el contrato de donación también podrá revocarse si otras circunstancias esenciales, en las que se haya basado, se modifican considerablemente después de la celebración del contrato, siempre que, como consecuencia de esa modificación (a) el beneficio para el donatario sea claramente inapropiado o excesivo; o (b) sea manifiestamente injusto mantener al donante sujeto a la donación. En todo caso ,esta causa de revocación solo tiene lugar si el cambio de circunstancias era imprevisible al celebrar el contrato de donación y además el riesgo de ese cambio de circunstancias no hubiese sido asumido por el donante.

Esta causa de revocación, como ha señalado la doctrina, concede a los jueces un amplio margen de discrecionalidad para determinar si concurre[780]. Los comentarios oficiales citan como ejemplos de esta revocación legal por cambio de circunstancias la superveniencia de hijos (solo si se donaron la mayor parte de bienes a un hijo y nace inesperadamente otro o si el beneficio del donatario es excesivo) o los anillos que se donan los prometidos que posteriormente rompen la relación, salvo que dicha ruptura se deba a infidelidad del donante porque entonces el donante pudo no haber sido infiel y, si lo fue, asumió el riesgo de la pérdida del derecho a revocar[781].

---

780 Vaquer Aloy, A.(2012). *La donación...*, cit. p. 173 calificando en p. 174 dicha discrecionalidad de excesiva También en Vaquer Aloy, A. (2012). «Donación. Capítulo 4...», cit. p. 1878.

781 Vaquer Aloy, A.(2012). *La donación...*, cit. p. 174 con cita de los comentarios oficiales al DCFR Full Edition.

En conclusión, podríamos señalar que el DCFR aporta una visión funcional y equilibrada, que puede servir de referencia para futuras reformas del CC español, en especial en lo relativo a la racionalización de las causas de revocación y la flexibilización de la voluntad de las partes.

V.2 PROPUESTA DE CC FORMULADA POR LA ASOCIACIÓN DE PROFESORES DE DERECHO CIVIL EN ESPAÑA

La Propuesta de CC (en adelante, PCC) formulada por la Asociación de Profesores de Derecho Civil (en adelante, APDC) constituye un ambicioso intento de sistematización y modernización del derecho civil español[782]. Elaborada por un grupo de catedráticos y profesores universitarios especializados, esta propuesta no persigue una reforma parcial, sino la creación de un nuevo texto codificado integral, destinado a sustituir al CC de 1889, cuya estructura y contenido muestran claras señales de obsolescencia frente a las transformaciones sociales, tecnológicas y jurídicas del siglo XXI.

Dicho proyecto se inspira en los principios de claridad normativa, coherencia sistemática y adecuación a los valores constitucionales. Integra tanto las conquistas jurisprudenciales más consolidadas como las tendencias doctrinales más relevantes, incorporando asimismo elementos de derecho comparado, con una fuerte influencia del DCFR y del derecho europeo de contratos. No se trata, por tanto, de una simple actualización del texto vigente, sino de una reelaboración completa que reorganiza la materia en torno a una nueva dogmática civil coherente con la evolución del Derecho privado.

---

[782] Asociación de Profesores de Derecho Civil en España (2018). *Propuesta de Código Civil.* Ed. Tecnos, Madrid.

Aunque carece de fuerza normativa, esta iniciativa se erige en una referencia imprescindible en el debate sobre la futura codificación civil en España, contribuyendo de forma significativa a la reflexión jurídica contemporánea sobre el derecho privado y su necesaria adaptación al contexto actual. En la materia a la que se contrae esta obra, dicha PCC, en su segunda versión publicada en 2018, regula las donaciones en sus arts. 451 a 454 dedicando a la revocación de donaciones los arts. 454-9, 454-10 y 454-11 y a la donación con cláusula de reversión el art 454-4.

Como elementos más importantes de dicha PCC, podemos destacar:

1.- Donaciones remuneratorias. Se considera que la donación remuneratoria se rige por las normas aplicables a las donaciones puras y simples, si bien presenta ciertas particularidades entre las que destaca su irrevocabilidad por causa de ingratitud (art. 451-3.2 inciso final PCC). La justificación de esta irrevocabilidad, según expone la Exposición de Motivos de la PCC — recogiendo expresiones literales de nuestra mejor doctrina —, radica en que este tipo de donaciones «cierran un círculo de agradecimiento en lugar de generarlo»[783]. Al cerrar, la donación remuneratoria, dicho círculo de favores mira al pasado ; se trata, por tanto, de una donación *ex causa praeterita,* que no debería generar en el donatario el deber de gratitud que le impone el CC en las donaciones ordinarias.

2.-Donaciones modales. Frente a la doctrina mayoritaria y a la jurisprudencia dominante, que permiten al donante perjudicado por el incumplimiento del modo optar entre exigir el cumplimien-

---

783 Emplean esta expresión de «cierre de círculo de favores y agradecimientos», entre otros, Anderson, M. (2005). *Las donaciones...*, cit. p. 417; Roca Sastre «La donación remuneratoria», *Estudios...* I, p. 521; Lacruz Berdejo, J.L. et al. (1986). *Elementos...*II-3°, cit. p. 159; y Costas Rodal, L. (2013). «Contrato...», cit. p. 2550.

to de la carga o solicitar la revocación de la donación[784], la PCC se inclina por la solución contraria por lo que, en caso de incumplimiento del modo, el único remedio previsto en todo caso es la revocación y solo podrá exigirse coercitivamente el cumplimiento específico del modo, si el donante así lo estableció (art. 451-2 PCC).

3. Causas generales de revocación de donaciones. La PCC prevé cinco causas de revocación que configura con carácter de *numerus clausus*[785]. Dichas causas son las siguientes:

(1) Las expresamente previstas al tiempo de la donación (art. 454-9.1 letra a, PCC). Esta posibilidad de establecer en el contrato de donación «causas de revocación particulares» es una novedad fundada —dice su Exposición de Motivos— en el argumento de que, si la donación se puede sujetar a condición, a término o a reversión, no se ve por qué no debe poder el donante amoldarla a sus eventuales circunstancias futuras.

(2) La ingratitud del donatario, que se describe en términos más amplios que los previstos en el CC español al considerarse ingrato «al donatario que voluntariamente cause un daño al donante, a sus allegados o a sus bienes, o que voluntariamente

---

784 En la doctrina defienden dicha posición mayoritaria, entre otros, Albaladejo García, M. (1991). «Comentarios...», cit. p. 1639. En el mismo sentido, Díez-Picazo, L. y Gullón, A. (1992). *Sistema*...II, cit. pp. 348-349; Berrocal Lanzarot, A. I. (2010). «La revocación...», cit. p. 1896 y 1897; Costas Rodal, L. (2013). «Contrato...», cit. p. 2533; Torralba Soriano, O.V. (1967). *El modo*..., cit. p. 298; Prats Albentosa, L. (1999). «Comentario...», cit. p. 1060; Rodríguez Martínez, M.E. (2011). «Comentarios...», cit. p. 203; Medina Alcoz, M. (2010). «El incumplimiento...», cit. pp. 162 y ss. Y en la jurisprudencia defienden que la revocación no es la única facultad que confiere el incumplimiento de la donación modal, porque el incumplimiento también permite «exigir simplemente el cumplimiento que la revocación, entre otras, la STS 06/04/1999 (TOL 1466), STS 03/07/2009 (Tol 1570791).

785 Y es que señala el art. 454-9.-1 de la Propuesta que «perfeccionada la donación, el donante únicamente puede revocarla en los siguientes casos».

realice conductas no aceptadas socialmente contra esas personas o contra sus bienes» (art. 454-9.1 letra b, PCC).

La formulación de esta causa —en cuyos términos se refleja la teoría de la «conducta dolosa socialmente condenable de cierta gravedad» de Díaz Alabart[786]— supone una mejora legislativa con relación al vigente art. 648.3º CC por dos razones: en primer lugar, porque elimina la referencia expresa que hacen los ap. 1 y 2 de este último precepto al término «delito» —con toda la polémica que ha generado—; y en segundo lugar, porque elimina la causa del art. 648.2º CC, la cual resulta innecesaria: si la imputación de un delito por parte del donatario al donante es calumniosa, ya constituiría una conducta «socialmente reprobable»; y si, en cambio, es verdadera, no debería dar lugar a ingratitud, por respeto al principio de tutela judicial efectiva y por razones de justicia.

Por el contrario, como crítica a dicho artículo de la PCC, cabría señalar que las expresiones «allegados» y «conductas no aceptadas socialmente» sufren de una indeterminación conceptual que genera inseguridad jurídica y puede provocar resoluciones judiciales contradictorias.

(3) Pobreza del donante, considerando que el donante se encuentra en situación de pobreza cuando tendría derecho a alimentos de parientes si estos pudiesen proporcionarlos, o cuando tendría derecho a subsidios o ayudas públicas para atender a su sustento y el de aquellos que puedan exigirle alimentos legales o establecidos judicialmente (art. 454-9.1 letra c, PCC). Dicha pobreza del donante, como vemos, se define en términos bastante estrictos, que proceden del DCFR.

(4) Alteración significativa e imprevista de las circunstancias en que se fundamentó la donación, que redunden en un beneficio desproporcionado o excesivo para el donatario (art. 454-9.1, letra d, PCC). Así dispone dicho precepto que existirá «una

786 Díaz Alabart, S. (1986). «Comentarios...», cit. pp. 430-431.

alteración significativa de las circunstancias si el beneficio que la donación reporta al donatario resulta excesivo o desproporcionado y sería injusto vincular al donante al negocio, siempre que el cambio de circunstancias no pudiese razonablemente preverse y que el donante no hubiese asumido el riesgo de ese cambio o fuese responsable del cambio de circunstancias».

Esta causa de revocación, dice la Exposición de Motivos de la Propuesta, «permite la ponderación caso por caso de la situación y de la previsibilidad de los cambios», pudiendo «encajar en ella supuestos de superveniencia de hijos, enfermedades o discapacidades inesperadas o recuperación igualmente inesperada de enfermedades, así como crisis matrimoniales próximas a la donación por razón de matrimonio». Por tanto, se suprime la superveniencia y supervivencia de hijos como causa automática de revocación que ahora se deja a la interpretación judicial de si, en el caso concreto, existió dicha alteración imprevista de las circunstancias en que se fundamentó la donación.

(5) Incumplimiento de cargas modales (art. 454-9.1, letra e, PCC).

Siguiendo el DCFR se permite expresamente la revocación no solo total sino también parcial de la donación «si la naturaleza del objeto de la donación lo permite» (art. 454-10.1 PCC). Y en cuanto al plazo para ejercer la acción de revocación, este se establece expresamente como un plazo de caducidad, resolviendo así la polémica existente en nuestro CC. Se fija, además, un plazo breve de un año, contado desde que el donante pudo conocer el hecho que la motive, en atención a la seguridad del tráfico jurídico y con el fin de dotar de mayor firmeza a la adquisición realizada por el donatario.

La Propuesta fija como requisito de procedibilidad para interponer la demanda de revocación la necesidad de que el donante previamente comunique al donatario su voluntad de revocar, suspendiendo dicha comunicación el plazo de caducidad hasta que el donatario se oponga expresamente a la revocación o, en todo caso, transcurridos tres meses desde su recepción por el mismo. La Exposición de Motivos de la Propuesta funda dicha necesidad de comunicación previa en la necesidad de que el Ordenamiento propicie una solución pactada incluso fuera de los cauces de la mediación o del arbitraje porque, dice, dicho «deber de comunicar extrajudicialmente la voluntad de revocar fomenta ese posible acuerdo extrajudicial, al tiempo que proporciona al donatario —quizá completamente inocente— un cierto margen de tiempo antes de verse involucrado en un litigio, que podría propiciar un plazo tan breve, de operar la caducidad de manera imparable». En todo caso, la necesidad de haber acudido a un MASC antes de interponer la demanda ya resulta, actualmente, de los actuales arts. 264, 399.3-II y 403.2 LEC en redacción dada por la LO 1/2025, de 2 de enero, de medidas en materia de eficiencia del Servicio Público de Justicia.

Finalmente: (1) se considera transmisible la facultad de revocación a los herederos del donante, salvo cuando la revocación se fundamente en su pobreza. No obstante, la revocación por ingratitud únicamente puede ser ejercida por los herederos del donante si este no pudo ejercerla en vida (art. 454-10.4 PCC); (2) se establece expresamente que, en caso de revocación por causa de pobreza, el donatario puede evitar dicha revocación si proporciona al donante los medios necesarios para su adecuado sustento (art. 454-10.5 PCC); (3) aunque la revocación haya prosperado, el donatario de buena fe —es decir, quien no incurrió en ingratitud ni incumplió el modo impuesto— puede evitar la restitución del bien abonando su equivalente económico. Esta misma solución se aplica cuando la cosa donada o el derecho correspondiente ha sido transmitido a terceros protegidos, en cuyo caso el donatario también debe restituir el valor en dinero. Y finalmente, las reglas relativas a la percepción de frutos y a la realización de mejoras distinguen expresamente entre el donatario de buena fe y el de mala fe, otorgando consecuencias jurídicas diferenciadas según el caso.

4.- Revocación de las donaciones por razón del matrimonio. Con relación a estas donaciones dispone el art. 263-5 PCC que las mismas son revocables por las causas generales de revocación de donaciones ya indicadas previstas en el art. 454-9 PCC, si bien la nulidad, separación o divorcio del matrimonio en cuya contemplación se realizaron puede dar lugar, solo si se cumplen los requisitos para ello, a la revocación por alteración de las circunstancias prevista en el art. 454-9.1 letra d del PCC. Explicando la razón que subyace a dicho precepto señala la Exposición de Motivos de la Propuesta que, por lo que se refiere a las donaciones por razón del matrimonio, «la declaración de nulidad, la separación y el divorcio próximos a la celebración del matrimonio legitiman al donante para revocar; pero no necesariamente ocurre lo mismo si se producen tras años de convivencia matrimonial, y ello incluso si se declara nulo el matrimonio. Se trata de una solución práctica: si la donación por razón de matrimonio persigue proporcionar una base patrimonial a la pareja, las razones para dificultar la revocación si han transcurrido un buen número de años de vida matrimonial son las mismas, tanto si el matrimonio se separa o se disuelve por divorcio como si se declara la nulidad del mismo».

5.- Donación reversional. Las donaciones con cláusula de reversión conservan su naturaleza tradicional, pero —dice la Exposición de Motivos de la Propuesta— «se las dota de una regulación que soluciona algunas de las incógnitas que plantean estas figuras, aunque no se ha querido elaborar una regulación demasiado detallada y compleja». Así, tras admitir la reversión propia e impropia en términos idénticos al art. 641-I CC (art. 454-4.1 y 2 PCC), se aclara que la reversión puede sujetarse a plazo o a condición (aunque esto era indiscutido) y que la reversión puede ser total o parcial (art. 454-4. 3 PCC).

Asimismo, se resuelve la incógnita de si la reversión era revocable o modificable por el donante admitiendo ambos supuestos, pero siempre antes de que el donante tanga conocimiento de la aceptación por parte de los beneficiarios de aquella (art. 454-4. 4 PCC).

Y finalmente se dispone que «salvo que se haya pactado que la reversión opere de manera automática, el fallecimiento del donante sin ordenarla, pese al cumplimiento de la condición o la llegada del plazo, la deja sin efecto» (art. 454-4. 5 PCC), y que «el donatario debe entregar el objeto a los beneficiarios de la reversión en las mismas condiciones y con las mismas responsabilidades que el fiduciario» (art. 454-4. 6 PCC).

En general, la PCC merece una valoración positiva en relación con la redacción actual del CC en materia de ineficacia sobrevenida del contrato de donación. Dicha Propuesta supondría un avance normativo sustancial en materia de revocación de donaciones y donación reversional, superando con rigor técnico y coherencia sistemática las anticuadas previsiones contenidas en los art. 641 y 644 a 653 del CC de 1889. Frente a una normativa vigente caracterizada por su imprecisión conceptual y escasa adaptación a los valores sociales contemporáneos, la PCC aporta una regulación moderna, clara y funcional.

En particular, el tratamiento de la revocación por ingratitud se actualiza conforme a criterios más flexibles y acordes a la realidad social, superando la restrictiva vinculación a tipos penales del art. 648 CC. Igualmente, se introduce como novedad relevante la posibilidad de pactar causas particulares de revocación, lo que reconoce la autonomía de la voluntad y la heterogeneidad de supuestos que pueden dar lugar a una donación. La previsión de la alteración significativa de las circunstancias como causa de revocación sustituye, con acierto, la obsoleta y automática superveniencia y supervivencia de hijos. Y la inclusión de la pobreza del donante, así como la regulación del procedimiento con comunicación previa al donatario, evidencia un equilibrio entre seguridad jurídica y protección de la parte más vulnerable.

Por su parte, la donación reversional, escasamente regulada en el art. 641 CC, se clarifica notablemente mediante una sistemática que resuelve dudas interpretativas sin recurrir a un desarrollo normativo excesivamente técnico. En conjunto, la Propuesta ofrece un marco renovado, dogmáticamente sólido y acorde con la evolución del Derecho civil europeo.

VI. Conclusiones y propuestas **de lege ferenda**

A la vista de todo lo expuesto en las páginas precedentes de esta obra, podemos extraer las siguientes conclusiones y podemos formular las siguientes propuestas «*de lege ferenda*»:

I.- La ineficacia sobrevenida del contrato de donación en el derecho civil español se manifiesta fundamentalmente a través de dos figuras: la revocación legal de la donación, como retractación unilateral autorizada por la ley, y la reversión pactada de la donación, como cumplimiento de una condición o término resolutorio establecido en el contrato de donación. Ambas constituyen excepciones al principio general de irrevocabilidad contractual consagrado en el art. 1256 CC, permitiendo que una donación *inter vivos* ya válida y perfeccionada quede sin efecto por causas sobrevenidas específicas.

No obstante, aunque la revocación y reversión se ubican sistemáticamente dentro del ámbito de la ineficacia negocial sobrevenida, mantienen relevantes diferencias entre sí: la revocación legal requiere el ejercicio de un derecho potestativo del donante, mientras que la reversión convencional opera automáticamente al cumplirse la condición o término pactado.

Junto a estas figuras, la reducción de donaciones (arts. 654-656 CC) supone otro mecanismo de ineficacia sobrevenida —de naturaleza distinta, ligada al derecho sucesorio— que limita los efectos de las donaciones excesivas para proteger los derechos de los herederos forzosos.

Todas estas categorías —revocación, reversión y reducción— delinean en su conjunto un sistema en que la donación, pese a ser un contrato generalmente irrevocable, admite supuestos tasados de ineficacia ulterior en atención a la voluntad presunta del donante y la protección del interés de su familia (revocación por superveniencia o supervivencia de hijos); en atención a razones de justicia conmutativa (revocación por incumplimiento del modo); y en atención a consideraciones de índole moral (revocación por ingratitud) y respeto a la autonomía de la voluntad (reversión pactada en la donación).

II.- Causas legales de revocación: El CC español configura un *numerus clausus* de tres causas específicas de revocación de donaciones inter vivos: (1) la supervivencia o superveniencia de hijos del donante (art. 644 CC), (2) el incumplimiento de las cargas impuestas al donatario (art. 647 CC) y (3) la ingratitud del donatario (art. 648 CC). Cada causa responde a fundamentos y requisitos propios, perfilados por la doctrina científica y la jurisprudencia:

A. La revocación por superveniencia o supervivencia de hijos se regula en los arts. 644-646 y 651-I CC, siendo la causa de revocación más controvertida. Su fundamento radica en una voluntad presunta del donante y en la protección de su familia: se presume que quien donó sin tener descendencia no lo habría hecho —o lo habría hecho en menor medida— de haber previsto la llegada de un hijo, primando así la protección de la familia y de las expectativas sucesorias de la nueva descendencia. De hecho, esta revocación tutela intereses no patrimoniales del donante (afectivos y familiares) por encima de la seguridad jurídica del donatario. Por ello, la ley impone ciertas limitaciones para equilibrar intereses: la acción de revocación por hijos caduca a los cinco años contados desde que el donante tuvo noticia del nacimiento del último hijo o de la existencia del que se creía muerto; además, el donante no puede renunciar anticipadamente a este derecho potestativo revocatorio.

La jurisprudencia del Tribunal Supremo ha considerado esta causa plenamente constitucional, rechazando las dudas iniciales sobre una posible vulneración del derecho de propiedad del donatario (art. 33 CE), y ello porque la privación patrimonial que supone se basa en justa causa, establecida por la Ley, equiparándose a otras causas legítimas de pérdida de propiedad como la expropiación. Incluso se reforzó su adecuación constitucional tras la reforma de 1981, que adaptó el art. 644 CC al nuevo marco de igualdad de los hijos (permitiendo la revocación tanto por nacimiento de hijos matrimoniales como no matrimoniales o por adopción, en sintonía con los arts. 14 y 39 CE).

Con todo, la doctrina ha criticado históricamente los riesgos de esta figura, al privar al donatario de un bien por un hecho sobrevenido ajeno a su conducta; y se ha llegado a proponer reformas *de lege ferenda* e interpretaciones *contra legem* para atenuar su dureza o limitar su alcance. No obstante, en la práctica la incidencia de esta causa de revocación es muy escasa, resultando casi testimonial su ejercicio ante los tribunales, lo que sugiere que sus efectos potencialmente más gravosos se ven mitigados por su rara aplicación en la realidad social actual.

Propuestas *de lege ferenda* con relación a esta causa de revocación de la donación. La PCC, formulada por la APDC, prescinde en su art. 454-9 de la referencia expresa a la superveniencia o supervivencia de hijos como causa general de revocación[787]. Comparto plenamente esta supresión, sin perjuicio de que las partes puedan pactar expresamente dicha causa en el contrato de donación, si así lo desean (solución seguida, por otro lado, por el CCCN de Argentina, por el CC de Colombia, y —desde 2006— por el Code francés). Y es que, como se ha expuesto, esta causa

[787] Es cierto que en su EM dicha PCC (o.c. p. 187) permite encajar los supuestos de superveniencia de hijos, en la nueva causa que proponen de revocación por alteración significativa de las circunstancias, en que se fundamentó la donación (art. 454.9.1 letra d, PCC), pero dicha eliminación contenida en la PCC tiene a su favor que permite un análisis caso por caso y huye de automatismos.

ha sido eliminada o se ha exigido pacto expreso para su eficacia en numerosos ordenamientos jurídicos de nuestro entorno[788].

Las razones que se han propuesto —y que comparto— para suprimir el carácter automático de esta causa de revocación son numerosas. En primer lugar, se trata de una causa de ineficacia sobrevenida de la donación que resulta anómala e injusta, ya que genera inseguridad jurídica y perjudica al donatario por un hecho ajeno a su conducta. Además, permite al donante recuperar el bien y disponer de él libremente, incluso con la posibilidad de donarlo irrevocablemente a un tercero.

En definitiva, se trata de una causa innecesaria, dado que el interés de los hijos está ya suficientemente protegido a través de otros mecanismos legales, como la acción de reducción. A ello se suma que dicha causa facilita el fraude, porque permite al donante arrepentido revocar la donación, mediante la simple adopción o reconocimiento de un hijo. Por todo ello, esta causa plantea más problemas que soluciones, y, además, constituye un precepto de aplicación prácticamente testimonial en la práctica jurídica.

B. La revocación por incumplimiento de las cargas modales se regula en los arts. 647 y 651-II CC. Pese a la terminología del precepto —fruto de la influencia del Code Napoleón— la doctrina coincide en que aquí «condición» equivale a carga o modo, no a condiciones técnico-jurídicas suspensivas o resolutorias propiamente dichas. En otros términos, se trata de donaciones onerosas en las que el donatario asumió, al aceptar, una obligación accesoria de dar, hacer o no hacer algo en favor del donante o de un tercero, cuya inobservancia faculta al donante a revocar la donación.

---

[788] Como hemos visto, no existe esta causa de revocación en el derecho alemán. En cuanto al derecho argentino y colombiano —y, en general, en los códigos civiles que heredan la tradición del Código de Bello—, así como en el derecho francés desde 2006, se requiere que la revocación sea pactada expresamente para que produzca efectos.

El fundamento de esta causa es patrimonial y ético a la vez: patrimonial, porque asegura el cumplimiento del gravamen que justificó la liberalidad (evitando el enriquecimiento injusto del donatario que no cumple lo prometido); y ético, en cuanto históricamente el incumplimiento del modo se consideró una forma de ingratitud (el derecho romano incluía al donatario incumplidor de cargas entre los ingratos). Hoy se entiende por la doctrina mayoritaria que el art. 647 CC configura realmente un supuesto de resolución por incumplimiento contractual análogo al art. 1124 CC —adaptado a la especialidad de la donación, que genera obligaciones solo para el donatario— más que un "arrepentimiento" puro del donante. A diferencia de las otras causas de revocación, aquí el elemento culposo radica en la conducta del donatario, por lo que resulta justo permitir al donante resolver la donación si el beneficiario no satisface la carga impuesta.

Ahora bien, el régimen jurídico de esta causa de revocación presenta lagunas significativas que la jurisprudencia y la doctrina han intentado colmar. El CC guarda silencio tanto sobre la posibilidad de renuncia previa a la acción revocatoria como sobre el plazo para su ejercicio.

En cuanto a la renuncia anticipada, la doctrina mayoritaria se muestra contraria a aplicar analógicamente, en este caso, el art. 652 CC y considera que debe admitirse la renuncia previa a la acción de revocación por incumplimiento de cargas. No obstante, no existe unanimidad, por lo que sería deseable una clarificación legislativa en este punto.

Respecto al plazo de ejercicio, el art. 647 CC tampoco lo establece expresamente. La jurisprudencia reciente del TS ha puesto de manifiesto esta omisión, recogiendo diversas propuestas doctrinales: (1) Equiparar el plazo al general de cinco años propio de la acción de cumplimiento del modo; (2) Aplicar por analogía el plazo breve de un año del art. 652 CC (revocación por ingratitud), en atención a la cercanía conceptual de ambas causas de revocación; o (3) recurrir al plazo de cuatro años del art. 1299 CC (acción rescisoria), al tratarse, en el fondo, de una acción dirigida a dejar sin efecto un negocio jurídico. Lamentablemente, el TS no ha terminado de decantarse por ninguna solución en firme, lo que mantiene la inseguridad jurídica.

Finalmente, la legitimación activa corresponde al donante considerando la doctrina mayoritaria que, en caso de fallecimiento de este, la acción de revocación se transmite con carácter general a sus herederos, aunque, excepcionalmente y con base en una aplicación analógica del art. 653.1 CC, no se transmitirá *mortis causa* si el donante no quiso revocar, lo que se presumirá *iuris tantum* si, pudiendo haberlo hecho, murió sin haber interpuesto la acción.

Finalmente, la revocación por cargas refuerza la idea de cierta bilateralidad de la donación modal: aproxima esta figura a un remedio resolutorio por incumplimiento, siendo deseable, *de lege ferenda,* una regulación más explícita en aras de la seguridad jurídica como expondremos a continuación.

Propuestas *de lege ferenda* con relación a esta causa de revocación de la donación. La PCC elaborada por la APDC mantiene como causa de revocación de la donación el «incumplimiento de cargas modales» (art. 454-9.1 letra e, PCC). Esta iniciativa establece que, en tales casos, no cabría la renuncia anticipada a la facultad de revocar (art. 454-9.2 PCC), y añade que dicha facultad caduca en el plazo de un año desde que el donante pueda conocer el hecho que la motiva (art. 454-10.2 PCC), transmitiéndose asimismo a los herederos del donante (art. 454-10.4 PCC).

Comparto plenamente la orientación de la PCC en cuanto a la mejora técnica de la redacción de esta causa, sustituyendo el término "condición" por "modo"; en cuanto a la calificación del plazo expresamente como de caducidad (subrayando así la necesidad de un ejercicio oportuno de la acción y la inadmisibilidad de su interrupción), y, finalmente, en cuanto a la necesidad de regular expresamente el plazo para el ejercicio de la acción revocatoria. La ausencia de una previsión legal clara sobre estos dos últimos puntos ha generado inseguridad jurídica y un casuismo indeseable.

Sin embargo, considero que el plazo propuesto de un año resulta excesivamente breve. *De lege ferenda*, estimo preferible establecer un plazo específico más amplio para el ejercicio de la acción por incumplimiento del modo. Por ejemplo, un plazo de cinco años desde el conocimiento del incumplimiento equiparándolo al previsto para las acciones personales ordinarias (art. 1964.2 CC) o al aplicable a la reclamación de alimentos (art. 1966.1 CC), teniendo en cuenta que muchos modos tienen contenido asistencial ofrecería un margen razonable para el ejercicio de la acción, sin llegar a equipararlo al exiguo plazo aplicable a la revocación por ingratitud, que obedece a una naturaleza jurídica distinta. Alternativamente, podría valorarse un plazo de cuatro años, en coherencia con el previsto para la acción de rescisión por lesión (art. 1299 CC).

En cuanto a la previsión contenida en la PCC sobre la imposibilidad de renunciar anticipadamente a la facultad de revocar por incumplimiento de cargas modales, considero acertado que este aspecto haya sido abordado de forma expresa (recordemos que el actual art. 647 CC guarda silencio al respecto, a diferencia de los arts. 646.2 y 652 CC, que sí lo regulan en relación con las otras dos causas de revocación). No obstante, discrepo de la solución unificadora adoptada por la PCC al extender la irrenunciabilidad *ex ante* a todas las causas de revocación. A mi juicio, en el caso concreto del incumplimiento de cargas modales, debe permitirse, con carácter excepcional, la renuncia anticipada a la acción no solo en atención al principio de autonomía de la voluntad de las partes, sino, sobre todo, porque si el donante pudo donar sin imponer carga, también debe poder realizarla imponiendo un modo, pero renunciando desde el inicio a los derechos (como el de revocar) que no tendría si no hubiera establecido dicha carga.

C. La revocación por ingratitud del donatario se regula en los arts. 648 a 653 CC, siendo la causa revocatoria de corte más marcadamente moral, inspirada en el deber de gratitud que pesa sobre el beneficiario de una liberalidad.

El CC tipifica un catálogo cerrado de situaciones que revelan ingratitud grave y habilitan al donante a revocar lo donado. En la redacción vigente del art. 648 CC se contemplan tres supuestos principales: (a) Que el donatario cometa algún delito contra la persona, honor o bienes del donante; (b) Que el donatario impute al donante alguno de los delitos que dan lugar a procedimientos de oficio o acusación pública, aunque lo pruebe; a menos que el delito se hubiese cometido contra el mismo donatario, su cónyuge o los hijos constituidos bajo su autoridad (c) Que el donatario «negare indebidamente al donante los alimentos» que este necesite. Estos supuestos evidencian un marcado carácter personalísimo porque implican comportamientos activos u omisivos del donatario que representan una violación de la lealtad y reconocimiento debidos al donante.

En cuanto a la causa del art. 648.1° CC, la jurisprudencia no exige que exista previa sentencia penal condenatoria del donatario. y considera mayoritariamente que el término «delito» debe interpretarse en sentido amplio como toda conducta del donatario socialmente reprobable que, revistiendo caracteres delictivos, aunque no estén formalmente declarados como tales, resulte ofensiva para el donante. Asimismo, la jurisprudencia mayoritaria considera que la literalidad de las expresiones utilizadas por el art. 648.1° CC (es decir la expresión «personas, el honor o los bienes del donante») no es necesario que encajen en títulos concretos homónimos, *verbatim*, del CP, por lo que basta para revocar la donación que se cometa un delito que ofenda al donante («contra» el donante) y revele ingratitud, aunque el título del CP en que se halle no esté en el título de delito contra las personas, el honor o los bienes.

En cuanto a la causa del art. 648.2° CC la doctrina mayoritaria, para evitar que entre en conflicto con principios de orden público procesal como es el deber ciudadano de denunciar delitos, la limitan a los supuestos en los que el donatario no simplemente denuncia, sino que se querella o más ampliamente ejerce la acusación particular contra el donante en delitos en los que su intervención, al ser públicos, era procesalmente innecesaria como parte acusadora porque ya tenía el Ministerio Fiscal deber de perseguirlos. Como veremos, es una causa que, *de lege ferenda*, urge modificar o suprimirla.

Y finalmente, la causa del art. 648.3° CC (negar indebidamente al donante alimentos) se ha entendido en conexión con el deber moral-jurídico que tiene el donatario de socorrer al donante en apuros hasta donde alcancen los bienes donados. Según la postura minoritaria dicha obligación de alimentos del art. 648.3° CC no surge *ex donatione*, sino que surge del parentesco, ya que se trata, en realidad, de la genérica obligación de alimentos entre parientes; pero la tesis mayoritaria considera que el donatario asume, por el simple hecho de aceptar la donación (es decir, *ex donatione*), el deber de alimentar al donante necesitado, y que los alimentos a los que se refiere el 648.3° CC son los alimentos debidos por parentesco o por pacto, pero también los que nacen de la propia donación.

El régimen jurídico de las tres causas de ingratitud previstas en el art. 648 CC está definido con mayor rigor formal que en las otras causas: la ley impone un plazo de caducidad muy breve, de un año desde que el donante tuvo conocimiento del hecho ingrato y posibilidad de actuar, plazo cuya brevedad la doctrina justifica por la necesidad de dar rápida solución a la situación jurídica. Además, se prohíbe expresamente la renuncia anticipada de la acción por parte del donante (art. 652 CC), subrayando el componente de orden público que reviste (no se puede pactar dejar impune una futura ingratitud). Es también, en principio, una acción *intuitu personae*: no se transmitirá la acción a los herederos del donante, si este, pudiendo, no la hubiese ejercitado, ni procede contra el heredero del donatario (salvo que al morir el donatario la demanda ya estuviese interpuesta).

<u>Propuestas *de lege ferenda* con relación a esta causa de revocación de la donación</u>. La PCC elaborada por la APDC mantiene como causa de revocación de la donación la ingratitud del donatario, aunque con una formulación más amplia que la recogida

en el actual CC. En efecto, se considera ingrato al donatario que cause voluntariamente un daño al donante, a sus allegados o a sus bienes, o que realice de forma voluntaria conductas socialmente inaceptables dirigidas contra dichas personas o sus patrimonios (art. 454-9.1, letra b, PCC). Esta Propuesta establece expresamente la imposibilidad de renunciar anticipadamente al ejercicio de la acción de revocación por ingratitud (art. 454-9.2 PCC), y fija un plazo de caducidad de un año desde que el donante tenga conocimiento del hecho que motiva la revocación (art. 454-10.2 PCC). La brevedad del plazo se justifica, según la Exposición de Motivos de la Propuesta, por razones de seguridad en el tráfico jurídico, con el objetivo de reforzar la estabilidad de la adquisición realizada por el donatario. Y finalmente, la Propuesta dispone que, si bien la facultad de revocación se transmite a los herederos del donante, únicamente puede ser ejercida por estos si el donante no pudo ejercerla en vida (art. 454-10.2 PCC).

Comparto plenamente la orientación de la PCC en cuanto a la calificación del plazo expresamente como de caducidad (subrayando así la necesidad de un ejercicio oportuno de la acción y la inadmisibilidad de su interrupción) y en cuanto a su duración (un año). Y lo comparto no solo por razones de seguridad en el tráfico jurídico, con el objetivo de reforzar la estabilidad de la adquisición realizada por el donatario, sino también porque, como ya indiqué, ante una ofensa solo se reacciona de manera debida cuando se reacciona inmediatamente, por lo que —si el donante agraviado no reacciona rápidamente— se presume que no lo ha hecho porque ha perdonado al donatario ingrato. También comparto la orientación de la PCC de ampliar la definición general de ingratitud porque ello permite incluir actos de gravedad equivalente no tipificados (por ejemplo, el maltrato psicológico continuado al donante, u ofensas graves no penales), dando cierto margen al juez para apreciar la ingratitud.

Considero, por otro lado, que con relación al texto de nuestro CC la causa de ingratitud del art. 648.2° CC choca con principios modernos de derecho penal y procesal; y su mantenimiento en términos tan absolutos (revocación incluso si el donatario demuestra la veracidad de su acusación) atenta contra el derecho a la tutela judicial efectiva porque impide al donatario, en ciertos casos, ejercer la acusación particular contra el donante aunque acredite la veracidad de los hechos, por lo que su reforma o supresión se antoja necesaria. Una solución *de lege ferenda* sería limitar dicha causa de ingratitud a las acusaciones calumniosas o falsas, aunque realmente para dicha finalidad bastaría emplear el art. 648.1° CC porque, en ese caso, el donatario habría cometido un delito de calumnias o injurias contra el honor del donante.

Y finalmente, entiendo que *de lege ferenda* debería eliminarse la referencia al «cónyuge» del donatario que contiene dicho art. 648.2° CC porque bajo ella late un vestigio discriminatorio, ya que estaba pensado para cuando la mujer no podía querellarse por su cuenta careciendo actualmente de sentido. La referencia actual al «cónyuge» del donatario ha perdido toda justificación en el marco jurídico y social actual. El donatario —sea hombre o mujer— ya no ostenta, por el solo hecho del matrimonio, la representación legal de su cónyuge, por lo que tampoco le corresponde ejercer acciones penales en nombre de ambos, que era precisamente la razón de dicha excepción.

D.- Finalmente, en relación con las tres causas de revocación, cabe formular dos consideraciones conjuntas *de lege ferenda*. En primer lugar, se echa en falta una previsión legal expresa sobre las mejoras y deterioros realizados por el donatario en el bien donado que aporte seguridad sin depender de construcciones analógicas: aunque la doctrina haya llenado el vacío con acierto, sería preferible, para una mayor seguridad jurídica, introducir un artículo que remita explícitamente al régimen de los arts. 451 y ss. CC para regir las restituciones derivadas de la revocación, garantizando así un tratamiento uniforme.

En segundo lugar, cabe criticar la rigidez del sistema vigente, en el que la revocación se configura, por lo general, como un mecanismo de todo o nada: o bien se produce la revocación total, o bien no procede en absoluto. Esta estructura puede resultar insuficiente para dar respuesta a supuestos de menor gravedad o de cumplimiento parcial de las cargas, donde cabría una solución intermedia. En este sentido, resulta valiosa la reflexión *de lege ferenda* recogida en la PCC elaborada por la APDC, que en su art. 454-10.1 prevé expresamente la posibilidad de que el donante ejerza la revocación de manera total o parcial, siempre que la naturaleza del objeto donado lo permita.

III.- Efectos jurídicos de la revocación: El efecto principal de la revocación es la retrotracción del patrimonio de donante y donatario al estado anterior a la donación, en la medida de lo posible. El donante recupera la propiedad del bien donado, y el donatario queda despojado de ella, debiendo restituir aquello que fue objeto de la liberalidad. Sin embargo, este retorno no se opera de forma absoluta ni automática. En primer lugar, la revocación legal no opera *ipso iure* o automáticamente, sino que exige o bien que el donatario acceda a la devolución de lo donado o, si este se opone, el ejercicio por el donante de la acción prevista en el art. 646 CC para la superveniencia o supervivencia; en el art. 647 CC para el incumplimiento del modo y en los arts. 652 y 653 CC para los supuestos de ingratitud. Esto marca una diferencia con la reversión pactada (art. 641 CC), donde el cumplimiento de la condición resolutoria sí determina de pleno derecho la resolución del negocio.

En segundo lugar, aún declarada la revocación con carácter retroactivo, el ordenamiento modula sus efectos para proteger la seguridad del tráfico jurídico y los derechos de terceros de buena fe. Así, el art. 645 CC —para la causa de superveniencia o supervivencia de hijos— y el art. 649 CC —para la ingratitud, aplicable por analogía al incumplimiento de modo— establecen que las enajenaciones y gravámenes realizados a favor de un tercero de buena fe por el donatario antes de la revocación se mantienen válidos frente al donante revocante. Esta regla garantiza que un tercero, que adquirió a título oneroso el bien donado, no se vea sorprendido por la revocación: el donante no recuperará la cosa en tal caso, pero sí su valor actualizado (la doctrina mayoritaria defiende que debe entenderse como deuda de valor, para evitar enriquecimientos por plusvalías posteriores). De igual modo, si el donatario gravó la cosa, la carga se mantiene, pudiendo el donante optar por cancelar la hipoteca pagando al acreedor y reclamando luego ese importe al donatario. En síntesis, las cargas y enajenaciones anteriores a la revocación permanecen firmes, asegurando la seguridad del tráfico jurídico.

Ahora bien, una vez que la revocación se ha hecho efectiva o, en el caso de ingratitud, desde que la demanda de revocación está anotada preventivamente en el Registro de la Propiedad, cualquier acto de disposición posterior del donatario carece de eficacia y no afecta al donante. El art. 649.I CC dispone al respecto que «revocada la donación por ingratitud, quedarán, sin embargo, subsistentes las enajenaciones e hipotecas anteriores a la anotación de la demanda en el Registro de la Propiedad. Las posteriores serán nulas». Aunque el precepto alude expresamente a la anotación registral (aplicable solo a inmuebles inscritos), entiendo —con la doctrina mayoritaria— que, incluso en bienes muebles o no inscritos, cualquier adquirente que conociera la existencia de la pretensión revocatoria no merece protección, pues dicho conocimiento efectivo se equipara, a estos efectos, a la publicidad registral.

Respecto de los frutos, rentas o productos generados por el bien donado, el CC establece un régimen inspirado en las normas sobre posesión de buena fe. Como regla general, el donatario solo debe restituir los frutos percibidos desde la interposición de la demanda de revocación (art. 651.I CC), lo que significa que puede retener los frutos obtenidos antes de ese momento. Se presume al donatario como poseedor legítimo y de buena fe hasta que el donante ejercita su derecho resolutorio, momento en que «se interrumpe civilmente la posesión». Sin embargo, en el caso especial de revocación por incumplimiento de modo, el régimen es más estricto porque en tales supuestos el art. 651.II CC impone al donatario la obligación de devolver «además de los bienes, los frutos que hubiese percibido después de dejar de cumplir la condición». Esta diferencia de tratamiento —frutos desde la demanda en los supuestos de revocación de los arts. 644 y 648 CC, pero desde el incumplimiento del modo en el supuesto de revocación del art. 647 CC— se interpreta como una «sanción» adicional al donatario incumplidor, más gravosa que para las demás causas. Con todo, en cualquier supuesto, la restitución de frutos se limita a los efectivamente percibidos por el donatario (no a los que hubiera podido percibir hipotéticamente), manteniendo la analogía con el poseedor de buena fe (art. 451 CC).

En cuanto a las mejoras y deterioros experimentados por el bien donado, el CC sorprendentemente no contiene regulación expresa en los artículos dedicados a revocación (arts. 645, 647, 649-651 CC). La doctrina y la jurisprudencia han suplido este vacío acudiendo a las reglas generales sobre posesión y enriquecimiento sin causa. Dado que, hasta la revocación, el donatario es propietario legítimo, no se le considera un poseedor de mala fe por el mero hecho de que exista una donación revocable. Por consiguiente, al revertir el bien al donante, se suele aplicar por analogía el régimen de los arts. 453 y 454 CC. El resultado es acorde con la equidad: el donante recupera el bien en el estado en que se encuentre, pero asume los gastos que lo enriquecen —mejoras útiles— o conservan —mejoras necesarias— (pues de otro modo se beneficiaría injustamente de ellos), y no está obligado a compensar mejoras meramente suntuarias.

IV.- Donación reversional: El estudio quedaría incompleto sin abordar la figura de la cláusula de reversión en la donación (art. 641 CC) y su diferencia respecto de la revocación. La donación reversional es aquella en que el propio contrato de donación incorpora una estipulación por la cual, de suceder determinado evento futuro, el bien donado revertirá al patrimonio del donante (reversión propia) o pasará a un tercero designado (reversión impropia).

A diferencia de la revocación, que constituye un mecanismo unilateral sobrevenido no pactado inicialmente, la reversión es una condición o término resolutorio acordado entre las partes como elemento accidental del negocio. El CC autoriza expresamente estas cláusulas, señalando que el donante puede reservarse la reversión «para cualquier caso y circunstancias, pero no en favor de otras personas, sino en los mismos casos y con iguales limitaciones que determina este Código para las sustituciones testamentarias». Esto implica que el legislador equipara la reversión impropia a una disposición de última voluntad en cuanto a sus límites: por ejemplo, no puede disponerse una reversión que infrinja derechos de legitimarios ni una reversión infinita en cadena más allá de lo permitido en sustituciones por el art. 781 CC.

La cláusula típica de reversión propia es la que opera si el donante sobrevive al donatario, muy utilizada para prever el retorno del bien al donante en caso de premoriencia del beneficiario (evitando, así, que pase a terceros indeseados, p. ej. la familia política). Otra reversión frecuente es la condición de no supervivencia de descendencia del donatario: el bien volverá al donante (o a sus herederos) si el donatario fallece sin hijos — *si sine liberis decesserit*—. Estas estipulaciones tienen naturaleza de condición resolutoria y, llegada la circunstancia pactada, extinguen automáticamente la donación (en teoría con efecto *ex tunc*, retrotrayendo la titularidad al donante desde el origen, aunque sujetos a las mismas consideraciones sobre necesidad de entrega material o inscripción registral que cualquier condición resolutoria exige).

La cláusula «si voluerit» que deja la reversión propia al libre arbitrio del donante (reversión propia *ad libitum* o *ad nutum*) ha planteado dudas a la doctrina considerando un importante sector que no está admitida en nuestro derecho civil común, por contravenir el principio general de irrevocabilidad unilateral de los contratos (art. 1256 CC) y vaciar de contenido la esencia de la donación, aunque no faltan opiniones autorizadas en contra. No obstante, a favor de dicha reversión propia *ad libitum* no faltan autores, sentencias y se admite expresamente por el art. 531.19 i.f. del CC de Cataluña.

En síntesis, la donación reversional se distingue de la revocación en que no supone un «incumplimiento» ni «ingratitud», ni depende de un cambio de voluntad del donante motivado por circunstancias sobrevenidas, sino que obedece a la realización de una condición o término pactado, desde el origen, en el mismo contrato de donación. Ambos mecanismos coexisten en nuestro ordenamiento: la revocación protege al donante frente a situaciones imprevistas o moralmente reprobables del donatario, mientras la reversión pactada permite al donante regular el destino final del bien donado con cierta flexibilidad, aunque siempre dentro de límites que garanticen la seguridad jurídica y evitando fraudes a la ley.

Propuestas de lege ferenda con relación a la donación reversional. Frente a la necesidad de reforma profunda de la revocación de donaciones, en los términos que hemos analizado, la reforma *de lege ferenda* con relación a la donación reversional es menos ambiciosa.

A dichas necesidades de reforma da respuesta, en posición que sustancialmente apoyo, la PCC de la APDC que procura conservar, tal como se indica en su EM, la naturaleza tradicional de la cláusula de reversión, si bien propone soluciones a algunas de las incógnitas que plantea esta figura. Así, recoge en su propuesta de artículo 454-4 casi literalmente el vigente art. 641-I CC —aunque actualizando el término «donador» a donante»— echándose en falta en el CC y en la PCC una solución expresa sobre la admisibilidad o no de la reversión *ad nutum.* En cuanto a esto último, me inclino por una solución favorable a la misma, tal como acoge ya el art. 531-19, inciso final, del CC de Cataluña. Y ello porque el donante, al ser parte —y específicamente parte acreedora— en la cláusula de reversión, no se ve afectado por la prohibición de las condiciones puramente potestativas *ex parte debitoris* contenida en el art. 1115 CC. Además, me decanto por la validez de dicha cláusula, porque, cuando la ley no distingue —y el art. 641 CC no lo hace aludiendo a «cualquier caso y circunstancias»—, tampoco debe distinguir el intérprete, y por respeto al principio de autonomía de la voluntad, no siendo dicha cláusula contraria a «las leyes, a la moral o al orden público» (art. 1255 CC). Por ello, considero que el CC debería modificarse para establecer expresamente que la reversión dependiente de la simple voluntad del donante se considera válida como condición.

La Propuesta de la APDC aclara, además, un aspecto que no generaba dudas, pero que convenía expresar de forma explícita: que la reversión puede establecerse a plazo o bajo condición (art. 454-4.3 PCC), y que puede referirse al objeto de la donación en su integridad o únicamente a una parte del mismo. Asimismo, resuelve dos cuestiones que el CC no abordaba de forma expresa y que merecían ser aclaradas: primero, que la reversión puede ser revocada o modificada por el donante en cualquier momento antes de que tenga conocimiento de la aceptación por parte de los beneficiarios (art. 454-4.4 PCC); y en segundo lugar, que, salvo que se haya pactado que la reversión opere de manera automática, el fallecimiento del donante sin ordenarla, pese al cumplimiento de la condición o la llegada del plazo, la deja sin efecto (art. 454-4.4 PCC). Ambas precisiones me parecen acertadas *de lege ferenda.*

Finalmente, la PCC establece que el donatario deberá entregar el objeto de la donación a los beneficiarios de la reversión en las mismas condiciones y con las mismas responsabilidades que un fiduciario (art. 454-4.6), dando así una solución expresa a una cuestión que, como vimos, había sido objeto de debate doctrinal.

Por último, aunque ya fuera del ámbito del CC, convendría que se precisaran en la Ley Hipotecaria los efectos registrales de la cláusula de reversión, especialmente en relación con la inscripción y los actos de disposición realizados por el donatario. Actualmente, ha sido la DGRN (hoy DGSJFP) la que ha explicado la dinámica registral de la transmisión de un inmueble sujeto a cláusula de reversión, pero dicha explicación debería reflejarse legalmente.

VI- Valoración crítica del régimen vigente de ineficacia sobrevenida de la donación. Del análisis realizado se desprenden luces y sombras en el sistema español de revocación y reversión de donaciones. Por un lado, es innegable que las causas legales de revocación responden a motivos legítimos y ponderados: protegen la presunta voluntad del donante e intereses familiares (nacimiento de hijos); la eficacia de la autonomía de la voluntad y la justicia conmutativa (cumplimiento de modo), y la ética de la gratitud (ingratitud del donatario). Asimismo, el carácter tasado (*numerus clausus*) de dichas causas brinda seguridad jurídica. El régimen legal, complementado por la jurisprudencia, ha articulado un equilibrio entre los derechos del donante y la protección del tercero adquirente de buena fe, así como soluciones equitativas en materia de frutos y mejoras. Todo ello revela un sistema maduro, con raíces históricas profundas, que en la práctica funciona sin haber generado una litigiosidad excesiva ni quebrantos apreciables a la confianza en las donaciones. Pero, por otro lado, se advierten carencias y desajustes que merecen atención y reforma.

En conclusión, la ineficacia sobrevenida de la donación, en sus diversas manifestaciones, cumple una función importante al conciliar la naturaleza gratuita y personal de la donación con principios superiores de justicia y equidad. La donación, acto de liberalidad por excelencia, debe poder hacerse sin temor a arrepentimientos arbitrarios del donante, pero también sin que este quede irreversiblemente atado en situaciones extraordinarias de ingratitud o necesidad familiar. El derecho vigente ha tratado de lograr ese balance; el derecho futuro bien podría afinarlo, garantizando que la ineficacia sobrevenida de la donación siga siendo un instrumento de justicia y no de sorpresa. Así, se afianza la confianza en la donación como negocio jurídico, sabiendo todos los intervinientes que solo causas muy justificadas —y claramente reguladas— podrán deshacer lo que por generosidad se entregó.

VII. Referencias bibliográficas

AA.VV [2005]. *Sesquicentenario del Código Civil de Andrés Bello: pasado, presente y futuro de la codificación.* (dir. por Martinic Galetovic, M.D. y Tapia Rodríguez, M.). Santiago de Chile. LexisNexis.

Albácar López, J.L. y de Castro García, J. (1995). «Arts. 644 a 653». *Código Civil. Doctrina y Jurisprudencia,* t. III. Dir. Albácar López. Trívium, Madrid.

Albaladejo García, M. (1986). «Comentarios al art. 641 CC». *Comentarios al Código Civil y Compilaciones Forales,* T. VIII, Vol. 2°, Arts. 618 a 656. Edersa, Madrid, pp. 273-287.

Albaladejo García, M. (1986). «Comentarios al art. 647 CC». *Comentarios al Código Civil y Compilaciones Forales,* T. VIII, Vol. 2°, Arts. 618 a 656. Edersa, Madrid, pp. 369-418.

Albaladejo García, M. (1989). «La nulidad de la donación con cláusula de reversión a favor del donante, si esta no guarda la debida forma solemne». *Homenaje al profesor Juan Roca Juan.* Universidad de Murcia, pp. 1-12.

Albaladejo García, M. (1991). «Comentarios al art. 641 CC». *Comentario del Código Civil,* T. I, Madrid. Ministerio de Justicia, pp. 1625-1628.

Albaladejo García, M. (1991). «Comentarios al art. 647 CC». *Comentario del Código Civil,* T. I, Madrid. Ministerio de Justicia, pp. 1638-1643.

Albaladejo García, M. y Díaz Alabart, S. (2006). *La donación,* CORPME, Madrid.

Albiez Dohrmann, K.J. (1998). *Los negocios atributivos post mortem.* Cedecs. Barcelona.

Albiez Dohrmann, K.J. (2013). «Comentarios a los arts. 618-656 CC». *Comentarios al Código Civil,* T. IV, Dir. R. Bercovitz. Valencia. Tirant lo Blanch, pp. 4711-5015.

Amat Llari, E. (1991). «Comentario de la STS 12 de noviembre de 1990». *CCJC,* pp. 71 y ss.

Anderson, M. (2005). *Las donaciones onerosas.* CORPME, Madrid.

Arroyo y Amayuelas, E. (1992). *La protección al concebido en el Código Civil.* Civitas, Madrid.

Asociación de Profesores de Derecho Civil en España (2018). *Propuesta de Código Civil.* Ed. Tecnos, Madrid, consultado en https://www.derechocivil.net/images/PropuestaCC/libros/obra_completa.pdf

Ataz López, J. (2009). *Jurisprudencia civil comentada,* T. II. Dir. Pasquau Liaño, M. 2ª ed. Comares. Granada (comentario a los arts. 644-650 CC), pp. 1272-1282.

Barral Viñals, I. (2010). «Comentario de la sentencia de 15 de julio de 2009: Donación con cláusula reversional a favor de terceros: configuración y límites. Efectos de la aceptación, de la donación por el primer donatario. Eficacia adquisitiva en el momento de la reversión. Aceptación del segundo donatario». *CCJC,* Nº 82, pp. 565-577.

Barral Viñals, I. (2002). «La revocació de les donacions a Catalunya: la interpretado histórica al voltant de la revocació per supervenció de filis i per pobresa del donant». *L'exercici de les competencies sobre Dret civil de Catalunya (Materials de les Onzenes Jornades de Dret Catala a Tossa).* Tirant lo Blanch, Valencia.

Berrocal Lanzarot, A. I. (2010). «La revocación de las donaciones». *RCDI* nº 720, pp. 1865-1902.

Betti, E. (2018). *Teoría General del Negocio jurídico.* Trad. Agurto Gonzales, C.A. y Quequejana Mamani, S.L. Ed. Olejnik. Chile.

Blasco Gascó, F. de P. (2018). *Eficacia e ineficacia del acto jurídico contra legem.* Tirant Lo Blanch, Valencia.

Brugi Biagio (2018). *Instituciones de derecho civil.* Ed. Olejnik, Chile.

Cabezuelo Arenas, A.L. (2023). «Imposibilidad de revocar una donación modal por ingratitud ni por incumplimiento de cargas». *Revista Aranzadi Doctrinal,* nº. 5. Disponible en: Aranzadi Digital [consulta: 12 de junio de 2025].

Callejo Rodríguez, C. (1997). *Aspectos civiles de la protección del concebido no nacido.* McGraw-Hill, Madrid.

Canals Prat, A. (2011). «Artículo 649». *Código Civil comentado,* Vol. II. Dir. Cañizares Laso, A. Civitas Thomson Reuters, Navarra, pp. 214-218.

Cano Martínez de Velasco, J.I. «La donación mortis causa como pacto sucesorio». *La Prohibición de los Contratos Sucesorios,* J.M. Bosch Editor, 2001 consultado en https://vlex.es/vid/donacion-mortis-causa-pacto-sucesorio-208003

Cánovas Ortiz, A.L. (1985). «El donatario y el deber de denunciar al donante». *Diario La Ley* T. 2, pp. 1020-1029.

Capilla Roncero, F. (1987). «Nulidad e impugnabilidad del testamento. Algunas consideraciones sobre el régimen de la ineficacia del testamento inválido». *ADC*-1, pp. 3-88.

Cardós Elena, J.M. (2023). «Revocación de donación por incumplimiento de cargas y por ingratitud. Comentario a la STS de España, núm. 44/2023, de 18 de enero». *Revista Boliviana de Derecho,* nº. 36, pp. 406-423.

Cardós Elena, J.M. (2024). «La revocación de donaciones por la imputación de delitos al donante. Una propuesta interpretativa del art. 648.2º CC». *Revista Aranzadi de derecho patrimonial*, n.º 65. Disponible en: Aranzadi Digital [consulta: 10 de junio de 2025].

Carrión Olmos, S. (2023). «La donación». *Derecho civil II. Obligaciones y contratos.* Coord. De Verda y Beamonte, J. R. 6ª ed. Tirant lo Blanch, Valencia, pp. 335-357.

Casanueva Sánchez, I.C. (2000). *Análisis legal y jurisprudencial en el ordenamiento civil común español de la categoría jurídica de la nulidad parcial del testamento* (Tesis). Consultado (12/03/2025) en https://dialnet.unirioja.es/descarga/tesis/1290.pdf.

Castán Tobeñas, J. (1988). *Derecho civil español, común y foral.* T.4. 14ª ed. Reus, Madrid.

Castán Tobeñas, J. (2007). *Derecho civil español, común y foral.* T. I, Vol. II. 15ª ed. Reus, Madrid.

Chico y Ortiz, J.M. (2000). *Estudios sobre derecho hipotecario,* T. I. 4ª ed. Marcial Pons, Madrid-Barcelona.

Compagnucci de Caso, R.H (2023). «Revocación de donaciones» en La Ley Martes 14 de noviembre de 2023. TR LALEY AR/DOC/2802/2023, Año LXXXVII nº 214 Tomo La Ley 2023-F, pp. 1-5.

Corucci, L. (2024). «L'ingiuria grave quale motivo di revocazione della donazione per ingratitudine: conferme dalla Cassazione». *Pactum online. Rivista telemática di diritto dei contratti,* pp. 1-9. Consultado el 10 de marzo de 2025 en https://rivistapactum.it/app/uploads/2024/04/Nota-cass-3811-2024-CORUCCI-.pdf

Cossío y Corral, A. de. (1975). *Instituciones de Derecho civil.* Alianza editorial, Madrid.

Costas Rodal, L. (2013). «Contrato de donación». *Tratado de contratos.* T. II. Dir. R. Bercovitz. 2ª Ed. Tirant Lo Blanch, Valencia, pp. 2497-2572.

Cristóbal Montes, Á. (1969). «El principio de irrevocabilidad de las donaciones». *RGLJ,* T. 226, pp. 699-738.

Cuena Casas. M. (1996). *Función del poder de disposición en los sistemas de transmisión onerosa de los derechos reales.* Ed. J.M. Bosch. Barcelona.

Cuena Casas. M. (2016). «Revocación de donaciones: ¿se puede revocar una donación por tener un hijo si ya se tenía uno en el momento de donar». http://hayderecho.com/2016/10/10. Consultado el 12 de marzo de 2025.

Daniel Otero, E. (2014). «Art. 1571». *Código Civil y Comercial de la Nación comentado,* T. IV. Dir. Rivera, J. C. y Medina, G., Coord. Esper, M., Thomson Reuters–La Ley, pp. 771-775.

De Castro y Bravo, F. (1979). «El arbitraje y la nueva Lex Mercatoria». *ADC*-IV, pp. 619-725.

De Castro y Bravo, F. (1984). *Derecho civil de España,* T. II. Civitas, Madrid.

De Castro y Bravo, F. (1985). *El negocio jurídico.* Civitas, Madrid.

De Fuenmayor Champín, A. (1941). *La revocación de la propiedad.* CSIC, Instituto Francisco de Victoria, Madrid.

De Fuenmayor Champín, A. (1942). «La deuda alimenticia del donatario». *RDP,* núm. 30, pp. 154-188.

De Fuenmayor Champín, A. (1951). «Sobre una revisión de las donaciones mortis causa en nuestro Código civil». *ADC,* Fasc. III, pp. 1082-1095.

De la Válgoma Rodríguez-Monge, M. (1981). «Revocación de las donaciones por ingratitud. Análisis del artículo 648.2º del Código Civil». *RGLJ,* nº 251, pp. 387-396.

De los Mozos, J.L. (2000). *La donación en el Código Civil y a través de la jurisprudencia.* Dykinson, Madrid.

Delgado Echeverría, J. y Parra Lucán, M.A. (2005). *Las Nulidades de los contratos: en la teoría y en la práctica.* Dykinson, Madrid.

Díaz Alabart, S. (1986). «Comentarios a los arts. 644-646 CC». *Comentarios al Código Civil y Compilaciones Forales,* T. VIII, Vol. 2º, arts. 618 a 656, Dir. Albaladejo García, Madrid. Edersa, pp. 303-369.

Díaz Alabart, S. (1986). «Comentarios a los arts. 648-653 CC». *Comentarios al Código Civil y Compilaciones Forales,* T. VIII, Vol. 2º, arts. 618 a 656, Dir. Albaladejo García, Madrid. Edersa, pp. 418-477.

Díaz Alabart, S. (1991). «Comentarios a los arts. 644-646 CC». *Comentario del Código Civil,* T. I, Madrid. Ministerio de Justicia pp. 1632-1638.

Díaz Alabart, S. (1991). «Comentarios a los arts. 648-653 CC». *Comentario del Código Civil*. T. I, Madrid. Ministerio de Justicia pp. 1643-1649.

Díez-Picazo, L. (1980). «Las causas de revocación de donaciones por ingratitud del donatario: La imputación de un delito al donante». *Estudios de Derecho privado.* Civitas, Madrid, pp. 209-223.

Díez-Picazo, L. (1995). *Fundamentos del Derecho civil patrimonial,* vol. III. Civitas, Madrid.

Díez-Picazo, L. (1993). *Fundamentos del Derecho Civil Patrimonial.* vol. I. 4ª ed. Civitas. Madrid.

Díez-Picazo, L. y Gullón, A. (2018). *Sistema de Derecho Civil,* vol. II, T. 2. 12ª ed. Tecnos, Madrid. También se ha manejado la más amplia 6ª ed. de 1992, vol. II, Tecnos, Madrid.

Díez Pastor, J.L. (1952). «La donación al no concebido». *AAMN*, t. VI, pp. 111-164.

Domínguez Rodrigo, L.M. (1983). «La revocación de donación modal». *ADC-I*, pp. 65-108.

Doral García de Pazos, J.A. (1971). «Pactos en materia de alimentos». *ADC-II*. pp. 313 a 428.

D'Ors y Pérez-Peix, A. «Ley 162», *Comentarios al Código Civil y compilaciones forales/* coord. por Manuel Albaladejo García, T. 37, Vol. 1, (Leyes 148 a 252 de la Compilación o Fuero Nuevo de Navarra), pp. 40-50. Consultado en http://vlex.es/vid/ley-causas-revocacion-265481

Durán Rivacoba, R. (1995). *Donación de Inmuebles. Forma y Simulación*. Aranzadi, Pamplona.

Ermini, M. (2009). «Revocazione della donazione». *Diritto Civile Vol. II. Successioni, Donazioni, Beni. I. Le successioni e le donazioni*. Giuffre Editore, pp. 453-460.

Escudero López, J.A. (1985). *Curso de Historia del Derecho. Fuentes e Instituciones Político administrativas*. Ed. J.A. Escudero, Madrid.

Espiau Espiau, S. (2021). *La revocabilidad de la donación en el Código Civil de Cataluña*. Tirant lo Blanch. Valencia.

Fernández Arroyo, M. (2003). «Observaciones en torno a la revocación de la donación modal». *Estudios Jurídicos en Homenaje al profesor Luis Díez-Picazo*, T. II. Civitas, Madrid, pp. 1799-1822.

Fernández Cueto y Barros, F. (1975). «El contrato de donación». *Revista de Derecho Notarial Mexicano*, núm. 59, México, pp. 46 a 150. Consultado en http://historico.juridicas.unam.mx/publica/rev/indice.htm?r=dernotmx&n=59

Gagliardo, Mariano (2012). «La ingratitud en una donación». *Revista de Derecho de Familia y de las Personas*, nº 3, abril de 2012, pp. 181-184.

García García, J.M. (1993). *Derecho inmobiliario registral o hipotecario*, T. II. Civitas, Madrid.

García Goyena, F. (1852). *Concordancias, Motivos y Comentarios del Código Civil Español* T. II. Imprenta de la Sociedad Tipográfico-Editorial, Madrid. Consultado en https://archive.org/details/BRes0414952.

Garrido de Palma, V.M. (2006). «La donación con reserva de la facultad de disponer y con cláusula de reversión. Un apunte fiscal». *RJN*, 57, pp. 309-320.

Gómez Ligüerre, C. y Nanclares Valle, J. (2016). «Capítulo 31. Donaciones por causa de muerte». *Tratado de Derecho de Sucesiones* (T. I y II)

(Código Civil y normativa civil autonómica: Aragón, Baleares, Cataluña, Galicia, Navarra, País Vasco). 2ª ed., Civitas, Navarra (Recurso electrónico ProView).

González-Meneses García-Valdecasas, M. (2005). «La donación». *Instituciones de Derecho privado,* T. III., vol. 2º. Coord. Delgado de Miguel, J.F. Civitas, Navarra.

Gramunt Fombena, Mª.D. (2004). «Reflexiones en torno a la revocación de la donación». *Libro homenaje al profesor Manuel Albaladejo García.* T. I. Universidad de Murcia, pp. 2211-2224.

Gutiérrez Santiago, P. (2017). «Revocación por superveniencia o supervivencia de hijos». *Tratado de las liberalidades: Homenaje al profesor Enrique Rubio Torrano.* Dir. Egusquiza Balmaseda, M.A. y Pérez de Ontiveros, C. Thomson Aranzadi, Navarra, pp. 529-566.

Hernández Marín, R. (2005). prólogo a la obra *El espíritu del Derecho romano de Von Ihering.* Abreviatura por Fernando Vela. Marcial Pons, Madrid.

Hijas Cid, E. (2015). «Doctrina del Tribunal Supremo sobre el maltrato psicológico y sus efectos en sucesiones y donaciones». *Revista el Notario del SXXI nº 64.* Consultado en https://legado.elnotario.es/index.php/opinion/opinion/5806-doctrina-del-tribunal-supremo-sobre-el-maltrato-psicologico-y-sus-efectos-en-sucesiones-y-donaciones

Hualde Sánchez, J.J. (1983). «Comentario de la STS de 23 de octubre de 1983. Donación. Revocación por ingratitud. Indulto». *CCJC,* nº 3, pp. 1011-1020.

Iglesias Santos, J. (2010). *Derecho romano.* 18ª ed. Sello editorial, Barcelona.

Imaz Zubiaur, L. (2008). « Sentencia del Tribunal Supremo de 20 de julio de 2007: Donación modal Revocación por incumplimiento de carga consistente en la enajenación del bien donado con un destino preciso». *CCJC,* nº 76, pp. 343-358.

Josserand, L. (1951). *Derecho Civil,* T. III, vol. III. Trad. Cunchillos y Manterola, S. Ediciones Jurídicas Europa-América, Bosch y Cía, Buenos Aires.

Lacruz Berdejo, J.L. (1958). «Donaciones con cláusula de reversión». *Estudios de Derecho civil.* Bosch, Barcelona, pp. 242 y ss.

Lacruz Berdejo, J.L. *et al.* (1986). *Elementos de Derecho civil. Derecho de Obligaciones* II, Vol. 3. Dykinson, Barcelona.

Lete del Río, J.M. y Lete Achirica, J. (2006). *Derecho de Obligaciones, II (Contratos).* Thomson Aranzadi, Navarra.

López Suarez, M.A. (2011). «Sentencia de 20 de mayo de 2011. Donación modal. Revocación de la donación por causa de ingratitud. Obligación de alimentos». *CCJC* nº 87, pp. 1899-1910.

Maluquer de Motes Bernet, C.J. (2004). «Donación y Revocación». *Libro homenaje al profesor Manuel Albaladejo García,* T II. Universidad de Murcia, pp. 2955-2970.

Manresa y Navarro, J.M. (1910). *Comentarios al Código Civil español,* T. V. 3ª ed. Imprenta de la Revista de Legislación, Madrid.

Marín Castán, F. (2000). «Comentarios a los arts. 644-653 CC». *Comentario del Código Civil,* T. IV, Coord. I. Sierra Gil, Barcelona. Bosch, pp. 183-221.

Mariño Pardo, F. (2015). «La donación con cláusula de reversión». http://www.iurisprudente.com/2015/11/la-donacion-con-clausula-de-reversion.html. Consultado el 12 de marzo de 2025.

Martín León, A. (2002). *Las donaciones por razón de matrimonio en el Código Civil.* Thomson- Aranzadi, Navarra.

Martínez Rodríguez, N. (2002). *La obligación legal de alimentos entre parientes.* La Ley, Madrid.

Medina Alcoz, M. (2010). «El incumplimiento de la carga en la donación modal», *Contratos gratuitos.* Coord. Pérez Gallardo, L. Ed. Reus. Madrid, pp. 145-194.

Méndez Tomás, R.M. y Vilalta Nicuesa, A.E. (1998). *Donación: Acciones de revocación y reducción.* Editores: J.M. Bosch.

Mezquita del Cacho, J.L. (2020). «Ley 162. Causas generales de revocación». *Comentarios al Fuero Nuevo* (Compilación del Derecho Civil Foral de Navarra) (E-BOOK). 2ª ed. Revisado por Paniza Fullana, A. Dir. Rubio, E. y Arcos, M.L. Aranzadi, Navarra.

Mezquita del Cacho, J.L. (2020). «Ley 163. Revocación por ingratitud». *Comentarios al Fuero Nuevo* (Compilación del Derecho Civil Foral de Navarra) (E-BOOK). 2ª ed. Revisado por Paniza Fullana, A. Dir. Rubio, E. y Arcos, M.L. Aranzadi, Navarra.

Miquel González, J.M. (1984). «Art. 644 CC». *Comentarios a las Reformas del Derecho de Familia* ,T. II. Tecnos, Madrid, pp. 1265 a 1268.

Monserrat Valero, A. (2020). *Curso de Derecho Civil de Cataluña Derechos Reales.* Tirant lo Blanch. Valencia.

Montecchiari, T. (2010). «La revocazione della donazione». *Donazioni, atti gratuiti, patti di famiglia e trusts successorii.* Dir. E. Del Prato, M. Costanza y P. Manes. Ed. Zanichelli, Bologna-Roma, pp. 405-420.

Moralejo Imbernon, N. (2013). «Com. art. 1343 CC». *Comentarios al Código Civil.* T. I. Dir. R. Bercovitz. Tirant Lo Blanch, Valencia, pp. 9488-9496.

Mucius Scaevola, Q. (1896). *Código Civil, XI.* Reimpresión de Forgotten Books, 2018.

Murillo Villar, A. (2007). *La revocación de las donaciones en el derecho romano y en la tradición romanística española.* Universidad de Burgos.

Nart Fernández, I. (1952). «Donación y reversión a personas futuras». *ADC-II,* pp. 579-606.

Nieto Alonso, A. (2011). «Comentarios al art. 641 CC». *Código Civil comentado,* Vol. II. Dirs. Cañizares Laso, A. *et al.* Civitas Thomson Reuters. Navarra, pp. 169-178.

O´Callaghan Muñoz, X. (2003). *Código Civil Comentado y con Jurisprudencia.* 3ª ed. La Ley, Madrid.

Ordás Alonso, M. (2017). «Revocación por incumplimiento de cargas». *Tratado de las liberalidades: Homenaje al profesor Enrique Rubio Torrano.* Thomson Aranzadi, Navarra, pp. 567-586.

Ortega y Gasset, J. (1970). *Historia como sistema.* Colección el Arquero, 6ª ed. Revista de Occidente, Madrid.

Ortuño Sánchez-Pedreño, J.M. (2001). «Las fuentes del régimen de la donación en las Partidas». *Revista de estudios histórico-jurídicos nº. 23.* Valparaíso. Consultado en https://dx.doi.org/10.4067/S0716-54552001002300007

Ossorio Serrano, JM. (2020). «El contrato de donación». *Curso de Derecho civil* II. VVAA. 10ª ed. Tirant lo Blanch, Valencia, pp. 283-309.

Padial Albás, A.M. (1997). *La obligación de alimentos entre parientes.* J.M. Bosch editor, Barcelona.

Paniza Fullana, A. (2017). «Superveniencia de hijos y revocación inesperada de donación». *Aranzadi Civil-Mercantil,* nº 1, pp. 103-112.

Parra Lucan, M.A. (2016). «La donación». *Curso de Derecho civil (II). Vol. II. Contratos y responsabilidad civil.* 4ª edición. Coord. Martínez de Aguirre Aldaz, C. Edisofer, Madrid, pp. 75-99.

Pasquau Liaño, M. (1997). *Nulidad y anulabilidad del contrato.* Civitas. Madrid.

Pérez de Ontiveros Baquero, C. (2017). «La revocación de las donaciones por ingratitud del donatario». *Tratado de las liberalidades: Homenaje al profesor Enrique Rubio Torrano.* Thomson Aranzadi. Navarra, pp. 587-620.

Pérez de Ontiveros, C. (2024). «Revocación de donación por ingratitud del donatario. Comentario a la STS (Pleno) 1713/2023, de 12 diciembre (JUR 2023, 445839)». *CCJC,* nº 125, pp. 307-320.

Pérez García, M.J. (2009). «La duración del modo impuesto en una donación: ¿carácter temporal o perpetuo?». *ADC,* T. LXII, 2009, fasc. I, pp. 143-209.

Pérez Gurrea, R. (2013). «La donación con cláusula de reversión. Su régimen jurídico, naturaleza y efectos». *RCDI* nº 736, pp. 1175-1189.

Piñar López, B. (1955). «La prestación alimenticia en nuestro Derecho civil». *RGLJ*, t. XXXI, pp. 7-36.

Pons Pérez, A. (1957). «La reversión de donaciones en el Código Civil». *RDP*, pp. 1181-1204.

Prats Albentosa, L. (1999). «Comentario de la Sentencia de 6 de abril de 1999. Donación con modo. Cosa juzgada. Compatibilidad de la acción revocatoria y de cumplimiento de obligaciones». *CCJC*, nº 51 pp. 1053-1066.

Quiñonero Cervantes, E. (1990). *La protección del interés del donante (Estudio de los arts. 634 y 648-3º del Código Civil).* Universidad de Murcia.

Rabanete Martínez, I. (2020). «Las donaciones remuneratorias: configuración jurídica, colación y dispensa. A propósito de la STS de España núm. 473/2018, de 20 de julio 2018». *Revista Boliviana de Derecho, nº. 29*, pp. 172-205.

Ragel Sánchez, LF. (1995). «Comentario de la STS de 27 de febrero de 1995». *CCJC*, pp. 783-794.

Ragel Sánchez, LF. (1998). «El perdón de conductas ofensivas en la donación y en la sucesión mortis causa». *Anuario de la Facultad de Derecho. Universidad de Extremadura*, nº 16, pp. 173-190.

Ramponi, M. (2022). «Adulterio e revoca di donazione per ingratitudine». *Euroconference Legal*, edición del 13-9-2022. Consultado en https://www.eclegal.it/wp-content/uploads/pdf/2022-09-13_adulterio-revoca-donazione-ingratitudine.pdf

Reparaz-Padrós, M. (1995). *García Goyena y el Proyecto de Código Civil de 1851.* Universidad de Navarra. Consultado el 12 de marzo de 2025 en https://hdl.handle.net/10171/56537.

Robles Morchón, G. (2015). *Teoría del Derecho. Fundamentos de Teoría comunicacional del Derecho*, Vol. II. Thomson Reuters-Civitas, Navarra.

Roca Sastre, R.M. (1948). *Derecho hipotecario* T. III. Bosch, Barcelona.

Rodríguez Martínez, ME. (2000). *Disposición de bienes gananciales.* Monografías de derecho patrimonial, núm. 4. Aranzadi, Pamplona.

Rodríguez Martínez, ME. (2011). «Comentarios a los arts. 644-648 CC». *Código Civil comentado*, Vol. II. Dir. Cañizares Laso, A. Civitas Thomson Reuters, Navarra, pp. 183-214.

Rodríguez Martínez, ME. (2011). «Comentarios a los arts. 650-653 CC». *Código Civil comentado*, Vol. II. Dir. Cañizares Laso, A. Civitas Thomson Reuters, Navarra, pp. 218-226.

Rogel Vide, C. (2012). «Crisis económica y solidaridad familiar. Los alimentos entre parientes». *RGLJ,* nº 4, pp. 581-598.

Rogel Vide, C. (2023). *Auxilios fraternos debidos legalmente.* Ed. Reus, Madrid.

Rogel Vide, C. (2024). *Revocabilidad de la donación por ingratitud del donatario.* Ed. Reus, Madrid.

Ruiz Cabello, D. (2015).«Art 2370».*Código Civil Federal comentado.* Libro Cuarto. De las obligaciones. Coord. González Alcántara, J.L. Universidad Nacional Autónoma de México. Instituto de Investigaciones Jurídicas México, p. 345-347. Consultado en http://ru.juridicas.unam.mx/xmlui/handle/123456789/12731

Saborido Sánchez, P. (2005). *La causa ilícita: delimitación y efectos.* Tirant Lo Blanch, Valencia.

Saborido Sánchez, P. (2023). «Comentarios al art. 641 CC». *Comentarios al Código Civil,* T.II (arts. 268 a 743). Dir. Ana Cañizares Laso. Edición especial del ICAM. Tirant lo Blanch, Valencia, pp. 3189-3192.

Saborido Sánchez, P. (2023). «Comentarios a los arts. 644-653 CC». *Comentarios al Código Civil,* T.II (arts. 268 a 743). Dir. Ana Cañizares Laso. Edición especial del ICAM. Tirant lo Blanch, Valencia, pp. 3197-3213.

Sánchez-Calero Arribas, B. (2007). *La revocación de donaciones.* Thomson Aranzadi, Navarra.

Sánchez-Calero Arribas, B. (2010). «Artículos 644 a 653: de la revocación y reducción de las donaciones (I)». *Comentarios al Código Civil.* Dir. Domínguez Luelmo, A. Lex Nova, Valladolid, pp. 755-765.

Santamaría, J. (1958). *Comentarios al Código Civil, I.* Revista de Derecho Privado. Madrid.

Santos Briz, J. (1973). *Derecho civil,* T. IV. Revista de Derecho Privado. Madrid.

Sanz Viola, A.M. (2003). «Sentencia de 19 de febrero de 2003. Donación: revocación por ingratitud». *CCJC nº 62,* pp. 763-780.

Savigny, FK von. (1879). *Sistema del Derecho romano actual* T. III. Trad. por Mesía y Poley. Ed. F. Góngora y Compañía. Madrid.

Sirvent García, J. (2000). *La donación con cláusula de reversión.* Tirant lo Blanch, Valencia.

Soto Bisquert, A. (1967). «La donación con cláusula de reversión en el Código Civil». *RCDI,* pp. 359-414.

Souleau, Henri. (1982). *Les libéralités.* Ed. A. Colín, París.

Taberner Arroyo, M.P. (2025). «Análisis teórico y jurisprudencial de la donación, de la revocación de la misma por la causa prevista en los arts. 644, 645 y 646 CC y nuevos retos». *Revista Boliviana de Derecho,* nº. 39, 2025, pp. 472-501.

Torralba Soriano, OV. (1967). *El modo en el derecho civil.* 2ª ed. Ed. Montecorvo, Madrid.

Torrente, A. (1956). «La donazione». *Trattato di Diritto Civile y Comérciale,* vol. XXII. Dir. Antonio Cicu y Francesco Messineo. Dott. A. Giuffrè Editore, Milano.

Trincado Aznar, J.M. (2020). «El ámbito legitimador de la usucapión ordinaria de bienes inmuebles». *RCDI,* nº 780, pp. 2097-2151.

Trincado Aznar, J.M. (2022). *Invalidez del negocio dispositivo sobre inmuebles: desde una perspectiva comunicacional.* UCJC, Madrid. https://www.educacion.gob.es/teseo/imprimirFicheroTesis.do?idFichero=s7AxRYBGQaM%3D

Unamuno, M de. (2023). *Rosario de Sonetos Líricos.* Chequia. Good Press.

Vallet de Goytisolo, J.B. (1950). «La donación mortis causa en el CC español». *AAMN,* T. V. (Ejemplar dedicado a: Trabajos realizados en el Curso 1946-1947), pp. 625-829.

Vallet de Goytisolo, J.B. (1952). «Donación, condición y conversión jurídica material». *ADC* 4, pp. 1205 a 1328.

Vallet de Goytisolo, J.B. (1978). *Estudios sobre donaciones.* Ed. Montecorvo, Madrid.

Valverde y Valverde, C. (1913). *Tratado de derecho civil español,* T. III. Casa editorial Cuesta, Valladolid-Madrid.

Varela Gil. C.(2022). «Pactum de retrovendendo y su escaso tratamiento en las fuentes». *RIDROM: Revista Internacional de Derecho Romano* nº 29. pp.406-456. Consultado el 12 de marzo de 2025 en https://dialnet.unirioja.es/descarga/articulo/8679517.pdf.

Vaquer Aloy, A.(2010). «La configuración de la donación en el proyecto de Marco Común de Referencia». *ADC,* T. LXIII, 2010, fasc. III, pp. 1323 a 1338.

Vaquer Aloy, A. (2012). *La donación en España y en Europa.* Ed. Reus, Madrid

Vaquer Aloy, A. (2012). «Donación. Capítulo 1. Ámbito y disposiciones generales». *Derecho europeo de los contratos: Libros II y IV del Marco Común de Referencia.* T. II. Vaquer Aloy, A, Bosch Capdevila, E. y Sánchez González (Coord.). Atelier, pp. 1801-1824.

Vaquer Aloy, A. (2012). «Donación. Capítulo 2. Formación y validez». *Derecho europeo de los contratos: Libros II y IV del Marco Común de Referencia.* T. II. Vaquer Aloy, A, Bosch Capdevila, E. y Sánchez González (Coord.). Atelier, pp. 1825-1836.

Vaquer Aloy, A. (2012). «Donación. Capítulo 3. Obligaciones y remedios». *Derecho europeo de los contratos: Libros II y IV del Marco Común de Referencia.* T. II. Vaquer Aloy, A, Bosch Capdevila, E. y Sánchez González (Coord.). Atelier, pp. 1837-1858.

Vaquer Aloy, A. (2012). «Donación. Capítulo 4. Revocación por el donante». *Derecho europeo de los contratos: Libros II y IV del Marco Común de Referencia.* T. II. Vaquer Aloy, A, Bosch Capdevila, E. y Sánchez González (Coord.). Atelier, pp. 1859-1880.

Vázquez de Castro, E. (2003). *Ilicitud contractual. Supuestos y efectos.* Tirant Lo Blanch, Valencia.

Vivas Tesón, I. (2012). «Gratuidad de la donación y tutela del donante». *RADP* nº 29, pp. 47-69.

Zurilla Cariñana, M.A. (2013). «Comentarios al art. 641 CC». *Comentarios al Código Civil.* Coord. R. Bercovitz. 4ª ed. Thomson Reuters Aranzadi. Navarra, pp. 923-925.

Zurilla Cariñana, M.A. (2013). «Comentarios a los arts. 644 a 653 CC». *Comentarios al Código Civil.* Coord. R. Bercovitz. 4ª ed. Thomson Reuters Aranzadi. Navarra, pp. 927-939.

VIII. Jurisprudencia española citada

Tribunal Constitucional

STC 311/2000, de 18 de diciembre («BOE» núm. 14, de 16 de enero de 2001, pp. 119 a 128).

Tribunal Supremo *(salvo indicación en contrario todas las sentencias del TS relacionadas son de la Sala Primera)*

STS 16/12/1867 (TOL5.093.407)
STS 10/11/1884 (TOL5.080.336)
STS 19/01/1901 (TOL5.065.237)
STS 03/12/1928 (TOL5.036.633)
STS 22/04/1933 (RJ 1932-1933, 1639)
STS 27/12/1945 (TOL4.458.573)
STS 31/01/1955 (TOL4.381.770)
STS 16/05/1957 (TOL4.377.338)
STS 29/11/1969 (TOL4.275.133)
STS 19/10/1973 (TOL4.257.982)
STS 11/12/1975 (TOL4.251.260)
STS 07/07/1978 (TOL2.190.320)
STS 23/10/1983 (RJ 1983, 5338)
STS 21/05/1984 (TOL1.737.753)
STS 14/05/1987 (TOL1.736.700)
STS 19/11/1987 (TOL1.737.383)
STS 11/12/1987 (TOL1.738.370)
STS 11/03/1988 (TOL1.735.339)
STS 26/05/1988 (TOL1733966)
STS 22/06/1989 (TOL1.732.640)
STS 13/07/1989 (TOL1.732.153)

STS 18/06/1990 (TOL1730360)
STS 25/06/1990 (TOL1730346)
STS 12/11/1990 (TOL1.729.980)
STS 16/12/1992 (TOL1.661.034)
STS 27/02/1993 (TOL1662746)
STS 13/12/1993 (TOL1664095)
STS 27/12/1994 (TOL1666459)
STS 31/01/1995 (TOL1.667.028)
STS 27/02/1995 (TOL1.668.468 y TOL1667004)
STS 06/02/1997 (TOL215.777)
STS 28/07/1997 (TOL215.193)
STS 17/04/1998 (TOL5119819)
STS 06/04/1999 (TOL1466)
STS 02/11/1999 (TOL2568)
STS 13/05/2000 (TOL2.615)
STS 31/03/2001 (TOL4.964.889)
STS 19/02/2003 (TOL253.601 y TOL4.927.661)
STS 23/11/2004 (Tol 536336)
STS 05/12/2006 (TOL1023013)
STS 25/04/2007 (TOL1069806)
STS 20/07/2007 (TOL1123956)
STS 15/11/2007 (TOL1.221.231)
STS 11/01/2008 (TOL1.285.327)
STS 03/07/2009 (TOL1570791)
STS 15/07/2009 (TOL1577949)
STS 28/01/2010 (TOL1782853)
STS 13/05/2010 (TOL1.854.885)
STS 20/05/2011 (TOL2.136.962)
STS 21/10/2011 (TOL2260940)
STS 27/01/2011 (TOL2036124)
STS 18/12/2012 (TOL3.706.385)
STS 06/03/2013 (TOL3.527.136)
STS 06/02/2014 (TOL4.100.882)

STS 20/07/2015 (TOL5.512.942)
STS 18/03/2016 (TOL5.680.967)
STS (Sala 2ª) 22/03/2018 (TOL6.554.457)
STS 05/11/2019 (TOL7.571.512)
ATS 22/12/2021 (TOL8.739.235)
STS 31/03/2022 (TOL8.898.029)
STS 25/05/2022 (TOL8.988.588)
STS 23/11/2022 (TOL9.305.255)
STS 18/01/2023 (TOL9.391.162)
STS (Sala 2ª) 14/02/2023 (TOL9.416.374)
STS 15/11/2023 (TOL9.779.884)
STS 12/12/2023 (TOL9807259)
STS 04/12/2024 (TOL10.298.543)

Tribunales Superiores de Justicia

STSJ Navarra 29/09/1998 (ECLI:ES:TSJNA:1998:1280)
STSJ Navarra 04/03/2002 (ECLI:ES:TSJNA:2002:294)
STSJ Navarra 07/04/2006 (TOL946.212)
STSJ País Vasco 03/06/2015 (TOL5.420.335)
STSJ Cataluña 10/05/2018 (TOL6.812.821)

Sentencias de las Audiencias Provinciales

SAP Navarra de 27/11/1998 (TOL9.314.831)
SAP Madrid 01/03/2003 (TOL484.565)
SAP Barcelona de 30/01/2004 (TOL7.619.118)
SAP de Valencia de 17/06/2004 (Tol 1619554)
SAP Navarra de 27/07/2004 (TOL498.698)
SAP Murcia de 22/10/2004 (TOL7.893.746)
SAP Navarra de 13/09/2005 (TOL773.596)
SAP Navarra de 22/09/2005 (TOL773.706).
SAP Guipúzcoa de 04/10/2006 (TOL1.628.135)

SAP Granada de 06/10/2006 (TOL6.102.078)
SAP Zaragoza de 25/09/2007 (TOL7.284.551)
SAP Almería de 15/11/2007 (TOL7.560.169)
SAP Les Illes Balears de 11/01/2008 (TOL1.285.327)
SAP Les Illes Balears de 23/09/2009 (TOL1.651.286)
SAP Bizkaia de 18/03/2009 (TOL6.690.992)
SAP Alicante de 27/10/2009 (TOL1.843.214)
SAP Castellón de 21/09/2009 (TOL6.881.570)
SAP Barcelona de 09/09/2010 (ECLI:ES:APB:2010:6123)
SAP Asturias 31/03/2011 (TOL2.181.318)
SAP La Coruña de 28/02/2012 (TOL2.475.349)
SAP Santander de 29/03/2012 (TOL2.733.206)
SAP Alicante de 30/10/2012 (TOL2.728.210)
SAP Madrid de 07/03/2013 (TOL3.711.005).
SAP Asturias de 22/07/2013 (TOL3.890.768)
SAP Alicante de 08/10/2013 [TOL4.061.684]
SAP Sevilla de 30/06/2014 (TOL4.538.773)
SAP Málaga de 01/09/2014 (TOL5.395.127)
SAP de Barcelona de 25/11/2014 (TOL4.699.424)
SAP Granada de 05/12/2014 (TOL4.769.002)
SAP Valencia de 06/03/2015 (TOL5.198.036)
SAP Valencia de 16/03/2015 (TOL4.893.440)
SAP Madrid de 01/06/2015 (TOL5.542.789)
SAP Bizkaia de 30/09/2016 (TOL5.866.942)
SAP Baleares de 02/11/2016 (TOL5.917.023)
SAP Las Palmas de 02/02/2017 (TOL6.171.906)
SAP Alicante de 21/06/2017 (TOL6.368.657)
SAP Valencia de 27/06/2017 (TOL6.537.544)
SAP Barcelona de 24/07/2017 (TOL6.340.939)
SAP Madrid de 03/11/2017 (TOL6.505.802)
SAP Las Palmas de 17/11/2017 (TOL6.960.406)
SAP Madrid de 24/04/2018 (TOL6.640.667)
SAP Pontevedra de 27/06/2018 (TOL6.963.575)

SAP Madrid de 28/06/2018 (TOL6.766.897)
SAP Girona de 05/07/2018 (TOL6.686.299)
SAP Gipuzkoa de 10/05/2019 (TOL7.416.969);
SAP de Barcelona de 25/07/2019 (TOL7.487.232)
SAP Madrid de 10/10/2019 (TOL7.606.196);
SAP Barcelona de 16/10/2018 (TOL6.853.028)
SAP Navarra de 02/11/2018 (TOL7.048.821)
SAP Pontevedra de 22/06/2020 (TOL8.047.523)
SAP Tenerife de 11/06/2020 (TOL8.103.450)
SAP Orense de 29/09/2020 (TOL8.191.533)
SAP Barcelona de 16/11/2020 (TOL8.259.158)
SAP Asturias de 22/03/2021 (TOL8.425.562)
SAP Valencia de 01/10/2021 (TOL8.724.632)
SAP Alicante de 23/11/2021 (TOL8.876.746)
SAP Asturias de 17/12/2021 (TOL8.874.259)
SAP Barcelona de 16/06/2022 (TOL9.166.779)
SAP Barcelona de 27/10/2022 (TOL9.310.011)
SAP Málaga de 14/11/2022 (TOL9.554.216)
SAP Alicante de 23/03/2023 (TOL9.672.204)
SAP Granada de 27/09/2023 (TOL9.856.680)
SAP Barcelona de 29/09/2023 (TOL9.768.996)
SAP Barcelona de 08/05/2024 (TOL10.123.246)

Resoluciones de la DGRN / RDGSJFP

RDGRN 25/02/1992 («BOE» núm. 107, de 04/05/1992, BOE-A-1992-9527)
RDGRN 12/06/1999 (TOL132.678)
RDGRN 01/07/2003 (TOL296.880)
RDGRN 17/05/2006 (TOL951.512)
RDGRN 12/05/2010 (TOL1.891.883)
RDGRN 20/02/2017 (TOL5.983.860)
RDGRN 28/11/2017 (TOL6.449.560)
RDGRN 16/04/2019 (TOL7.179.873)

RDGRN 25/04/2019 (TOL7.211.167)
RDGRN 27/03/2019 (TOL7.179.873)
RDGSJFP 11/07/2022 (TOL9.148.779)
RDGSJFP 29/10/2020 (TOL8.211.796 y TOL8.214.255)